Produktions- und Kostentheorie

Physica-Lehrbuch

Basler, Herbert
Aufgabensammlung zur statistischen Methodenlehre und Wahrscheinlichkeitsrechnung
4. Aufl. 1991. 190 S.

Basler, Herbert
Grundbegriffe der Wahrscheinlichkeitsrechnung und statistischen Methodenlehre
10. Aufl. 1989. X, 238 S.

Bloech, Jürgen u. a.
Einführung in die Produktion
2. Aufl. 1993. XX, 410 S.

Dillmann, Roland
Statistik I
1990. XVIII, 270 S.

Dillmann, Roland
Statistik II
1990. XIII, 253 S.

Eilenberger, Guido
Finanzierungsentscheidungen multinationaler Unternehmungen
2. Aufl. 1987. 356 S.

Endres, Alfred
Ökonomische Grundlagen des Haftungsrechts
1991. XIX, 216 S.

Fahrion, Roland
Wirtschaftsinformatik
Grundlagen und Anwendungen
1989. XIII, 597 S.

Ferschl, Franz
Deskriptive Statistik
3. Aufl. 1985. 308 S.

Hax, Herbert
Investitionstheorie
5. Aufl. korrigierter Nachdruck 1993. 208 S.

Huch, Burkhard
Einführung in die Kostenrechnung
8. Aufl. 1986. 299 S.

Huch, Burkhard u. a.
Rechnungswesen-orientiertes Controlling
Ein Leitfaden für Studium und Praxis
1992. XX, 366 S.

Kistner, Klaus-Peter
Produktions- und Kostentheorie
2. Aufl. 1993. XII, 293 S.

Kistner, Klaus-Peter
Optimierungsmethoden
Einführung in die Unternehmensforschung für Wirtschaftswissenschaftler
2. Aufl. 1993. XII, 222 S.

Kistner, Klaus-Peter und Steven, Marion
Produktionsplanung
2. Aufl. 1993. XII, 361 S.

Kraft Manfred u. a.
Statistische Methoden
2. Aufl. 1992. XII, 232 S.

Nissen, Hans Peter
Makroökonomie I
2. Aufl. 1992. XII, 232 S.

Peemöller, Volker und März, Thomas
Sonderbilanzen
1986. X, 182 S.

Schneeweiß, Hans
Ökonometrie
4. Aufl. 1990. 394 S.

Schneeweiß, Hans und Mittag, Hans-Joachim
Lineare Modelle mit fehlerbehafteten Daten
1986. XVIII, 504 S.

Schulte, Karl Werner
Wirtschaftlichkeitsrechnung
4. Aufl. 1986. 196 S.

Sesselmeier, Werner und Blauermel, Gregor
Arbeitsmarkttheorien
1990. X, 222 S.

Stenger, Horst
Stichproben
1986. XIII, 318 S.

Swoboda, Peter
Betriebliche Finanzierung
2. Aufl. 1991. 305 S.

Vogt, Herbert
Einführung in die Wirtschaftsmathematik
6. Aufl. 1988. 250 S.

Vogt, Herbert
Aufgaben und Beispiele zur Wirtschaftsmathematik
2. Aufl. 1988. 184 S.

Weise, Peter u. a.
Neue Mikroökonomie
3. Aufl. 1993. X, 506 S.

Zweifel, Peter und Heller, Robert H.
Internationaler Handel
Theorie und Empirie
2. Aufl. 1992. XXI, 403 S.

Klaus-Peter Kistner

Produktions- und Kostentheorie

2., vollständig überarbeitete
und erweiterte Auflage

Mit 61 Abbildungen

Springer-Verlag Berlin Heidelberg GmbH

Klaus-Peter Kistner
Fakultät für Wirtschaftswissenschaften
Universität Bielefeld
Postfach 10 01 31
D-33501 Bielefeld

ISBN 978-3-7908-0644-1   ISBN 978-3-642-58074-1 (eBook)
DOI 10.1007/978-3-642-58074-1

Dieses Werk ist urheberrechtlich geschützt. Die dadurch begründeten Rechte, insbesondere die der Übersetzung, des Nachdruckes, des Vortrags, der Entnahme von Abbildungen und Tabellen, der Funksendungen, der Mikroverfilmung oder der Vervielfältigung auf anderen Wegen und der Speicherung in Datenverarbeitungsanlagen, bleiben, auch bei nur auszugsweiser Verwertung, vorbehalten. Eine Vervielfältigung dieses Werkes oder von Teilen dieses Werkes ist auch im Einzelfall nur in den Grenzen der gesetzlichen Bestimmungen des Urheberrechtsgesetzes der Bundesrepublik Deutschland vom 9. September 1965 in der Fassung vom 24. Juni 1985 zulässig. Sie ist grundsätzlich vergütungspflichtig. Zuwiderhandlungen unterliegen den Strafbestimmungen des Urheberrechtsgesetzes.

© Springer-Verlag Berlin Heidelberg 1981, 1993
Ursprünglich erschienen bei Physica-Verlag Heidelberg 1981, 1993

Die Wiedergabe von Gebrauchsnamen, Handelsnamen, Warenbezeichnungen usw. in diesem Werk berechtigt auch ohne besondere Kennzeichnung nicht zu der Annahme, daß solche Namen im Sinne der Warenzeichen- und Markenschutz-Gesetzgebung als frei zu betrachten wären und daher von jedermann benutzt werden dürften.

88/7130-5 4 3 2 1 - Gedruckt auf säurefreiem Papier

Vorwort zur zweiten Auflage

Bei der Neuauflage konnte die Grundkonzeption des Buches weitgehend beibehalten werden: Wie in der ersten Auflage werden zunächst die drei Grundansätze der Produktions- und Kostentheorie - die neoklassische Produktionstheorie, die Aktivitätsanalyse und die Theorie der Anpassungsformen - und deren Beziehungen zueinander dargestellt; im Anschluß daran werden einige Erweiterungen und Vertiefungen behandelt. Bei der Überarbeitung zeigte es sich jedoch, daß einige Umstellungen erforderlich waren: Die langfristige Kostenfunktion, die Berücksichtigung des technischen Fortschritts in der neoklassischen Produktionstheorie sowie die Theorie der Jahrgangs-Produktionsfunktionen werden jetzt im Rahmen der neoklassischen Produktionstheorie und nicht wie bisher in einem besonderen Kapitel über langfristige Aspekte der Produktionstheorie behandelt. Die beiden Ansätze zur Herleitung produktionstheoretischer Aussagen aus technologischen Beziehungen - die ingenieurswissenschaftlich begründeten Produktionsfunktionen und die Theorie der Anpassungsformen - werden nun im vierten Kapitel gemeinsam dargestellt; als Bindeglied zwischen dem ersten Ansatz, der die technischen Wahlmöglichkeiten vor der Installation der Betriebsmittel untersucht, und der Theorie der Anpassungsformen, die sich mit den Auswirkungen der Variation technischer Parameter nach Installation der Anlagen befaßt, dient das Putty-Clay-Modell. Das Problem der Kosten des Betriebsmitteleinsatzes und der investitionstheoretische Ansatz der Abschreibungstheorie werden jetzt zusammen mit der Implementierung des technischen Fortschritts in einem Kapitel über die Rolle der Betriebsmittel in der Produktionstheorie dargestellt. Gemäß der gewachsenen Bedeutung des Umweltschutzes wurde schließlich ein Kapitel über die Umwelt in der Produktionstheorie eingefügt.

Neben dieser Umstrukturierung wurden alle Abschnitte überarbeitet. Insbesondere wurde die Darstellung der Theorie der Anpassungsformen um die Herleitung der Eigenschaften der GUTENBERG-Produktionsfunktion erweitert. Bei der Behandlung des investitionstheoretischen Ansatzes der Abschreibungstheorie wurde eine endliche anstelle einer infinitesimalen Anpassungsmaßnahme betrachtet, um so das Wesentliche herauszuarbeiten zu können.

Mein Dank gilt allen Kollegen, Mitarbeitern und Studenten, die mich auf Fehler und Ungenauigkeiten in der ersten Auflage aufmerksam gemacht haben und durch kritische Anmerkungen und Anregungen zur Neuauflage beitrugen. Hier sind Frau Professor Dr. MARION STEVEN und Frau Diplom-Kauffrau SUSANNE SONNTAG besonders zu erwähnen. Frau SONNTAG hat mich seit Beginn der Arbeiten an der Neuauflage unterstützt, eine Vielzahl von Revisionen gelesen, mit mir diskutiert und durch ihre Verbesserungsvorschläge Form und Inhalt der vorliegenden Fassung mitgestaltet. Das Kapitel über Umweltwirkungen der Produktion wurde durch die Arbeiten von Frau STEVEN angeregt und beeinflußt; dieser Teil der Arbeit wäre ohne ihre Veröffentlichungen und unsere Diskussionen in den vergangenen Jahren wohl kaum in der vorliegenden Form zustande gekommen. Mein besonderer Dank gilt allen meinen Mitarbeitern, die bei der Erstellung der Druckvorlagen mitgewirkt haben: Frau Diplom-Kauffrau ANJA WISSMANN hat mit viel Geduld alle Formeln neu erstellt und die sehr aufwendigen Formatierungsarbeiten durchgeführt; Herr cand. rer. pol. TORSTEN APPEL hat das Sachverzeichnis erstellt, das

Literaturverzeichnis überarbeitet und die Literaturangaben überprüft; meine Sekretärin, Frau SONJA ROTHENPIELER, hat - ebenso wie meine anderen Mitarbeiter - Korrekturen gelesen und die sich daraus ergebenden Änderungen der Textdateien durchgeführt. Alle haben sich während der letzten Monate weit über das zumutbare Maß hinaus eingesetzt und ihre eigenen Interessen zurückgestellt. Dem Physica-Verlag und seinen Mitarbeitern danke ich für die Unterstützung während der Vorbereitung der Druckvorlage und für die reibungslose Drucklegung. Nicht zuletzt habe ich meiner Frau für ihr Verständnis für meine Arbeit und ihre Fairness in der Konkurrenz mit dem Computer um Wochenenden und Abendstunden zu danken.

Bei so vielen Helfern habe ich eigentlich nur noch die Verantwortung für die verbliebenen Fehler zu tragen.

Steinhagen, im Mai 1993   Prof. Dr. Klaus-Peter Kistner

Aus dem Vorwort zur 1. Auflage

Das vorliegende Lehrbuch zur "Produktions- und Kostentheorie" beruht auf Vorlesungen, die ich für Studenten der Betriebs- und Volkswirtschaftslehre an den Universitäten Bonn und Bielefeld gehalten habe. Die Produktions- und Kostentheorie wird vorwiegend aus betriebswirtschaftlicher Sicht dargestellt, es wird jedoch versucht, ihre Beziehungen zur volkswirtschaftlichen Produktionstheorie aufzuzeigen und die formalen Gemeinsamkeiten beider Ansätze herauszuarbeiten.

Die ersten vier Kapitel behandeln die drei grundlegenden Ansätze der Produktions- und Kostentheorie, die neoklassische Produktionstheorie, die Aktivitätsanalyse und die Theorie der Anpassungsformen. Es wurde versucht, die wesentlichen Aussagen aus möglichst allgemeinen Postulaten herzuleiten und die Beziehungen zwischen diesen Ansätzen aufzuzeigen. Die folgenden Kapitel enthalten Ergänzungen und Weiterentwicklungen der neueren Produktions- und Kostentheorie, insbesondere die betriebliche Input-Output-Analyse, die langfristige Produktions- und Kostentheorie und eine daraus hergeleitete Theorie der Kosten des Betriebsmitteleinsatzes sowie den technischen Fortschritt in der Produktionstheorie.

Die Darstellung bedient sich mathematischer Methoden, beschränkt sich aber auf diejenigen Ansätze, die Studierenden der Wirtschaftswissenschaften in ihrer mathematischen Grundausbildung vermittelt werden, insbesondere auf Grundlagen der Analysis, der linearen Algebra und der linearen Optimierung. Um die mathematischen Anforderungen möglichst elementar zu halten, wurde bewußt auf mathematische Eleganz und Allgemeinheit verzichtet. So wurde bei der linearen Aktivitätsanalyse nicht, wie allgemein üblich, die Theorie konvexer Kegel, sondern die Studenten der Wirtschaftswissenschaften vertrautere lineare Programmierung zugrunde gelegt. Auch wenn die Darstellung möglichst elementare mathematische Anforderungen stellt, so setzt sie dennoch eine gewisse Vertrautheit mit formalen Argumentationsweisen und die Bereitschaft voraus, auch längere Beweisführungen nachzuvollziehen.

Der gesamte Stoff des Buches kann im Hauptstudium in vier bis fünf Semesterwochenstunden vermittelt werden. Es besteht jedoch auch die Möglichkeit, die Grundlagen bereits im Grundstudium im Rahmen einer Einführung in die Betriebswirtschaftslehre zu behandeln. Hierzu geeignet wären insbesondere das erste und zweite Kapitel - ohne den Abschnitt über Linearhomogenität und Ertragsgesetz - sowie die beiden ersten Abschnitte des vierten Kapitels. Im Hauptstudium könnte dann auf den Inhalt dieser Abschnitte verwiesen werden, so daß genügend Zeit für die weiterführenden Kapitel zur Verfügung stände. Reicht die zur Verfügung stehende Zeit nicht aus, um den gesamten Stoff durchzuarbeiten, dann könnte man - je nach mathematischer Vorbildung der Hörer - im dritten Kapitel den Schwerpunkt entweder auf den mit graphischen Überlegungen dargestellten Zwei-Faktoren-Fall oder auf den mit der linearen Programmierung untersuchten allgemeinen Fall legen. Die weiterführenden Kapitel 6 und 7 könnten in Vorlesungen relativ kurz behandelt und in Übungen vertieft werden.

Bielefeld, im Oktober 1980   Prof. Dr. Klaus-Peter Kistner

Inhaltsverzeichnis

1. Einleitung..1
   1.1 Grundbegriffe und Probleme der Produktions- und Kostentheorie 1
   1.2 Literaturhinweise 10

2. Die neoklassische Produktionstheorie..12
   2.1 Eigenschaften der neoklassischen Produktionsfunktion.....................12
      2.1.1 Postulate der neoklassischen Produktionstheorie......................12
      2.1.2 Formale Eigenschaften der Produktionsfunktion......................18
      2.1.3 Homogenität und Ertragsgesetz 22
      2.1.4 Aggregierte Produktionsfunktionen..26
   2.2 Kostenfunktion und neoklassische Produktionsfunktion....................27
      2.2.1 Die Minimalkostenkombination...27
      2.2.2 Die Kostenfunktion..30
      2.2.3 Die gewinnmaximale Ausbringungsmenge...............................34
   2.3 Produktionstheorie im Mehrprodukt-Fall...36
      2.3.1 Die Produktionsfunktion..36
      2.3.2 Produktionsplanung...39
   2.4 Langfristige Aspekte in der neoklassischen Produktionstheorie.........41
      2.4.1 Langfristige Kostenfunktion und optimale Betriebsgröße.........41
      2.4.2 Der technische Fortschritt in der Produktionsfunktion 44
      2.4.3 Jahrgangs-Produktionsfunktionen...48
   2.5 Kritik der neoklassischen Produktionstheorie 51
   2.6 Literaturhinweise 52

3. Aktivitätsanalyse 54
   3.1 Grundlagen 54
      3.1.1 Problemstellung...54
      3.1.2 Die Technologie-Menge...54
   3.2 Produktionsfunktion und Produktionsplanung im Einprodukt-Fall 64
      3.2.1 Einleitung 64
      3.2.2 Zwei Faktoren zur Herstellung eines Produkts..........................66
         3.2.2.1 Die Produktionsfunktion bei totaler Faktorvariation.........67
         3.2.2.2 Die Isoquanten und die Minimalkostenkombinationen......67
         3.2.2.3 Die Produktionsfunktion bei partieller Faktorvariation.....77
         3.2.2.4 Die Kostenfunktion und die gewinnmaximale Ausbringungs-
                 menge 81
      3.2.3 Mehrere Faktoren zur Herstellung eines Produkts 83
         3.2.3.1 Produktionstheorie und lineare Programmierung..............83
         3.2.3.2 Die Produktionsfunktion bei totaler Faktorvariation.........88

3.2.3.3 Die Isoquanten und die Minimalkostenkombinationen............ 88
3.2.3.4 Die Produktionsfunktion bei partieller Faktorvariation.......... 100
3.2.3.5 Die Kostenfunktion und die gewinnmaximale Ausbringungsmenge.. 106
3.2.4 Aktivitätsanalyse und neoklassische Produktionsfunktion 111
3.3 Produktionsfunktion und Produktionsplanung im Mehrprodukt-Fall 112
3.3.1 Einfache Produktion... 112
3.3.2 Kuppelproduktion... 117
3.3.3 Effizienzpreise 118
3.4 Ergebnisse 121
3.5 Literaturhinweise 123

4. Technologische Begründungen der Produktivitätsbeziehung 125

4.1 Begründung der Substitutionalität aus den technischen Produktionsbedingungen... 126
4.1.1 Ingenieurwissenschaftliche Produktionsfunktionen........................... 126
4.1.2 Das Putty-Clay-Modell 133
4.2 Die Theorie der Anpassungsformen... 139
4.2.1 Produktionstheoretische Aspekte 140
4.2.1.1 Technische Variablen und Verbrauchsfunktionen............... 140
4.2.1.2 Die GUTENBERG-Produktionsfunktion 147
4.2.1.2.1 Die GUTENBERG-Produktionsfunktion bei zeitlicher und quantitativer Anpassung...................... 149
4.2.1.2.2 Die GUTENBERG-Produktionsfunktion bei zeitlicher und intensitätsmäßiger Anpassung 151
4.2.1.2.3 Die GUTENBERG-Produktionsfunktion bei rein intensitätsmäßiger Anpassung 161
4.2.1.2.4 Die GUTENBERG-Produktionsfunktion bei Intensitätssplitting.. 163
4.2.2 Kostentheoretische Aspekte... 168
4.2.2.1 Die Kosten bei zeitlicher und quantitativer Anpassung.......... 169
4.2.2.2 Die Kosten bei intensitätsmäßiger Anpassung....................... 172
4.2.2.3 Die Wahl der Anpassungsformen.. 174
4.2.2.4 Aggregation der Kostenfunktion.. 179
4.2.3 Die optimale Anpassung im Mehrprodukt-Fall.................................. 181
4.2.4 Theorie der Anpassungsformen und Aktivitätsanalyse...................... 185
4.3 Literaturhinweise 187

5. Komplexe Produktionsstrukturen 189

5.1 Problemstellung 189
5.2 Darstellung der Lieferstruktur zwischen Produktionsstellen......................... 191
5.3 Produktionsprogramm und Kostenverrechnung... 194
5.4 Beziehungen zu anderen produktionstheoretischen Ansätzen........................ 203

Inhaltsverzeichnis

    5.4.1 Betriebliche Input-Output-Analyse und Aktivitätsanalyse 203
    5.4.2 Intensitätsmäßige Anpassung bei komplexen Produktionsstrukturen 204
5.5 Optimale Produktionsplanung bei mehrstufiger Fertigung 205
    5.5.1 Das optimale Produktionsprogramm bei zeitlicher Anpassung 205
    5.5.2 Das optimale Produktionsprogramm bei zeitlicher und intensitätsmäßiger Anpassung 207
5.6 Literaturhinweise 209

6. Betriebsmittel in der Produktionstheorie 210

6.1 Einleitung 210
6.2 Die Kosten des Betriebsmitteleinsatzes 211
    6.2.1 Problemstellung 211
    6.2.2 Gleichmäßige Nutzung des Betriebsmittels 213
    6.2.3 Gegebenes Nutzungspotential des Betriebsmittels 219
    6.2.4 Alternative Formulierungen des investitionstheoretischen Ansatzes 225
    6.2.5 Ergebnisse 225
6.3 Technischer Fortschritt in den Produktionsstellen 226
    6.3.1 Problemstellung 226
    6.3.2 Umsetzung des technischen Fortschritts im Produktionsprozeß 227
    6.3.3 Lernkurven in der Produktions- und Kostentheorie 234
6.4 Literaturhinweise 235

7. Umweltwirkungen der Produktion 237

7.1 Problemstellung 237
7.2 Umweltaspekte in linearen Technologien 239
    7.2.1 Definitionen und Annahmen 239
    7.2.2 Eigenschaften der Produktionsfunktion bei Umweltwirkungen 245
7.3 Produktionsplanung und Kontrolle der Umweltwirkungen 260
    7.3.1 Grundlagen 260
    7.3.2 Produktionsplanung mit Umweltrestriktionen 261
    7.3.3 Steuerung der Umweltbelastung durch Preise 264
7.4 Neoklassische ex-ante-Produktionsfunktion mit Umweltaspekten 266
7.5 Literaturhinweise 273

8. Zusammenfassung 275

9. Literaturverzeichnis 281

10. Sachverzeichnis 289

1. Einleitung
1.1 Grundbegriffe und Probleme der Produktions- und Kostentheorie

Betriebe sind Wirtschaftseinheiten, deren Hauptaufgabe in der Leistungserstellung bzw. der *Produktion* liegt. Die betriebliche Leistung besteht entweder in der *Erzeugung materieller Güter* oder in der *Bereitstellung von Dienstleistungen*. Güter und Dienstleistungen dienen entweder direkt als Konsumgüter oder indirekt als Investitionsgüter oder Zwischenprodukte der Befriedigung menschlicher Bedürfnisse. *Gewinnungsbetriebe*, wie landwirtschaftliche Betriebe oder Bergbaubetriebe, entnehmen Güter aus der Natur und führen diese der Weiterverarbeitung oder dem Konsum zu; *verarbeitende Betriebe* formen Güter auf physikalischem oder chemischem Weg um und transformieren sie in andere Güter. *Dienstleistungsbetriebe* stellen immaterielle Güter, wie z.B. Transport-, Versicherungs- oder Beratungsleistungen bereit, die von anderen Betrieben bei deren Lei-stungserstellung oder von Haushalten für konsumtive Zwecke genutzt werden.

Es ist allen Formen betrieblicher Leistungserstellung gemeinsam, daß materielle Güter und Dienstleistungen eingesetzt werden und durch bestimmte physikalische, chemische oder geistige Vorgänge in andere Güter transformiert werden (vgl. Abbildung 1).

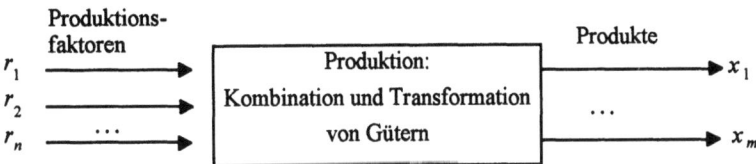

Abbildung 1: Produktion als Kombinationsprozeß

Man definiert daher:

<u>Definition:</u> *Produktion*

Unter Produktion versteht man die Kombination von materiellen Gütern und Dienstleistungen und deren Transformation in andere Güter.

Das Ergebnis der Produktion heißt *Produkt*, die eingesetzten Güter nennt man *Produktionsfaktoren*.

In der Betriebswirtschaftslehre werden die Produktionsfaktoren nach ihrer Funktion im Produktionsprozeß und ihrer Zurechenbarkeit zum Produkt gegliedert. Man unterscheidet demnach folgende Faktorarten:

(1) *Werkstoffe* sind Güter, wie z.B. Rohstoffe, Bauteile und Energie, die bei der Produktion verbraucht werden und unmittelbar in das Produkt eingehen.

(2) *Betriebsmittel* sind Güter, die bei der Produktion genutzt werden, ohne daß sie unmittelbar in das Produkt eingehen. *Abnutzbare Betriebsmittel* oder *Potentialfaktoren*, wie z.B. Maschinen und Gebäude, geben laufend Leistungen an die Produktion ab, bis sich ihr Leistungspotential erschöpft; *nicht abnutzbare* Betriebsmittel,

wie Grundstücke und Katalysatoren, werden bei der Produktion genutzt, ohne dadurch ihr Leistungspotential zu verringern.

(3) *Menschliche Arbeitskraft* wird entweder als *objektbezogene* Arbeit direkt in der Produktion eingesetzt oder dient als *dispositive* Arbeit der Steuerung der betrieblichen Abläufe.

Es wird hier von einem weiten Werkstoff-Begriff ausgegangen, der neben den Teilen, aus denen ein Produkt montiert wird, auch Roh-, Hilfs- und Betriebsstoffe sowie den Energieeinsatz umfaßt. Hierfür wird gelegentlich auch der Begriff *Repetierfaktor* verwandt. Die Abgrenzung zwischen Werkstoffen und Betriebsmitteln beruht im wesentlichen auf der Möglichkeit, den Faktorverbrauch einer Erzeugniseinheit oder der Produktion einer Periode zuzurechnen.

Während sich das betriebswirtschaftliche System der Produktionsfaktoren an deren Funktion im Produktionsprozeß und ihrer Zurechenbarkeit zum Produkt orientiert, knüpft die volkswirtschaftliche Einteilung der Faktoren in Arbeit, Boden und Kapital an die *Entlohnung* der Faktoren an: Für die Beschäftigung von Arbeitskräften ist ein fest vereinbarter *Lohn* zu zahlen, der Einsatz des Kapitals wird durch den *Zins* entlohnt, das Entgelt für die Nutzung des Bodens ist die *Bodenrente*.

Ausgangspunkt produktionstheoretischer Überlegungen könnte eine ingenieursmäßige Beschreibung der technologischen Aspekte der zur Verfügung stehenden Produktionsverfahren sein. Ein solches Konstruktionshandbuch würde jedoch eine große Zahl technologischer Informationen enthalten, die für ökonomische Fragestellungen von untergeordneter Bedeutung sind und die relevanten Beziehungen verdecken. Die Produktionstheorie abstrahiert daher von diesen Einzelheiten und beschränkt sich auf die Analyse der Beziehungen zwischen Faktoreinsatz- und Ausbringungsmengen.

Eine solche Beschreibung des Produktionsprozesses durch die Menge der eingesetzten Produktionsfaktoren und die Ausbringungsmengen bedingt, daß diese Gütermengen meßbar sind. Es wird also vorausgesetzt, daß eine Meßvorschrift existiert, die jedem Produktionsfaktor eine Zahl zuordnet, die angibt, in welchem Umfang der Faktor durch seinen Einsatz in der Produktion alternativen Verwendungen entzogen wird. Ebenso wird jedem Produkt eine Zahl zugeordnet, die angibt, in welchem Umfang durch seine Herstellung neue Verwendungsmöglichkeiten (Absatz und Weiterverarbeitung) eröffnet werden.

Während Ausbringungsmengen und Einsatzmengen von Werkstoffen meist durch einfache physikalische Größen wie Zahl, Gewicht oder Fläche gemessen werden können, stößt die Messung des Einsatzes von Betriebsmitteln und menschlicher Arbeitskraft auf prinzipielle Probleme: Zunächst stellt sich die Frage, ob der Einsatz anhand des Bestandes oder der Nutzung dieser Faktoren gemessen werden soll. Entscheidet man sich dafür, den Bestand zugrunde zu legen, dann können weder Leer- oder Wartezeiten noch Unterschiede in der Nutzungsintensität dieser Faktoren erfaßt werden. Die Erfassung der tatsächlichen Nutzung bzw. der Leistungsabgabe stößt hingegen auf meßtechnische Schwierigkeiten; insbesondere reicht es vielfach nicht aus, die Nutzungs- bzw. die Ein-

Einleitung

satzdauer zu messen, weil die Produktionsgeschwindigkeit und damit die Leistungsabgabe von Betriebsmitteln und Arbeitskräften im Zeitablauf schwankt.

Auch der Vorschlag, die Leistungsabgabe abnutzbarer Betriebsmittel als Bruchteil ihres Leistungspotentials zu messen, ist theoretisch unbefriedigend, weil ein solches nicht definiert ist: Die Nutzungsdauer und das Leistungspotential eines Betriebsmittels hängen nicht nur von gegebenen technischen Eigenschaften, sondern auch von ökonomischen Entscheidungen - wie Wartungs-, Reparatur- und Ersatzmaßnahmen - ab. Die Frage, wie der Einsatz von Betriebsmitteln gemessen werden kann, wird daher allenfalls im Rahmen einer langfristigen Theorie, die diese Entscheidungsalternativen explizit berücksichtigt, beantwortet werden können.

Trotz dieser Meßprobleme setzt die Produktions- und Kostentheorie voraus:

<u>Postulat I:</u> *Meßbarkeit von Gütermengen*

> *Faktoreinsatzmengen und Ausbringungsmengen sind meßbar.*

Für eine formale Darstellung der produktiven Möglichkeiten der Betriebe werden die folgenden Bezeichnungen eingeführt:

Es sei

$i = 1,\ldots,n$ - Index für die Produktionsfaktoren
$j = 1,\ldots,m$ - Index für die Produkte
r_i - Einsatzmenge des Faktors i
x_j - Ausbringungsmenge des Produkts j

Zur Vereinfachung der Schreibweise werden die Gütermengen zum Vektor der Faktoreinsatzmengen

$$\underline{r} = (r_1, r_2, \ldots, r_n)$$

bzw. zum Vektor der Ausbringungsmengen

$$\underline{x} = (x_1, x_2, \ldots, x_m)$$

zusammengefaßt. Dann ist eine Produktionsalternative durch die mit ihr herstellbaren Ausbringungsmengen $\underline{x}$ und die hierzu benötigten Faktoreinsatzmengen $\underline{r}$ bzw. durch den Vektor $\underline{y} = (\underline{r}, \underline{x})$ gekennzeichnet. Faktoreinsatz- und Ausbringungsmengen können nur nicht-negative Werte annehmen; eine Produktionsalternative läßt sich daher durch einen Punkt $(\underline{r}, \underline{x})$ im positiven Orthanten des $(n+m)$-dimensionalen euklidischen Raums darstellen. Die Menge

$$\mathfrak{R}_+^{n+m} = \left\{ \underline{y} = (\underline{r}, \underline{x}) \mid \underline{r} \geq \underline{0}; \underline{x} \geq \underline{0} \right\}$$

wird als *Güterraum* bezeichnet.

<u>Definition:</u> *Aktivität*

> *Eine Aktivität $\underline{y} = (\underline{r}, \underline{x})$ ist eine Kombination von Faktoreinsatzmengen $\underline{r} = (r_1, r_2, \ldots, r_n) \geq \underline{0}$, die zu einer Kombination von Ausbringungsmengen $\underline{x} = (x_1, x_2, \ldots, x_m) \geq \underline{0}$ führt.*

Eine Aktivität wird durch einen Punkt im Güterraum dargestellt; Aktivitäten werden daher auch als *Produktionspunkte* bezeichnet. Der Fall von zwei Faktoren und einem Produkt läßt sich graphisch als Projektion des dreidimensionalen Güterraums in den zweidimensionalen Faktorraum darstellen, indem man auf den Koordinatenachsen die Faktoreinsatzmengen abträgt und die mit einer Faktoreinsatzmengenkombination (r_1, r_2) erzielbare Ausbringungsmenge als Index an diesem Produktionspunkt vermerkt. In Abbildung 2 ist ein Beispiel für eine solche Darstellung von Produktionspunkten gegeben.

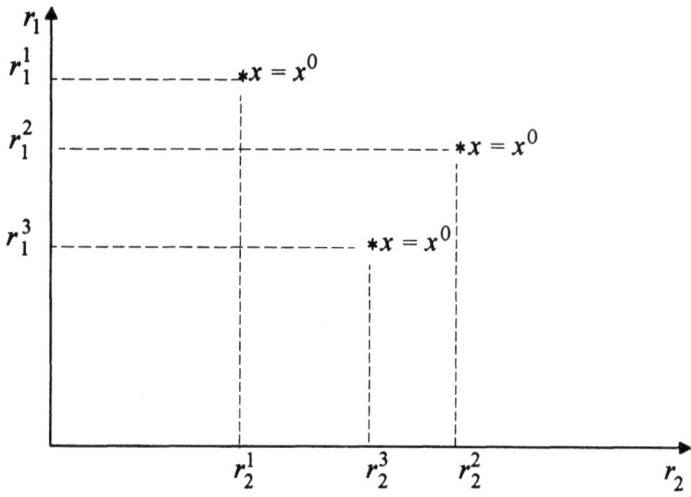

Abbildung 2:   Produktionspunkte

Besteht die Möglichkeit, Produktionsfaktoren zu verschwenden, dann sind die Beziehungen zwischen den Faktoreinsatz- und Ausbringungsmengen nicht eindeutig. Um die Möglichkeit der Verschwendung auszuschließen, führt man den Begriff der *effizienten Aktivität* ein:

<u>Definition:</u> *Effizienz von Aktivitäten*

Eine Aktivität $\underline{y}^0 = (\underline{r}^0, \underline{x}^0)$ heißt effizient, falls es keine andere Aktivität $\underline{y} = (\underline{r}, \underline{x})$ gibt, so daß
$\underline{r}^0 \geq \underline{r}$
$\underline{x}^0 \leq \underline{x}$
und
$r_i^0 > r_i$ für mindestens einen Faktor i oder
$x_j^0 < x_j$ für mindestens ein Produkt j.

Gibt es eine Aktivität $\underline{y}$, die dieser Bedingung genügt, so *dominiert* sie die Aktivität $\underline{y}^0$.

In Abbildung 2 ist der Produktionspunkt $\underline{y}^1$ effizient, denn die Produktionspunkte $\underline{y}^2$ und $\underline{y}^3$ benötigen für die gleiche Ausbringungsmenge x^0 zwar weniger von Faktor 1, aber mehr von Faktor 2. Hingegen dominiert der Produktionspunkt $\underline{y}^3$ den Produktionspunkt $\underline{y}^2$, weil bei gleicher Ausbringungsmenge x^0

$$r_1^2 > r_1^3 \quad \text{und} \quad r_2^2 > r_2^3 \tag{1}$$

Die Produktionsfunktion ist eine Zusammenfassung effizienter Produktionsalternativen. Wird lediglich ein Produkt durch Kombination von n Produktionsfaktoren hergestellt *(Einprodukt-Fall)*, dann ist die Produktionsfunktion eine Abbildung

$$\Phi: \Re_+^n \Rightarrow \Re_+^1$$

die jeder Faktoreinsatzmengenkombination $\underline{r}$ die damit höchstens erzielbare Ausbringungsmenge x zuordnet:

$$x = \Phi(r_1, \ldots, r_n) \tag{2}$$

Im Mehrprodukt-Fall werden mehrere Produkte mit den gleichen Faktoren hergestellt. Bei *unverbundener Produktion* bestehen keine weiteren Beziehungen zwischen den Produkten. In diesem Fall läßt sich die Produktionsfunktion in *impliziter Form* darstellen als

$$F(r_1, \ldots, r_n; x_1, \ldots, x_m) = 0 \tag{3a}$$

Unter bestimmten Regularitätsvoraussetzungen läßt sich diese Produktionsfunktion nach der Ausbringungsmenge des Produkts j auflösen; man erhält dann die maximal erzielbare Ausbringungsmenge x_j dieses Produkts in Abhängigkeit von den Ausbringungsmengen der übrigen Produkte und den Einsatzmengen der Produktionsfaktoren:

$$x_j = \Phi_j(r_1, \ldots, r_n; x_1, \ldots, x_{j-1}, x_{j+1}, \ldots, x_m) \quad (j = 1, \ldots, m)$$

Bei *Kuppelproduktion* sind weitere Beziehungen zwischen den einzelnen Produkten zu beachten; im allgemeinen Fall tritt daher an die Stelle der Produktionsfunktion ein System von $l < n+m$ Produktivitätsbeziehungen, denen effiziente Aktivitäten genügen:

$$F_k(r_1, \ldots, r_n; x_1, \ldots, x_m) = 0 \quad (k = 1, \ldots, l) \tag{3b}$$

Die in der Produktionsfunktion erfaßten produktiven Beziehungen zwischen Faktoreinsatz- und Ausbringungsmengen dienen u.a. der Lösung folgender Entscheidungsprobleme:

(1) Wahl der Produktionsverfahren bzw. der Faktorkombination
(2) Wahl des Sortiments bzw. der Produktkombination
(3) Umfang der Produktions- bzw. der Ausbringungsmenge

Zur Lösung dieser Fragen reicht die Kenntnis der durch die Produktionsfunktion beschriebenen mengenmäßigen Beziehungen zwischen Faktoreinsatz und Ausbringung nicht aus; das Effizienzkriterium scheidet lediglich eindeutig unterlegene Produktionsalternativen aus, ermöglicht es jedoch nicht, solche Aktivitäten zu vergleichen, die von keiner anderen dominiert werden. Hierzu bedarf es vielmehr einer Bewertung der Faktoreinsatzmengen und der Berechnung der Produktionskosten.

<u>Definition:</u> *Kosten*

Kosten sind der bewertete Verzehr von Gütern und Dienstleistungen zur Erstellung der betrieblichen Leistung einer Periode bzw. einer Ausbringungseinheit.

Man erhält die Produktionskosten, indem man die Faktoreinsatzmengen r_i mit Preisen q_i gewichtet und über alle Faktorarten summiert:

$$K = \sum_{i=1}^{n} r_i \cdot q_i \tag{4}$$

Um Kosten berechnen zu können, setzt die Produktions- und Kostentheorie voraus:

<u>Postulat II:</u> *Existenz von Preisen*

Für alle Güter sind Preise bekannt, mit denen diese bewertet werden können.

Diese Voraussetzung ist bei Werkstoffen unproblematisch, wenn ein Marktpreis existiert, zu dem die eingesetzten Mengen ersetzt werden können; ebenso kann der Einsatz von Arbeitskräften mit tariflich festgelegten oder tatsächlich gezahlten Lohnsätzen bewertet werden. Schwierigkeiten treten hingegen bei der Bewertung des Einsatzes von Betriebsmitteln auf, da im allgemeinen keine Marktpreise für die Leistungen maschineller Anlagen existieren. Zur Lösung werden zwei alternative Ansätze zur Bewertung des Einsatzes von Betriebsmitteln vorgeschlagen:

(1) Die Anschaffungskosten der Betriebsmittel werden in Form von *Abschreibungen* auf die Nutzungsdauer bzw. das Leistungspotential der Betriebsmittel verteilt.

(2) Der Einsatz von Betriebsmitteln wird mit *Opportunitätskosten* bewertet, die den entgangenen Nutzen anderweitiger Verwendungen der Betriebsmittel messen.

Im Gegensatz zur volkswirtschaftlichen *Theorie der Unternehmung*, die sich insbesondere mit den Rückwirkungen der Nachfrage nach Produktionsfaktoren auf deren Preise befaßt, setzt die Produktionstheorie voraus, daß die Faktorpreise q_i fest vorgegeben sind.

Bei vorgegebenen Ausbringungsmengen

$$\underline{x}^0 = (x_1^0, x_2^0, \ldots, x_m^0)$$

ist das Problem der Produktionsplanung gegeben durch:

Minimiere die mit der Herstellung dieser Ausbringungsmengen verbundenen Kosten

$$K = \sum_{i=1}^{n} r_i \cdot q_i \Rightarrow \min! \tag{4a}$$

unter der Nebenbedingung, daß die ausgewählte Aktivität den Produktivitätsbeziehungen

$$F_k(r_1, \ldots, r_n; x_1^0, \ldots, x_m^0) = 0 \quad (k = 1, \ldots, l) \tag{5}$$

genügt.

Das Kostenkriterium ermöglicht nur, die günstigste Produktionsalternative bzw. die günstigste Kombination der Produktionsfaktoren bei gegebenem Sortiment und bei gegebenen Ausbringungsmengen zu ermitteln; für die Wahl des Sortiments und die Bestimmung der Ausbringungsmengen müssen auch die verschiedenen Produkte miteinan-

Einleitung

der vergleichbar gemacht werden, indem man die Ausbringungsmengen x_j mit vorgegebenen Preisen p_j bewertet. Die *Erlöse* sind definiert als

$$E = \sum_{j=1}^{m} x_j \cdot p_j \qquad (6)$$

Die Differenz zwischen Erlösen und Kosten bezeichnet man als *Gewinn*:

$$G = \sum_{j=1}^{m} x_j \cdot p_j - \sum_{i=1}^{n} r_i \cdot q_i \qquad (7)$$

Das Problem der Produktionsprogrammplanung läßt sich dann wie folgt formulieren:

$$G = \sum_{j=1}^{m} x_j \cdot p_j - \sum_{i=1}^{n} r_i \cdot q_i \Rightarrow \max! \qquad (7a)$$

unter den Nebenbedingungen

$$F_k(r_1, \ldots, r_n; x_1, \ldots, x_m) = 0 \qquad (k = 1, \ldots, l) \qquad (5a)$$

In der Produktionstheorie werden also vorwiegend drei Entscheidungskriterien angewandt:

(1) Das *Effizienzkriterium* ermöglicht eine Vorauswahl, durch die solche Produktionsalternativen ausgeschieden werden, die bei keiner Preiskonstellation in Betracht kommen, weil sie anderen Alternativen technisch unterlegen sind.

(2) Das *Kostenkriterium* dient der Auswahl der günstigsten Produktionsalternative bei vorgegebenem Produktionsprogramm.

(3) Das *Gewinnkriterium* wird bei der Wahl des Sortiments, der Ausbringungsmengen und der Kombination der Faktoren, die diese Ausbringung ermöglichen, eingesetzt.

Produktionstheoretische Aussagen werden auf verschiedenen Betrachtungsebenen mit unterschiedlichem Aggregationsgrad verwandt:

(1) *Betriebswirtschaftliche Anwendungen* mit dem Ziel, betriebliche Entscheidungen zu unterstützen:

  (a) Entscheidungen über die Produktmengenplanung

  (b) Zusammenfassende Beschreibung des Zusammenhangs zwischen den Ausbringungsmengen, Faktoreinsatzmengen und Produktionskosten als Datum für andere Planungsbereiche wie Beschaffung und Absatzplanung.

(2) *Volkswirtschaftliche Anwendungen* mit dem Ziel, die produktiven Möglichkeiten darzustellen:

  (a) Beschreibung der produktiven Möglichkeiten und der Kostenstruktur von Unternehmen zur Prognose der Reaktion auf Datenveränderungen und zur Analyse volkswirtschaftlicher Koordinationsmechanismen (Preistheorie).

(b) Aggregierte Beschreibung der Produktionsmöglichkeiten einer Branche bzw. einer Volkswirtschaft für makroökonomische Analysen (Wachstumstheorie, Verteilungstheorie).

Diese unterschiedlichen Fragestellungen bedingen offensichtlich unterschiedliche produktionstheoretische Aussagensysteme in Betriebswirtschaftslehre und Volkswirtschaftslehre. Insbesondere ist zu beachten, daß der Übergang von einer Betrachtungsebene zur nächsthöheren nicht eine reine Addition von Mengen- oder Wertbeziehungen bedeutet, sondern daß dieser Übergang mit ökonomischen Entscheidungen verbunden ist. So sind bei der betrieblichen Produktionsplanung die eingesetzten Produktionsverfahren Entscheidungsvariable, während die für andere betriebliche Planungsbereiche bzw. für preistheoretische Überlegungen benutzten Produktions- und Kostenfunktionen lediglich die Ausbringungsmenge als Entscheidungsvariable ansehen und unterstellen, daß die Wahl der Produktionsverfahren in Abhängigkeit von der geforderten Ausbringungsmenge bereits getroffen ist.

Wenn man trotz dieser Unterschiede von einer einheitlichen Produktions- und Kostentheorie sprechen kann, dann liegt das daran, daß man auf allen Betrachtungsebenen von einer gemeinsamen Fragestellung, der Beziehung zwischen Ausbringungsmengen, Faktoreinsatzmengen und Kosten, ausgeht und daß die Produktions- und Kostenfunktionen als gemeinsame formale Instrumente zur Erfassung dieser Beziehungen eingesetzt und den jeweiligen Besonderheiten angepaßt werden können. Im Mittelpunkt der folgenden Kapitel stehen daher die formalen Eigenschaften dieser Funktionen und deren Herleitung aus den technologischen Gegebenheiten der Produktion. Hierbei wird auf folgende Ansätze, die in der modernen Produktions- und Kostentheorie diskutiert werden, zurückgegriffen:

(1) Die *neoklassische Produktionstheorie*, die von einer direkten Beziehung zwischen Faktoreinsatz- und Ausbringungsmengen ausgeht.

(2) Die *Aktivitätsanalyse*, die auf den Arbeiten von KOOPMANS [1951] und DEBREU [1959] beruht; sie baut die Produktionstheorie aus einfachen Prämissen über die Eigenschaften der Technologie-Menge als der Menge der technisch möglichen Produktionsverfahren auf.

(3) Produktionstheoretische Ansätze, die die Beziehungen zwischen Faktoreinsatz- und Ausbringungsmengen aus den technologischen Eigenschaften der Betriebsmittel herleiten:

(a) Die Theorie der *Engineering Production Function*, die auf Arbeiten von CHENERY [1949] zurückgeht, leitet die Möglichkeit der Faktorsubstitution aus konstruktiven Alternativen her, die vor der Installation von Betriebsmitteln bestehen; dieser Ansatz wurde zum *Putty-Clay-Modell* ausgebaut, das zwischen einer Produktionsfunktion ex ante und einer Produktionsfunktion ex post unterscheidet. Die Produktionsfunktion ex ante beschreibt die Möglichkeiten der Technologie-Wahl vor der Installation der Betriebsmittel; sie weist die Eigenschaften der neoklassischen Produktionstheorie auf. Die Produktionsfunktion

Einleitung

ex post beschreibt hingegen die Produktionsalternativen bei gegebener Technologie. Für sie gelten die Prämissen der Aktivitätsanalyse.

(b) Die auf GUTENBERG [1951] zurückgehende *Theorie der Anpassungsformen* untersucht die Möglichkeiten, die Leistung der maschinellen Anlagen nach deren Installation zu variieren.

Ausgangspunkt der Überlegungen ist die neoklassische Produktionstheorie: Zunächst werden die Eigenschaften der Produktionsfunktion für den Einprodukt-Fall untersucht und daraus die Kostenfunktion hergeleitet. Abschließend werden einige Ansätze zur Verallgemeinerung der Produktionsfunktion für den Mehrprodukt-Fall vorgestellt.

Im Anschluß an die Darstellung der neoklassischen Produktionstheorie werden die Grundzüge der linearen Aktivitätsanalyse behandelt und deren Bedeutung für die Produktionstheorie aufgezeigt. Es wird nachgewiesen, daß das Ergebnis der Wahl der Produktionsalternativen bei unterschiedlichen Ausbringungsmengen und Faktoreinsatzmengen in einer Produktionsfunktion zusammengefaßt werden kann, die weitgehend die in der neoklassischen Produktionstheorie vorausgesetzten Eigenschaften besitzt. Weiter wird gezeigt, daß diese Produktionsfunktion gegen eine neoklassische konvergiert, wenn die Zahl der Produktionsalternativen gegen unendlich geht.

Neuere betriebswirtschaftliche Ansätze versuchen, produktionstheoretische Aussagen aus technologischen Beziehungen herzuleiten. Da sich diese Bedingungen weitgehend in den technischen Eigenschaften der maschinellen Anlagen niederschlagen und nur dort erfaßt werden können, ist hierbei eine stark disaggregierte Betrachtungsweise erforderlich, die Produktivitätsbeziehungen für einzelne Maschinen bestimmt. Zunächst wird der Ansatz der *Engineering Production Function* dargestellt, der unterschiedliche Produktionsalternativen und die Möglichkeit der Substitution aus der Variation konstruktiver Merkmale der Anlagen herleitet. Da diese meist mit der Installation der Anlagen festgelegt werden, beschreiben die ingenieurswissenschaftlichen Produktionsfunktionen die Produktionsmöglichkeiten ex ante, d.h. vor der Installation von Anlagen. Das *Putty-Clay-Modell* nimmt diese Idee auf und verbindet sie mit ex-post-Produktionsfunktionen, die die Produktionsalternativen nach der Installation der Anlagen beschreiben. Während die Produktionsfunktion ex ante substitutional ist, ist die ex-post-Produktionsfunktion limitational und beschreibt Produktionsprozesse im Sinne der linearen Aktivitätsanalyse.

Der zweite Versuch, produktions- und kostentheoretische Aussagen technologisch zu begründen, ist die *Theorie der Anpassungsformen*. Sie untersucht, welche Möglichkeiten existieren, die Leistung einer gegebenen maschinellen Anlage an die Beschäftigung, d.h. die Absatzmöglichkeiten, anzupassen. Hierbei wird unterstellt, daß eine Anlage zeitweilig stillgelegt werden kann und daß die Möglichkeit besteht, die Leistung pro Zeiteinheit durch Veränderung bestimmter technischer Parameter zu variieren. Die Theorie der Anpassungsformen befaßt sich insbesondere mit den durch diese Maßnahmen verursachten Veränderungen der Faktoreinsatzmengen und der Kosten.

Aus technologischen Beziehungen können nur Produktivitätsbeziehungen zwischen der Leistung einzelner Maschinen und den dort benötigten Faktoreinsatzmengen hergeleitet werden. Um eine Produktionsfunktion zwischen der Ausbringungsmenge von Endprodukten und den insgesamt benötigten Faktoreinsatzmengen zu bestimmen, müssen diese Produktivitätsbeziehungen zu einer Produktionsfunktion des Betriebes zusammengefaßt werden. Hierzu werden die Methoden der *Input-Output-Rechnung* benutzt.

Im Anschluß an die Theorie der Produktionsfunktion sind zwei weitere Problemkreise anzusprechen: die Rolle der *Betriebsmittel* und Fragen der *Umweltwirkungen* der Produktion.

Während der Einsatz von Werkstoffen und Arbeitskräften unmittelbar den Produkten oder einer Produktionsperiode zurechenbar ist, ist das bei Betriebsmitteln nicht unmittelbar möglich. Betriebsmittel werden vielmehr im allgemeinen für die Herstellung mehrerer Produkte eingesetzt, ihre Nutzung erstreckt sich über mehrere Perioden. Es ist daher zu klären, wie die mit dem Maschineneinsatz verbundenen Kosten den Endprodukten bzw. der Produktion einer Periode zugerechnet werden können. Weiter ist mit der Entscheidung über den Einsatz von Betriebsmitteln das Problem der Realisierung des *technischen Fortschritts* eng verbunden: Meist bedingen neue Produktionsverfahren die Installation verbesserter Anlagen; in anderen Fällen sind technische Verbesserungen nur dann realisierbar, wenn konstruktive Änderungen an Anlagen durchgeführt werden. Es ist daher zu untersuchen, wie der technische Fortschritt in den Betrieben implementiert wird.

Abschließend werden Fragen der Umweltwirkungen der Produktion behandelt. Es wird gezeigt, daß die traditionellen Ansätze der Produktions- und Kostentheorie und deren Ergebnisse durch geeignete Interpretation der Umwelteinflüsse auch zur Analyse ökologischer Fragestellungen eingesetzt werden können.

1.2 Literaturhinweise

Adam, D., Produktions- und Kostentheorie, 2. Aufl., Tübingen-Düsseldorf (Mohr) 1977

Bosworth, D.L., Production Functions: A Theoretical and Empirical Study, Westmead (Saxon House) 1976

Busse v. Colbe, W., Lassmann, G., Betriebswirtschaftstheorie, Bd. 1: Grundlagen, Produktions- und Kostentheorie, 5. Aufl., Berlin-Heidelberg (Springer) 1991

Dellmann, K., Betriebswirtschaftliche Produktions- und Kostentheorie, Wiesbaden (Gabler) 1980

Dyckhoff, H., Betriebliche Produktion - Theoretische Grundlagen einer umweltorientierten Produktionswirtschaft, Berlin-Heidelberg (Springer) 1992

Ellinger, Th., Haupt, R., Produktions- und Kostentheorie, 2. Aufl., Stuttgart (Poeschel) 1990

Fandel, G., Produktion I: Produktions- und Kostentheorie, 3. Aufl., Berlin-Heidelberg (Springer) 1991

Frisch, R., Theory of Production, Dordrecht (Reidel) 1965

Gutenberg, E., Grundlagen der Betriebswirtschaftslehre Bd. I: Die Produktion, 1. Aufl., Berlin-Göttingen-Heidelberg (Springer) 1951; 24. Aufl., Berlin-Heidelberg (Springer) 1983

Heinen, E., Betriebswirtschaftliche Kostenlehre, 6. Aufl., Wiesbaden (Gabler) 1983

Johansen, L., Production Functions: An Integration of Micro and Macro, Short Run and Long Run Aspects, Amsterdam (North-Holland) 1972

Kilger, W., Produktions- und Kostentheorie, Wiesbaden (Gabler) 1958

Krelle, W., Produktionstheorie, Tübingen (Mohr) 1969

Lücke, W., Produktions- und Kostentheorie, 3. Aufl., Würzburg (Physica) 1973

Schneeweiß, Ch., Einführung in die Produktionswirtschaft, 4. Aufl., Berlin-Heidelberg-New York (Springer) 1992

Schweitzer, M., Küpper, H.-U., Produktions- und Kostentheorie der Unternehmung, Reinbek (Rowohlt) 1974

Shephard, R.W., Theory of Cost and Production Functions, Princeton (University Press) 1970

Steffen, R., Produktions- und Kostentheorie, Stuttgart (Kohlhammer) 1983

Wittmann, W., Produktionstheorie, Berlin-Heidelberg (Springer) 1968

2. Die neoklassische Produktionstheorie

Ausgangspunkt der neoklassischen Produktionstheorie ist die *Produktionsfunktion*, eine funktionale Beziehung zwischen den Faktoreinsatzmengen und der damit maximal erzielbaren Ausbringungsmenge. Diese wird nicht aus den technologischen Bedingungen der Produktion hergeleitet; vielmehr werden die Existenz einer solchen Funktion sowie deren Eigenschaften postuliert und allenfalls durch Plausibilitätsüberlegungen begründet. Durch diese Prämissen wird die mathematische Analyse erleichtert und die Existenz eindeutiger Lösungen der oben eingeführten Probleme der Produktionsplanung sichergestellt.

Im Mittelpunkt der neoklassischen Produktionstheorie steht der Einprodukt-Fall; dementsprechend befaßt sich dieses Kapitel hauptsächlich mit diesem einfachen Spezialfall. Zunächst werden die wesentlichen Voraussetzungen der neoklassischen Produktionstheorie zusammengestellt und einige formale Eigenschaften der Produktionsfunktion aufgezeigt. Im Anschluß daran werden die Konsequenzen für die Kostentheorie und die Produktionsplanung untersucht. Auf den Ergebnissen des Einprodukt-Falls aufbauend werden einige Ansätze zur Definition einer Produktionsfunktion für den Mehrprodukt-Fall und allgemeine Bedingungen für die optimale Produktionsplanung im Mehrprodukt-Fall angegeben. Ein abschließender Abschnitt befaßt sich mit der langfristigen Kostenfunktion und dem technischen Fortschritt in der neoklassischen Produktionstheorie.

2.1 Eigenschaften der neoklassischen Produktionsfunktion

2.1.1 Postulate der neoklassischen Produktionstheorie

Für den Einprodukt-Fall wird vorausgesetzt:

<u>Postulat III:</u> *Existenz einer Produktionsfunktion*

Es existiert eine Abbildung

$$\Phi : \mathfrak{R}_+^n \to \mathfrak{R}_+^1$$

des Faktorraums in den Produktraum, die jeder Kombination von nicht-negativen Faktoreinsatzmengen $\underline{r} = (r_1, ..., r_n)$ die damit maximal herstellbare Ausbringungsmenge x zuordnet (Produktionsfunktion):

$$x = \Phi(r_1, r_2, ..., r_n)$$

Die Produktionsfunktion ist zweimal stetig differenzierbar.

Ein Beispiel einer neoklassischen Produktionsfunktion ist die COBB-DOUGLAS-*Produktionsfunktion*:

$$x = \alpha_0 \cdot r_1^{\alpha_1} \cdot ... \cdot r_n^{\alpha_n} \tag{1}$$

Um die Eigenschaften von Produktionsfunktionen zu untersuchen, werden folgende Parameter bei Konstanz der übrigen variiert:

(1) *Produktionsfunktion bei totaler Faktorvariation:* Variation des Produktionsniveaus bei Konstanz der Verhältnisse der Einsatzmengen aller Faktoren.

(2) *Isoquante:* Variation der Einsatzmengen der Faktoren bei Konstanz der Ausbringungsmenge.

(3) *Produktionsfunktion bei partieller Faktorvariation:* Variation der Einsatzmenge eines Faktors bei Konstanz der anderen Faktoreinsatzmengen.

Die Produktionsfunktion bei totaler Faktorvariation ist gegeben durch

$$\Theta(\mu) = \Phi(\mu \cdot r_1, \mu \cdot r_2, \ldots, \mu \cdot r_n) \quad \text{mit} \quad \frac{d\Theta}{d\mu} > 0 \tag{2}$$

Entsprechend dem Vorzeichen der zweiten Ableitung der Produktionsfunktion bei totaler Faktorvariation unterscheidet man folgende Fälle:

(1) Konstante Skalenerträge:

$$\frac{d^2\Theta(\mu)}{d\mu^2} = 0$$

(2) Abnehmende Skalenerträge:

$$\frac{d^2\Theta(\mu)}{d\mu^2} < 0$$

(3) Zunehmende Skalenerträge:

$$\frac{d^2\Theta(\mu)}{d\mu^2} > 0$$

Eine wichtige Klasse von Produktionsfunktionen sind die *homogenen*, die dadurch charakterisiert sind, daß eine proportionale Erhöhung der Einsatzmengen aller Faktoren um das μ-fache zu einer Erhöhung der Ausbringungsmenge um das μ^k-fache führt:

$$\Theta(\mu) = \Phi(\mu \cdot r_1, \mu \cdot r_2, \ldots, \mu \cdot r_n) = \mu^k \cdot \Phi(r_1, r_2, \ldots, r_n)$$

Zwischen dem Homogenitätsgrad k und dem Verlauf der Produktionsfunktion bei totaler Faktorvariation besteht die folgende Beziehung:

(1) $k = 1$: Konstante Skalenerträge
(2) $k < 1$: Abnehmende Skalenerträge
(3) $k > 1$: Zunehmende Skalenerträge

Es ist plausibel, daß bei gegebener Technologie eine Verdoppelung *aller* Faktoreinsatzmengen auch eine Verdoppelung der Ausbringungsmenge ermöglicht. In der neoklassischen Produktionstheorie wird deshalb oft für die Produktionsfunktion bei totaler Faktorvariation vorausgesetzt:

Postulat IVa: *Konstanz der Skalenerträge*

Die Produktionsfunktion ist homogen vom Grade k=1

$$\Phi(\mu \cdot r_1, \mu \cdot r_2, \ldots, \mu \cdot r_n) = \mu \cdot \Phi(r_1, r_2, \ldots, r_n)$$

Oft wird es nicht möglich sein, alle Faktoren explizit in der Produktionsfunktion zu erfassen; vielfach können einzelne Faktoren, wie z.B. der Standortboden, nicht variiert werden. Das Postulat IVa wird daher oft abgeschwächt:

Postulat IVb: *Abnehmende Skalenerträge*

Die Produktionsfunktion ist homogen vom Grade $k \leq 1$:

$$\Phi(\mu \cdot r_1, \mu \cdot r_2, \ldots, \mu \cdot r_n) = \mu^k \cdot \Phi(r_1, r_2, \ldots, r_n) \qquad (k \leq 1)$$

Die COBB-DOUGLAS-Produktionsfunktion ist homogen vom Grade

$$k = \sum_{i=1}^{n} \alpha_i$$

Es gilt nämlich

$$\Phi(\mu \cdot r_1, \mu \cdot r_2, \ldots, \mu \cdot r_n) = \alpha_0 \cdot (\mu \cdot r_1)^{\alpha_1} \cdots (\mu \cdot r_n)^{\alpha_n}$$
$$= \alpha_0 \cdot \mu^{\alpha_1 + \ldots + \alpha_n} \cdot r_1^{\alpha_1} \cdots r_n^{\alpha_n} = \mu^{\alpha_1 + \ldots + \alpha_n} \Phi(r_1, \ldots, r_n) \qquad (3)$$

Aus der Differenzierbarkeit der Produktionsfunktion Φ folgt, daß die Produktionsfaktoren substituierbar sind, daß also Einsatzmengen eines Faktors durch Einsatzmengen eines anderen ersetzt werden können. Es ist daher möglich, eine vorgegebene Ausbringungsmenge x^0 mit unterschiedlichen Kombinationen von Faktoreinsatzmengen herzustellen. Dieser Sachverhalt wird durch die *Isoquante* beschrieben:

Definition: *Isoquante*

Die Menge aller effizienten Kombinationen $I(x^0)$ von Faktoreinsatzmengen $\underline{r}$, welche die Produktion einer vorgegebenen Ausbringungsmenge x^0 ermöglichen, heißt Isoquante (zur Ausbringungsmenge x^0).

Faktoreinsatzmengen $\underline{r}$, welche die Herstellung der Ausbringungsmenge x^0 ermöglichen, genügen der Produktionsfunktion:

$$\Phi(r_1, r_2, \ldots, r_n) = x^0 \qquad (4)$$

Sind die Einsatzmengen aller Produktionsfaktoren bis auf die der Faktoren k und l konstant

$$r_i = r_i^0 \quad \text{für alle } i \neq k, l$$

und kann man die Gleichung (4) nach r_k auflösen, dann erhält man die explizite Darstellung der *Funktion der Isoquante*:

$$r_k = \Gamma_k(r_l | x^0)$$

In Abbildung 3 ist der Verlauf der Funktion der Isoquante für die beiden Faktorarten k, l dargestellt.

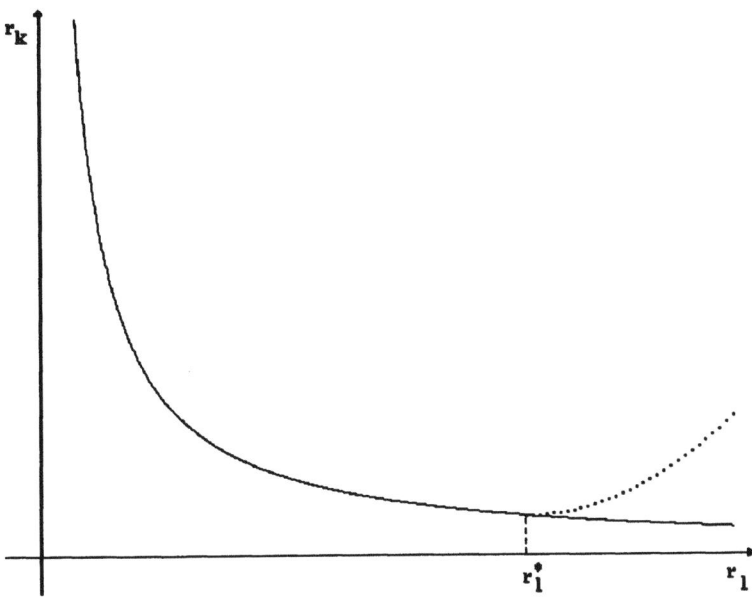

Abbildung 3: Isoquante

Die Substitutionsmöglichkeiten zwischen zwei Faktoren werden durch die *Grenzrate der Substitution* beschrieben:

Definition: *Grenzrate der Substitution*

Die Grenzrate der Substitution zwischen den Faktoren k und l gibt an, um wieviel die Einsatzmenge des Faktors k erhöht werden muß, um eine Verringerung der Einsatzmenge des Faktors l bei Konstanz aller anderen Faktoren und der Ausbringungsmenge auszugleichen.

Die Grenzrate der Substitution ist gegeben durch

$$s_{kl} = -\frac{d\Gamma_k}{dr_l} = -\frac{dr_k}{dr_l} \tag{5}$$

Bezüglich der Grenzrate der Substitution setzt die neoklassische Produktionstheorie voraus:

Postulat V: *Gesetz von der abnehmenden Grenzrate der Substitution*

Die Grenzrate der Substitution zwischen den Produktionsfaktoren k und l ist positiv, sie nimmt mit steigendem Einsatz des Faktors l monoton ab.

$$\frac{ds_{kl}}{dr_l} = -\frac{d^2\Gamma_k}{dr_l^2} < 0$$

Sind die partiellen Ableitungen der Produktionsfunktion Φ positiv (vgl. hierzu das im folgenden zu behandelnde Postulat VI), dann folgt aus dem Satz über die impliziten Funktionen, daß auch die Isoquante stetig differenzierbar ist. Postulat V impliziert dann die Konvexität von Γ_k. Der in Abbildung 3 gestrichelt wiedergegebene Verlauf, der sich gelegentlich in älteren Veröffentlichungen findet, steht im Widerspruch zur Effizienz der zur Isoquante gehörenden Produktionspunkte: Eine Erhöhung der Einsatzmenge des Faktors l über r_l^* hinaus würde gleichzeitig zu einem Mehreinsatz des Faktors k führen, ohne daß dadurch die Ausbringung erhöht werden könnte.

Im Fall der COBB-DOUGLAS-Produktionsfunktion hat die Funktion der Isoquante für die Faktoren 1 und 2 die Form:

$$r_1 = \left[\frac{x^0}{c_0 r_2^{\alpha_2}}\right]^{\frac{1}{\alpha_1}} \tag{6}$$

mit

$$c_0 = \alpha_0 (r_3^0)^{\alpha_3} \cdot (r_4^0)^{\alpha_4} \cdot \ldots \cdot (r_n^0)^{\alpha_n}$$

r_i^0 ($i = 3, \ldots, n$) bezeichnen die festen Einsatzmengen der Faktoren.

Sind die Produktionsfaktoren substitutional, dann kann man die Ausbringungsmenge - zumindest innerhalb bestimmter Grenzen - bereits dann variieren, wenn lediglich die Einsatzmenge eines *variablen* Faktors verändert wird und die Einsatzmengen aller anderen, der *fixen* Faktoren, konstant gehalten werden. Die Abhängigkeit der Ausbringungsmenge x von der Einsatzmenge r_k des variablen Faktors bei gegebenen Einsatzmengen r_i^0 ($i \neq k$) der fixen Faktoren heißt *Produktionsfunktion bei partieller Faktorvariation*:

$$x = \Phi(r_1^0, \ldots, r_{k-1}^0, r_k, r_{k+1}^0, \ldots, r_n^0) = f_k(r_k) \tag{7}$$

Wegen der Differenzierbarkeit der Produktionsfunktion Φ ist auch f_k differenzierbar. Im allgemeinen wird vorausgesetzt, daß die Produktionsfunktion bei partieller Faktorvariation im Koordinatenursprung beginnt.

Für den Spezialfall der COBB-DOUGLAS-Produktionsfunktion erhält man bei Variation des Faktors 1

$$x = c_0 \cdot r_1^{\alpha_1} \qquad \text{mit} \qquad c_0 = \alpha_0 \cdot (r_2^0)^{\alpha_2} \cdot (r_3^0)^{\alpha_3} \cdot \ldots \cdot (r_n^0)^{\alpha_n} \tag{8}$$

<u>Definition:</u> *Grenzproduktivität*

Die erste Ableitung der Produktionsfunktion bei partieller Faktorvariation heißt Grenzproduktivität. Diese ist gleich der partiellen Ableitung der Produktionsfunktion nach dem variablen Faktor.

$$x_i' = \frac{df_i}{dr_i} = \frac{\partial \Phi}{\partial r_i} \tag{9}$$

Bei der COBB-DOUGLAS-Produktionsfunktion gilt z.B. für $i = 1$:

$$x_1' = c_0 \cdot \alpha_1 \cdot r_1^{\alpha_1 - 1} = \frac{\alpha_1}{r_1} \cdot x$$

Die neoklassische Produktionstheorie geht von folgenden Eigenschaften der Produktionsfunktion bei partieller Faktorvariation aus:

Postulat VI: *Ertragsgesetz*

Die Grenzproduktivitäten sind positiv, sie nehmen jedoch bei einer Erhöhung der Einsatzmenge des variablen Faktors ab:

$$x_i' = \frac{df_i}{dr_i} = \frac{\partial \Phi}{\partial r_i} > 0 \qquad (r_i \geq 0, i = 1, \ldots, n)$$

$$x_i'' = \frac{d^2 f_i}{dr_i^2} = \frac{\partial^2 \Phi}{\partial r_i^2} < 0 \qquad (r_i \geq 0, i = 1, \ldots, n)$$

Gelegentlich wird das Ertragsgesetz insoweit abgeschwächt, daß die Abnahme der Ertragszuwächse $x_i'' < 0$ erst oberhalb der *Schwelle des Ertragsgesetzes* r_i^s einsetzt. Für die COBB-DOUGLAS-Produktionsfunktion gilt das Ertragsgesetz in seiner starken Form.

Der Verlauf der Produktionsfunktion bei partieller Faktorvariation ist in Abbildung 4 wiedergegeben. Die durchgezogene Linie gibt den Verlauf bei Gültigkeit des Ertragsgesetzes in seiner strengen Form wieder, die gestrichelte Kurve entspricht dem Ertragsgesetz in seiner abgeschwächten Form (klassische Produktionsfunktion).

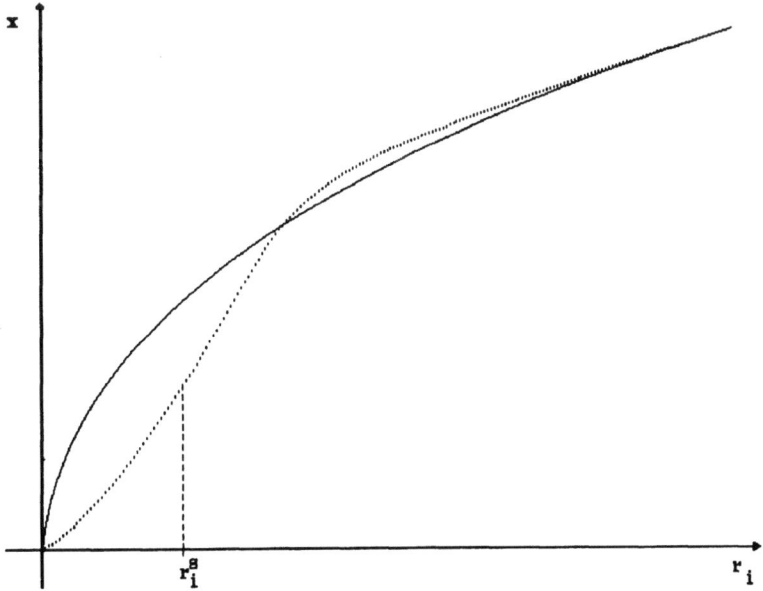

Abbildung 4: Ertragsgesetz

2.1.2 Formale Eigenschaften der Produktionsfunktion

Faktoreinsatzmengen auf der Isoquante $I(x^0)$ ermöglichen eine vorgegebene Ausbringungsmenge x^0; variiert man die Einsatzmenge eines Faktors k und hält die Einsatzmengen aller anderen Produktionsfaktoren bis auf den Faktor l konstant, dann muß für alle $\underline{r} \in I(x^0)$ das totale Differential der Produktionsfunktion Φ gleich Null sein:

$$dx = \frac{\partial \Phi}{\partial r_k} \cdot dr_k + \frac{\partial \Phi}{\partial r_l} \cdot dr_l = 0$$

Berücksichtigt man (5) und (9), dann erhält man durch Umstellen:

$$\frac{\partial \Phi}{\partial r_l} : \frac{\partial \Phi}{\partial r_k} = \frac{x'_l}{x'_k} = -\frac{dr_k}{dr_l} = s_{kl} \qquad (10)$$

Es gilt also:

<u>Satz 1</u>: *Grenzrate der Substitution*

Die Grenzrate der Substitution zwischen den Faktoren k und l ist gleich dem umgekehrten Verhältnis der Grenzproduktivitäten:

$$s_{kl} = \frac{x'_l}{x'_k}$$

Der *Durchschnittsertrag* des Produktionsfaktors i ist definiert als

$$e_i = \frac{x}{r_i} = \frac{\Phi(r_1, \ldots, r_n)}{r_i} \qquad (11)$$

Die strenge Version des Ertragsgesetzes impliziert, daß die Grenzproduktivität immer kleiner als der Durchschnittsertrag ist. In diesem Fall ist die Produktionsfunktion bei partieller Faktorvariation für jeden Faktor i konkav, d.h.

$$f_i(r_i^0) < f_i(r_i^1) + f_i'(r_i^1) \cdot (r_i^0 - r_i^1)$$

Setzt man $r_i^0 = 0$, dann gilt

$$f_i'(r_i^1) \cdot r_i^1 < f_i(r_i^1) - f_i(0)$$

Berücksichtigt man, daß $f_i(0) \geq 0$ ist und dividiert durch $r_i^1 > 0$, dann erhält man für alle r_i:

$$f_i'(r_i^1) < \frac{f_i(r_i^1)}{r_i^1} \qquad \text{bzw.} \qquad x_i' < e_i$$

Grenzertrag und Durchschnittsertrag fallen monoton.

Existiert ein Bereich zunehmender Ertragszuwächse, d.h. ist die Produktionsfunktion bei partieller Faktorvariation f_i im Intervall $0 \leq r_i \leq r_i^s$ konvex, dann hat die Grenzproduktivität ihr Maximum bei der Schwelle des Ertragsgesetzes r_i^s. Ist weiter $f_i(0) = 0$, dann ist

Die neoklassische Produktionstheorie

die Grenzproduktivität im konvexen Bereich von f_i größer oder gleich dem Durchschnittsertrag:

Für

$$r_i^0 \leq r_i^s \quad \text{und} \quad r_i^1 \leq r_i^s$$

gilt wegen der Konvexität von f_i:

$$f_i(r_i^0) \geq f_i(r_i^1) + f_i'(r_i^1) \cdot (r_i^0 - r_i^1)$$

Setzt man $r_i^0 = 0$ und berücksichtigt, daß $f_i(0) = 0$, dann folgt daraus für $r_i^1 > 0$:

$$f_i'(r_i^1) \geq \frac{f_i(r_i^1)}{r_i^1} \quad \text{bzw.} \quad x_i' \geq e_i$$

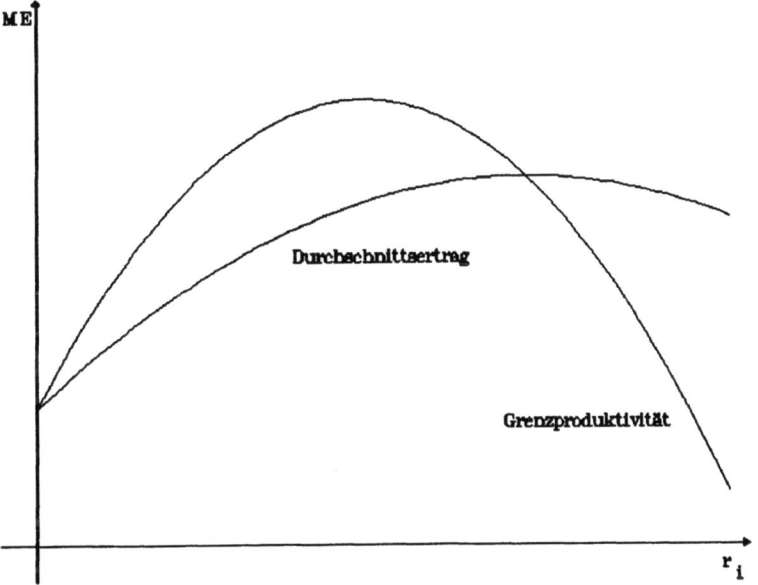

Abbildung 5: Grenzproduktivität und Durchschnittsertrag bei klassischen Produktionsfunktionen

Das Maximum des Durchschnittsertrags ist bei der Einsatzmenge r_i des Faktors i erreicht, bei der die Grenzproduktivität dieses Faktors gleich seinem Durchschnittsertrag ist. Notwendige Bedingung für ein Maximum des Durchschnittsertrags ist nämlich, daß

$$\frac{\partial e_i}{\partial r_i} = \frac{r_i \cdot x_i' - x}{r_i^2} = 0 \quad \text{und somit}$$

$$x_i' = \frac{x}{r_i} = e_i$$

Existiert ein Bereich zunehmender Ertragszuwächse, dann liegt das Maximum der Grenzproduktivität bei der Schwelle des Ertragsgesetzes r_i^s; das Maximum des Durchschnittsertrags wird bei einer positiven Faktoreinsatzmenge r_i^1 angenommen. Für $r_i < r_i^1$ ist die Grenzproduktivität größer, für $r_i > r_i^1$ ist sie kleiner als der Durchschnittsertrag.

Ein solcher Verlauf von Grenzproduktivität und Durchschnittsertrag ist in Abbildung 5 graphisch dargestellt.

Für homogene Produktionsfunktionen gelten folgende Beziehungen zwischen der Ausbringungsmenge und den Grenzproduktivitäten:

<u>Satz 2</u>: *Faktorentlohnung*

Ist die Produktionsfunktion linearhomogen, dann ist die Summe der mit den Grenzproduktivitäten gewichteten Faktoreinsatzmengen gleich der Ausbringungsmenge:

$$\sum_{i=1}^{n} x_i' \cdot r_i = x \tag{12a}$$

Ist die Produktionsfunktion homogen vom Grade k < 1, dann gilt

$$\sum_{i=1}^{n} x_i' \cdot r_i < x \tag{12b}$$

Im Fall k > 1 gilt schließlich:

$$\sum_{i=1}^{n} x_i' \cdot r_i > x \tag{12c}$$

<u>Beweis:</u>

Für homogene Produktionsfunktionen gilt:

$$\Phi(\mu \cdot r_1, \mu \cdot r_2, \ldots, \mu \cdot r_n) = \mu^k \cdot \Phi(r_1, r_2, \ldots, r_n)$$

Differenziert man beide Seiten nach μ, dann erhält man wegen der Kettenregel:

$$r_1 \cdot \frac{\partial \Phi}{\partial r_1} + \ldots + r_n \cdot \frac{\partial \Phi}{\partial r_n} = k \cdot \mu^{k-1} \cdot \Phi(r_1, r_2, \ldots, r_n)$$

Insbesondere gilt für $\mu = 1$:

$$\sum_{i=1}^{n} r_i \cdot \frac{\partial \Phi}{\partial r_i} = k \cdot \Phi(r_1, r_2, \ldots, r_n) = k \cdot x$$

Für $k = 1$ gilt also tatsächlich die Beziehung (12a); für $k \neq 1$ gilt (12b) bzw. (12c). ∎

Eine Entlohnung der Faktoren nach den Grenzproduktivitäten führt also nur im Fall konstanter Skalenerträge zu einer Verteilung der gesamten Produktion; bei abnehmenden Skalenerträgen wird nicht die gesamte Ausbringung verteilt, bei zunehmenden Skalenerträgen wird mehr verteilt, als produziert wird.

Elastizitäten beschreiben den Zusammenhang zwischen der relativen Veränderung einer Variablen u im Verhältnis zur relativen Veränderung einer anderen Variablen v:

Die neoklassische Produktionstheorie

$$\varepsilon = \frac{\Delta u}{u} : \frac{\Delta v}{v} = \frac{\Delta u}{\Delta v} \cdot \frac{v}{u}$$

Für $\Delta v \Rightarrow 0$ erhält man:

$$\varepsilon = \frac{du}{dv} \cdot \frac{v}{u} = \frac{d \ln(u)}{d \ln(v)} \tag{13}$$

In der neoklassischen Produktionstheorie werden insbesondere die folgenden Elastizitäten verwendet, um Eigenschaften der Produktionsfunktion zu beschreiben:

(1) *Produktionselastizität*: Relative Veränderung der Ausbringungsmenge in bezug auf die relative Veränderung der Einsatzmenge eines Faktors:

$$\varepsilon_i = \frac{\partial x}{\partial r_i} \cdot \frac{r_i}{x} = \frac{x_i'}{e_i} \tag{14}$$

Für die COBB-DOUGLAS-Produktionsfunktion gilt:

$$\varepsilon_i = \alpha_i$$

(2) *Skalenelastizität*: Relative Veränderung der Ausbringungsmenge in bezug auf die relative Veränderung des Niveaus μ der Faktoreinsatzmengen (bei konstantem Einsatzmengenverhältnis):

$$\varepsilon = \frac{dx}{d\mu} \cdot \frac{\mu}{x} \tag{15}$$

(3) *Substitutionselastizität*: Relative Veränderung des Verhältnisses der Einsatzmengen von zwei Faktoren bezüglich der relativen Veränderung der Grenzrate der Substitution (bei Konstanz aller anderen Faktoren):

$$\sigma_{ik} = \frac{d(r_k / r_i)}{d s_{ik}} : \frac{s_{ik}}{r_k / r_i} \tag{16}$$

Für COBB-DOUGLAS-Produktionsfunktionen ist die Substitutionselastizität gleich 1.

Zwischen der Produktionselastizität und der Skalenelastizität besteht die folgende Beziehung:

Satz 3: *WICKSELL-JOHNSON-Theorem*

Die Skalenelastizität ist gleich der Summe der Produktionselastizitäten:

$$\varepsilon = \sum_{i=1}^{n} \varepsilon_i$$

Beweis:

Bei proportionaler Ausdehnung aller Faktoren gilt:

$$\underline{r} = \mu \cdot \underline{r}^0$$

wobei $\underline{r}^0$ eine Kombination von Faktoreinsatzmengen ist, die eine Ausbringung von x^0 ermöglicht.

Einsetzen in die Produktionsfunktion ergibt:

$$x = \Phi(r_1, r_2, \ldots, r_n) = \Phi\left(\mu \cdot r_1^0, \mu \cdot r_2^0, \ldots, \mu \cdot r_n^0\right)$$

Dann gilt wegen der Kettenregel:

$$\varepsilon = \frac{dx}{d\mu} \cdot \frac{\mu}{x} = \sum_{i=1}^{n} \frac{\partial \Phi}{\partial r_i} \cdot r_i^0 \cdot \frac{\mu}{x} = \sum_{i=1}^{n} \frac{\partial \Phi}{\partial r_i} \cdot \frac{r_i}{x}$$

oder wegen (14)

$$\varepsilon = \sum_{i=1}^{n} \varepsilon_i \qquad\blacksquare$$

2.1.3 Homogenität und Ertragsgesetz

Die neoklassische Produktionstheorie geht davon aus, daß die Produktionsfunktion linearhomogen oder homogen vom Grade $k < 1$ ist und daß das Ertragsgesetz in seiner strengen Form gilt, d.h. daß

$$\frac{\partial^2 \Phi}{\partial r_i^2} \leq 0 \qquad \text{für alle } (i=1,\ldots,n) \text{ mit } r_i \geq 0$$

Die klassische Produktionsfunktion besitzt hingegen für

$$r_i \leq r_i^s$$

einen konvexen Bereich mit

$$\frac{\partial^2 \Phi}{\partial r_i^2} \geq 0 \qquad \text{für } 0 \leq r_i \leq r_i^s \quad (i=1,\ldots,n)$$

Das Ertragsgesetz gilt erst jenseits der Schwelle des Ertragsgesetzes:

$$\frac{\partial^2 \Phi}{\partial r_i^2} \leq 0 \qquad \text{für } r_i \geq r_i^s \quad (i=1,\ldots,n)$$

Diese klassische Form der Produktionsfunktion ist jedoch nicht mit der Homogenität vom Grade $k \leq 1$ vereinbar. Es gilt nämlich (vgl. EICHHORN [1970, S. 47f.]):

<u>Satz 4:</u> *Unmöglichkeit zunehmender Grenzproduktivitäten (EICHHORN)*

Es gibt keine zweimal stetig differenzierbare, vom Grade $k \leq 1$ homogene Produktionsfunktion Φ mit $n \geq 2$ Faktoren, die gleichzeitig folgende Eigenschaften besitzt:

Die neoklassische Produktionstheorie

(1) *Es gibt einen Produktionsfaktor j und eine konstante Faktoreinsatzmenge $r_j^0 = c > 0$, so daß für alle $i \neq j$ mit den Einsatzmengen $0 < r_i < \varepsilon$ (ε eine positive Konstante) die Funktion*

$$\Phi(r_1, \ldots, r_{j-1}, c, r_{j+1}, \ldots, r_n)$$

konvex ist.

(2) *Es gilt das Ertragsgesetz*

$$\frac{\partial^2 \Phi(r)}{\partial r_i^2} < 0 \qquad \text{für} \quad r_i > r_i^s \qquad (i = 1, \ldots, n)$$

wobei r_i^s die Schwelle des Ertragsgesetzes für den Faktor i ist.

(3) *Eine positive Ausbringungsmenge ist nur dann möglich, wenn von allen Faktoren eine positive Menge eingesetzt wird:*

$$\Phi(r_1, \ldots, r_{n-1}, 0) = \Phi(r_1, \ldots, r_{n-2}, 0, r_n) = \ldots = \Phi(0, r_2, \ldots, r_n) = 0$$

<u>Beweis:</u>

Der Beweis erfolgt durch Widerspruch: Ohne Einschränkung der Allgemeinheit kann man $j = n$ setzen. Ist Φ homogen vom Grade k, dann gilt:

$$\Phi(r_1, \ldots, r_n) = \left[\frac{r_n}{c}\right]^k \cdot \Phi\left[c\frac{r_1}{r_n}, \ldots, c\frac{r_{n-1}}{r_n}, c\right]$$

$$= r_n^k \cdot c^{-k} \cdot \Phi(u_1, \ldots, u_{n-1}, c)$$

mit

$$u_i = c \cdot \frac{r_i}{r_n} \qquad (i = 1, \ldots, n-1)$$

Berücksichtigt man

$$\frac{\partial u_i}{\partial r_n} = -c \cdot \frac{r_i}{r_n^2} \qquad (i = 1, \ldots, n-1)$$

dann erhält man wegen der Kettenregel für die erste Ableitung von Φ nach r_n:

$$\frac{\partial \Phi}{\partial r_n} = k \cdot r_n^{k-1} \cdot c^{-k} \cdot \Phi(u_1, \ldots, u_{n-1}, c) - r_n^{k-2} \cdot c^{1-k} \cdot \sum_{i=1}^{n-1} \frac{\partial \Phi}{\partial u_i} \cdot r_i$$

Die zweite Ableitung ist gleich

$$\frac{\partial^2 \Phi}{\partial r_n^2} = k \cdot (k-1) \cdot c^{-k} \cdot r_n^{k-2} \cdot \Phi(u_1, \ldots, u_{n-1}, c) -$$

$$-2 \cdot (k-1) \cdot c^{1-k} \cdot r_n^{k-3} \cdot \sum_{i=1}^{n-1} \frac{\partial \Phi}{\partial u_i} \cdot r_i +$$

$$+ c^{2-k} \cdot r_n^{k-4} \cdot \sum_{i=1}^{n-1} \sum_{j=1}^{n-1} \frac{\partial^2 \Phi}{\partial u_i \partial u_j} \cdot r_i \cdot r_j \qquad (*)$$

Es wird nun gezeigt, daß (*) für beliebige $c > 0$ und $k \leq 1$ positiv ist.

Wegen der Bedingungen (1) und (3) ist die Grenzproduktivität im Intervall $0 < u_i < \varepsilon$ größer als der Durchschnittsertrag. Dann gilt für $i = 1, \ldots, n-1$:

$$\frac{\Phi(u_1, \ldots, u_{n-1}, c)}{u_i} \leq \frac{\partial \Phi(u_1, \ldots, u_{n-1}, c)}{\partial u_i}$$

Für $k \leq 2$ gilt auch

$$\frac{k}{2} \cdot \frac{\Phi(u_1, \ldots, u_{n-1}, c)}{u_i} \leq \frac{\partial \Phi(u_1, \ldots, u_{n-1}, c)}{\partial u_i} \qquad (**)$$

Weiter ist für $k \leq 1$

$$2 \cdot (1-k) \cdot c^{1-k} \cdot r_n^{k-3} \cdot r_i \geq 0$$

Multipliziert man (**) mit diesem Ausdruck, so erhält man

$$k \cdot (1-k) \cdot c^{-k} \cdot r_n^{k-2} \cdot \Phi(u_1, \ldots, u_{n-1}, c) - 2 \cdot (1-k) \cdot c^{1-k} \cdot r_n^{k-3} \cdot r_i \cdot \frac{\partial \Phi}{\partial u_i} \leq 0$$

$$(i = 1, \ldots, n-1)$$

Da diese Ungleichung für alle $i = 1, \ldots, n-1$ gilt und alle Glieder nicht-negativ sind, gilt erst recht

$$k \cdot (1-k) \cdot c^{-k} \cdot r_n^{k-2} \cdot \Phi(u_1, \ldots, u_{n-1}, c) - 2 \cdot (1-k) \cdot c^{1-k} \cdot r_n^{k-3} \sum_{i=1}^{n-1} r_i \cdot \frac{\partial \Phi}{\partial u_i} \leq 0$$

$$(***)$$

Vergleicht man diesen Ausdruck mit den ersten beiden Gliedern von (*), so sieht man, daß sie sich lediglich in dem Term (1-k) bzw. (k-1) voneinander unterscheiden. Multipliziert man (***) mit (-1), dann sieht man, daß die beiden ersten Glieder von (*) zusammen nicht-negativ sind.

Aus der Konvexität von Φ für $u_i < \varepsilon$ ($i = 1, \ldots, n-1$) (Eigenschaft 1) folgt, daß die Hessesche Matrix positiv definit ist, d.h. daß

$$\sum_{i=1}^{n-1} \sum_{j=1}^{n-1} \frac{\partial^2 \Phi}{\partial u_i \partial u_j} \cdot r_i \cdot r_j > 0$$

Multipliziert man diese Ungleichung mit

$$c^{2-k} \cdot r_n^{k-4} > 0$$

dann sieht man, daß auch das dritte Glied von (*) positiv ist. Damit ist (*) für alle

$$u_i = c \cdot \frac{r_i}{r_n} \qquad (i = 1, \ldots, n-1)$$

im Intervall $0 < u_i < \varepsilon$ bzw. für alle

$$r_n > \frac{c \cdot r_i}{\varepsilon}$$

positiv. Das steht aber im Widerspruch zur Eigenschaft (2), dem Ertragsgesetz. ∎

Eine Produktionsfunktion, die homogen vom Grade $k \leq 1$ ist und bei der positive Mengen aller Produktionsfaktoren eingesetzt werden müssen, um eine positive Ausbringung zu erreichen, kann nur dann steigende Grenzproduktivitäten bei kleinen Einsatzmengen der Produktionsfaktoren haben, wenn die Grenzproduktivität bei mindestens einem Faktor bei großen Einsatzmengen steigt.

Im Fall von zwei Produktionsfaktoren schrumpft die Eigenschaft (2) auf die Bedingung

$$\frac{\partial^2 \Phi(r_1, r_2^0)}{\partial r_1^2} \geq 0 \qquad \text{bzw.} \qquad \frac{\partial^2 \Phi(r_1^0, r_2)}{\partial r_2^2} \geq 0$$

In diesem Spezialfall läßt sich daher Satz 4 wie folgt formulieren:

Satz 4a:

Es gibt keine stetige, differenzierbare Produktionsfunktion Φ mit zwei Produktionsfaktoren, die einen Bereich zunehmender Ertragszuwächse für $0 \leq r_i \leq r_i^s$ besitzt und folgende Eigenschaften hat:

(1) Homogenität vom Grade $k \leq 1$:

$$\Phi(\mu \cdot r_1, \mu \cdot r_2) = \mu^k \cdot \Phi(r_1, r_2) \qquad (k \leq 1)$$

(2) Ertragsgesetz:

$$\frac{\partial^2 \Phi(r_1, r_2^0)}{\partial r_1^2} < 0 \qquad \text{für} \qquad r_1 > r_1^s > 0$$

$$\frac{\partial^2 \Phi(r_1^0, r_2)}{\partial r_2^2} < 0 \qquad \text{für} \qquad r_2 > r_2^s > 0$$

(3) Beide Produktionsfaktoren sind zur Herstellung des Produkts erforderlich:

$$\Phi(r_1, 0) = \Phi(0, r_2) = 0$$

Die Produktionsfunktion kann in diesem Fall nur dann bei kleinen Faktoreinsatzmengen konvex sein, wenn sie auch bei großen Faktoreinsatzmengen konvex ist; ein derartiger

Verlauf der Produktionsfunktion bei partieller Faktorvariation ist in Abbildung 6 wiedergegeben.

Abbildung 6: Klassische homogene Produktionsfunktion

2.1.4 Aggregierte Produktionsfunktionen

Bisher wurde davon ausgegangen, daß in der Produktionsfunktion sowohl die Ausbringungsmengen der Produkte als auch die Einsatzmengen der Produktionsfaktoren explizit erfaßt werden. In makroökonomischen, aber auch in vielen mikroökonomischen Untersuchungen werden jedoch einzelne Güter zu gleichen Gütergruppen zusammengefaßt und Faktoreinsatz- und Ausbringungsmengen durch Indizes gemessen.

In makroökonomischen Untersuchungen wird z.B. die Gesamtproduktion X einer Volkswirtschaft in Abhängigkeit vom Gesamteinsatz an Kapital K und Arbeit A durch die aggregierte Produktionsfunktion

$$X = F(A, K)$$

dargestellt. Meist wird vorausgesetzt, daß diese Produktionsfunktion neoklassische Eigenschaften besitzt:

(1) Linearhomogenität:

$$F(\mu \cdot A, \mu \cdot K) = \mu \cdot F(A, K)$$

(2) Ertragsgesetz:

$$X'_A = \frac{\partial F}{\partial A} > 0 \qquad \frac{\partial X'_A}{\partial A} = \frac{\partial^2 F}{\partial A^2} < 0$$

Die neoklassische Produktionstheorie

$$X'_K = \frac{\partial F}{\partial K} > 0 \qquad\qquad \frac{\partial X'_K}{\partial K} = \frac{\partial^2 F}{\partial K^2} < 0$$

(3) Abnehmende Grenzrate der Substitution:

$$\frac{d}{dK}\left[\frac{X'_K}{X'_A}\right] = -\frac{d^2 A}{dK^2} < 0$$

Die aggregierte COBB-DOUGLAS-Produktionsfunktion hat die Form

$$F(A, K) = a \cdot A^\alpha \cdot K^{1-\alpha}$$

Bei Entlohnung der Faktoren nach der Grenzproduktivität ist der Koeffizient α gleich der Lohnquote L:

$$L = \frac{X'_A \cdot A}{X} = \frac{\alpha \cdot a \cdot A^{\alpha-1} \cdot K^{1-\alpha} \cdot A}{a \cdot A^\alpha \cdot K^{1-\alpha}} = \alpha$$

2.2 Kostenfunktion und neoklassische Produktionsfunktion

2.2.1 Die Minimalkostenkombination

Weil die Produktionsfaktoren bei neoklassischen Produktionsfunktionen substitutional sind, kann eine vorgegebene Ausbringungsmenge mit unterschiedlichen Kombinationen von Faktoreinsatzmengen hergestellt werden. Für die Auswahl der Faktoreinsatzmengenkombination muß ein Kriterium, wie z.B. die Kosten, eingeführt werden, das einen Vergleich zwischen unterschiedlichen Kombinationen ermöglicht.

Bei gegebenen Preisen q_i der Produktionsfaktoren sind die Kosten gegeben durch:

$$K = \sum_{i=1}^{n} r_i \cdot q_i \tag{1}$$

Eine Kombination von Faktoreinsatzmengen, die bei gegebener Ausbringungsmenge die Kosten minimiert, heißt *Minimalkostenkombination*.

Satz 5: *Minimalkostenkombination*

Die Minimalkostenkombination genügt der Bedingung:

$$\frac{q_i}{q_k} = \frac{x'_i}{x'_k} = s_{ki} \qquad\qquad \text{für alle } i, k \tag{2}$$

Die Grenzrate der Substitution ist gleich dem umgekehrten Verhältnis der Faktorpreise.

Beweis:

Zu minimieren sind die Kosten

$$K = \sum_{i=1}^{n} r_i \cdot q_i \Rightarrow \min!$$

unter der Nebenbedingung, daß die vorgegebene Ausbringungsmenge x^0 produziert werden kann

$$\Phi(r_1, r_2, \ldots, r_n) = x^0$$

Zur Herleitung notwendiger Bedingungen für die Lösung dieses Optimierungsproblems wird die LAGRANGE-Funktion gebildet

$$L = \sum_{i=1}^{n} r_i \cdot q_i + \mu \left[x^0 - \Phi(r_1, r_2, \ldots, r_n) \right] \qquad (3)$$

Setzt man die partiellen ersten Ableitungen gleich Null, dann erhält man

$$\frac{\partial L}{\partial \mu} = x^0 - \Phi(r_1, r_2, \ldots, r_n) = 0 \qquad (4a)$$

$$\frac{\partial L}{\partial r_i} = q_i - \mu \cdot \frac{\partial \Phi}{\partial r_i} = q_i - \mu \cdot x_i' = 0 \quad (i = 1, \ldots, n) \qquad (4b)$$

oder

$$q_i = \mu \cdot x_i' \qquad (i = 1, \ldots, n) \qquad (5)$$

Setzt man diese Bedingung für zwei Faktoren i, k ins Verhältnis, dann erhält man

$$\frac{q_i}{q_k} = \frac{x_i'}{x_k'} = s_{ki} \qquad \text{für alle } i \neq k \qquad \blacksquare \qquad (6)$$

Diese Bedingung ist notwendig und hinreichend, wenn die Isoquanten konvex sind. Auf die Wiedergabe der Bedingungen zweiter Ordnung soll hier verzichtet werden, da sie ökonomisch nur schwer zu interpretieren sind.

LAGRANGE-Multiplikatoren können als relative Veränderung des optimalen Zielfunktionswerts im Verhältnis zu der Veränderung einer Beschränkungskonstanten interpretiert werden. Der bei der Bestimmung der Bedingungen für die Minimalkostenkombination auftretende Multiplikator μ kann daher als Grenzkosten interpretiert werden. Er gibt an, um welchen Betrag die Kosten der optimalen Kombination der Faktoreinsatzmengen steigen, wenn die Ausbringungsmenge um eine Einheit erhöht wird.

Variiert man die Ausbringungsmenge x parametrisch, dann lassen sich aus (4a) und (4b) die kostenminimalen Faktoreinsatzmengen $\underline{r}^*$ in Abhängigkeit von der Ausbringungsmenge x herleiten.

$$r_i^* = r_i^*(x) \qquad (i = 1, \ldots, n)$$

Diese Beziehung heißt *Faktoreinsatzfunktion*.

Im Fall der COBB-DOUGLAS-Produktionsfunktion sind die Grenzproduktivitäten gegeben durch

$$x_i' = \frac{\alpha_i}{r_i} \cdot x \qquad (i = 1, \ldots, n)$$

Substitution in (4b) ergibt

$$r_i^* = \frac{\mu \cdot \alpha_i \cdot x}{q_i} \qquad (i = 1,\ldots,n) \qquad (7)$$

Setzt man diesen Ausdruck in (4a) ein, dann erhält man für die COBB-DOUGLAS-Produktionsfunktion

$$x - \alpha_0 \cdot \left[\frac{\mu \cdot \alpha_1 \cdot x}{q_1}\right]^{\alpha_1} \cdot \ldots \cdot \left[\frac{\mu \cdot \alpha_n \cdot x}{q_n}\right]^{\alpha_n} = 0$$

Löst man nach μ auf, so ergibt sich

$$\mu = \frac{x^{1/k}}{c \cdot x}$$

mit

$$k = \sum_{i=1}^{n} \alpha_i$$

und

$$c = \left[\alpha_0 \cdot (q_1 / \alpha_1)^{\alpha_1} \cdot \ldots \cdot (q_n / \alpha_n)^{\alpha_n}\right]^{1/k}$$

Einsetzen in (7) liefert die Faktoreinsatz-Funktion

$$r_i^*(x) = \frac{\alpha_i}{q_i \cdot c} \cdot x^{1/k} \qquad (i = 1,\ldots,n)$$

Bei konstanten Skalenerträgen, d.h. für $k = 1$, sind die Faktoreinsatz-Funktionen linear, im Fall abnehmender Skalenerträge, d.h. für $k < 1$, sind sie konvex.

Bildet man das Verhältnis von zwei beliebigen Faktoreinsatz-Funktionen i, k

$$\frac{r_i^*(x)}{r_k^*(x)} = \frac{\alpha_i \cdot q_k}{\alpha_k \cdot q_i}$$

dann sieht man, daß die kostenoptimalen Faktoreinsatzmengen - unabhängig von der Ausbringungsmenge - in einem konstanten Verhältnis zueinander stehen. Diese Eigenschaft der COBB-DOUGLAS-Produktionsfunktion läßt sich auf beliebige homogene Produktionsfunktionen übertragen:

Satz 6: *Lineare Expansionspfade*

Bei homogenen Produktionsfunktionen stehen die kostenoptimalen Faktoreinsatzmengen in einem festen Verhältnis zueinander.

Beweis:

Es sei $\underline{r}^*$ Minimalkostenkombination zur Erzeugung der Ausbringungsmenge x, d.h.

$$\sum_{i=1}^{n} r_i^* \cdot q_i \leq \sum_{i=1}^{n} r_i \cdot q_i \tag{8}$$

für alle $\underline{r}$, so daß

$$x = \Phi(r_1, r_2, \ldots, r_n)$$

Weiter sei $\underline{r}^0$ eine beliebige Kombination von Faktoreinsatzmengen, welche die Produktion von $\mu^k \cdot x$ ermöglicht, d.h.

$$\mu^k \cdot x = \Phi(\underline{r}^0) \qquad \text{bzw.} \qquad x = \mu^{-k} \Phi(\underline{r}^0)$$

Wegen der Homogenität von Φ gilt

$$x = \Phi(\mu^{-1} \cdot \underline{r}^0)$$

d.h. die Faktoreinsatzmengenkombination $\mu^{-1} \cdot \underline{r}^0$ ermöglicht ebenfalls die Ausbringungsmenge x. Aus (8) folgt dann

$$\sum_{i=1}^{n} r_i^* \cdot q_i \leq \sum_{i=1}^{n} \mu^{-1} \cdot r_i^0 \cdot q_i$$

Multipliziert man mit μ, dann erhält man

$$\sum_{i=1}^{n} \mu \cdot r_i^* \cdot q_i \leq \sum_{i=1}^{n} r_i^0 \cdot q_i \tag{8a}$$

Nun kann wegen der Homogenität der Produktionsfunktion die Ausbringungsmenge $\mu^k \cdot x$ mit einem Einsatz von $\mu \cdot \underline{r}^*$ ebenso wie mit dem Einsatz von $\underline{r}^0$ erzeugt werden. Wegen (8a) sind aber die Kosten von $\mu \cdot \underline{r}^*$ nicht größer als die von $\underline{r}^0$. Folglich ist $\mu \cdot \underline{r}^*$ Minimalkostenkombination zur Herstellung von $\mu^k \cdot x$. Werden alle Faktoreinsatzmengen einer Minimalkostenkombination proportional erhöht, dann ergibt sich wiederum eine Minimalkostenkombination (für eine höhere Ausbringungsmenge). ∎

2.2.2 Die Kostenfunktion

Die Kostenfunktion beschreibt den Zusammenhang zwischen den Kosten der Minimalkostenkombination und der Ausbringungsmenge x:

$$K = K(x) = \sum_{i=1}^{n} r_i^* \cdot q_i \tag{9}$$

Sind *alle Faktoren variabel* und ist die Produktionsfunktion homogen, dann kann der Verlauf der Kostenfunktion wegen Satz 6 wie folgt hergeleitet werden.

Die Produktionsfunktion Φ sei homogen vom Grade k, $\underline{r}^*$ sei Minimalkostenkombination zur Erzeugung einer Ausbringungsmengeneinheit. Dann ist $\mu \cdot \underline{r}^*$ Minimalkostenkombination zur Herstellung von $x = \mu^k$ Einheiten, d.h.

Die neoklassische Produktionstheorie

$$\Phi(\mu \cdot r_1^*, \ldots, \mu \cdot r_n^*) = \mu^k = x$$

Um eine Ausbringungsmenge x zu erreichen, muß daher $\underline{r}^*$ um

$$\mu = x^{1/k}$$

erhöht werden. Daraus folgt für die Faktoreinsatzfunktion

$$r_i(x) = r_i^* \cdot x^{1/k} \tag{10}$$

Setzt man die Faktoreinsatzfunktion (10) in die Kostenfunktion (9) ein, dann erhält man

$$K(x) = \sum_{i=1}^{n} r_i^* \cdot q_i \cdot x^{1/k} \tag{9a}$$

Hieraus folgt unmittelbar:

Satz 7: *Kostenfunktionen bei homogenen Produktionsfunktionen*

Ist die Produktionsfunktion linearhomogen, dann steigt die Kostenfunktion linear; ist die Produktionsfunktion homogen vom Grade $k<1$, dann ist die Kostenfunktion streng konvex.

Beweis:

Für $k = 1$ ist die Kostenfunktion (9a) linear. Für $k < 1$ gilt hingegen:

$$K'(x) = \frac{1}{k} \cdot x^{(1/k)-1} \cdot \sum_{i=1}^{n} r_i^* \cdot q_i > 0$$

Die Ungleichung gilt, weil alle Glieder auf der linken Seite positiv sind. Ebenso gilt für die zweite Ableitung:

$$K''(x) = \frac{1}{k} \cdot \left[\frac{1}{k} - 1\right] x^{(1/k)-2} \cdot \sum_{i=1}^{n} r_i^* \cdot q_i > 0$$

K ist also tatsächlich streng konvex. ∎

Die erste Ableitung der Kostenfunktion bezeichnet man als *Grenzkosten*. Während bei linearhomogenen Produktionsfunktionen die Grenzkosten linear sind, steigen sie bei abnehmenden Skalenerträgen monoton an.

Bisher wurde davon ausgegangen, daß alle Faktoren variabel sind; es wird nun der Fall *fixer Faktoren*, in dem die Einsatzmengen einzelner Faktoren fest vorgegeben sind, betrachtet: In der linearhomogenen Produktionsfunktion

$$x = \Phi(r_1, \ldots, r_k; r_{k+1}^0, \ldots, r_n^0)$$

sind die Einsatzmengen der Faktoren $i = k+1, \ldots, n$ fest vorgegeben; die Einsatzmengen der Faktoren $i = 1, \ldots, k$ seien hingegen variabel. Dann hat die Produktionsfunktion

$$\Phi^0(r_1, \ldots, r_k) = \Phi(r_1, \ldots, r_k; r_{k+1}^0, \ldots, r_n^0) \tag{11}$$

abnehmende Skalenerträge. Bestimmt man die Minimalkostenkombination für die Produktionsfunktion Φ^0 in Abhängigkeit von der Ausbringungsmenge x, dann erhält man zunächst als Faktoreinsatzfunktionen für die variablen Faktoren

$$r_i = r_i^*(x) \qquad (i = 1, \ldots, k) \tag{12a}$$

Die Einsatzmengen der fixen Faktoren sind hingegen gleich

$$r_i = r_i^0 \qquad (i = k+1, \ldots, n) \tag{12b}$$

Setzt man die Faktoreinsatzfunktionen in die Kostenfunktion (9) ein, dann erhält man:

$$K(x) = \sum_{i=1}^{k} r_i^*(x) \cdot q_i + \sum_{i=k+1}^{n} r_i^0 \cdot q_i \tag{9b}$$

Weil die Produktionsfunktion Φ^0 abnehmende Skalenerträge hat, ist die Kostenfunktion (9b) konvex; konstante Einsatzmengen einzelner Faktoren bewirken also auch bei linearhomogenen Kostenfunktionen steigende Grenzkosten.

Den von der Ausbringungsmenge abhängigen Teil der Kosten

$$K_v(x) = \sum_{i=1}^{k} r_i^*(x) \cdot q_i \tag{13}$$

bezeichnet man als *variable Kosten*; die mit dem Einsatz der fixen Faktoren verbundenen Kosten

$$K_F = \sum_{i=k+1}^{n} r_i^0 \cdot q_i \tag{14}$$

heißen *fixe Kosten*.

Diese Herleitungen machen deutlich, daß die Kostenfunktion nicht allein die technologischen Produktionsbedingungen widerspiegelt, sondern daß sie bereits das Ergebnis ökonomischer Entscheidungen ist: In einem Optimierungsprozeß wird zunächst für jede Ausbringungsmenge x die zugehörige Minimalkostenkombination $\underline{r}^*(x)$ ermittelt und deren Kosten $K(\underline{r}^*(x))$ bestimmt; die Kostenfunktion gibt dann die Beziehung zwischen der Ausbringungsmenge x und den Kosten der entsprechenden Minimalkostenkombination wieder.

Lediglich im Fall eines einzigen variablen Faktors kann man die Kostenfunktion unmittelbar aus der Produktionsfunktion bei partieller Faktorvariation herleiten, ohne einen Optimierungsprozeß vorzuschalten, weil keine Substitutionsmöglichkeit zwischen Faktoreinsatzmengen verschiedener Faktoren besteht und die Beziehung zwischen der Ausbringungsmenge und der Einsatzmenge des variablen Faktors eindeutig ist.

Es sei $i = 1$ der variable Faktor und

$$x = f_1(r_1) \tag{15}$$

die Produktionsfunktion bei partieller Faktorvariation. Wegen des Ertragsgesetzes (Postulat VI) steigt f_1 monoton mit r_1; daher existiert eine stetige Umkehrfunktion:

$$r_1 = f_1^{-1}(x) \tag{16}$$

Diese kann als Faktoreinsatz-Funktion interpretiert werden. Multipliziert man die Einsatzmenge r_1 mit dem Faktorpreis q_1 und addiert die fixen Kosten

$$K_F = \sum_{i=2}^{n} r_i^0 \cdot q_i$$

dann erhält man als Kostenfunktion

$$K(x) = f_1^{-1}(x) \cdot q_1 + K_F \tag{17}$$

Die strenge Version des Ertragsgesetzes impliziert, daß die Kostenfunktion $K(x)$ streng konvex ist; die abgeschwächte Form läßt es zu, daß sie für kleine Ausbringungsmengen $x < x^s$ streng konkav ist; dabei ist x^s die Schwelle des Ertragsgesetzes.

Aus diesen Überlegungen ergibt sich, daß die Kostenfunktion für genügend große Ausbringungsmengen konvex ist, d.h. daß die Grenzkosten steigen. Bei Produktionsfunktionen mit einem Bereich zunehmender Ertragszuwächse ist nicht auszuschließen, daß es für kleine Ausbringungsmengen ein Intervall sinkender Grenzkosten gibt. Ein solcher Verlauf der Gesamtkostenfunktion $K(x)$ ist in Abbildung 7 wiedergegeben.

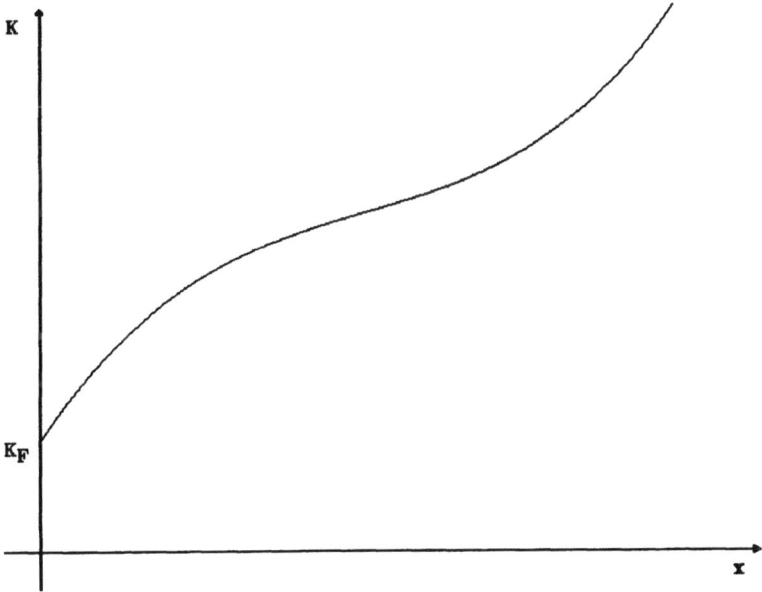

Abbildung 7: Gesamtkosten bei klassischer Produktionsfunktion

Die Abhängigkeiten der Grenzkosten $K'(x)$ und der Durchschnittskosten

$$k(x) = \frac{K(x)}{x} \tag{18}$$

zeigt Abbildung 8.

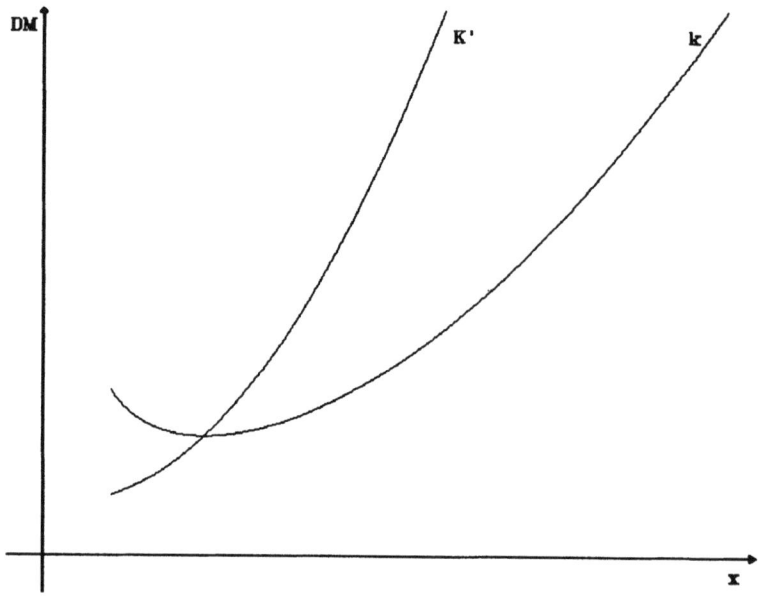

Abbildung 8: Grenzkosten und Durchschnittskosten bei klassischer Produktionsfunktion

Aus Abbildung 8 ist ersichtlich, daß die Durchschnittskosten in ihrem Minimum gleich den Grenzkosten sind. Diese allgemeine Beziehung zwischen Grenz- und Durchschnittskosten läßt sich wie folgt nachweisen: Notwendige Bedingung für ein Minimum der Durchschnittskosten ist, daß deren erste Ableitung verschwindet:

$$\frac{d(K(x)/x)}{dx} = \frac{K'(x) \cdot x - K(x)}{x^2} = 0$$

Diese Bedingung kann nur dann erfüllt werden, wenn der Zähler gleich Null wird:

$$K'(x) \cdot x - K(x) = 0$$

Dividiert man durch $x > 0$, dann erhält man

$$\frac{K(x)}{x} = K'(x)$$

Im Fall einer linearen Kostenfunktion fallen die Durchschnittskosten monoton; die Grenzkosten liegen dann immer unter den Durchschnittskosten; es gibt daher keine kostenminimale Ausbringungsmenge, bei der die Durchschnittskosten gleich den Grenzkosten sind.

2.2.3 Die gewinnmaximale Ausbringungsmenge

Aufgrund dieser Eigenschaften der Kostenfunktion kann nun die gewinnmaximale Ausbringungsmenge x^* bestimmt werden. Für einen gegebenen Produktpreis p gilt:

Die neoklassische Produktionstheorie

Satz 8: Gewinnmaximale Ausbringungsmenge

Sind bei einer linearhomogenen Produktionsfunktion alle Faktoreinsatzmengen variabel, dann ist die gewinnmaximale Ausbringungsmenge entweder gleich Null oder nicht determiniert.

Sind die Einsatzmengen einzelner Faktoren konstant oder besitzt die Produktionsfunktion abnehmende Skalenerträge, dann ist es notwendig für die gewinnmaximale Ausbringungsmenge, daß die Grenzkosten gleich dem Produktpreis sind:

$$K'(x^*) = p \qquad (19)$$

Beweis:

(1) Der Gewinn ist definiert als

$$G(x) = p \cdot x - K(x) \qquad (20)$$

Sind alle Faktoren variabel, dann ist die Kostenfunktion bei einer linearhomogenen Produktionsfunktion linear:

$$K(x) = \sum_{i=1}^{n} r_i^* \cdot q_i \cdot x = k_v \cdot x \qquad (21)$$

Einsetzen in (20) ergibt

$$G(x) = (p - k_v) \cdot x$$

Ist

$$p < k_v = \sum_{i=1}^{n} r_i^* \cdot q_i$$

dann deckt der Preis die Stückkosten nicht ab, es lohnt sich nicht zu produzieren. Ist hingegen $p > k_v$, dann kann der Gewinn durch Ausdehnung der Produktion solange erhöht werden, bis eine weitere Erhöhung der Ausbringung durch exogene, nicht im Modell erfaßte Einflüsse verhindert wird.

(2) In den beiden anderen Fällen ist die Kostenfunktion - zumindest für genügend große Ausbringungsmengen - konvex; dann ist die Gewinnfunktion (20) im relevanten Bereich konkav. Setzt man die erste Ableitung gleich Null, so erhält man

$$G'(x) = p - K'(x) = 0$$

bzw.

$$p = K'(x) \qquad \blacksquare$$

Ist die Kostenfunktion konvex, dann ist (19) notwendig und hinreichend für eine gewinnmaximale Ausbringungsmenge, anderenfalls ist zusammen mit (19) hinreichend für ein lokales Maximum des Gewinns, daß

$$K''(x) > 0$$

Ist die Produktionsfunktion, nicht aber die Kostenfunktion gegeben, dann läßt sich die gewinnoptimale Ausbringungsmenge wie folgt bestimmen. Man maximiere den Gewinn

$$G(x) = p \cdot x - \sum_{i=1}^{n} r_i \cdot q_i \Rightarrow \max! \tag{22}$$

unter der Nebenbedingung, daß die Faktoreinsatzmengenkombination $\underline{r}$ und die Ausbringungsmenge x der Produktionsfunktion genügen:

$$x - \Phi(r_1, \ldots, r_n) = 0 \tag{23}$$

Bildet man die LAGRANGE-Funktion

$$L = p \cdot x - \sum_{i=1}^{n} r_i \cdot q_i - \mu \cdot [x - \Phi(r_1, \ldots, r_n)]$$

und setzt deren partielle Ableitungen gleich Null, dann erhält man als notwendige Bedingungen für die optimale Ausbringungsmenge

$$\frac{\partial L}{\partial x} = p - \mu = 0 \tag{24}$$

$$\frac{\partial L}{\partial r_i} = -q_i + \mu \cdot \frac{\partial \Phi}{\partial r_i} = 0 \tag{25}$$

$$\frac{\partial L}{\partial \mu} = -[x - \Phi(r_1, \ldots, r_n)] = 0 \tag{26}$$

Die Bedingungen (25) und (26) stimmen mit den Bedingungen für die Minimalkostenkombination überein, der Lagrange-Multiplikator μ kann als Grenzkosten interpretiert werden. Der gewinnoptimale Produktionsplan ist also eine Minimalkostenkombination, die zusätzlich der Bedingung (24) "Grenzkosten gleich Preis" genügt.

2.3 Produktionstheorie im Mehrprodukt-Fall
2.3.1 Die Produktionsfunktion

Im Mehrprodukt-Fall können die produktiven Beziehungen allgemein durch ein System von $l < m+n$ Funktionen

$$F_k(r_1, \ldots, r_n; x_1, \ldots, x_m) = 0 \quad (k = 1, \ldots, l) \tag{1}$$

erfaßt werden. Aufgrund der speziellen Formen dieser Beziehungen ergeben sich insbesondere folgende Spezialfälle:

(1) Für $l=1$ erhält man die Produktionsfunktion bei *unverbundener Produktion*:

$$F(r_1, \ldots, r_n; x_1, \ldots, x_m) = 0 \tag{2}$$

Löst man (2) nach der Ausbringungsmenge x_1 des Produkts $j=1$ auf, dann erhält man eine explizite Produktionsfunktion für dieses Produkt in Abhängigkeit von den Einsatzmengen der Produktionsfaktoren und der Ausbringungsmenge der übrigen Produkte:

$$x_1 = \Phi_1(r_1, \ldots, r_n; x_2, \ldots, x_m) \tag{3}$$

Die neoklassische Produktionstheorie

(2) *Kuppelproduktion* liegt vor, wenn zwei oder mehr Produkte aus technischen Gründen nur gemeinsam erzeugt werden können. Bei *fester Koppelung* stehen die Ausbringungsmengen in einem festen Verhältnis zueinander. In diesem Fall treten neben die Produktionsfunktion

$$F(r_1, \ldots, r_n; x_1, \ldots, x_m) = 0 \tag{2}$$

die Koppelungsbeziehungen zwischen den Kuppelprodukten s, t

$$x_s = b_{st} \cdot x_t \tag{4}$$

wobei b_{st} das konstante Koppelungsverhältnis zwischen beiden Produkten angibt.

Bei *loser Koppelung* können die Verhältnisse der Ausbringungsmengen innerhalb bestimmter Grenzen durch Variation der Faktoreinsatzmengen-Kombinationen verändert werden. Die Koppelungsbeziehungen haben dann die Form

$$\begin{aligned} x_s &= F_s(r_1, \ldots, r_n; x_t) \\ x_t &= F_t(r_1, \ldots, r_n; x_s) \end{aligned} \tag{5}$$

Analoge Beziehungen können auch zwischen mehreren Produkten bestehen.

(3) Außer Koppelungsbeziehungen zwischen den Produkten können auch Koppelungsbeziehungen zwischen den Faktoren auftreten. *Limitationalität* liegt vor, wenn die Einsatzmenge r_i eines Faktors die Einsatzmengen eines anderen Faktors r_k determiniert oder begrenzt. Neben der Produktionsfunktion

$$F(r_1, \ldots, r_n; x_1, \ldots, x_m) = 0 \tag{2}$$

sind dann die Koppelungsbeziehungen zwischen den Produktionsfaktoren i und k zu beachten:

$$\begin{aligned} r_i &= F_i(x_1, \ldots, x_m; r_k) \\ r_k &= F_k(x_1, \ldots, x_m; r_i) \end{aligned} \tag{6}$$

(4) Bei LEONTIEF-*Produktionsfunktionen* stehen sowohl die Faktoreinsatzmengen aller Faktoren als auch die Ausbringungsmengen aller Produkte in einem konstanten Verhältnis zueinander. Aufgrund dieser Proportionalitätsbeziehungen sind LEONTIEF-Produktionsfunktionen durch die *Faktoreinsatzfunktionen*

$$r_i = \sum_{j=1}^{m} a_{ij} \cdot x_j \qquad (i = 1, \ldots, n) \tag{7}$$

definiert.

Die Konstanten a_{ij} heißen *Produktionskoeffizienten*.

Im Fall der unverbundenen Produktion und der losen Koppelung lassen sich die Annahmen der neoklassischen Produktionstheorie weitgehend auf die Produktionsfunktion im Mehrprodukt-Fall übertragen. Insbesondere ist bei unverbundener Produktion vorauszusetzen:

(1) Ertragsgesetz:

$$\frac{\partial \Phi_j}{\partial r_i} > 0 \qquad \frac{\partial^2 \Phi_j}{\partial r_i^2} < 0 \qquad (i = 1,\ldots,n;\ j = 1,\ldots,m)$$

(2) Abnehmende Grenzrate der *Faktorsubstitution*:

$$s_{ik} = -\frac{dr_i}{dr_k} = \frac{\partial F / \partial r_k}{\partial F / \partial r_i} > 0 \qquad \frac{ds_{ik}}{dr_k} < 0$$

Im Mehrprodukt-Fall ist neben der Substitution von Produktionsfaktoren auch die Substitution von Produkten zu betrachten, d.h. bei effizienter Produktion kann bei Konstanz der Faktoreinsatzmengen eine Erhöhung der Ausbringungsmenge eines Produktes nur durch eine Verringerung der Ausbringungsmenge der anderen Produkte erreicht werden. In Abbildung 9 ist die *Transformationskurve* für die Produkte 1 und 2 dargestellt; diese zeigt die möglichen Kombinationen der Ausbringungsmengen x_1 und x_2, die bei gegebenen Einsatzmengen der Faktoren r_i^0 ($i = 1,\ldots,n$) und der Ausbringungsmengen x_j^0 ($j = 3,\ldots,m$) der übrigen Faktoren hergestellt werden können.

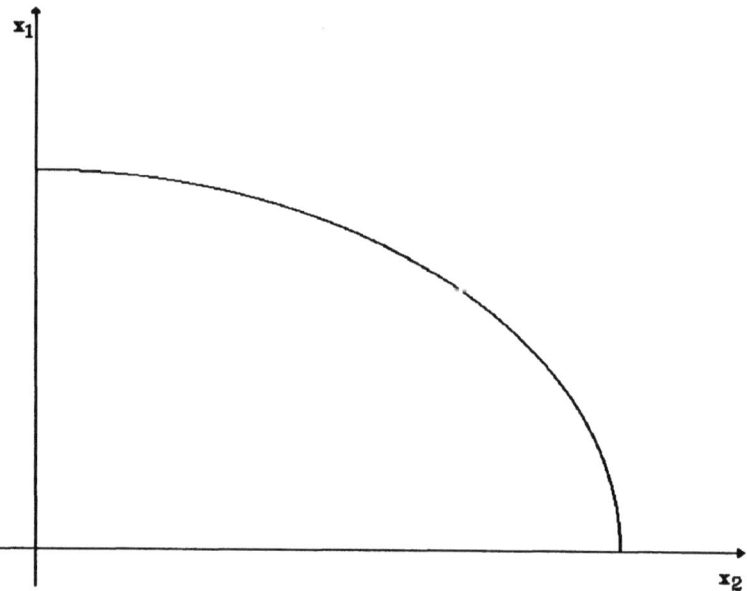

Abbildung 9: Transformationskurve

Analog zur Grenzrate der Faktorsubstitution ist die *Grenzrate der Produktsubstitution* definiert als

$$\sigma_{jk} = \frac{\partial x_j}{\partial x_k}$$

Sie gibt an, um wieviel die Ausbringungsmenge des Produkts k reduziert werden muß, wenn die Ausbringungsmenge des Produkts j erhöht werden soll. Das totale Differential der impliziten Produktionsfunktion F ist gegeben durch

$$\frac{\partial F}{\partial x_1} \cdot dx_1 + \ldots + \frac{\partial F}{\partial x_m} \cdot dx_m + \frac{\partial F}{\partial r_1} \cdot dr_1 + \ldots + \frac{\partial F}{\partial r_n} \cdot dr_n = 0$$

Hält man alle Faktoreinsatzmengen $i = 1,\ldots,n$ und die Ausbringungsmengen der Produkte $j = 3,\ldots,m$ konstant, dann erhält man

$$\frac{\partial F}{\partial x_1} \cdot dx_1 + \frac{\partial F}{\partial x_2} \cdot dx_2 = 0$$

Daraus folgt für die Grenzrate der Produktsubstitution

$$\sigma_{12} = \frac{dx_1}{dx_2} = -\frac{\partial F / \partial x_2}{\partial F / \partial x_1}$$

Für neoklassische Produktionsfunktionen wird vorausgesetzt:

(3) Zunehmende Grenzrate der Produktsubstitution

$$\frac{d\sigma_{ij}}{dx_j} > 0$$

Die Transformationskurve ist - wie in Abbildung 9 dargestellt - konkav.

2.3.2 Produktionsplanung

Der Produktionsplanung im Mehrprodukt-Fall liegt das folgende Problem zugrunde: Gegeben seien die Faktorpreise q_i und eine Erlösfunktion E, die von der abzusetzenden Menge der Produkte x_j abhängt:

$$E = E(x_1, \ldots, x_m) \tag{8}$$

Dann ist der Gesamtgewinn

$$G = E(x_1, \ldots, x_m) - \sum_{i=1}^{n} r_i \cdot q_i \tag{9}$$

unter den Nebenbedingungen zu maximieren, daß die Produktivitätsbeziehungen eingehalten werden:

$$F_k(r_1, \ldots, r_n; x_1, \ldots, x_m) = 0 \qquad (k = 1, \ldots, l) \tag{1}$$

Bildet man die LAGRANGE-Funktion

$$L = E(x_1, \ldots, x_m) - \sum_{i=1}^{n} r_i \cdot q_i - \sum_{k=1}^{l} \mu_k \cdot F_k(r_1, \ldots, r_n; x_1, \ldots, x_m) \tag{10}$$

und setzt deren partielle Ableitungen gleich Null, dann erhält man als Bedingungen für einen optimalen Produktionsplan

$$\frac{\partial L}{\partial x_j} = \frac{\partial E}{\partial x_j} - \sum_{k=1}^{l} \mu_k \cdot \frac{\partial F_k}{\partial x_j} = 0 \qquad (j=1,\ldots,m)$$

$$\frac{\partial L}{\partial r_i} = -q_i - \sum_{k=1}^{l} \mu_k \cdot \frac{\partial F_k}{\partial r_i} = 0 \qquad (i=1,\ldots,n)$$

$$\frac{\partial L}{\partial \mu_k} = -F_k(r_1,\ldots,r_n; x_1,\ldots,x_m) = 0 \qquad (k=1,\ldots,l)$$

Zu beachten ist, daß wie im Einprodukt-Fall nur dann ein optimaler Produktionsplan existiert, wenn

(a) abnehmende Skalenerträge
    oder
(b) abnehmende Grenzerträge

auftreten.

Im Fall von unverbundener Produktion und konstanten Endproduktpreisen vereinfacht sich das Problem wie folgt:

$$G = \sum_{j=1}^{m} p_j \cdot x_j - \sum_{i=1}^{n} r_i \cdot q_i \Rightarrow \max!$$

unter der Nebenbedingung

$$F(r_1,\ldots,r_n; x_1,\ldots,x_m) = 0$$

Die LAGRANGE-Funktion dieses Problems ist gegeben durch:

$$L = \sum_{j=1}^{m} p_j \cdot x_j - \sum_{i=1}^{n} r_i \cdot q_i + \mu \cdot F(r_1,\ldots,r_n; x_1,\ldots,x_m) = 0$$

Setzt man die partiellen Ableitungen nach den Faktoreinsatz- und Ausbringungsmengen gleich Null, dann erhält man

$$\frac{\partial L}{\partial x_j} = p_j + \mu \cdot \frac{\partial F}{\partial x_j} = 0 \qquad (j=1,\ldots,m)$$

$$\frac{\partial L}{\partial r_i} = -q_i + \mu \cdot \frac{\partial F}{\partial r_i} = 0 \qquad (i=1,\ldots,n)$$

Bildet man die Quotienten von jeweils zwei Bedingungen, dann erhält man:

$$\frac{p_j}{p_k} = -\frac{\partial F/\partial x_j}{\partial F/\partial x_k} = \sigma_{kj} \qquad (j=1,\ldots,m;\ k=1,\ldots,m)$$

$$\frac{q_i}{q_k} = \frac{\partial F/\partial r_i}{\partial F/\partial r_k} = s_{ki} \qquad (i=1,\ldots,n;\ k=1,\ldots,n)$$

Ein optimaler Produktionsplan ist dadurch charakterisiert, daß die Grenzraten der Faktorsubstitution gleich dem umgekehrten Verhältnis der Faktorpreise, die Grenzraten der Produktsubstitution gleich dem umgekehrten Verhältnis der Endproduktpreise sind.

2.4 Langfristige Aspekte in der neoklassischen Produktionstheorie

Die bisher untersuchten kurzfristigen Ansätze der neoklassischen Produktionstheorie gehen von einer gegebenen Produktionsfunktion aus. Neben allgemeinen Eigenschaften von Produktionsfunktionen - konstante bzw. abnehmende Skalenerträge, Ertragsgesetz und Gesetz von der abnehmenden Grenzrate der Substitution - werden Optimalitätsbedingungen für Produktionsentscheidungen hergeleitet. Unter der Voraussetzung, daß zumindest ein Teil der Produktionsfaktoren fix ist, werden insbesondere Bedingungen für den günstigsten Einsatz der übrigen Faktoren und für die optimale Ausbringungsmenge bestimmt.

Im Gegensatz dazu geht die langfristige Produktionstheorie davon aus, daß sich die Produktionsmöglichkeiten bzw. die Produktionsfunktion im Zeitablauf verändern. Diese Verschiebung der Produktionsfunktion im Zeitablauf wird insbesondere auf zwei Ursachen zurückgeführt: das Wachstum des Betriebes, d.h. eine systematische Steigerung der Ausbringungsmenge, und den technischen Fortschritt, d.h. die Entwicklung neuer Produktionsverfahren, die es ermöglichen, mit einer geringeren Einsatzmenge mindestens eines Produktionsfaktors die gleiche Ausbringungsmenge zu erreichen.

2.4.1 Langfristige Kostenfunktion und optimale Betriebsgröße

Ausgangspunkt der langfristigen Produktionstheorie ist die Frage, wie sich ein systematischer Anstieg der Ausbringungsmenge auf die Produktionskosten auswirkt. Die neoklassische Produktionstheorie löst dieses Problem wie folgt (vgl. dazu Abbildung 10):

In einem gegebenen Zeitpunkt $t = 1$ verfügt der Betrieb über einen gegebenen Bestand an Betriebsmitteln, deren Kapazitäten als fixe Faktoreinsatzmengen zu interpretieren sind. Diesem Betriebsmittelbestand entsprechen bestimmte technische Produktionsverfahren, die eine kurzfristige Produktionsfunktion Φ_1 und eine kurzfristige Kostenfunktion K_1 determinieren. K_1 beschreibt die Reaktion der Kosten auf kurzfristige Schwankungen der Ausbringungsmenge x. Die Stückkosten k_1 sind eine U-förmige Funktion der Ausbringungsmenge, d.h. es gibt einen Bereich fallender und einen Bereich steigender Durchschnittskosten; die optimale Ausbringungsmenge liegt bei x_1.

Steigen die Absatzmöglichkeiten systematisch und liegen sie langfristig über x_1, dann wird der Betrieb versuchen, seine Kapazitäten entsprechend auszudehnen und neue Betriebsmittel anschaffen. Der neuen Ausstattung mit Betriebsmitteln entspricht eine Produktionsfunktion Φ_2 und eine neue Stückkostenfunktion k_2. Das Stückkostenminimum liegt bei einer größeren Ausbringungsmenge $x_2 > x_1$; liegt x_2 unter einer kritischen Größe x_0, dann sind die minimalen Stückkosten $k_2(x_2)$ niedriger als $k_1(x_1)$. Das Sinken der Stückkosten wird auf zunehmende Skalenerträge zurückgeführt, die mit zunehmender Arbeitsteilung, mit Unteilbarkeit der Betriebsmittel und mit der Fixkostendegression begründet werden: Bei einer Erweiterung der Ausbringungsmenge können Produktionsverfahren mit niedrigeren variablen Kosten eingesetzt werden, deren höhere Fixkosten bei geringer Ausbringungsmenge nicht abgedeckt würden. Dieser Sachverhalt läßt sich anhand der in Abbildung 11 dargestellten *Break-Even-Analyse* verdeutlichen: Ein Produktionsverfahren A mit niedrigen Fixkosten K_{FA}, aber hohen variablen Kosten, ist für Ausbringungsmengen unter x^* günstiger als ein Verfahren B mit höheren Fixkosten K_{FB} und niedrigeren variablen Kosten. Steigt die Ausbringungsmenge über x^*, dann ist das Verfahren B kostengünstiger.

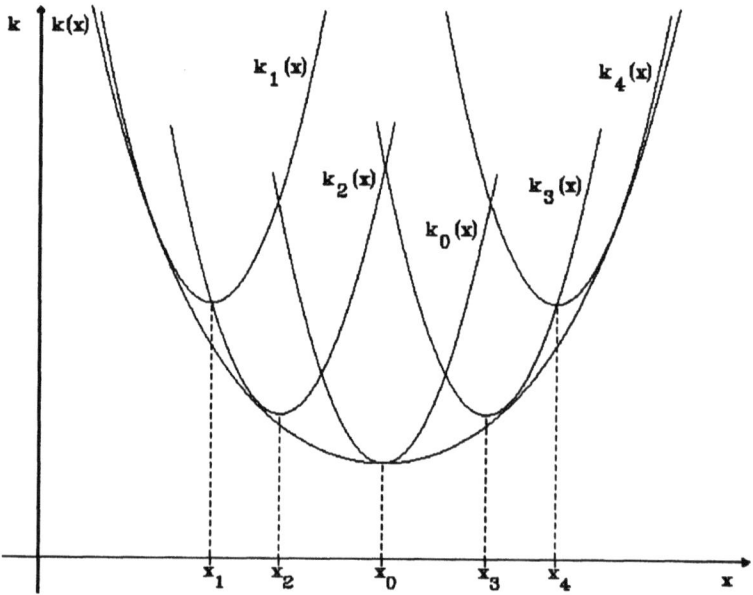

Abbildung 10: Langfristige Durchschnittskosten

Überschreitet die Betriebsgröße, d.h. die langfristig geplante Ausbringungsmenge x, eine kritische Größe x_0, dann steigen die minimalen Stückkosten mit der Betriebsgröße. Dieser Bereich langfristig steigender Durchschnittskosten wird auf die Existenz fixer Faktoren, die auch langfristig nicht variiert werden können, und auf steigende Koordinationsprobleme in Großbetrieben zurückgeführt.

Die Umhüllende der kurzfristigen Stückkosten-Funktionen k_i bezeichnet man als langfristige Durchschnittskosten-Funktion k. Deren U-förmiger Verlauf entspricht einem S-förmigen Verlauf der Produktionsfunktion bei totaler Faktorvariation: Bei geringer Betriebsgröße nehmen die Skalenerträge zu, bei großen Betrieben sinken sie hingegen. Diese Skaleneffekte werden mit Unteilbarkeiten begründet: Großbetriebe können effiziente Technologien benutzen, die von Kleinbetrieben nicht ausgelastet werden können; dieser positive Effekt wird bei sehr großen Unternehmen dadurch kompensiert, daß auch langfristig fixe Faktoren - wie z.B. der Boden und die Unternehmensleitung - schließlich zu abnehmenden Skalenerträgen führen.

Wie man aus Abbildung 10 erkennen kann, verbindet die langfristige Durchschnittskosten-Funktion nicht die Minima der kurzfristigen Stückkosten-Funktionen, sondern tangiert diese Funktionen. Für $x_i < x_0$ liegt der Tangentialpunkt bei Ausbringungsmengen unter x_i. Das bedeutet, daß das kurzfristige Stückkostenminimum langfristig durch andere Produktionsverfahren dominiert wird; der Betrieb wird also angeregt, seine Kapazitäten entsprechend anzupassen. Es besteht ein Anreiz, die Betriebsgröße solange auszudehnen, bis die kritische Ausbringung x_0 erreicht wird, bei der das kurzfristige Stückkostenminimum mit dem Minimum der langfristigen Durchschnittskosten übereinstimmt. Eine ähnliche Tendenz gilt für Ausbringungsmengen $x_i > x_0$. Man bezeichnet das Minimum der langfristigen Durchschnittskosten daher auch als *optimale Betriebsgröße*.

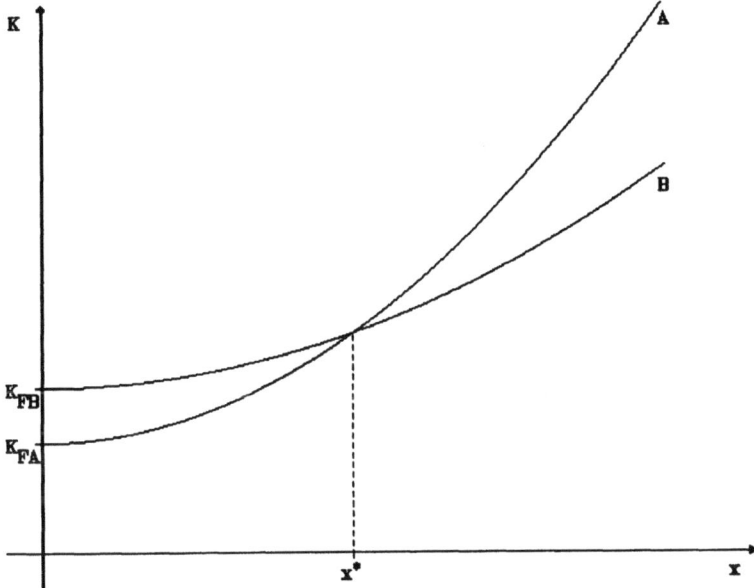

Abbildung 11: Break-Even-Analyse

Auch wenn bei der Beschreibung der langfristigen Durchschnittskosten-Funktion eine Abfolge von Betriebsgrößen x_i unterstellt wird und wenn man in diesem Zusammenhang gelegentlich von betrieblichem Wachstum spricht, handelt es sich hierbei nicht um eine dynamische Theorie, die eine zeitliche Entwicklung der Produktionsfunktion erklärt. Die langfristige Durchschnittskosten-Funktion beschreibt vielmehr die in einem bestimmten Zeitpunkt verfügbaren technischen Möglichkeiten. Wenn ein Betrieb in diesem Zeitpunkt die Produktionsfunktion Φ_i nutzt bzw. wenn für ihn die kurzfristige Stückkosten-Funktion k_i gilt, dann liegt das nicht daran, daß eine mit niedrigeren Durchschnittskosten verbundene Produktionsfunktion Φ_j ($j > i$) noch nicht verfügbar ist; es ist vielmehr ausschließlich darin begründet, daß das realisierbare Ausbringungsniveau nicht ausreicht, die Technologie j auszulasten und die damit verbundenen Fixkosten abzudecken.

2.4.2 Der technische Fortschritt in der Produktionsfunktion

Im Gegensatz dazu werden durch den technischen Fortschritt neue Produktionsmöglichkeiten im Zeitablauf geschaffen; das führt dazu, daß sich die Produktionsfunktion im Zeitablauf verschiebt:

$$x(t) = \Phi(r_1(t), \ldots, r_n(t), t) = \Phi(\underline{r}(t), t) \tag{1}$$

Diese *dynamische Produktionsfunktion* kann auch als eine Schar von Funktionen angesehen werden, die für jeden Zeitpunkt t eine herkömmliche Produktionsfunktion definiert; da die entsprechenden Produktionsverfahren im Zeitpunkt $\tau < t$ noch nicht zur Verfügung stehen, kann die Produktionsfunktion $\Phi(\underline{r}(t), t)$ in τ nicht realisiert werden. Andererseits ist diese Produktionsfunktion im Zeitpunkt $\Theta > t$ nicht mehr wirtschaftlich, weil aufgrund des technischen Fortschritts neue Verfahren zu Verfügung stehen, denen eine Produktionsfunktion $\Phi(\underline{r}(\Theta), \Theta)$ entspricht (vgl. KRELLE [1969], S. 116 f.).

Der technische Fortschritt kann insbesondere zu einer Qualitätsverbesserung der Produktionsfaktoren führen, die es erlaubt, deren Einsatzmenge bei gleicher Ausbringung zu reduzieren. In diesem Fall gibt der *Fortschrittsfaktor* $\pi_i(t)$ an, welche Einsatzmenge des Faktors i ($i = 1, \ldots, n$) im Zeitpunkt t die gleiche Wirkung wie die Einsatzmenge r_i^* in einem Referenzzeitpunkt $\tau = 0$ hat:

$$r_i(t) = \pi_i(t) \cdot r_i^* \qquad (i = 1, \ldots, n) \tag{2}$$

Man kann dann für die dynamische Produktionsfunktion schreiben:

$$x(t) = \Phi(\pi_1(t) \cdot r_1^*, \ldots, \pi_n(t) \cdot r_n^*, t) \tag{1a}$$

Wird die Form der Produktionsfunktion durch den technischen Fortschritt nicht berührt, d.h. tritt t in (1a) nicht als isolierter Term auf und sind alle Fortschrittsterme $\pi_i(t) > 1$, dann liegt *faktorvermehrender* technischer Fortschritt vor.

Unterstellt man eine stetige Entwicklung des technischen Fortschritts mit einer konstanten Rate β_i, dann lassen sich die Fortschrittsterme als Exponentialfunktionen darstellen:

$$\pi_i(t) = \alpha_i \cdot e^{\beta_i \cdot t} \tag{3}$$

Für eine dynamische COBB-DOUGLAS-Produktionsfunktion

$$x(t) = a_0 \cdot r_1(t)^{a_1} \cdot \ldots \cdot r_n(t)^{a_n}$$

gilt dann

$$\begin{aligned} x(t) &= a_0 \cdot \left[\alpha_1 \cdot e^{\beta_1 \cdot t} \cdot r_1^*\right]^{a_1} \cdot \ldots \cdot \left[\alpha_n \cdot e^{\beta_n \cdot t} \cdot r_n^*\right]^{a_n} \\ &= a \cdot e^{bt} \cdot \left[r_1^*\right]^{a_1} \cdot \ldots \cdot \left[r_n^*\right]^{a_n} \end{aligned} \tag{4}$$

mit

$$a = a_0 \cdot \alpha_1^{a_1} \cdot \ldots \cdot \alpha_n^{a_n} \qquad \text{und} \qquad b = \sum_{i=1}^{n} a_i \cdot \beta_i$$

Im Fall einer COBB-DOUGLAS-Produktionsfunktion läßt sich daher der technische Fortschritt zu einem nicht auf die Produktionsfaktoren bezogenen allgemeinen Fortschrittsterm zusammenfassen.

In der neoklassischen Produktionstheorie werden insbesondere die Auswirkungen des technischen Fortschritts auf aggregierte Produktionsfunktionen untersucht. Es sei

$$X = \Phi(A, K, t) \tag{5}$$

eine aggregierte Produktionsfunktion, die die Gesamtausbringung X als Funktion des gesamten Arbeitseinsatzes A und der Kapitalausstattung K darstellt; t sei ein Zeitindex, der den Stand des technischen Wissens einer Wirtschaftseinheit angibt.

In diesem Zusammenhang werden *Neutralitätskonzepte* eingeführt, die voraussetzen, daß bestimmte Verhältnisse vom technischen Fortschritt unberührt bleiben. Eine systematische Darstellung der Neutralitätskonzepte findet sich bei SATO/BECKMANN [1968] (siehe auch z.B. KRELLE [1969], S. 123f.):

Bei *HARROD-neutralem technischen Fortschritt* ist die Grenzproduktivität des Kapitals

$$X'_k = \frac{\partial X}{\partial K}$$

konstant, wenn der *Kapitalkoeffizient*

$$a_k = \frac{K}{X}$$

konstant bleibt. Das heißt, die Grenzproduktivität des Kapitals hängt nur vom Kapitalkoeffizienten bzw. dessen Kehrwert ab:

$$\frac{\partial X}{\partial K} = \eta(X/K) \tag{6}$$

Bei Entlohnung der Faktoren nach ihrer Grenzproduktivität bleibt bei HARROD-neutralem Fortschritt auch die Verteilung konstant:

$$\frac{\partial X}{\partial K} \cdot \frac{K}{X} = \text{const.} \tag{7}$$

weil beide Terme voraussetzungsgemäß konstant sind.

Im Fall linear-homogener Produktionsfunktionen gelten folgende Bedingungen für HARROD-neutralen technischen Fortschritt:

Falls

$$\frac{X}{K} = \frac{X(A, K, t)}{K} = X((A/K), 1, t) = \text{const.} \tag{8}$$

ist, dann ist auch

$$\frac{\partial X}{\partial K} = \frac{\partial}{\partial K}\{K \cdot X[(A/K),1,t]\}$$
$$= X[(A/K),1,t] - \frac{\partial X[(A/K),1,t]}{\partial (A/K)} \cdot \frac{A}{K} = \text{const.} \tag{9}$$

Das erste Glied auf der rechten Seite von (9) ist wegen der Voraussetzung (8) konstant, das zweite Glied muß wegen (7) ebenfalls konstant sein.

Substituiert man in (8)

$$z = X/K \tag{10a}$$

sowie

$$y = A/K \tag{10b}$$

und berücksichtigt (6), dann erhält man

$$z - y \cdot \frac{\partial z}{\partial y} = \eta(z)$$

bzw.

$$\frac{\partial y}{y} = \frac{\partial z}{z - \eta(z)}$$

Integration liefert

$$y \cdot \pi(t) = \exp \int \frac{\partial z}{z - \eta(z)} = g(z)$$

wobei $\pi(t)$ eine Integrationskonstante ist. Rücksubstitution von

$$z = g^{-1}[y \cdot \pi(t)] = \frac{X}{K}$$

ergibt wegen der Linearhomogenität der Produktionsfunktion

$$X = K \cdot g^{-1}[\pi(t) \cdot (A/K)] \equiv \Phi[\pi(t) \cdot A, K] \tag{11}$$

Im Fall linearhomogener Produktionsfunktionen ist HARROD-neutraler technischer Fortschritt gleichbedeutend mit *arbeitsvermehrendem* Fortschritt.

Symmetrisch zum HARROD-neutralen technischen Fortschritt ist der *SOLOW-neutrale Fortschritt* definiert: Die Grenzproduktivität der Arbeit ist konstant, wenn der Arbeitskoeffizient konstant bleibt. Durch analoge Überlegungen läßt sich zeigen, daß SOLOW-neutraler technischer Fortschritt bei konstanten Skalenerträgen genau dann auftritt, wenn der technische Fortschritt *kapitalvermehrend* ist:

$$X = \Phi[A, \pi(t) \cdot K] \tag{12}$$

HICKS-neutraler technischer Fortschritt bedeutet schließlich, daß sich das Verhältnis der Grenzproduktivitäten von Kapital und Arbeit bzw. die Grenzrate der Substitution zwi-

Die neoklassische Produktionstheorie

schen beiden Faktoren nicht ändert, wenn das Verhältnis der Faktoreinsatzmengen konstant gehalten wird. Das bedeutet, daß sich durch technischen Fortschritt lediglich die Skalierung der Isoquanten, nicht aber deren Steigung verändert.

Die Produktionsfunktion bei HICKS-neutralem technischen Fortschritt ist dadurch charakterisiert, daß die Grenzrate der Substitution s_{AK} nur eine Funktion der Verhältnisse der Faktoreinsatzmengen, nicht aber der Zeit t bzw. des Standes der Technik im Zeitpunkt t ist:

$$s_{AK} = \frac{\partial X / \partial K}{\partial X / \partial A} = -h(A/K) \qquad (13)$$

Für eine linearhomogene Produktionsfunktion

$$X = X(K, A, t) = K \cdot X\big[(A/K), 1, t\big]$$

ist die Grenzproduktivität des Kapitals durch (9) gegeben; die Grenzproduktivität der Arbeit ist wegen der Kettenregel gleich

$$\frac{\partial X}{\partial A} = \frac{\partial X\big[(A/K), 1, t\big]}{\partial(A/K)}$$

Folglich kann man für (13) schreiben:

$$s_{AK} = \frac{X\big[(A/K), 1, t\big] - \frac{\partial X\big[(A/K), 1, t\big]}{\partial(A/K)} \cdot \frac{A}{K}}{\frac{\partial X\big[(A/K), 1, t\big]}{\partial(A/K)}} = -h(A/K)$$

Substituiert man (10a) und (10b), dann erhält man

$$s_{AK} = \frac{z - y \cdot \frac{\partial z}{\partial y}}{\frac{\partial z}{\partial y}} = -h(y)$$

bzw.

$$\frac{\partial z}{z} = \frac{\partial y}{y - h(y)}$$

Integration ergibt

$$\ln z = \int \frac{\partial y}{y - h(y)} + \ln \pi(t)$$

ln $\pi(t)$ ist eine Integrationskonstante. Durch Rücksubstitution und Entlogarithmieren erhält man

$$x = \pi(t) \cdot K \cdot \exp \int \frac{\partial(A/K)}{(A/K) - h(A/K)} \equiv \pi(t) \cdot \Phi(A, K) \qquad (14)$$

Bei HICKS-neutralem technischen Fortschritt wird somit eine vom technischen Fortschritt unabhängige statische Produktionsfunktion mit einem zeitabhängigen Fortschrittsfaktor $\pi(t)$ multipliziert.

Da bei der COBB-DOUGLAS-Produktionsfunktion der Arbeits- und der Kapitaleinsatz multiplikativ miteinander verbunden sind, ist es nicht möglich, arbeits- und kapitalvermehrenden technischen Fortschritt zu trennen; HARROD-, SOLOW- und HICKS-neutraler Fortschritt fallen demnach zusammen.

2.4.3 Jahrgangs-Produktionsfunktionen

Die Implementierung des technischen Fortschritts erfolgt in der Regel im Zusammenhang mit Investitionen: Sieht man von Lerneffekten bei der Nutzung vorhandener Maschinen ab, dann können neue technische Verfahren nur dann eingesetzt werden, wenn die entsprechenden maschinellen Anlagen installiert werden.

Dieser Fall des kapitalgebundenen technischen Fortschritts läßt sich mit Hilfe von Jahrgangs-Produktionsfunktionen (vgl. SOLOW [1960]) abbilden: Jedem Investitionszeitpunkt τ ist eine Produktionsfunktion

$$x_\tau = \Phi_\tau(r_1^\tau, \ldots, r_n^\tau) \qquad (15)$$

zugeordnet, welche die Produktionsalternativen beschreibt, die mit den im Zeitpunkt τ installierten Verfahren realisierbar sind. Man geht nun davon aus, daß diese dem technischen Stand des Investitionszeitpunkts entsprechen und durch Fortschrittsterme

$$\pi_i(\tau) = \alpha_i \cdot e^{\beta_i \cdot \tau} \qquad (3a)$$

ausgedrückt werden können. Der technische Fortschritt führt bis zum Investitionszeitpunkt τ bei gleicher Faktoreinsatzmenge zu einem exponentiellen Wachstum der Ausbringungsmenge. Mit der Wahl des Produktionsverfahrens im Zeitpunkt τ wird jedoch die Produktionsfunktion festgelegt, eine weitere Steigerung der Produktivität kann nicht mehr erreicht werden.

Dann kann man für (15) schreiben:

$$x_\tau = \Phi_\tau(\alpha_1 \cdot e^{\beta_1 \cdot \tau} \cdot r_1, \ldots, \alpha_n \cdot e^{\beta_n \cdot \tau} \cdot r_n) \qquad (15a)$$

Falls die Verfahren verschiedener Jahrgänge unabhängig voneinander eingesetzt werden können und keine fixen Faktoren, die nicht explizit in der Produktionsfunktion erfaßt sind, gemeinsam genutzt werden, dann können die Jahrgangs-Produktionsfunktionen zu einer gemeinsamen Produktionsfunktion zusammengefaßt werden:

$$x = \sum_{\tau = t-\Theta}^{t} x_\tau = \sum_{\tau = t-\Theta}^{t} \Phi_\tau(r_1^\tau, \ldots r_n^\tau) \qquad (16)$$

Die neoklassische Produktionstheorie

wobei r_i^τ die auf einem in der Periode τ installierten Verfahren eingesetzte Menge des Faktors i ist. Θ ist der Zeitpunkt der Installation des ältesten genutzten Verfahrens.

Die Theorie der Jahrgangs-Produktionsfunktionen wurde ursprünglich für aggregierte Produktionsfunktionen mit den beiden Faktoren Arbeit und Kapital entwickelt, um die Auswirkungen des kapitalgebundenen technischen Fortschritts zu untersuchen (vgl. insbesondere SOLOW [1960]). Hierbei wird von folgenden Annahmen ausgegangen:

(1) Die in τ installierten Verfahren werden durch den aus diesem Jahr stammenden Kapitalstock K_τ charakterisiert; die Ausbringungsmenge $X_\tau(t)$, die im Jahr t durch Kombination des Kapitalbestands $K_\tau(t)$ mit Arbeitskräften im Umfang $A_\tau(t)$ erreicht werden kann, ist durch eine neoklassische Produktionsfunktion - meist eine COBB-DOUGLAS-Produktionsfunktion - bestimmt:

$$x_\tau(t) = \Phi_\tau[A_\tau(t), K_\tau(t)] = a_0 \cdot e^{\beta\tau} \cdot [A_\tau(t)]^\alpha \cdot [K_\tau(t)]^{1-\alpha} \tag{17}$$

Bis zum Investitionszeitpunkt τ steigt die Produktivität der Faktoren exponentiell an; mit der Investition wird das Kapital jedoch auf dem Entwicklungsstand des Jahres τ "eingefroren", so daß die mit einem Kapitalbestand K_τ und einem Arbeitseinsatz A_τ produzierbare Ausbringungsmenge nicht weiter wächst. Im übrigen bleiben die durch die COBB-DOUGLAS-Produktionsfunktion beschriebenen Substitutionsmöglichkeiten zwischen Arbeit und Kapital weiterhin bestehen.

(2) Die mit Kapitalbeständen der einzelnen Jahrgänge erzielbaren Ausbringungsmengen sind additiv:

$$X(t) = \sum_{\tau=t-\Theta}^{t} X_\tau(t) = \sum_{\tau=t-\Theta}^{t} \Phi_\tau[A_\tau(t), K_\tau(t)] \tag{18}$$

(3) Der Bestand an Kapital des Jahrgangs τ im Zeitpunkt t ist gegeben durch:

$$K_\tau(t) = I(\tau) \cdot g(t - \tau) \tag{19}$$

wobei $I(\tau)$ die Investitionen in τ sind.

Die Überlebensfunktion $g(t)$ gibt an, welcher Bruchteil des Kapitals t Jahre und älter wird. Es wird also unterstellt, daß der Kapitalbestand eines Jahrgangs aus einer Vielzahl einzelner Anlagen besteht, die sukzessive ausscheiden.

(4) Bei vollständiger Konkurrenz auf dem Arbeitsmarkt ist der Lohnsatz für die an Anlagen verschiedener Jahrgänge beschäftigten Arbeitskräfte gleich. Den einzelnen Jahrgängen τ werden dann so viele Arbeitskräfte zugewiesen, daß die Grenzproduktivität der Arbeit überall gleich ist:

$$\frac{\partial \Phi_\tau(t)}{\partial A_\tau(t)} = \alpha \cdot a_0 \cdot e^{\beta t} \cdot [A_\tau(t)]^{\alpha-1} \cdot [K_\tau(t)]^{1-\alpha} = m(t) \tag{20}$$

Substituiert man (19) in (20) und löst nach $A_\tau(t)$ auf, so erhält man

$$A_\tau(t) = (\alpha \cdot a_0)^{1/(1-\alpha)} \cdot m(t)^{1/(\alpha-1)} \cdot e^{\beta\tau/(1-\alpha)} \cdot I(\tau) \cdot g(t - \tau) \tag{21}$$

Zur Vereinfachung der Schreibweise setzt man

$$h(t) = (\alpha \cdot a_0)^{1/(1-\alpha)} \cdot m(t)^{1/(\alpha-1)}$$

$$\eta = \frac{\beta}{1-\alpha}$$

Dann kann man für (21) schreiben:

$$A_\tau(t) = h(t) \cdot e^{\eta\tau} \cdot I(\tau) \cdot g(t-\tau) \tag{21a}$$

Da bei dem Gleichgewichtslohnsatz $m(t)$ alle Arbeiter beschäftigt werden, kann dieser - wie auch die Funktion $h(t)$ - aus der Bedingung

$$A(t) = \sum_{\tau=t-\Theta}^{t} A_\tau(t) = h(t) \sum_{\tau=t-\Theta}^{t} e^{\eta\tau} \cdot I(\tau) \cdot g(t-\tau) \tag{22}$$

bestimmt werden.

Setzt man (19) und (21) in (17) ein, dann ergibt sich für die in t mit den Verfahren des Jahrgangs τ produzierte Ausbringungsmenge:

$$X_\tau(t) = a_0 \cdot h(t)^\alpha \cdot e^{\eta\tau} \cdot I(\tau) \cdot g(t-\tau)$$

Die Gesamtausbringung in t ist dann gegeben durch:

$$X(t) = a_0 \cdot h(t)^\alpha \sum_{\tau=t-\Theta}^{t} e^{\eta\tau} \cdot I(\tau) \cdot g(t-\tau)$$

Berücksichtigt man (22), dann erhält man

$$X(t) = a_0 \cdot A(t)^\alpha \left[\sum_{\tau=t-\Theta}^{t} e^{\eta\tau} \cdot I(\tau) \cdot g(t-\tau) \right]^{1-\alpha} \tag{23}$$

Der Ausdruck

$$K^*(t) = \sum_{\tau=t-\Theta}^{t} e^{\eta\tau} \cdot I(\tau) \cdot g(t-\tau)$$

kann als Index für den mit dem Fortschrittsfaktor

$$\pi(t) = e^{\eta\tau}$$

der Investitionszeitpunkte gewichteten Kapitalbestand interpretiert werden. Einsetzen in (23) ergibt:

$$X(t) = a_0 \cdot A_\tau(t)^\alpha \cdot K^*(t)^{1-\alpha} \tag{23a}$$

Unter den gegebenen Voraussetzungen führt das Konzept der Jahrgangs-Produktionsfunktionen zu einer COBB-DOUGLAS-Produktionsfunktion, bei der im Unterschied zu den herkömmlichen Ansätzen der Kapitalstock durch einen Index K^* gemessen wird, der Produktivitätsunterschiede der Investitionen aus verschiedenen Jahren berücksichtigt.

Das Konzept läßt folgende Verallgemeinerungen zu:

(1) Statt einer COBB-DOUGLAS-Produktionsfunktion für die einzelnen Jahrgänge können andere neoklassische Produktionsfunktionen angesetzt werden. Setzt man ausschließlich kapitalvermehrenden technischen Fortschritt voraus, dann ist (17) zu ersetzen durch

$$X_\tau(t) = \Phi_\tau\left[A_\tau(t), e^{\beta\tau} \cdot K_\tau(t)\right] \tag{17a}$$

(2) Läßt man bei COBB-DOUGLAS-Jahrgangs-Produktionsfunktionen neben kapitalgebundenem technischen Fortschritt auch arbeitsgebundenen und exogenen technischen Fortschritt zu, der mit einer konstanten Rate μ auftritt, dann ist (23a) um einen Fortschrittsterm zu erweitern:

$$X(t) = a_0 \cdot e^{\mu t} \cdot A(t)^\alpha \cdot K^*(t)^{1-\alpha}$$

2.5 Kritik der neoklassischen Produktionstheorie

Im Anschluß an GUTENBERG [1951] wird in der betriebswirtschaftlichen Literatur vielfach bezweifelt, daß die neoklassische Produktionsfunktion für die industrielle Produktion repräsentativ ist. Während die neoklassische Produktionstheorie die *Substituierbarkeit* der Produktionsfaktoren unterstellt, seien für die industrielle Produktion *limitationale*, durch technische Eigenschaften der Betriebsmittel determinierte Beziehungen zwischen den Faktoreinsatzmengen typisch: "Wenn der als konstant angenommene Faktor auf eine bestimmte Leistung fixiert wird, sein Verhalten also von der Einsatzvermehrung des variierten Faktors unbeeinflußt bleibt, dann kann offenbar die variierte Faktoreinsatzmenge nicht zu einem Mehrertrag führen. ... Aus diesem Grund erhält man auch nur Ertragszuwächse, wenn man alle Faktoreinsatzmengen in der gegebenen Proportion vermehrt" (GUTENBERG [1983, S. 321]). Die Interpretation des *fixen Faktors* als Betriebsmittel steht also im Widerspruch zu den Annahmen der neoklassischen Produktionstheorie, denn eine Variation der Ausbringungsmenge kann nur über eine Variation der Leistungsabgabe der Betriebsmittel erreicht werden. "Das Ertragsgesetz verlangt nicht nur die bestandsmäßige Konstanz eines Faktors, sondern auch die Konstanz der Faktoreinsatzmengen. Konstanz der Faktoreinsatzmengen bedeutet aber Konstanz des Maschineneinsatzes (Maschinenverschleiß), ... , Konstanz der verbrauchten Energie, Konstanz des Schmiermittelverbrauchs usw. Daß die Konstanz der Faktoreinsatzmengen tatsächlich vorausgesetzt wird, wenn man vom Ertragsgesetz spricht, läßt sich schon allein daraus erkennen, daß man für die einzelnen produktiven Faktoren die Grenzproduktivitäten ... errechnet. Partielle Grenzproduktivitäten kann man aber nur dann ermitteln, wenn die Möglichkeit besteht, die Einsatzmengen eines Produktivgutes zu variieren, während man die Einsatzmengen der anderen Produktivgüter ... konstant hält" (GUTENBERG [1983, S. 325]).

Das hier aufgeworfene Problem, ob bei industrieller Produktion überhaupt die Möglichkeit besteht, einzelne Produktionsfaktoren zu substituieren, und die Frage, wie ein solcher Substitutionsprozeß zu erklären ist, stehen im Mittelpunkt der neueren Produktionstheorie. Hierbei lassen sich zwei Lösungsansätze unterscheiden: Ein kurzfristiger Ansatz, die von KOOPMANS [1951] entwickelte *Aktivitätsanalyse*, geht von gegebenen technischen Verfahren, von Produktionsprozessen mit festen Proportionen aus, und erklärt die Substitution von Produktionsfaktoren als Substitution zwischen verschiedenen Produktionsprozessen. Die langfristigen Aspekte der Substitution sind hingegen Gegenstand des von CHENERY [1949] in die Produktionstheorie eingeführten Konzepts der *Engineering Production Function* und deren Weiterentwicklungen: Faktorsubstitution kann durch Veränderungen konstruktiver Eigenschaften der Betriebsmittel erreicht werden. Da diese Möglichkeit meist nur vor dem Bau bzw. der Installation der Betriebsmittel gegeben ist, existiert zwar eine substitutionale Produktionsfunktion *ex ante*, die langfristige Möglichkeiten der Technologie-Wahl beschreibt, die Produktionsfunktion *ex post*, die die kurzfristige Anpassung an Beschäftigungsschwankungen beschreibt, ist hingegen *limitational*.

Das *Putty-Clay-Modell* (BOSWORTH [1976]) kann als Synthese beider Grundansätze interpretiert werden: Die Möglichkeiten der Technologie-Wahl der Unternehmen werden durch eine neoklassische Produktionsfunktion beschrieben. Da sich die Verhältnisse der Faktorpreise und die ex-ante-Produktionsfunktion wegen technischer Entwicklungen im Zeitablauf verschieben, verändert sich auch die Minimalkostenkombination. Die Unternehmen verfügen daher in der Regel über mehrere Betriebsmittel aus verschiedenen Jahrgängen, d.h. unterschiedliche Produktionsprozesse. Die Wahl zwischen diesen Prozessen und die dadurch erreichte Faktorsubstitution ex post kann mit Hilfe der Aktivitätsanalyse beschrieben werden.

Die neoklassische Produktionstheorie erfaßt den technischen Fortschritt als exogene Größe, die zu einer stetigen Verschiebung der Produktionsfunktion im Zeitablauf führt. Der Prozeß seiner *Implementierung* wird hingegen nur unvollkommen mit Hilfe der Jahrgangsproduktionsfunktionen erklärt. Die neoklassische Analyse ist daher durch eine Analyse des betrieblichen Investitionsprozesses zu ergänzen, die erklärt, wie es zur Installation neuer Anlagen kommt und wie sich diese auf die Produktivitätsbedingung auswirken.

2.6 Literaturhinweise

Bosworth, D.L., Production Functions: A Theoretical and Empirical Study, Westmead (Saxon House) 1976

Chenery, H.B., Engineering Production Functions, QJE 63 (1949), S. 507-531

Cobb, C.W., Douglas, P.H., A Theory of Production, Am. Econ. Rev. 18 (1928) Suppl., S. 139-165

Dellmann, K., Betriebswirtschaftliche Produktions- und Kostentheorie, Wiesbaden (Gabler) 1980

Dlugos, G., Kritische Analyse der ertragsgesetzlichen Kostenaussage, Berlin (Duncker & Humblot) 1961

Eichhorn, W., Theorie der homogenen Produktionsfunktion, Berlin-Heidelberg (Springer) 1970

Fandel, G., Produktion I: Produktions- und Kostentheorie, 3. Aufl., Berlin-Heidelberg (Springer) 1991

Frisch, R., Theory of Production, Dordrecht (Reidel) 1965

Gutenberg, E., Grundlagen der Betriebswirtschaftslehre Bd. I: Die Produktion, 1. Aufl. Berlin-Göttingen-Heidelberg (Springer) 1951; 24. Aufl., Berlin-Heidelberg (Springer) 1983

Harrod, R.F., Towards a Dynamic Economics, 2. Aufl., London (Macmillan) 1948

Henderson, J.M., Quandt, R.E., Microeconomic Theory: A Mathematical Approach, 3. Aufl., New York (McGraw-Hill) 1980

Hicks, J.R., The Theory of Wages, 2. Aufl., London (Macmillan) 1967

Kilger, W., Produktions- und Kostentheorie, Wiesbaden (Gabler) 1958

Krelle, W., Produktionstheorie, Tübingen (Mohr) 1969

Lassmann, G., Die Produktionsfunktion und ihre Bedeutung für die betriebswirtschaftliche Kostentheorie, Köln-Opladen (Westdeutscher Verlag) 1958

Lücke, W., Produktions- und Kostentheorie, 3. Aufl., Würzburg (Physica) 1973

Menger, K., Bemerkungen zu den Ertragsgesetzen, Zeitschr. f. Nationalökonomie 7 (1936), S. 25-56

Menger, K., Weitere Bemerkungen zu den Ertragsgesetzen, Zeitschr. f. Nationalökonomie 7 (1936), S. 388-397

Samuelson, P.A., Foundations of Economic Analysis, Cambridge/Mass. (Harvard Univ. Press) 1948

Sato, R., Beckmann, M.J., Neutral Inventions and Production Functions, Rev. of Econ. Studies 35 (1968), S. 57-66

Schneider, E., Einführung in die Wirtschaftstheorie, 2. Teil, 13. Aufl., Tübingen (Mohr/Siebeck) 1972

Solow, R.M., Investment and Technical Progess, in: Arrow, K.J., Karlin, S., Suppes, P. (Hrsg.), Mathematical Methods in the Social Sciences, Stanford (University Press) 1960, S. 89-104

Stackelberg, H. v., Grundlagen der theoretischen Volkswirtschaftslehre, 2. Aufl., Tübingen/Zürich, (Mohr/Polygraphischer Verlag) 1951

Wittmann, W., Produktionstheorie, Berlin-Heidelberg (Springer) 1968

3. Aktivitätsanalyse
3.1 Grundlagen
3.1.1 Problemstellung

Das Konzept der neoklassischen Produktionsfunktion hat sich in vielen betriebswirtschaftlichen und volkswirtschaftlichen Anwendungen bewährt; ökonometrische Untersuchungen haben die Existenz von Produktionsfunktionen, die neoklassische Eigenschaften haben, nachgewiesen. Es ist jedoch theoretisch unbefriedigend, daß diese Eigenschaften vorausgesetzt und allenfalls durch Plausibilitätsüberlegungen abgestützt, nicht aber aus technologischen Produktionsbedingungen hergeleitet werden. Die Aktivitätsanalyse geht hingegen von grundlegenden Annahmen über die technischen Produktionsbedingungen aus und leitet daraus Produktionsfunktionen her, die im wesentlichen die Eigenschaften der neoklassischen Produktionsfunktion besitzen. Die Aktivitätsanalyse wurde von KOOPMANS [1951] konzipiert und von DEBREU [1959] in die mikroökonomische Gleichgewichtstheorie integriert. Die Beziehungen zur betriebswirtschaftlichen Produktionstheorie wurden insbesondere von DORFMAN/SAMUELSON/SOLOW [1958], BAUMOL [1977], BECKMANN [1955], ALBACH [1962a] und DANØ [1966] aufgezeigt.

Im folgenden sollen zunächst die Postulate der Aktivitätsanalyse zusammengestellt werden. Im Anschluß daran werden die Produktionsfunktion und die Produktionsplanung im Einprodukt-Fall untersucht; anschließend werden die Ergebnisse auf den Mehrprodukt-Fall übertragen und deren Beziehungen zur neoklassischen Produktionstheorie aufgezeigt.

3.1.2 Die Technologie-Menge

Ausgangspunkt der Aktivitätsanalyse ist der im ersten Kapitel eingeführte Begriff der *Aktivität*: Eine Aktivität ist eine Kombination von Faktoreinsatzmengen

$$\underline{r} = (r_1, \ldots, r_n)$$

welche die Herstellung einer bestimmten Kombination von Ausbringungsmengen

$$\underline{x} = (x_1, \ldots, x_m)$$

ermöglicht. Eine Aktivität kann durch einen Punkt

$$\underline{y} = (\underline{r}, \underline{x})$$

im $\mathfrak{R}_+^{n+m}$ dargestellt werden; Aktivitäten werden daher auch als *Produktionspunkte* bezeichnet.

In der Aktivitätsanalyse wird vielfach nicht explizit zwischen Produktionsfaktoren und Produkten unterschieden; Faktoreinsatzmengen werden dann als negative Größen, Ausbringungsmengen als positive Größen gemessen. Diese Darstellungsweise ist vorteilhaft im Rahmen der mikroökonomischen Gleichgewichtstheorie, weil dort die Produkte einzelner Betriebe zumindest teilweise als Faktoren anderer Betriebe verwendet werden.

Bei betriebswirtschaftlichen Fragestellungen steht hingegen in der Regel fest, ob ein Gut als Faktor oder als Produkt dient. Um zu einer einheitlichen Darstellungsweise für die Aktivitätsanalyse, die neoklassische Produktionstheorie und die neueren Ansätze der betriebswirtschaftlichen Produktionstheorie zu kommen, wird im folgenden explizit zwischen Faktoren und Produkten unterschieden; Faktoreinsatzmengen und Ausbringungsmengen werden als positive Größen gemessen.

Die technisch möglichen Aktivitäten, die eine Wirtschaftseinheit kennt, werden zur *Technologie-Menge* zusammengefaßt:

Definition: *Technologie-Menge*

Die Menge

$$T := \{\underline{y} \mid \underline{y} \text{ ist technisch realisierbar}\}$$

aller technisch realisierbaren Aktivitäten heißt Technologie-Menge.

Um produktionstheoretische Aussagen herleiten zu können, muß die Technologie-Menge näher beschrieben werden. In diesem Kapitel wird der recht allgemeine Fall *linearer Technologien* zugrunde gelegt; dieser ist durch folgende Eigenschaften der Technologie-Menge charakterisiert:

(1) Proportionalität
(2) Additivität
(3) Möglichkeit der Verschwendung

Es ist plausibel, daß bei Anwendung eines bestimmten technischen Verfahrens eine Verdopplung der Einsatzmengen aller Faktoren auch zu einer Verdopplung der Ausbringungsmengen aller Produkte führt. Es wird daher vorausgesetzt:

Postulat VII: *Proportionalität*

Falls eine Aktivität $\underline{y}$ technisch möglich ist

$$\underline{y} = (\underline{r}, \underline{x}) \in T$$

dann ist jede Aktivität

$$\mu \cdot \underline{y} = (\mu \cdot \underline{r}, \mu \cdot \underline{x}) = (\mu \cdot r_1, \ldots, \mu \cdot r_n; \mu \cdot x_1, \ldots, \mu \cdot x_m) \in T$$

mit $\mu \geq 0$ ebenfalls realisierbar.

Da μ beliebige nicht-negative Werte annehmen kann, impliziert Postulat VII die unbegrenzte Teilbarkeit von Produktionsfaktoren und Produkten. Diese Bedingung scheint auf den ersten Blick sehr unrealistisch zu sein, da weder Produktionsfaktoren wie Maschinen, noch Produkte wie Autos, teilbar sind. Dieses Problem läßt sich jedoch durch geeignete Meßvorschriften bzw. durch geeignete Definitionen lösen: Mißt man den Einsatz von Maschinen anhand des Bestandes, dann muß tatsächlich berücksichtigt werden, daß diese unteilbar sind; mißt man ihren Einsatz hingegen anhand der Einsatzzeiten, dann sind diese sehr wohl beliebig teilbar. Produkte sind zwar vielfach unteilbar, ein Bruchteil der Ausbringungsmenge eines Produkts kann jedoch auch so interpretiert werden, daß dieses Produkt während der Planperiode nicht ganz fertiggestellt wird und die Produktion erst in der Folgeperiode abgeschlossen wird.

Darüber hinaus bedeutet Proportionalität, daß weder Kapazitätsbeschränkungen noch andere Restriktionen - wie z.B. die gesetzlichen Grenzen für produktionsbedingte Schadstoffemissionen - bei der Definition der Technologie-Menge berücksichtigt werden können. Es wäre prinzipiell möglich, die Technologie-Menge so zu definieren, daß derartige Restriktionen berücksichtigt und nur solche Aktivitäten erfaßt werden, die tatsächlich realisiert werden können und dürfen (vgl. hierzu: KOOPMANS [1951], HILDENBRAND/HILDENBRAND [1975]). Da hierdurch die Analyse erheblich erschwert wird, wird hier ein anderer Weg gegangen: In der Technologie-Menge werden alle Aktivitäten erfaßt, die technisch möglich sind. Aktivitäten, die wegen Kapazitätsbeschränkungen oder anderer Einschränkungen nicht realisierbar sind, werden später bei der Formulierung von Modellen der Produktionsplanung durch Restriktionen ausgeschlossen.

In der linearen Aktivitätsanalyse wird weiter angenommen:

<u>Postulat VIII</u>: *Additivität*

Mit jedem Paar von Aktivitäten

$$\underline{y}^1 = (\underline{r}^1, \underline{x}^1) \in T \qquad und \qquad \underline{y}^2 = (\underline{r}^2, \underline{x}^2) \in T$$

gehört auch die Aktivität

$$\underline{y} = \underline{y}^1 + \underline{y}^2 = (\underline{r}^1 + \underline{r}^2; \underline{x}^1 + \underline{x}^2) \in T$$

zur Technologie-Menge.

Postulat VIII setzt voraus, daß keine Beziehungen zwischen einzelnen Aktivitäten zu beachten sind. Interaktionen, wie z.B. die Konkurrenz um knappe Ressourcen, werden nicht bei der Definition der Technologie-Menge, sondern durch Restriktionen erfaßt, welche die Menge der wählbaren Aktivitäten einschränken.

Weiter setzt die lineare Aktivitätsanalyse voraus:

<u>Postulat IX</u>: *Möglichkeit der Verschwendung*

Ein Faktoreinsatz ohne Ausbringung ist möglich:

$$\underline{y} = (\underline{r}, \underline{0}) \in T \qquad für\ alle \qquad \underline{r} \geq \underline{0}$$

Schließlich definiert man:

<u>Definition</u>: *Lineare Technologie*

Eine Technologie, die den Postulaten VII - IX genügt, heißt lineare Technologie.

Im folgenden sind aus den Postulaten der Aktivitätsanalyse einige Eigenschaften linearer Technologien herzuleiten.

Die durch eine proportionale Ausdehnung der Einsatzmengen aller Faktoren realisierbaren Produktionspunkte können als technologisch verwandt angesehen werden; die Menge dieser Aktivitäten bezeichnet man als *Produktionsprozeß*.

Aktivitätsanalyse

Definition: *Produktionsprozeß*

Es sei

$$\underline{y}^* = (\underline{r}^*, \underline{x}^*) \in T$$

eine zulässige Aktivität. Dann heißt die Menge

$$\pi := \{\underline{y} \mid \underline{y} = \mu \cdot \underline{y}^*, \mu \geq 0\}$$

Produktionsprozeß zu $\underline{y}^*$.

Die zu einem Produktionsprozeß gehörenden Produktionspunkte liegen auf einem Strahl im positiven Orthanten des $\mathfrak{R}_+^{n+m}$, der im Koordinatenursprung beginnt. Jedem Punkt auf diesem *Prozeßstrahl* entspricht genau eine Kombination von Faktoreinsatz- und Ausbringungsmengen.

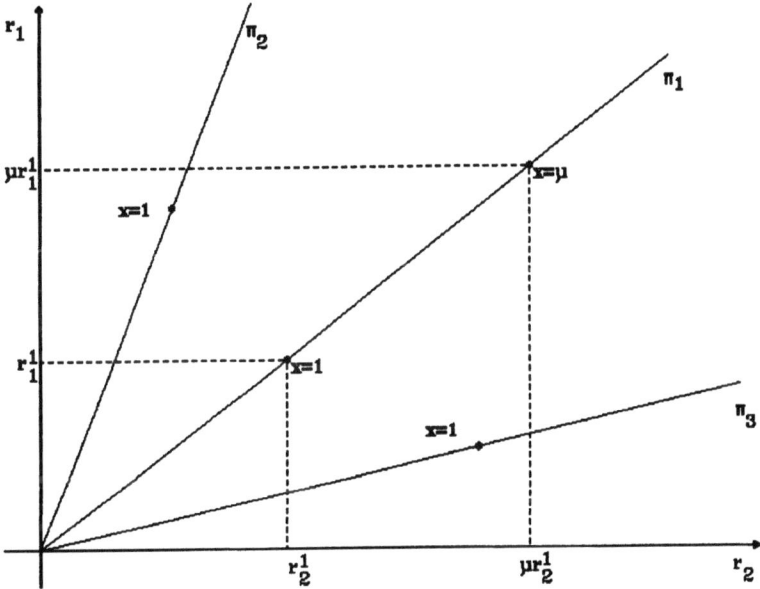

Abbildung 12: Produktionsprozesse

In Abbildung 12 sind Projektionen der Prozeßstrahlen der drei Produktionsprozesse π_1, π_2, π_3 in den zweidimensionalen Faktorraum dargestellt; wie in Abbildung 2 wird die zu den Produktionspunkten gehörende Ausbringungsmenge durch Skalierung des Prozeßstrahls angegeben.

Produktionsprozesse besitzen die folgenden Eigenschaften:

(1) Die Faktoreinsatzmengen stehen bei allen zu einem Prozeß gehörenden Aktivitäten in einem konstanten Verhältnis zueinander:

$$\frac{r_i}{r_k} = \alpha_{ik} \qquad \text{für alle } i,k = 1,\ldots,n \text{ und } r_k > 0 \qquad (1)$$

(2) Die Ausbringungsmengen aller Produkte stehen bei allen Aktivitäten, die zu einem Prozeß gehören, in einem festen Verhältnis zueinander:

$$\frac{x_j}{x_k} = \beta_{jk} \qquad \text{für alle } j,k = 1,\ldots,m \text{ und } x_k > 0 \qquad (2)$$

(3) Die Faktoreinsatz- und Ausbringungsmengen stehen bei allen zu einem Produktionsprozeß gehörenden Aktivitäten in einem konstanten Verhältnis zueinander:

$$\frac{r_i}{x_j} = a_{ij} \qquad \text{für alle } i = 1,\ldots,n; j = 1,\ldots,m \text{ und } x_j > 0 \qquad (3)$$

<u>Definition:</u> *Produktionskoeffizient*

Das Verhältnis zwischen der Einsatzmenge eines Faktors i und der Ausbringungsmenge des Produkts j

$$a_{ij} = \frac{r_i}{x_j} \qquad \text{für alle } i = 1,\ldots,n; j = 1,\ldots,m \text{ und } x_j > 0$$

heißt Produktionskoeffizient des Faktors i für das Produkt j.

Aufgrund der Zahl der Produkte, die mit einem Produktionsprozeß hergestellt werden können, unterscheidet man zwischen einfacher Produktion und Kuppelproduktion: Bei *einfacher Produktion* wird mit einem Produktionsprozeß lediglich ein Produkt hergestellt; die einfache Produktion umfaßt auch die Herstellung mehrerer Produkte mit verschiedenen Produktionsprozessen.

Werden hingegen mit einem Prozeß mehrere Produkte hergestellt, dann stehen diese wegen (2) in einem festen Verhältnis zueinander; es liegt dann *Kuppelproduktion* (mit fester Koppelung) vor. Wegen der festen Koppelung der Produkte und der Konstanz der Verhältnisse der Faktoreinsatzmengen sind mit der Festlegung der Ausbringung eines beliebigen Produkts sowohl die Ausbringungsmengen der anderen Produkte als auch die Einsatzmengen der Faktoren festgelegt. Man kann daher die Ausbringungsmenge $x_k > 0$ eines Standardprodukts zur Messung des *Prozeßniveaus z*, des Umfangs, in dem der betreffende Produktionsprozeß eingesetzt wird, benutzen und sowohl die Ausbringungsmengen der Produkte als auch die Faktoreinsatzmengen auf dieses Prozeßniveau beziehen.

Dann erhält man als *Koppelungskoeffizienten*:

$$b_j = \frac{x_j}{z} \quad \text{für alle } j = 1,\ldots,m \text{ und } z > 0 \tag{4}$$

und als auf das Prozeßniveau bezogene Produktionskoeffizienten

$$a_i = \frac{r_i}{z} \quad \text{für alle } i = 1,\ldots,n \text{ und } z > 0 \tag{5}$$

Die Ausbringungsmenge des Produkts j bei Prozeßniveau z ist gegeben durch

$$x_j = b_j \cdot z \quad \text{für alle } j = 1,\ldots,m \tag{6}$$

Die produktbezogenen Produktionskoeffizienten sind gegeben durch

$$a_{ij} = \frac{r_i}{x_j} = \frac{a_i}{b_j} \quad \text{für alle } i = 1,\ldots,n; j = 1,\ldots,m \text{ und } x_j > 0, b_j > 0 \tag{7}$$

Man kann einen Produktionsprozeß charakterisieren durch den $(n+m)$-dimensionalen Koeffizientenvektor

$$\underline{a} = (a_1,\ldots,a_n; b_1,\ldots,b_m)^T$$

der die niveaubezogenen Produktionskoeffizienten a_i und die Koppelungskoeffizienten b_j zusammenfaßt. Die einem Prozeßniveau von z entsprechende Aktivität ist gegeben durch

$$\underline{y} = \underline{a} \cdot z \tag{8}$$

Der Begriff der Effizienz von Aktivitäten kann nun auf Produktionsprozesse übertragen werden:

<u>Definition:</u> *Effizienz von Produktionsprozessen*

Ein Produktionsprozeß π^0 mit dem Koeffizientenvektor $\underline{a}^0$ ist effizient, falls es keinen anderen Prozeß π mit dem Koeffizientenvektor $\underline{a}$ gibt, für den gilt:

$$\begin{aligned}
a_i^0 &\geq a_i & \text{für alle } i = 1,\ldots,n \text{ und} \\
b_j^0 &\leq b_j & \text{für alle } j = 1,\ldots,m \text{ sowie} \\
a_k^0 &> a_k & \text{für mindestens ein } k \text{ oder} \\
b_l^0 &< b_l & \text{für mindestens ein } l
\end{aligned} \tag{9}$$

Dieses Kriterium entspricht für das Prozeßniveau $z = 1$ dem im ersten Kapitel eingeführten Effizienzkriterium für Aktivitäten. Da bei einer Variation des Prozeßniveaus die Verhältnisse zwischen den Faktoreinsatz- und Ausbringungsmengen nicht verändert werden, sind alle Punkte auf dem Prozeßstrahl effizient, wenn ein Produktionspunkt effizient ist.

Bei *einfacher Produktion* ist das Prozeßniveau z gleich der Ausbringungsmenge x, die Produktionskoeffizienten sind daher gegeben durch

$$a_i = \frac{r_i}{x}$$

Da der Koppelungskoeffizient immer gleich eins ist, ist dieser redundant. Das Effizienzkriterium vereinfacht sich in diesem Fall zu:

<u>Definition:</u> *Effizienz von Produktionsprozessen bei einfacher Produktion*

Ein Produktionsprozeß π^0 mit den Produktionskoeffizienten a_i^0 ($i=1,...,n$) ist effizient, falls es keinen anderen Prozeß π mit den Produktionskoeffizienten a_i gibt, für die gilt:

$a_i^0 \geq a_i$ *für alle $i = 1, ..., n$*

und (10)

$a_k^0 > a_k$ *für mindestens ein k*

In der Regel verfügt ein Betrieb über mehrere Produktionsprozesse π_k ($k = 1,...,l$). Die Proportionalität und die Additivität von Aktivitäten ermöglicht es dann, durch Linearkombination von Produktionsprozessen auch solche Produktionspunkte zu realisieren, die nicht zu diesen gehören. Falls

$\underline{y}^1 = (\underline{r}^1, \underline{x}^1) \in T$ und $\underline{y}^2 = (\underline{r}^2, \underline{x}^2) \in T$

dann ist auch jede nicht-negative Linearkombination mit $\alpha_1, \alpha_2 \geq 0$

$$\underline{y} = \alpha_1 \cdot \underline{y}^1 + \alpha_2 \cdot \underline{y}^2 = (\alpha_1 \cdot \underline{r}^1 + \alpha_2 \cdot \underline{r}^2; \alpha_1 \cdot \underline{x}^1 + \alpha_2 \cdot \underline{x}^2) \in T$$

Insbesondere gilt auch für jede Konvexkombination mit $0 \leq \mu \leq 1$

$$\underline{y} = \mu \cdot \underline{y}^1 + (1-\mu) \cdot \underline{y}^2 =$$
$$= \left[\mu \cdot \underline{r}^1 + (1-\mu) \cdot \underline{r}^2; \mu \cdot \underline{x}^1 + (1-\mu) \cdot \underline{x}^2\right] \in T \quad (11)$$

<u>Definition:</u> *Gemischter Produktionsprozeß*

Eine Konvexkombination von Produktionsprozessen heißt gemischter Produktionsprozeß.

Im Gegensatz dazu bezeichet man einen Prozeß, der sich nicht als echte Konvexkombination von anderen Prozessen darstellen läßt, als *reinen Prozeß*.

Die Konstruktion gemischter Prozesse ist in Abbildung 13 für den Fall von zwei Faktoren und einem Produkt graphisch dargestellt.

Diese Abbildung macht deutlich, daß durch die Konvexkombination von zwei Produktionspunkten alle Aktivitäten auf der Strecke zwischen beiden Punkten realisiert werden können.

Aktivitätsanalyse

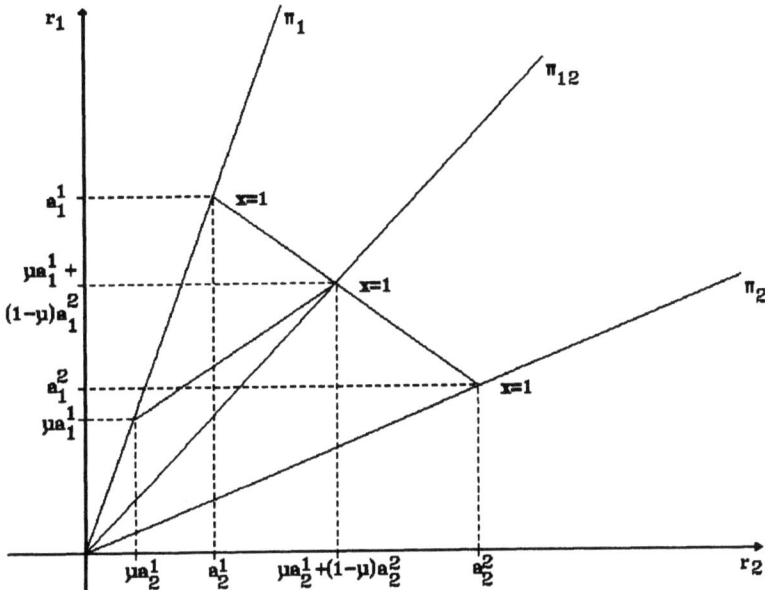

Abbildung 13: Gemischte Produktionsprozesse

Für gemischte Prozesse gilt:

Satz 1: *Effizienz gemischter Prozesse*

Nur die Kombination effizienter Prozesse führt zu effizienten gemischten Prozessen.

Beweis:

Zu einer linearen Technologie gehören unter anderem die drei Produktionsprozesse π_1, π_2, π_3 mit den Koeffizientenvektoren $\underline{a}^1, \underline{a}^2, \underline{a}^3$. Die Prozesse π_1 und π_2 seien effizient, der Prozeß π_3 wird durch π_2 dominiert. Es gilt also

$$a_i^2 \leq a_i^3 \quad \text{für alle } i = 1, \ldots, n \text{ und}$$

$$b_j^2 \geq b_j^3 \quad \text{für alle } j = 1, \ldots, m$$

Folglich gilt auch für $\mu \in [0, 1]$:

$$\mu \cdot a_i^1 + (1-\mu) \cdot a_i^2 \leq \mu \cdot a_i^1 + (1-\mu) \cdot a_i^3 \quad \text{für alle } i = 1, \ldots, n$$

$$\mu \cdot b_j^1 + (1-\mu) \cdot b_j^2 \geq \mu \cdot b_j^1 + (1-\mu) \cdot b_j^3 \quad \text{für alle } j = 1, \ldots, m$$

Wegen der Dominanz von π_2 über π_3 gilt weiter

$$a_k^2 < a_k^3 \quad \text{für mindestens ein } k \text{ oder}$$

$$b_l^2 > b_l^3 \quad \text{für mindestens ein } l$$

Folglich gilt auch für $0 < \mu < 1$:

$$\mu \cdot a_k^1 + (1-\mu) \cdot a_k^2 < \mu \cdot a_k^1 + (1-\mu) \cdot a_k^3 \qquad \text{für mindestens ein } k \text{ oder}$$

$$\mu \cdot b_l^1 + (1-\mu) \cdot b_l^2 > \mu \cdot b_l^1 + (1-\mu) \cdot b_l^3 \qquad \text{für mindestens ein } l$$

Alle Prozeßkombinationen der Prozesse π_1 und π_3 werden daher durch Kombinationen der Prozesse π_1 und π_2 dominiert. ∎

Die Umkehrung von Satz 1 gilt im allgemeinen nicht; nicht jede Konvexkombination effizienter Prozesse ist effizient. Dieser Sachverhalt wird durch Abbildung 14 verdeutlicht: Jede Kombination der Prozesse π_1 und π_3 wird durch Kombinationen der Prozesse π_1 und π_2 bzw. der Prozesse π_2 und π_3 dominiert.

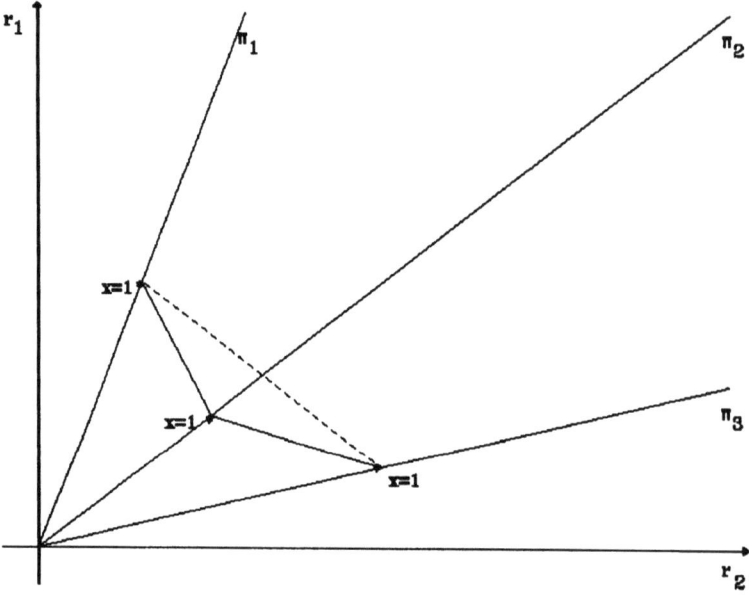

Abbildung 14: Effizienz gemischter Prozesse

Die Technologie-Menge einer linearen Technologie ist die Vereinigungsmenge aller reinen und gemischten Produktionsprozesse. Die Koeffizientenvektoren $\underline{a}^k$ aller reinen Prozesse kann man zur *Technologiematrix* zusammenfassen:

$$\underline{\tilde{A}} = \begin{bmatrix} a_1^1 & a_1^2 & \cdots & a_1^l \\ \vdots & \vdots & & \vdots \\ a_n^1 & a_n^2 & \cdots & a_n^l \\ b_1^1 & b_1^2 & \cdots & b_1^l \\ \vdots & \vdots & & \vdots \\ b_m^1 & b_m^2 & \cdots & b_m^l \end{bmatrix}$$

Aktivitätsanalyse

Die Produktionspunkte werden durch die $(n + m)$-dimensionalen Vektoren

$$\underline{y} = (r_1, \ldots, r_n; x_1, \ldots, x_m)^T$$

dargestellt.

Schließlich kann man die Niveauparameter der Produktionsprozesse zu dem l-dimensionalen Niveauvektor zusammenfassen:

$$\underline{z} = (z_1, \ldots, z_l)^T$$

Dann läßt sich der zu einem Skalenniveau $\underline{z}^0$ gehörende Produktionspunkt darstellen durch

$$\underline{y}^0 = \underline{\tilde{A}} \cdot \underline{z}^0 \tag{12}$$

oder

$$r_i^0 = \sum_{k=1}^{l} a_i^k \cdot z_k^0 \qquad (i = 1, \ldots, n)$$

$$x_j^0 = \sum_{k=1}^{l} b_j^k \cdot z_k^0 \qquad (j = 1, \ldots, m)$$

Die Technologie-Menge ist daher gegeben durch

$$T := \{\underline{y} \in \mathfrak{R}_+^{n+m} \mid \underline{y} = \underline{\tilde{A}} \cdot \underline{z}; \underline{z} \in \mathfrak{R}_+^l\} \tag{13}$$

Da die durch (13) definierte Menge ein Kegel mit Spitze im Koordinatenursprung ist, werden lineare Technologien gelegentlich auch *Kegeltechnologien* genannt.

Wegen der Additivität und der Proportionalität linearer Technologien gilt:

Satz 2: *Konvexität der Technologie-Menge*

Die Technologie-Menge ist konvex.

Beweis:

Für zwei beliebige Aktivitäten $\underline{y}^1, \underline{y}^2 \in T$ gilt wegen (12)

$$\underline{y}^1 = \underline{\tilde{A}} \cdot \underline{z}^1 \qquad \underline{y}^2 = \underline{\tilde{A}} \cdot \underline{z}^2 \qquad \underline{z}^1, \underline{z}^2 \geq \underline{0}$$

Wegen der Postulate VII und VIII sind Konvexkombinationen von $\underline{y}^1$ und $\underline{y}^2$ möglich:

$$\mu \cdot \underline{y}^1 + (1-\mu) \cdot \underline{y}^2 = \mu \cdot \underline{\tilde{A}} \cdot \underline{z}^1 + (1-\mu) \cdot \underline{\tilde{A}} \cdot \underline{z}^2$$
$$= \underline{\tilde{A}} [\mu \cdot \underline{z}^1 + (1-\mu) \cdot \underline{z}^2] = \underline{\tilde{A}} \cdot \underline{z}^3 \qquad (0 \leq \mu \leq 1)$$

Da

$$\underline{z}^3 = \mu \cdot \underline{z}^1 + (1-\mu) \cdot \underline{z}^2 \geq \underline{0}$$

ist, ist auch

$$\underline{y}^3 = \mu \cdot \underline{y}^1 + (1-\mu) \cdot \underline{y}^2 = \underline{\tilde{A}} \cdot \underline{z}^3 \in T$$

T ist folglich konvex. ∎

3.2 Produktionsfunktion und Produktionsplanung im Einprodukt-Fall

3.2.1 Einleitung

Die Aktivitätsanalyse geht davon aus, daß ein Betrieb über eine endliche Zahl von Produktionsprozessen verfügt. Ein *Produktionsprozeß* ist ein technisches Verfahren zur Transformation von Produktionsfaktoren in Produkte; er ist dadurch charakterisiert, daß die Einsatzmengen der Faktoren und die Ausbringungsmengen der Produkte in einem festen Verhältnis zueinander stehen. Wird nur ein Produkt hergestellt, dann ist ein Produktionsprozeß durch die *Produktionskoeffizienten* a_i ($i=1,...,n$) determiniert; diese geben an, welche Einsatzmengen des Faktors i benötigt werden, um eine Einheit des Produktes herzustellen.

Verfügt ein Betrieb über mehrere Produktionsprozesse zur Herstellung eines Produktes, dann kann er diese miteinander kombinieren und die festen Verhältnisse zwischen den Faktoreinsatzmengen und den Ausbringungsmengen auflockern und Faktoreinsatzmengen-Kombinationen realisieren, die mit den einzelnen Prozessen nicht erreichbar sind. Es seien π_1 und π_2 zwei Produktionsprozesse mit den Produktionskoeffizienten

$$\underline{a}^1 = (a_1^1, a_2^1, ..., a_n^1)^T \quad \text{und} \quad \underline{a}^2 = (a_1^2, a_2^2, ..., a_n^2)^T$$

Dann wird durch die Konvexkombination

$$\underline{a} = \mu \cdot \underline{a}^1 + (1-\mu) \cdot \underline{a}^2 = \left[\mu \cdot a_1^1 + (1-\mu) \cdot a_1^2, ..., \mu \cdot a_n^1 + (1-\mu) \cdot a_n^2\right]^T$$

mit $0 < \mu < 1$ ein gemischter Produktionsprozeß definiert.

Die Menge der Produktionsalternativen, über die ein Betrieb verfügt, heißt *Technologie*. Eine Technologie, die aus einer endlichen Zahl reiner Produktionsprozesse mit festen Verhältnissen zwischen Faktoreinsatz- und Ausbringungsmengen und den durch Konvexkombination dieser reinen Prozesse erzeugbaren gemischten Prozessen besteht, heißt *lineare Technologie*.

Werden einzelne Prozesse mit dem Niveau z_k ($k = 1,...,l$) genutzt, dann ist im Einprodukt-Fall die gesamte Ausbringung gegeben durch

$$x = \sum_{k=1}^{l} z_k \tag{1}$$

Die hierzu benötigten Faktoreinsatzmengen sind gegeben durch

$$r_i = \sum_{k=1}^{l} a_i^k \cdot z_k \qquad (i = 1,...,n) \tag{2}$$

Aktivitätsanalyse

Es sei

$\underline{r} = (r_1, \ldots, r_n)^T$ der Vektor der Faktoreinsatzmengen,

$\underline{z} = (z_1, \ldots, z_l)^T$ der Vektor der Prozeß-Niveaus,

$\underline{1} = (1, \ldots, 1)^T$ ein Summationsvektor,

$\underline{A} = (a_i^k)$ die Matrix der Produktionskoeffizienten.

Berücksichtigt man, daß wegen des Postulats IX Faktoreinsatzmengen verschwendet werden können, dann kann man statt (1) und (2) schreiben:

$$\underline{1}^T \cdot \underline{z} = x \tag{1a}$$

$$\underline{A} \cdot \underline{z} \leq \underline{r} \tag{2a}$$

Die Technologie-Menge im Einprodukt-Fall ist dann gegeben durch

$$T := \{(\underline{r}, x) \in \Re_+^{n+1} \mid \underline{A} \cdot \underline{z} \leq \underline{r}; x = \underline{1}^T \cdot \underline{z}; \underline{z}^T \in \Re_+^l\} \tag{3}$$

Diese Darstellung der Technologie-Menge unterscheidet sich von der im vorigen Abschnitt eingeführten dadurch, daß anstelle der Technologiematrix die Matrix der Produktionskoeffizienten benutzt wird; in dieser sind die im Einprodukt-Fall redundanten Koppelungskoeffizienten nicht enthalten. Darüber hinaus sind in der Technologiematrix auch Verschwendungs-Aktivitäten für jeden Faktor erfaßt; hier wurde darauf verzichtet, diese explizit aufzuführen. Stattdessen wird bei der Definition der Technologie-Menge zugelassen, daß die eingesetzten Faktormengen $\underline{A} \cdot \underline{z}$ kleiner als die verfügbaren Mengen $\underline{r}$ sind.

Wegen der Möglichkeit der Verschwendung können mit einem gegebenen Faktoreinsatz $\underline{r}$ verschiedene Ausbringungsmengen x hergestellt werden. Um eine eindeutige Beziehung zwischen Faktoreinsatz und Ausbringung herzuleiten, ist diejenige Ausbringungsmenge x^0 zu bestimmen, die mit einer bestimmten Kombination von Faktoreinsatzmengen $\underline{r}^0$ maximal hergestellt werden kann. Diese kann mit Hilfe des linearen Programms

$$x^0 = \sum_{k=1}^{l} z_k \Rightarrow \max! \tag{4}$$

$$\sum_{k=1}^{l} a_i^k \cdot z_k \leq r_i^0 \qquad (i = 1, \ldots, n)$$

$$z_k \geq 0 \qquad (k = 1, \ldots, l)$$

ermittelt werden.

Wegen der Möglichkeit der Verschwendung kann das lineare Programm (4) als spezielles Maximum-Problem formuliert werden; es existiert daher für jede nicht-negative Kombination von Faktoreinsatzmengen $\underline{r}^0$ eine optimale Lösung mit dem Zielfunktionswert x^0. Die Aktivität $(\underline{r}^0, x^0)$ ist technisch realisierbar. Allerdings sind zwei Fälle zu unterscheiden:

(1) Für eine gegebene Kombination von Faktoreinsatzmengen $\underline{r}^0$ sind in allen optimalen Lösungen von (4) alle Restriktionen bindend, d.h. die verfügbaren Faktoreinsatzmengen werden voll eingesetzt. Die Aktivität $(\underline{r}^0, x^0)$ ist somit effizient.

(2) In mindestens einer optimalen Lösung von (4) sind für gegebene Faktoreinsatzmengen $\underline{r}^0$ nicht alle Restriktionen bindend, d.h. es werden Faktoren verschwendet. Die Aktivität $(\underline{r}^0, x^0)$ ist ineffizient.

Variiert man die Faktoreinsatzmengen $\underline{r}^0$, dann wird durch (4) eine Abbildung des Faktorraums in die Menge der nicht-negativen reellen Zahlen

$$\Phi: \Re_+^l \Rightarrow \Re_+^1$$

beschrieben, die angibt, wieviel mit einer gegebenen Kombination von Faktoreinsatzmengen $\underline{r}^0$ maximal hergestellt werden kann. Da das Abbild x das Ergebnis einer Maximierung ist, ist Φ eindeutig. Man kann daher definieren:

Definition: *Produktionsfunktion*

Eine Abbildung Φ, die bei gegebener Technologie T jeder Kombination von Faktoreinsatzmengen

$$\underline{r} \in \Re_+^n$$

die damit maximal produzierbare Ausbringungsmenge x zuordnet, heißt Produktionsfunktion.

Im folgenden werden aus den Postulaten der linearen Aktivitätsanalyse allgemeine Eigenschaften von Produktionsfunktionen hergeleitet; es wird gezeigt, daß diese im wesentlichen die gleichen Eigenschaften wie die neoklassischen Produktionsfunktionen besitzen. Wie in der neoklassischen Produktionstheorie werden insbesondere die folgenden Fragestellungen untersucht:

(1) Produktionsfunktion bei *totaler Faktorvariation*: Veränderung des Niveaus des Faktoreinsatzes bei Konstanz der Verhältnisse der Faktoreinsatzmengen.

(2) *Isoquanten*: Variation der Faktoreinsatzmengen bei gegebener Ausbringungsmenge.

(3) Produktionsfunktion bei *partieller Faktorvariation*: Veränderung der Einsatzmenge eines Faktors bei Konstanz der Einsatzmengen der anderen.

Die wesentlichen Ergebnisse der Aktivitätsanalyse ließen sich auch ohne diese traditionellen Instrumente herleiten; üblicherweise werden sie allenfalls am Rande erwähnt. Um die Beziehungen zwischen der Aktivitätsanalyse und anderen produktionstheoretischen Ansätzen zu verdeutlichen, wird im folgenden diese möglicherweise weniger elegante, wohl aber ökonomisch leichter zugängliche Darstellungsweise gewählt.

3.2.2 Zwei Faktoren zur Herstellung eines Produkts

Da sich die Herleitung und die Ergebnisse in diesem Fall leicht graphisch verdeutlichen lassen, wird zunächst vorausgesetzt, daß lediglich zwei Faktoren eingesetzt werden, um ein Produkt herzustellen.

3.2.2.1 Die Produktionsfunktion bei totaler Faktorvariation

Die Produktionsfunktion bei totaler Faktorvariation gibt an, wie die Ausbringungsmenge x auf eine proportionale Veränderung der Einsatzmengen aller Produktionsfaktoren um das μ-fache reagiert. Das bedeutet aber, daß der gleiche Produktionsprozeß genutzt wird, folglich verändert sich auch die Ausbringungsmenge um das μ-fache. Es sei

$$x^0 = \Phi(r_1^0, r_2^0) \tag{5}$$

die mit einem Faktoreinsatz von $\underline{r}^0$ maximal erzielbare Ausbringung. Wegen der Proportionalität der Aktivitäten gilt

$$\mu \cdot x^0 = \Phi(\mu \cdot r_1^0, \mu \cdot r_2^0) \tag{6}$$

Die Produktionsfunktion ist also *linearhomogen*; im Fall linearer Technologien sind die Skalenerträge konstant.

3.2.2.2 Die Isoquanten und die Minimalkostenkombinationen

Im zweiten Kapitel wurde die Isoquante als die Menge der Faktoreinsatzmengenkombinationen $\underline{r}$ definiert, die zur Herstellung einer vorgegebenen Ausbringungsmenge x^0 erforderlich sind. Zunächst soll die Isoquante für die Ausbringungsmenge $x^0 = 1$ hergeleitet werden.

Die Technologie-Menge eines Betriebes sei gegeben durch l effiziente reine Produktionsprozesse $\pi_1, ..., \pi_l$. Keiner dieser Prozesse sei als Konvexkombination anderer Prozesse darstellbar. Ein Prozeß π_k mit den gleichen Produktionskoeffizienten wie ein gemischter Prozeß π_{jk} wird also nicht als reiner Prozeß behandelt, auch wenn er sich technologisch von dem gemischten Prozeß unterscheidet.

Diese effizienten reinen Prozesse lassen sich so ordnen, daß für die Produktionskoeffizienten gilt:

$$a_1^1 > a_1^2 > ... > a_1^l$$
$$a_2^1 < a_2^2 < ... < a_2^l$$

Würde nämlich für zwei Prozesse π_j und π_k gelten, daß

$$a_1^j \geq a_1^k \qquad \text{und} \qquad a_2^j \geq a_2^k$$

so wären sie entweder gleich, oder π_k würde π_j dominieren.

Zwei effiziente reine Prozesse π_p und π_q sind benachbart, wenn es keinen effizienten reinen Prozeß π_k gibt mit

$$a_1^p < a_1^k < a_1^q \qquad \text{und} \qquad a_2^p > a_2^k > a_1^q$$

Für die Herleitung der Isoquante benötigt man den

Hilfssatz:

Jede Prozeßkombination von zwei nicht benachbarten reinen Prozessen ist ineffizient.

Beweis:

Sind π_1 und π_3 nicht benachbart, dann gibt es einen Prozeß π_2 mit

$$a_1^1 > a_1^2 > a_1^3 \qquad \text{und} \qquad a_2^1 < a_2^2 < a_2^3$$

Aus Abbildung 15 wird deutlich, daß es ein μ^0 gibt, so daß

$$\mu^0 \cdot a_1^1 + (1-\mu^0) \cdot a_1^3 = a_1^2$$

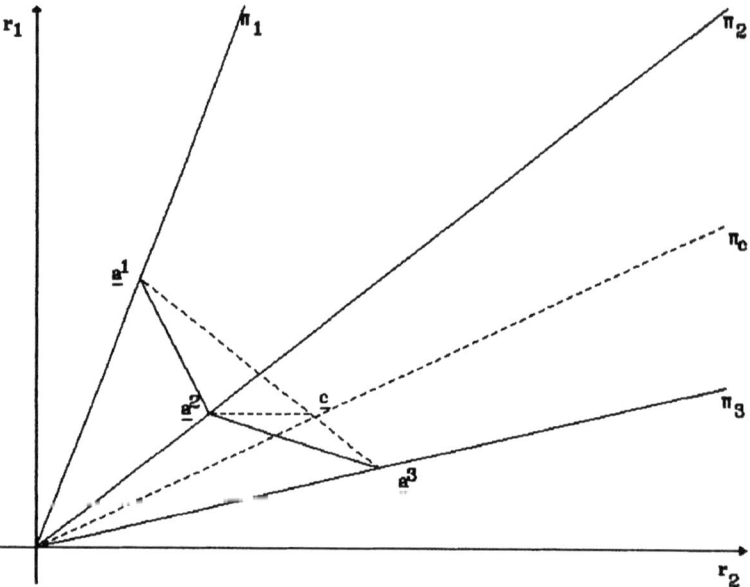

Abbildung 15: Kombination benachbarter Produktionsprozesse

Dann muß aber gelten:

$$\mu^0 \cdot a_2^1 + (1-\mu^0) \cdot a_2^3 > a_2^2$$

Andernfalls wäre nämlich

$$\underline{c} = \mu^0 \cdot \underline{a}^1 + (1-\mu^0) \cdot \underline{a}^3 \leq \underline{a}^2$$

Der durch die Produktionskoeffizienten $\underline{c}$ charakterisierte Produktionsprozeß π_c würde also den reinen Prozeß π_2 dominieren, oder beide Prozesse wären gleich. Das steht aber im Widerspruch zu den Annahmen. π_2 muß also den gemischten Prozeß π_c dominieren.

Weiter ist jede Konvexkombination von $\underline{a}^1$ und $\underline{a}^3$ als Konvexkombination von $\underline{c}$ und $\underline{a}^1$ oder $\underline{a}^3$ darstellbar.

Aktivitätsanalyse

Es sei etwa

$$\underline{b} = \alpha \cdot \underline{a}^1 + (1-\alpha) \cdot \underline{a}^3 \qquad (0 < \alpha < 1)$$

Wie man leicht nachprüfen kann, gilt für $\alpha \leq \mu$

$$\underline{b} = \frac{\alpha - \mu}{1-\mu} \cdot \underline{a}^1 + \frac{1-\alpha}{1-\mu} \cdot \underline{c}$$

und für $\alpha \geq \mu$

$$\underline{b} = \frac{\alpha}{\mu} \cdot \underline{c} + \left(1 - \frac{\alpha}{\mu}\right) \cdot \underline{a}^3$$

Wie man durch Auflösen nach $\underline{a}^1$ bzw. $\underline{a}^3$ und Einsetzen zeigen kann, dominiert wegen

$$\underline{a}^2 \leq \underline{c}$$

die Aktivität

$$\frac{\alpha - \mu}{1-\mu} \cdot \underline{a}^1 + \frac{1-\alpha}{1-\mu} \cdot \underline{a}^2$$

die Aktivität $\underline{b}$, falls $\alpha \leq \mu$; andernfalls wird $\underline{b}$ durch

$$\frac{\alpha}{\mu} \cdot \underline{a}^2 + \left(1 - \frac{\alpha}{\mu}\right) \cdot \underline{a}^3$$

dominiert. Es wird also tatsächlich jede Konvexkombination von $\underline{a}^1$ und $\underline{a}^3$ durch Kombinationen von $\underline{a}^1$ und $\underline{a}^2$ bzw. von $\underline{a}^2$ und $\underline{a}^3$ dominiert. ∎

Aus dem Hilfssatz folgt unmittelbar

Satz 3: *Darstellung effizienter Produktionspunkte*

Produktionspunkte auf der Isoquante gehören entweder zu effizienten reinen Prozessen oder lassen sich durch Konvexkombination von benachbarten effizienten reinen Prozessen darstellen.

Die Isoquante $I(x^0)$ zur Ausbringungsmenge x^0 kann daher konstruiert werden, indem Konvexkombinationen der Produktionskoeffizienten benachbarter Produktionsprozesse gebildet werden:

$$\underline{a}^{12} = \mu \cdot \underline{a}^1 + (1-\mu) \cdot \underline{a}^2$$

$$\underline{a}^{23} = \mu \cdot \underline{a}^2 + (1-\mu) \cdot \underline{a}^3$$

$$\ldots$$

$$\underline{a}^{l-1,l} = \mu \cdot \underline{a}^{l-1} + (1-\mu) \cdot \underline{a}^l$$

Bisher wurde lediglich die zu einer Ausbringungsmenge von $x^0 = 1$ gehörende Isoquante betrachtet; es existiert jedoch zu jeder Ausbringungsmenge x eine Isoquante. Da sich alle Produktionspunkte auf einem Produktionsprozeß nur durch einen Skalarfaktor voneinander unterscheiden, kann man die Eigenschaften einer Isoquante unmittelbar auf alle übertragen. Wie die Abbildung 16 verdeutlicht, lassen sie sich graphisch durch eine Schar äquidistanter, paralleler Polygonzüge darstellen.

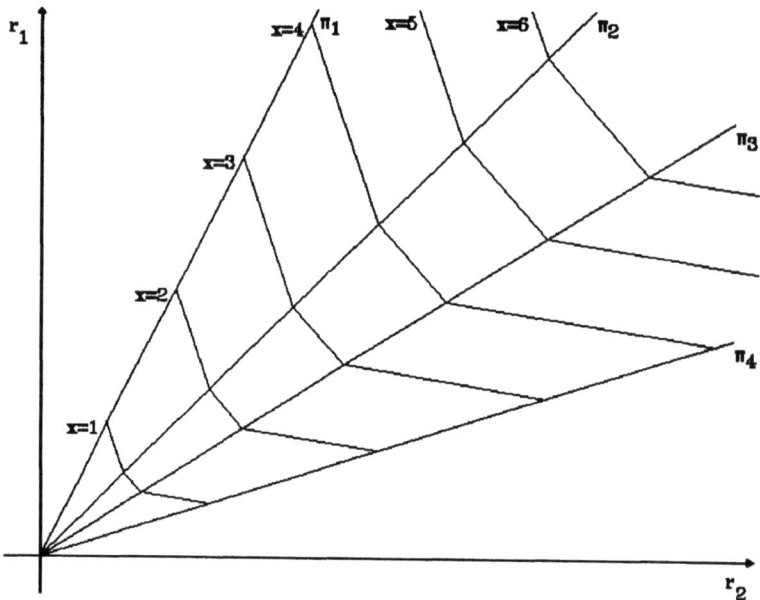

Abbildung 16: Isoquanten

Die Isoquante gibt an, mit welchen effizienten Kombinationen von Faktoreinsatzmengen eine vorgegebene Ausbringungsmenge hergestellt werden kann; sie zeigt also Substitutionsmöglichkeiten zwischen den Faktoren auf. Es ist dabei zu beachten, daß die Substitution mit dem Wechsel von einem Produktionsprozeß zu einem anderen verbunden ist; dieser Vorgang sollte daher nicht als Faktorsubstitution, sondern besser als *Prozeß-substitution* bezeichnet werden.

Die Grenzrate der Substitution s_{12} gibt an, um wieviel die Einsatzmenge des Faktors 1 erhöht werden muß, wenn eine Verringerung der Einsatzmenge des Faktors 2 um eine Einheit bei Konstanz der Ausbringungsmenge kompensiert werden soll. Für gemischte Aktivitäten, die durch eine echte Konvexkombination von reinen Aktivitäten entstanden sind, ist die Grenzrate der Substitution eindeutig definiert: Da gemischte Aktivitäten auf der Strecke zwischen zwei reinen Aktivitäten liegen, ist sie zwischen diesen beiden Aktivitäten konstant. In den reinen Produktionspunkten ändert sich die Grenzrate der Substitution sprunghaft, so daß in diesen Punkten ein linksseitiger s_{12}^- und ein rechtsseitiger s_{12}^+ Grenzwert existiert.

Für die Grenzrate der Substitution gilt:

<u>Satz 4</u>: *Gesetz von der nicht-zunehmenden Grenzrate der Substitution*

Substituiert man Einsatzmengen des Faktors i durch Einsatzmengen des Faktors j bei Konstanz der Ausbringungsmenge, dann ist die Grenzrate der Substitution s_{ij} stückweise konstant und fällt in endlich vielen Punkten sprunghaft ab.

Aktivitätsanalyse

Beweis:

In Abbildung 17 sind drei reine Produktionspunkte $\underline{a}^1$, $\underline{a}^2$, $\underline{a}^3$ dargestellt; die Verbindungsstrecken repräsentieren gemischte Aktivitäten. Daher ist in diesen Punkten die Grenzrate der Substitution konstant. Würde sich diese im Punkt $\underline{a}^2$ nicht ändern, dann läge $\underline{a}^2$ auf der Geraden durch $\underline{a}^1$ und $\underline{a}^3$, wäre also kein reiner Produktionspunkt.

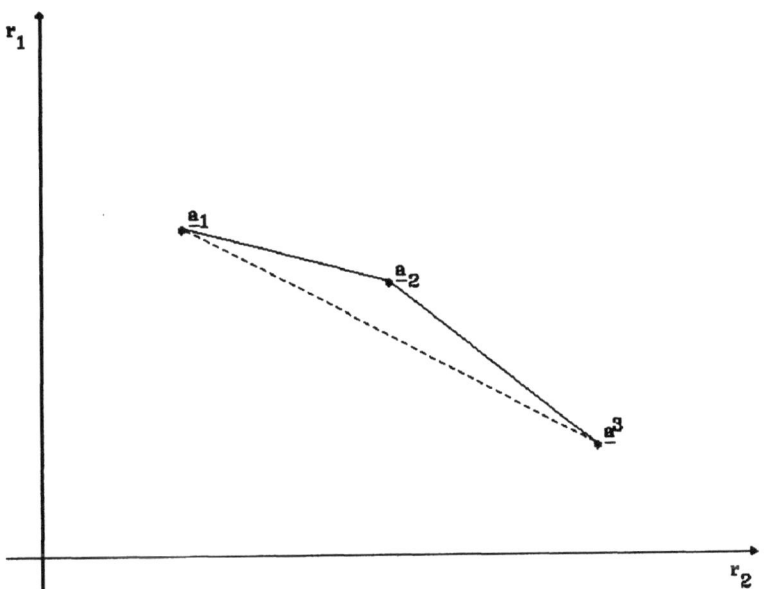

Abbildung 17: Gesetz von der nicht-zunehmenden Grenzrate der Substitution

Stiege die Grenzrate der Substitution im Punkt $\underline{a}^2$ - wie in Abbildung 17 - an, dann fiele die Gerade durch die Punkte $\underline{a}^2$ und $\underline{a}^3$ steiler ab als die Gerade durch $\underline{a}^1$ und $\underline{a}^2$. Dann würde aber eine Kombination der Punkte $\underline{a}^1$ und $\underline{a}^3$ den Punkt $\underline{a}^2$ dominieren. Das steht jedoch im Widerspruch zu der Effizienz des Punktes $\underline{a}^2$. Die Grenzrate der Substitution nimmt also in den reinen Produktionspunkten sprunghaft ab. Da ein Betrieb nur über eine endliche Zahl von reinen Produktionsprozessen verfügt, ist die Zahl der Sprünge endlich. ∎

Allgemein gilt für die Grenzrate der Substitution die Beziehung

$$s_{12}^- \geq s_{12} \geq s_{12}^+$$

Für gemischte Aktivitäten ist

$$s_{12}^- = s_{12}^+$$

Für reine Aktivitäten gilt hingegen

$$s_{12}^- > s_{12}^+$$

Bei einer endlichen Zahl reiner Produktionsprozesse ist eine Substitution nur innerhalb bestimmter Schranken möglich. So ist in der in Abbildung 16 wiedergegebenen Situation die Herstellung von $x = 1$ mit weniger als r_2^1 nicht möglich, weil es keine Aktivität $(r_1^0, r_2, 1)$ mit $r_2 < r_2^1$ gibt. Stehen l reine Produktionsprozesse zur Verfügung und sind diese nach der Größe der Produktionskoeffizienten geordnet, dann gibt es ein Intervall

$$S_1(x^0) = \left[r_2^1(x^0), r_2^l(x^0)\right]$$

mit

$$r_2^1(x^0) = a_2^1 \cdot x^0 \qquad\qquad r_2^l(x^0) = a_2^l \cdot x^0$$

in dem eine Substitution von Faktor 1 durch Faktor 2 möglich ist. Es gibt dann nämlich zwei Produktionspunkte

$$(r_1^1(x^0), r_2^1(x^0), x^0) \qquad \text{und} \qquad (r_1^l(x^0), r_2^l(x^0), x^0)$$

mit denen x^0 produziert werden kann. Durch Prozeßkombination kann man zu jeder Einsatzmenge des Faktors 2 mit

$$r_2^1(x^0) \le r_2 \le r_2^l(x^0)$$

einen (nicht unbedingt effizienten) Produktionspunkt konstruieren, der die Ausbringungsmenge x^0 ermöglicht. Das Intervall $S_1(x^0)$ heißt *Substitutionsgebiet*.

<u>Satz 5</u>: *Funktion der Isoquante*

Zur Isoquante $I(x^0)$ gehörende Faktoreinsatzmengen genügen der auf dem Intervall $S_1(x^0)$ definierten Funktion

$$r_1 = \Gamma(r_2 \mid x^0) \tag{7}$$

Γ ist eindeutig, konvex, stetig und monoton fallend.

<u>Beweis</u>:

(1) Die Eindeutigkeit folgt daraus, daß Γ die Menge des Faktors 1 angibt, die mindestens eingesetzt werden muß, wenn mit einem Einsatz r_2 des Faktors 2 die vorgegebene Ausbringung x^0 hergestellt werden soll.

(2) Wäre Γ in einem abgeschlossenen Intervall

$$I = \left[r_2^1, r_2^2\right]$$

konkav, dann gäbe es eine zur Isoquante gehörende Aktivität

$$\underline{y}^0 = (r_1^0, r_2^0, x^0)$$

mit

$$r_2^0 = \mu \cdot r_2^1 + (1-\mu) \cdot r_2^2 \qquad (0 < \mu < 1)$$

so daß

$$r_1^0 = \Gamma(r_2^0) = \Gamma\left[\mu \cdot r_2^1 + (1-\mu) \cdot r_2^2\right] > \mu \cdot \Gamma(r_2^1) + (1-\mu) \cdot \Gamma(r_2^2) = r_1^{12}$$

Die Kombination der beiden Aktivitäten

$$\underline{y}^1 = (r_1^1, r_2^1, x^0) \quad \text{und} \quad \underline{y}^2 = (r_1^2, r_2^2, x^0)$$

würde also weniger von Faktor 1 bei gleicher Einsatzmenge des Faktors 2 zur Herstellung von x^0 benötigen als die Aktivität

$$\underline{y}^0 = (r_1^0, r_2^0, x^0)$$

Die Aktivität $\underline{y}^0$ würde daher nicht zur Isoquante gehören, wenn Γ im Intervall I konkav wäre.

(3) Eine über einem Intervall konvexe Funktion ist im Inneren dieses Intervalls stetig. Da Γ auf $S_1(x^0)$ konvex ist, ist Γ auch stetig.

(4) Würde Γ für $r_2 > r_2^1$ steigen, dann würde eine Erhöhung der Einsatzmenge des Faktors 2 zu einer Erhöhung der Einsatzmenge des Faktors 1 führen. Man könnte dann aber die Einsatzmenge von r_1 bei gleicher Ausbringungsmenge reduzieren, indem man lediglich r_2^1 einsetzt und den Rest verschwendet; die Isoquante kann daher keinen steigenden Ast haben. ∎

Die Isoquante faßt alle technologischen Informationen zusammen, die für die Auswahl der zu realisierenden Produktionsprozesse benötigt werden.

Das Kostenkriterium wählt diejenigen zur Isoquante gehörenden Produktionspunkte aus, welche die Produktionskosten

$$K = r_1 \cdot q_1 + r_2 \cdot q_2 \tag{8}$$

unter der Nebenbedingung

$$r_1 = \Gamma(r_2 \mid x^0)$$

minimiert.

Die Kostenfunktion läßt sich im (r_1, r_2)-Koordinatensystem als Schar paralleler Geraden mit Anstieg $-q_2/q_1$ darstellen. Jede Kostengerade repräsentiert die Menge aller Kombinationen von Faktoreinsatzmengen, die mit vorgegebenen Kosten in Höhe von K^0 verbunden sind. Eine Variation der Kostenvorgabe K^0 führt bei gegebenen Faktorpreisen zu einer Parallelverschiebung der Kostengeraden.

Kostenoptimale Produktionsprozesse sind solche Produktionspunkte auf der Isoquante, die auf der Kostengeraden liegen, die dem Koordinatenursprung am nächsten ist. Das heißt, daß eine optimale Kombination von Faktoreinsatzmengen dadurch charakterisiert ist, daß eine Kostengerade in diesem Punkt die Isoquante tangiert. Hierbei sind zwei Fälle zu unterscheiden (vgl. Abbildung 18):

(1) Die Kostengerade tangiert die Isoquante in einem Knickpunkt; in diesem Fall ist eine einzige reine Aktivität kostenoptimal.

(2) Die Kostengerade fällt mit der Strecke zwischen zwei reinen Aktivitäten zusammen; in diesem Fall sind beide reinen Aktivitäten, aber auch alle Konvexkombinationen optimal.

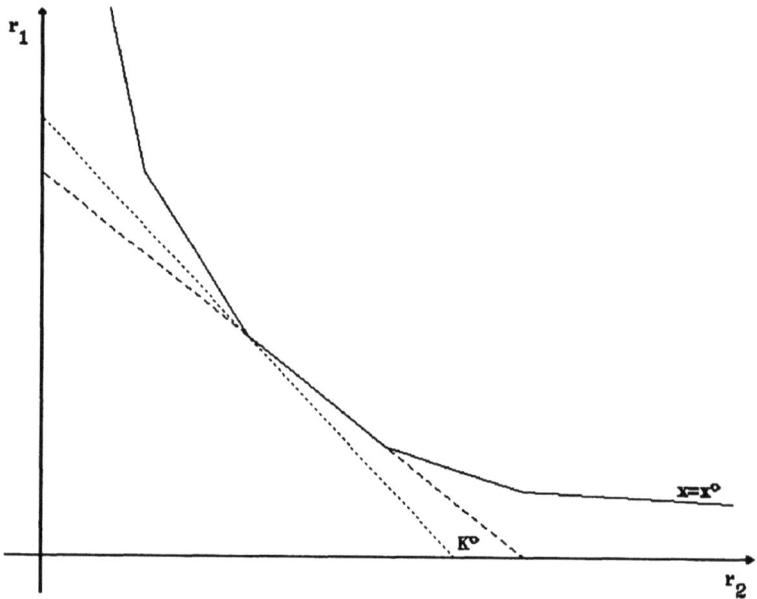

Abbildung 18: Isoquante und Kostengeraden

In jedem Fall lassen sich optimale Produktionspunkte durch reine Aktivitäten charakterisieren. Da es nur endlich viele reine Prozesse gibt, kann man die kostenoptimalen Aktivitäten durch Enumeration bestimmen:

$$k^*: \min_k \left\{ r_1^k \cdot q_1 + r_2^k \cdot q_2 \right\}$$

Optimale Aktivitäten lassen sich jedoch auch allgemein durch die Grenzrate der Substitution charakterisieren. Berücksichtigt man, daß die Grenzrate der Substitution gleich dem Betrag des Anstiegs der Isoquante ist, dann kann man folgendes Optimalitätskriterium formulieren:

<u>Satz 6:</u> *Kostenoptimale Aktivitäten*

Eine Aktivität ist genau dann kostenoptimal, wenn die linksseitige Grenzrate der Substitution größer oder gleich, die rechtsseitige Grenzrate der Substitution hingegen kleiner oder gleich dem umgekehrten Verhältnis der Faktorpreise ist:

$$s_{12}^- \geq \frac{q_2}{q_1} \geq s_{12}^+ \tag{9}$$

<u>Beweis:</u>

Setzt man (7) in (8) ein, dann erhält man für die Kosten des Punkts $(r_1^*, r_2^*) \in I(x^0)$ der Isoquante

$$K(r_1^*, r_2^*) = r_1^* \cdot q_1 + r_2^* \cdot q_2 = \Gamma(r_2^*) \cdot q_1 + r_2^* \cdot q_2$$

Aktivitätsanalyse

Da die Isoquante stückweise linear ist, ist die Grenzrate der Substitution stückweise konstant; es gibt daher ein genügend kleines $\Delta r_2 > 0$, so daß

$$\Gamma(r_2^* - \Delta r_2) = \Gamma(r_2^*) + \bar{s}_{12} \cdot \Delta r_2$$

Daher gilt

$$K\left[\Gamma(r_2^* - \Delta r_2), r_2^* - \Delta r_2\right] = \left[\Gamma(r_2^*) + \bar{s}_{12} \cdot \Delta r_2\right] \cdot q_1 + (r_2^* - \Delta r_2) \cdot q_2$$
$$= K(r_1^*, r_2^*) + \bar{s}_{12} \cdot \Delta r_2 \cdot q_1 - \Delta r_2 \cdot q_2 \quad (10)$$

Man kann nun durch Widerspruch zeigen, daß aus der Optimalität die Beziehung (9) folgt. Wäre nämlich in einem kostenoptimalen Punkt $\underline{r}^*$

$$\bar{s}_{12} < \frac{q_2}{q_1}$$

dann würde aus (10) folgen, daß

$$K\left[\Gamma(r_2^* - \Delta r_2), r_2^* - \Delta r_2\right] < K(r_1^*, r_2^*) + (q_2/q_1) \cdot \Delta r_2 \cdot q_1 - \Delta r_2 \cdot q_2$$
$$= K(r_1^*, r_2^*)$$

Das steht aber im Widerspruch zur Optimalität von $\underline{r}^*$; folglich muß in einem kostenoptimalen Punkt gelten:

$$\bar{s}_{12} \geq \frac{q_2}{q_1} \quad (9a)$$

Durch analoge Überlegungen kann man zeigen, daß aus der Optimalität von $\underline{r}^*$ auch

$$s_{12}^+ \leq \frac{q_2}{q_1} \quad (9b)$$

folgt.

Es ist weiter zu zeigen, daß aus (9) die Optimalität von $\underline{r}^*$ folgt. Für genügend kleine Δr_2 gilt

$$\bar{s}_{12}(r_2^* - \Delta r_2) = \bar{s}_{12}(r_2^*)$$

Wegen des Gesetzes von der nicht-zunehmenden Grenzrate der Substitution (Satz 4) gilt allgemein für positive Δr_2

$$\bar{s}_{12}(r_2^* - \Delta r_2) \geq \bar{s}_{12}(r_2^*)$$

Dann folgt unmittelbar aus (10), daß

$$K\left[\Gamma(r_2^* - \Delta r_2), r_2^* - \Delta r_2\right] \geq K(r_1^*, r_2^*)$$

Es gibt also keinen Punkt auf der Isoquante mit $r_2 < r_2^*$, dessen Kosten niedriger sind als die des Punktes r_2^*. Durch analoge Überlegungen läßt sich zeigen, daß es auch keinen solchen Punkt auf der Isoquante mit $r_2 > r_2^*$ gibt, falls (9b) gilt. Damit ist gezeigt, daß r_2^* optimal ist. ∎

Bisher wurde lediglich die Optimalität von Produktionspunkten untersucht, d.h. es wurde die Minimalkostenkombination für eine vorgegebene Ausbringungsmenge x^0 betrachtet. Bei einem Produktionsprozeß sind die Verhältnisse zwischen den Faktoreinsatzmengen konstant; die Isoquanten verschiedener Ausbringungsmengen sind parallel. Folglich sind bei gegebenen Faktorpreisen alle zu einem Produktionsprozeß gehörenden Produktionspunkte kostenoptimal, wenn eine Aktivität auf diesem Prozeßstrahl optimal ist. Produktionsprozesse, die der Bedingung (9) genügen, heißen daher *Minimalkostenkombinationen*.

Zwischen der Effizienz von Produktionsprozessen und Minimalkostenkombinationen besteht die folgende Beziehung:

Satz 7: *Effizienzpreise*

Ein Produktionsprozeß π^0 ist genau dann effizient, wenn es mindestens ein System von positiven Faktorpreisen (q_1^0, q_2^0) gibt, für das π^0 Minimalkostenkombination ist.

Beweis:

Satz 7 folgt unmittelbar aus Satz 6. Da ein Produktionsprozeß genau dann effizient ist, wenn ein beliebiger Produktionspunkt auf diesem Produktionsprozeß effizient ist, genügt es zu zeigen, daß der Satz für *eine* Isoquante gilt. Die Isoquante gibt die Menge aller effizienten Punkte an, die zu einer gegebenen Ausbringungsmenge führen. In jedem Punkt der Isoquante ist das Optimalitätskriterium (9) definiert; man kann daher immer mindestens ein Paar von Zahlen (q_1^0, q_2^0) finden, deren Verhältnis der Bedingung (9) genügt. Das bedeutet, daß die Effizienz die Existenz von Effizienzpreisen zur Folge hat.

Umgekehrt muß jede Aktivität, die kostenoptimal ist, auch effizient sein, da andernfalls der die Aktivität dominierende Produktionspunkt mit niedrigeren Kosten verbunden wäre. ∎

Ein Preissystem (q_1^0, q_2^0), bei dem ein Produktionsprozeß π^0 Minimalkostenkombination ist, heißt *Effizienzpreissystem*.

Für gegebene Ausbringungsmengen sind die optimalen Faktoreinsatzmengen bzw. die optimalen Prozesse durch die Isoquanten, die die technischen Produktionsbedingungen widerspiegeln, und die Faktorpreise determiniert. Es stellt sich nun die Frage, ob durch Einführung eines Preises p für das Endprodukt auch die gewinnmaximale Ausbringungsmenge determiniert wird.

Der Gewinn ist definiert als

$$G = p \cdot x - K(x) \tag{11}$$

wobei $K(x)$ die Produktionskosten in Abhängigkeit von der Ausbringungsmenge x sind. Bezeichnet man mit a_i^* ($i = 1, 2$) die Produktionskoeffizienten des Produktionsprozesses π^*, dann gilt für die Stückkosten der Minimalkostenkombination:

Aktivitätsanalyse

$$c^* = q_1 \cdot a_1^* + q_2 \cdot a_2^*$$

Eine Ausdehnung der Ausbringungsmenge eines Produktionsprozesses auf das x-fache bedingt eine proportionale Erhöhung der Einsatzmengen aller Faktoren; die Gesamtkosten in Abhängigkeit von der Ausbringungsmenge sind daher gegeben durch:

$$K(x) = q_1 \cdot a_1^* \cdot x + q_2 \cdot a_2^* \cdot x = c^* \cdot x$$

Einsetzen in (11) ergibt

$$G = (p - c^*) \cdot x$$

Die Gewinnfunktion ist also *linear*. Ist der Deckungsbeitrag $p - c^*$ negativ, dann lohnt sich die Produktion überhaupt nicht, die optimale Ausbringungsmenge ist $x = 0$; ist der Deckungsbeitrag positiv, dann ist es optimal, die Produktion soweit wie möglich auszudehnen. Bei linearen Technologien ist folglich die gewinnmaximale Ausbringungsmenge nicht durch die technischen Produktionsbedingungen und die Produkt- und Faktorpreise determiniert; sie ist vielmehr durch Beschränkungen wie z.B. die Verfügbarkeit der Produktionsfaktoren bzw. Absatzobergrenzen bestimmt. Im folgenden ist daher der Einfluß von Beschränkungen der Produktionsfaktoren auf die Ausbringungsmenge und die Kosten zu untersuchen.

3.2.2.3 Die Produktionsfunktion bei partieller Faktorvariation

Die Produktionsfunktion bei partieller Faktorvariation beschreibt, wie die Ausbringungsmenge auf eine Variation der Einsatzmenge eines Faktors bei Konstanz des anderen Faktors reagiert. Ehe diese Funktion hergeleitet werden kann, ist zunächst zu präzisieren, was unter "Konstanz" eines Produktionsfaktors zu verstehen ist. Hierzu sind drei Fälle zu unterscheiden:

(1) *Bestandskonstanz:* Die konstanten Produktionsfaktoren stehen dem Betrieb in einer vorgegebenen Menge zur Verfügung; es besteht die Möglichkeit, nicht benötigte Faktormengen zu verschwenden. Die Kosten dieser Faktoren sind unabhängig von deren Einsatz in der Produktion.

Bestandskonstanz ist z.B. bei Maschinen gegeben, die mit einer bestimmten Kapazität zur Verfügung stehen.

(2) *Begrenzte Liefermöglichkeit:* Die konstanten Produktionsfaktoren stehen dem Betrieb bis zu einer vorgegebenen Maximalmenge zur Verfügung, müssen jedoch nicht produktiv eingesetzt werden; für nicht eingesetzte Mengen fallen keine Kosten an.

Dieser Fall liegt z.B. vor, wenn aufgrund von Lieferverträgen eine bestimmte Menge eines Werkstoffs disponierbar ist, nicht abgerufene Mengen jedoch nicht bezahlt werden müssen.

(3) *Einsatzmengenkonstanz:* Die konstanten Produktionsfaktoren müssen in den vorgegebenen Mengen in der Produktion eingesetzt werden.

Einsatzmengenkonstanz liegt z.B. vor, wenn eine Anlage aus technischen Gründen nicht abgeschaltet werden kann und kontinuierlich genutzt werden muß.

Im Gegensatz zu den beiden ersten Fällen steht der dritte im Widerspruch zu Postulat IX (Möglichkeit der Verschwendung).

Ist der Bestand r_1^0 des Faktors 1 konstant und sind die Einsatzmengen r_2 des Faktors 2 variabel, dann sind die *Produktionskosten bei Bestandskonstanz* gegeben durch

$$K = r_1^0 \cdot q_1 + r_2 \cdot q_2 = r_2 \cdot q_2 + K_F \tag{12}$$

wobei

$$K_F = r_1^0 \cdot q_1$$

die durch den Bestand r_1^0 bedingten fixen Kosten sind. Die Produktionskosten werden dann minimiert, wenn möglichst geringe Mengen r_2 des Faktor 2 eingesetzt werden. Die weitere Analyse erfolgt anhand der Abbildung 19.

Im oberen Teil sind die Isoquanten für mehrere Ausbringungsmengen und der vorgegebene Faktorbestand r_1^0 in einem rechtwinkligen Koordinatensystem abgetragen; im unteren Teil ist die Produktionsfunktion f bei partieller Faktorvariation in Abhängigkeit von der Einsatzmenge r_2 des Faktors 2 wiedergegeben.

Im Bereich kleiner Einsatzmengen $r_2 \leq r_2^1$ wird der Prozeß π_1 mit dem niedrigsten Produktionskoeffizienten a_2^1 genutzt, weil dieser zu den geringsten variablen Kosten führt; der Bestand des konstanten Faktors wird teilweise verschwendet. Bei einem Einsatz von $r_2 = r_2^1$ und einer Ausbringungsmenge $x^1 = 1$ wird der Bestand r_1^0 des Faktors 1 voll ausgenutzt. Da im Intervall $[0, r_2^1]$ mit einem reinen Prozeß produziert wird, steigt die Ausbringungsmenge linear an.

Eine Ausdehnung der Ausbringung über $x^1 = 1$ hinaus ist nur möglich, wenn andere Produktionsprozesse eingesetzt werden, die es ermöglichen, den fixen Faktor teilweise durch den variablen Faktor zu substituieren. Hierzu wird zunächst der benachbarte Prozeß π_2 genutzt; für diesen gilt wegen der Effizienz:

$$a_1^1 > a_1^2 > a_1^3 \quad \text{und} \quad a_2^1 < a_2^2 < a_2^3$$

Nutzt man mit π_2 den fixen Faktor in vollem Umfang aus, dann kann man den Produktionspunkt $(r_1^0, r_2^2, x^2 = 2)$ realisieren. Einsatzmengen $r_2 \in (r_2^1, r_2^2)$ lassen sich durch Kombination von π_1 und π_2 erreichen; dadurch sind Produktionspunkte

$$(r_1^0, r_2, x) = \left[r_1^0, \mu \cdot r_2^1 + (1-\mu) \cdot r_2^2, \mu \cdot x^1 + (1-\mu) \cdot x^2 \right] \quad (0 \leq \mu \leq 1)$$

realisierbar. Wie man sieht, steigt die Ausbringung im Intervall $[r_2^1, r_2^2]$ linear von $x^1 = 1$ auf $x^2 = 2$ an.

Im Intervall (r_2^2, r_2^3) werden die Prozesse π_2 und π_3 kombiniert usw., bis bei einer Faktoreinsatzmenge von r_2^I der Produktionsprozeß π_I mit dem niedrigsten Produktionskoeffizienten a_1^I (und damit dem höchsten Produktionskoeffizienten a_2^I) den Bestand des fixen Faktors voll ausnutzt. Eine weitere Ausdehnung der Produktion ist nicht möglich, weil es keinen Produktionsprozeß gibt, der eine weitere Substitution des fixen Faktors durch den variablen Faktor ermöglicht.

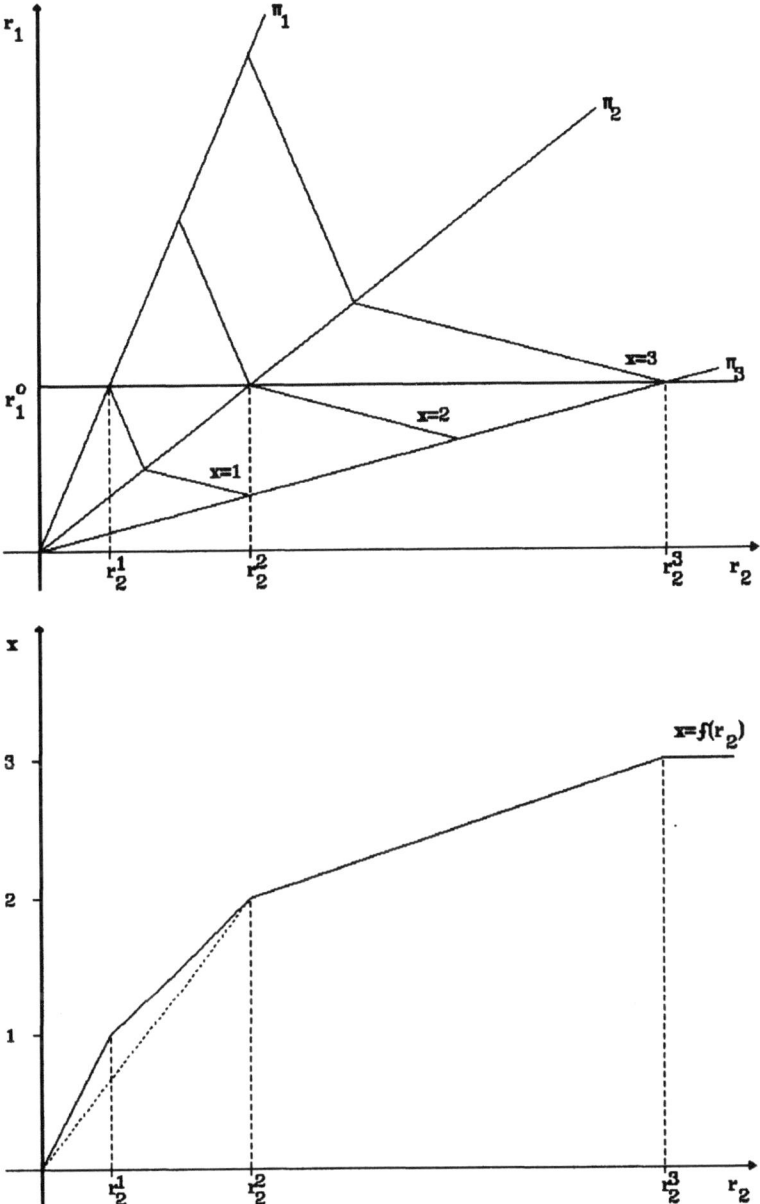

Abbildung 19: Herleitung der Produktionsfunktion bei partieller Faktorvariation

Auf diese Weise läßt sich die Produktionsfunktion bei partieller Faktorvariation $f(r_2)$ als stetige, stückweise lineare Funktion konstruieren.

Die Grenzproduktivität des Faktors 2

$$x_2' = \frac{d f(r_2)}{d r_2}$$

ist in den Intervallen (r_2^j, r_2^k), in denen eine Prozeßkombination zwischen jeweils zwei benachbarten Produktionsprozessen π_j, π_k stattfindet, konstant. In den Punkten r_2^k, in denen ein Prozeßwechsel stattfindet, verändert sie sich sprunghaft, so daß in diesen Punkten die rechts- und die linksseitigen Grenzproduktivitäten verschieden sind.

Für die Grenzproduktivitäten gilt:

<u>Satz 8</u>: *Ertragsgesetz*

Bei Variation der Einsatzmenge eines Faktors und konstantem Bestand des anderen ist die Grenzproduktivität nicht-negativ, steigt aber bei einer Erhöhung der Einsatzmenge des variablen Faktors nicht an:

$$x_2' \geq 0 \qquad x_2'' \leq 0$$

Die Produktionsfunktion bei partieller Faktorvariation ist also konkav.

<u>Beweis</u>:

(1) Die Nicht-Negativität folgt unmittelbar aus der Möglichkeit der Verschwendung: würde die Produktionsfunktion bei Mehreinsatz des variablen Faktors sinken, dann könnte man die überschüssige Menge verschwenden.

(2) Gäbe es einen Bereich zunehmender Ertragszuwächse, wäre also die Produktionsfunktion in einem Intervall (r_2^j, r_2^k) konvex, dann könnte man durch Prozeßkombination der Prozesse π_j und π_k Ausbringungsmengen erreichen, die über der Produktionsfunktion liegen, sie würde also in diesem Intervall durch eine Konvexkombination technisch möglicher Aktivitäten dominiert; dies steht aber im Widerspruch dazu, daß die Produktionsfunktion die mit gegebenen Faktoreinsatzmengen maximal erreichbaren Ausbringungsmengen beschreibt. ∎

In den beiden anderen Fällen - begrenzte Liefermöglichkeiten und Einsatzmengenkonstanz - läßt sich die Produktionsfunktion bei partieller Faktorvariation durch analoge Überlegungen aus den Isoquanten herleiten.

Bei *begrenzten Liefermöglichkeiten* sind die Kosten des fixen Faktors entsprechend der tatsächlichen Inanspruchnahme zu berücksichtigen. Bei niedriger Ausbringungsmenge wird daher zunächst der kostenminimale Produktionsprozeß eingesetzt, bis dieser die disponierbaren Mengen des fixen Faktors ausschöpft, bei höheren Ausbringungsmengen wird dann - genau wie bei der Bestandskonstanz - der fixe Faktor durch Mehreinsatz des variablen Faktors substituiert. Falls in dem in Abbildung 19 dargestellten Beispiel der Prozeß π_2 die Minimalkostenkombination repräsentiert, dann hat die Produktionsfunktion im Intervall $[0, r_2^2]$ den gestrichelt gezeichneten Verlauf.

Bei *Einsatzmengenkonstanz* müssen alle zur Verfügung stehenden Faktoreinsatzmengen verbraucht werden. Dann ist die Produktionsfunktion im Intervall $[0, r_2^1)$ nicht definiert, weil es keinen Produktionsprozeß gibt, der die Menge r_1^0 des Faktors 1 mit der verfügbaren Menge des Faktors 2 kombinieren kann. Im Intervall $[r_2^1, r_2^j]$ stimmt die Produktionsfunktion bei Einsatzmengenkonstanz mit der bei Bestandskonstanz überein. Für

Einsatzmengen $r_2 > r_2^I$ ist die Produktionsfunktion bei Einsatzmengenkonstanz nicht definiert, weil überschüssige Mengen des variablen Faktors nicht verschwendet werden dürfen.

3.2.2.4 Die Kostenfunktion und die gewinnmaximale Ausbringungsmenge

Bei der Konstruktion der Kostenfunktion beschränken wir uns auf den Fall der Bestandskonstanz. In diesem Fall sind die Kosten gegeben durch

$$K(x) = r_2(x) \cdot q_2 + K_F \tag{12a}$$

Die für eine Ausbringung von x benötigte Einsatzmenge des Faktors 2 ergibt sich im Zwei-Faktoren-Fall als Inverse der Produktionsfunktion bei partieller Faktorvariation

$$r_2(x) = f^{-1}(x)$$

Die Funktion $f^{-1}(x)$ kann als Faktoreinsatzfunktion für den variablen Faktor interpretiert werden.

Die Kostenfunktion ist dann gegeben durch

$$K(x) = f^{-1}(x) \cdot q_2 + K_F \tag{13}$$

Da die Produktionsfunktion bei partieller Faktorvariation f monoton steigt, ist sie eindeutig invertierbar; weil sie stückweise linear ist, hat die Kostenfunktion die in Abbildung 20 angegebene Form.

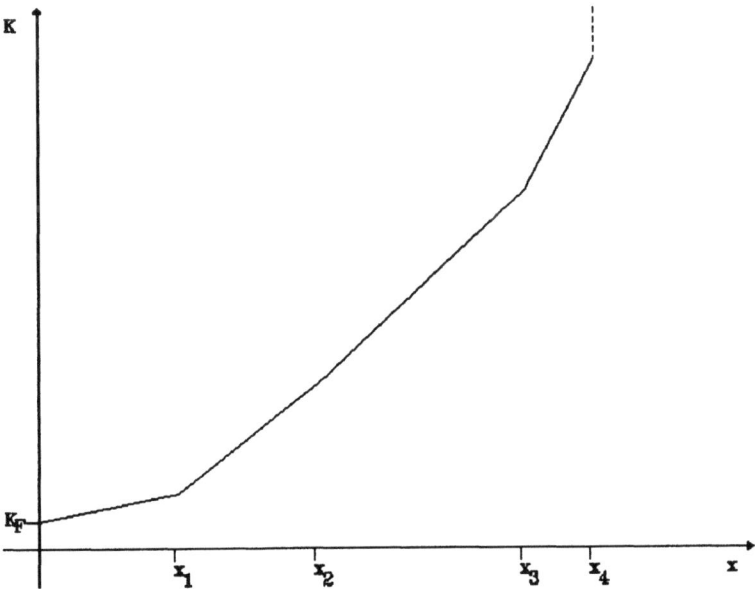

Abbildung 20: Kostenfunktion

Die Grenzkosten sind als die erste Ableitung der Kostenfunktion definiert:

$$K'(x) = \frac{dK(x)}{dx} = \frac{df^{-1}(x)}{dx} \cdot q_2 \qquad (14)$$

Da die Kostenfunktion stückweise linear ist, ist ihre Ableitung stückweise konstant; folglich sind die Grenzkosten stückweise konstant und steigen bei den Ausbringungsmengen, bei denen ein Wechsel der Produktionsprozesse erfolgt, sprunghaft an. Die Grenzkosten haben daher den in Abbildung 21 wiedergegebenen Verlauf.

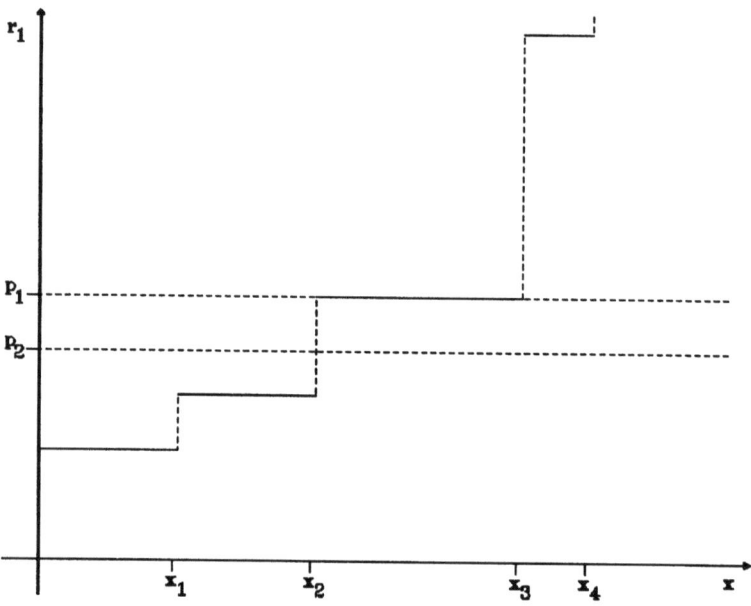

Abbildung 21: Grenzkosten und optimale Ausbringungsmenge

Setzt man die Kostenfunktion (13) in die Gewinnfunktion

$$G(x) = p \cdot x - K(x)$$

ein, dann erhält man

$$G(x) = p \cdot x - f^{-1}(x) \cdot q_2 - K_F$$

Um die optimale Ausbringungsmenge zu bestimmen, differenziert man $G(x)$ und setzt die Ableitung gleich Null:

$$\frac{dG}{dx} = p - K'(x) = 0$$

Weil die Grenzkosten stückweise konstant sind, sind zwei Fälle zu unterscheiden:

(1) Der Produktpreis p fällt - wie im Fall $p = p_1$ in Abbildung 21 - in einem endlichen Intervall (x_2, x_3) mit den Grenzkosten zusammen. Dann sind alle Ausbringungsmengen in diesem Intervall optimal.

(2) Der Preis p liegt - wie im Fall $p = p_2$ in Abbildung 21 - in einer Sprungstelle x_2 der Grenzkostenfunktion zwischen den linksseitigen und den rechtsseitigen Grenzkosten:

$$K'(x_2^-) < p < K'(x_2^+)$$

In diesem Fall ist nur die Ausbringungsmenge x_2 optimal.

Im Gegensatz zu der Situation bei totaler Faktorvariation, in der die optimale Ausbringungsmenge nicht determiniert ist, existiert im Fall der partiellen Faktorvariation wegen der durch die Kapazitätsbeschränkungen verursachten abnehmenden Ertragszuwächse und den dadurch hervorgerufenen steigenden Grenzkosten eine optimale Ausbringungsmenge. Im Unterschied zur neoklassischen Produktionstheorie können jedoch bei bestimmten Preiskonstellationen mehrdeutige Lösungen auftreten.

3.2.3 Mehrere Faktoren zur Herstellung eines Produkts

3.2.3.1 Produktionstheorie und lineare Programmierung

Es wird nun die einschränkende Annahme fallen gelassen, daß für die Herstellung eines Produktes nur zwei Faktoren benötigt werden; es wird gezeigt, daß die für diesen einfachen Fall hergeleiteten Ergebnisse auf den allgemeinen Fall der Erzeugung eines Produkts unter Einsatz von endlich vielen Produktionsfaktoren übertragen werden können.

Ausgangspunkt der Überlegungen ist das im Abschnitt 3.2.1 formulierte lineare Programm:

$$x^0 = \sum_{k=1}^{l} z_k \Rightarrow \max!$$

$$\sum_{k=1}^{l} a_i^k \cdot z_k \leq r_i^0 \qquad (i = 1, \ldots, n) \qquad (1)$$

$$z_k \geq 0 \qquad (k = 1, \ldots, l)$$

Durch dieses Programm wird jeder Faktoreinsatzmengenkombination $\underline{r}^0$ die damit maximal herstellbare Ausbringungsmenge zugeordnet. Während im Fall von zwei Produktionsfaktoren die Eigenschaften der so definierten Produktionsfunktion mit Hilfe graphischer Darstellungen hergeleitet werden können, erfolgt die allgemeine Analyse mit Hilfe der linearen Programmierung. Im folgenden wird daher ein kurzer Überblick über die Technik der linearen Programmierung und die Eigenschaften optimaler Lösungen linearer Programme gegeben (vgl. hierzu z.B. KISTNER [1993]).

Das *spezielle Maximum-Problem* der linearen Programmierung ist wie folgt definiert: Man maximiere die lineare Funktion

$$Z_1 = \sum_{j=1}^{m} c_j \cdot x_j \Rightarrow \max!$$

unter den linearen Nebenbedingungen

$$\sum_{j=1}^{m} a_{ij} \cdot x_j \leq b_i \qquad (i = 1, \ldots, n) \qquad (2)$$

$$x_j \geq 0 \qquad (j = 1, \ldots, m)$$

Definiert man

$\underline{x}^T = (x_1, \ldots, x_m)$ - Vektor der Problemvariablen
$\underline{c}^T = (c_1, \ldots, c_m)$ - Vektor der Zielfunktionskoeffizienten
$\underline{b}^T = (b_1, \ldots, b_n)$ - Vektor der Beschränkungskonstanten
$\underline{A} = (a_{ij})$ - Beschränkungsmatrix
$\underline{0}^T = (0, \ldots, 0)$ - Nullvektor

dann kann man für (2) in Matrixform schreiben:

$$Z_1 = \underline{c}^T \cdot \underline{x} \Rightarrow \max!$$

$$\underline{A} \cdot \underline{x} \leq \underline{b} \qquad (2a)$$

$$\underline{x} \geq \underline{0}$$

Zu dem linearen Programm (2) kann - unter Ausnutzung derselben Daten - das *duale Programm* formuliert werden:

$$Z_2 = \sum_{i=1}^{n} b_i \cdot w_i \Rightarrow \min!$$

unter den linearen Nebenbedingungen

$$\sum_{i=1}^{n} a_{ij} \cdot w_i \geq c_j \qquad (j = 1, \ldots, m) \qquad (3)$$

$$w_i \geq 0 \qquad (i = 1, \ldots, n)$$

Faßt man die *Dualvariablen* w_i zu dem Vektor

$$\underline{w}^T = (w_1, \ldots, w_n)$$

zusammen, dann läßt sich das duale Programm (3) in Matrix-Form schreiben:

$$Z_2 = \underline{b}^T \cdot \underline{w} \Rightarrow \min!$$

$$\underline{A}^T \cdot \underline{w} \geq \underline{c} \qquad (3a)$$

$$\underline{w} \geq \underline{0}$$

Aus der Theorie der linearen Programmierung erhält man die folgenden Ergebnisse (vgl. z.B. KISTNER [1993]):

Aktivitätsanalyse

(1) Ein lineares Programm

(a) ist *unzulässig*, d.h. es gibt keinen Vektor $\underline{x}$, der den Nebenbedingungen genügt, oder

(b) ist *unbeschränkt*, d.h. der Zielfunktionswert Z kann beliebig groß werden, oder

(c) besitzt mindestens eine optimale Lösung.

Das Problem (2) besitzt genau dann mindestens eine optimale Lösung, wenn das duale Problem (3) eine optimale Lösung besitzt.

(2) Zur Lösung überführt man die Nebenbedingungen in ein System von n linearen Gleichungen mit $n+m$ Unbekannten, indem man n nicht-negative Schlupfvariablen $y_i \geq 0$ ($i = 1,...,n$) einführt, die die Differenz zwischen der linken und der rechten Seite des Gleichungssystems aufnehmen:

$$\sum_{j=1}^{m} a_{ij} \cdot x_j + y_i = b_i \qquad (i = 1,...,n)$$

Setzt man m der $m+n$ Unbekannten gleich Null und löst das System nach den verbleibenden n Variablen auf, dann erhält man eine *Basislösung*; die nicht mit Null vorherbestimmten Variablen heißen *Basisvariablen*.

Für die Berechnung optimaler Lösungen linearer Programme ist das *Eckentheorem* von zentraler Bedeutung:

Hilfssatz 1: *Eckentheorem*:

Besitzt ein lineares Programm eine optimale Lösung, dann ist auch mindestens eine Basislösung optimal.

Sind mehrere Basislösungen optimal, dann ist auch jede Konvexkombination dieser Basislösungen optimal.

Daraus folgt, daß immer dann, wenn eine optimale Lösung existiert, es auch eine solche gibt, bei der die Zahl der von Null verschiedenen Variablen höchstens gleich der Zahl der Restriktionen ist.

(3) Zwischen einer optimalen Lösung $\underline{x}^*$ des linearen Programms (2) und einer optimalen Lösung $\underline{w}^*$ des zugehörigen Duals (3) besteht die folgende Beziehung:

Hilfssatz 2: *Preistheorem*

Eine zulässige Lösung $\underline{x}^*$ eines linearen Programms und eine zulässige Lösung $\underline{w}^*$ seines Duals sind genau dann optimal, wenn

$$\sum_{j=1}^{m} a_{ij} \cdot x_j^* \begin{Bmatrix} = \\ < \end{Bmatrix} b_i \Rightarrow w_i^* \begin{Bmatrix} \geq \\ = \end{Bmatrix} 0 \qquad (i = 1,...,n) \quad \text{und} \quad (4)$$

$$\sum_{i=1}^{n} a_{ij} \cdot w_i^* \begin{Bmatrix} = \\ > \end{Bmatrix} c_j \Rightarrow x_j^* \begin{Bmatrix} \geq \\ = \end{Bmatrix} 0 \qquad (j = 1,...,m)$$

Eine optimale Lösung $\underline{w}^*$ des dualen Problems (3) kann als *Bewertung* der Restriktionen des linearen Programms (2) interpretiert werden: w_i^* gibt die relative Veränderung des Zielfunktionswertes im Verhältnis zu einer Erhöhung einer Restriktionskonstanten b_i an.

(4) Diese Ergebnisse lassen sich auf lineare Programme übertragen, in denen die Zielfunktion minimiert werden soll oder Nebenbedingungen in Gleichungsform oder in Form von "größer-oder-gleich"-Bedingungen auftreten. Bei der Formulierung des dualen Programms und des Preistheorems ist dann allerdings zu beachten, daß Dualvariablen, die zu Restriktionen mit "größer-oder-gleich"-Bedingungen gehören, nur nicht-positive Werte annehmen können, während Dualvariablen, die zu Restriktionen in Gleichungsform gehören, im Vorzeichen unbeschränkt sind.

Lösungen linearer Programme können mit Hilfe des *Simplex-Algorithmus* bestimmt werden.

Die Anwendung der linearen Programmierung zur Analyse der Produktionsfunktion soll anhand des folgenden Zahlenbeispiels demonstriert werden:

Beispiel 1: Konstruktion eines Produktionspunktes

Ein Betrieb verfügt über acht Produktionsprozesse, die fünf Faktoren zu einem Produkt kombinieren. Die Produktionskoeffizienten a_i^k und die verfügbaren Bestände der Faktoren r_i^0 sind in Tabelle 1 zusammengestellt:

Tabelle 1: Matrix der Produktionskoeffizienten

k / i	1	2	3	4	5	6	7	8	r_i^0
1	4	2,5	2	1	1,6	1	3	5	220
2	1	2	2	1	2	3	0	1	130
3	4	2	3	2	2	0	2	1	225
4	0	0	0	5	2	3	2	1	180
5	1	2	1	0	1	1	1	1	80

Für die in der letzten Spalte der Tabelle 1 angegebenen Faktoreinsatzmengen erhält man die folgende Lösung des linearen Programms (1):

$z_1^* = 0,00 \quad z_2^* = 0,00 \quad z_3^* = 42,04 \quad z_4^* = 20,93$

$z_5^* = 0,00 \quad z_6^* = 6,11 \quad z_7^* = 25,19 \quad z_8^* = 6,67$

Die maximal mögliche Ausbringungsmenge beträgt $x^* = 100,93$. Die vorgegebenen Faktoreinsatzmengen werden voll ausgenutzt, der Produktionspunkt $(\underline{r}^*, x^*)$ ist also effizient.

Für eine Analyse der Abhängigkeiten zwischen Faktoreinsatzmengen und Ausbringungsmenge reicht es nicht aus, für eine endliche Zahl verschiedener Faktoreinsatzmen-

Aktivitätsanalyse

genkombinationen die maximal herstellbare Ausbringungsmenge zu bestimmen; vielmehr ist zu untersuchen, wie die Ausbringungsmenge auf beliebige Veränderungen der Faktoreinsatzmengenkombination reagiert. Das ermöglicht die *parametrische lineare Programmierung*, die von der folgenden Problemstellung ausgeht:

Gegeben sei das lineare Programm

$$Z_1 = \underline{c}^T \cdot \underline{x} \Rightarrow \max!$$
$$\underline{A} \cdot \underline{x} \leq \underline{b} \tag{2a}$$
$$\underline{x} \geq \underline{0}$$

Der Beschränkungsvektor sei darstellbar als

$$\underline{b} = \underline{b}^1 + t \cdot \underline{b}^2 \tag{5}$$

Die parametrische lineare Programmierung untersucht den Einfluß einer systematischen Variation des Parameters *t* auf die optimalen Lösungen des linearen Programms (2a) und deren Zielfunktionswert.

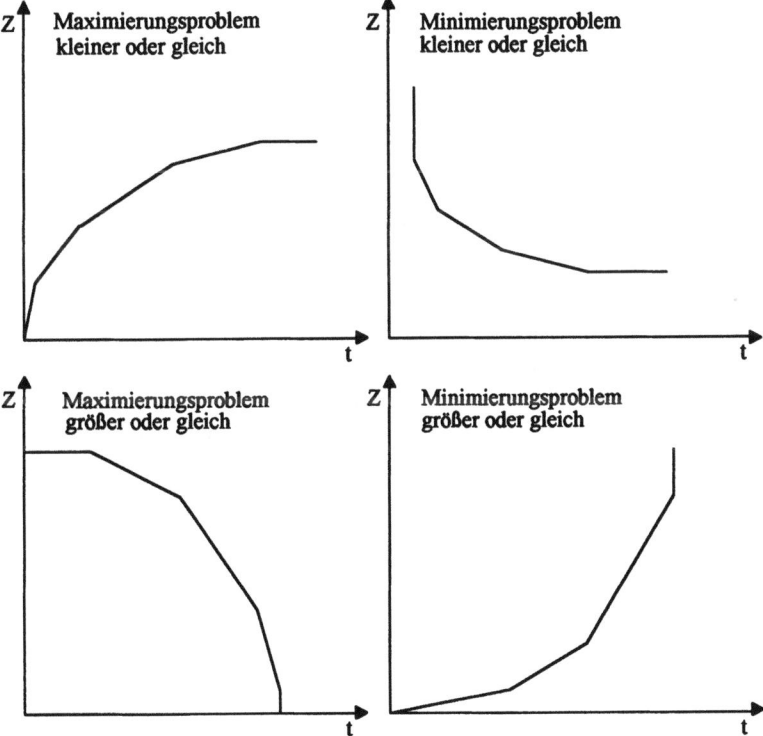

Abbildung 22: Zusammenhang zwischen optimalem Zielfunktionswert und Parameter *t*

Die wichtigsten Ergebnisse der parametrischen linearen Programmierung lassen sich wie folgt zusammenfassen (vgl. DINKELBACH [1969], KISTNER [1993; S. 59f.]):

(1) Optimale Lösungen linearer Programme sind in folgender Hinsicht stabil: Es gibt Intervalle $[t_j, t_k]$, in denen weder die Basis der optimalen Lösung noch der Wert der Dualvariablen durch eine Variation des Parameters t verändert werden.

(2) Die Grenzpunkte dieser Intervalle t_k heißen *kritische Punkte*. Es gibt endlich viele kritische Punkte.

(3) Die Menge der zulässigen Parameterwerte, für die eine optimale Lösung des linearen Programms (2a) existiert, ist ein abgeschlossenes Intervall $\tau = [t^-, t^+]$.

(4) In einem kritischen Punkt t_k, der zwei Parameter-Intervalle mit zwei verschiedenen Basen begrenzt, sind die Dualvariablen mehrdeutig. In diesem Punkt sind sowohl die optimalen Werte der Dualvariablen für das linke als auch für das rechte Parameter-Intervall optimal.

(5) Bei einem Maximum-Problem ist die Funktion des optimalen Zielfunktionswerts $Z(t)$ in Abhängigkeit von dem Parameterwert t über dem Intervall τ konkav, bei einem Minimum-Problem ist sie konvex.

(6) Wegen der Konstanz der Dualvariablen zwischen zwei kritischen Punkten ist $Z(t)$ in diesem Intervall linear.

Je nach Form der Zielfunktion und der zu variierenden Restriktionen hat die Funktion des optimalen Zielfunktionswerts Z in Abhängigkeit von dem Parameter t die in Abbildung 22 wiedergegebene Gestalt. Zu beachten ist, daß der Graph dieser Funktionen im allgemeinen weder auf den positiven Orthanten beschränkt ist noch unbedingt durch den Koordinatenursprung oder die Koordinatenachsen gehen muß.

3.2.3.2 Die Produktionsfunktion bei totaler Faktorvariation

Wie im Zwei-Faktoren-Fall sind zunächst die Auswirkungen einer proportionalen Erhöhung der Einsatzmengen aller Faktoren um einen konstanten Faktor μ zu untersuchen; das bedeutet, daß die Produktion entlang einem Prozeßstrahl ausgeweitet wird. Da bei einem Produktionsprozeß das Verhältnis zwischen den Faktoreinsatzmengen und der Ausbringungsmenge konstant ist, steigt auch diese proportional mit μ an. Folglich ist die Produktionsfunktion

$$x = \Phi(r_1, \ldots, r_n)$$

linearhomogen, d.h. es gilt

$$\Phi(\mu \cdot r_1, \ldots, \mu \cdot r_n) = \mu \cdot \Phi(r_1, \ldots, r_n) = \mu \cdot x$$

3.2.3.3 Die Isoquanten und die Minimalkostenkombinationen

Um die Isoquante, d.h. die Menge der effizienten Produktionspunkte zur Erzeugung einer vorgegebenen Ausbringungsmenge x^0, zu konstruieren, wird zunächst das folgende Problem betrachtet: Gegeben seien die Einsatzmengen r_i^0 der Faktoren $i = 2, \ldots, n$;

gesucht wird die zur Herstellung der Ausbringungsmenge x^0 mindestens benötigte Einsatzmenge des Faktors 1:

$$r_1 = \sum_{k=1}^{l} a_1^k \cdot z_k \Rightarrow \min!$$

$$\sum_{k=1}^{l} a_i^k \cdot z_k \leq r_i^0 \qquad (i = 2, \ldots, n) \qquad (6)$$

$$\sum_{k=1}^{l} z_k = x^0$$

$$z_k \geq 0 \qquad (k = 1, \ldots, l)$$

Es sind nun folgende Fälle zu unterscheiden:

(1) Es gibt keine zulässige Lösung, d.h. die Einsatzmengen r_i^0 der Faktoren $i = 2, \ldots, n$ reichen nicht aus, um die vorgegebene Ausbringungsmenge x^0 herzustellen.

(2) Alle optimalen Lösungen nutzen die vorgegebenen Einsatzmengen r_i^0 der Faktoren $i = 2, \ldots, n$ in vollem Umfang aus; der minimale Zielfunktionswert sei r_1^0; dann ist der Produktionspunkt

$$(\underline{r}^0, x^0) \qquad \text{mit} \qquad \underline{r}^0 = (r_1^0, \ldots, r_n^0)$$

effizient.

(3) Es gibt wenigstens eine optimale Lösung, in der die vorgegebene Einsatzmenge r_i^0 mindestens eines Faktors i nicht in vollem Umfang genutzt wird, d.h. eine der den Faktoreinsatzmengen-Beschränkungen zugeordneten Schlupfvariablen y_i ist positiv; die zugehörige Dualvariable w_i ist gleich Null. In diesem Fall ist der Produktionspunkt $(\underline{r}^0, x^0)$ zwar zulässig, aber nicht effizient, weil die Einsatzmenge des Faktors i bei gegebener Ausbringungsmenge x^0 um den Betrag $y_i > 0$ reduziert werden kann, ohne daß die Einsatzmenge anderer Faktoren erhöht werden muß.

Der optimale Lösungsvektor $\underline{z}^*$ gibt an, mit welchem Niveau die Prozesse π_k ($k = 1, \ldots, l$) genutzt werden; die Lösung muß zwar nicht eindeutig sein, d.h. es kann mehrere optimale Prozeßkombinationen geben, welche die mit Hilfe der Faktoreinsatzmenge r_i^0 ($i = 2, \ldots, n$) mögliche Produktion von x^0. Die Einsatzmenge r_1^0 ist hingegen als Zielfunktionswert der optimalen Lösung eindeutig bestimmt.

Aus dem linearen Programm (6) läßt sich die folgende Aussage über die Struktur effizienter Aktivitäten herleiten:

Satz 3a: *Darstellung effizienter Aktivitäten*

Ist n die Zahl der Produktionsfaktoren, dann lassen sich effiziente Aktivitäten durch die Prozeßkombination von höchstens n reinen Prozessen darstellen.

Beweis:

Effiziente Produktionspunkte können als optimale Lösungen $\underline{z}^*$ des linearen Programms (6) bestimmt werden. Diese geben an, in welchem Umfang die reinen Prozesse π_k

($k = 1, ..., l$) genutzt werden. Existiert eine optimale Lösung, dann gibt es wegen des *Eckentheorems* mindestens eine solche, in der höchstens n der Aktivitätsniveaus z_k größer als Null sind, weil in (6) n Restriktionen - eine Restriktion zur Festlegung der Ausbringungsmenge und n-1 Faktorrestriktionen - zu berücksichtigen sind. ∎

Satz 3a schließt nicht aus, daß effiziente Aktivitäten auch durch Kombination von mehr als n reinen Prozessen dargestellt werden können; besitzt das lineare Programm (6) mehrere optimale Lösungen, die unterschiedliche reine Prozesse nutzen, dann ist jede Konvexkombination dieser Lösungen, die dann mehr als n reine Prozesse nutzt, ebenfalls optimal.

Zur Analyse der Isoquante, der Menge der effizienten Produktionspunkte, werden nun in (6) die Koeffizienten des Beschränkungsvektors durch

$$r_i^0 = r_i^1 + r_i^2 \cdot t$$

und

$$x^0 = x^1 + x^2 \cdot t$$

mit

$$r_2^1 = 0 \quad r_2^2 = r_2^0$$
$$r_i^1 = r_i^0 \quad r_i^2 = 0 \qquad (i = 3, ..., n)$$
$$x^1 = x^0 \quad x^2 = 0$$

ersetzt. Variiert man in dem in Tabelle 1 beschriebenen Zahlenbeispiel den Parameter t parametrisch, dann erhält man für $x^0 = 100$ das in Tabelle 2 wiedergegebene Ergebnis.

Tabelle 2a: Faktoreinsatzmengen und Grenzrate der Substitution

r_2^*	r_1	r_3	r_4	r_5	w_2^-	w_2^+
73,75	341,25	225	180	80,00	-	3,6667
100,00	245,00	225	180	80,00	3,6667	1,2500
140,00	195,00	225	180	80,00	1,2500	0,7500
190,00	157,50	225	180	73,25	0,7500	0,2500
206,67	153,33	200	180	80,00	0,2500	0,0000

Tabelle 2b: Prozeßkombinationen in den kritischen Punkten

r_2^*	z_1^*	z_2^*	z_3^*	z_4^*	z_5^*	z_6^*	z_7^*	z_8^*
73,75	26,25	-	0,00	20,00	-	-	25,00	27,50
100,00	0,00	-	35,00	20,00	-	0,00	35,00	10,00
140,00	-	-	45,00	20,00	-	10,00	25,00	0,00
190,00	-	-	57,50	26,25	-	16,25	0,00	-
206,67	-	-	53,33	20,00	-	26,67	-	-

Wegen der Eigenschaft (2) parametrischer linearer Programme gibt es eine endliche Zahl kritischer Punkte $r_2^* = t^* \cdot r_2^0$, in denen ein Basiswechsel stattfindet. Diese kritischen Einsatzmengen sind in den Vorspalten der Tabellen 2a und 2b wiedergegeben. Die Spalten z_k^* ($k = 1, \ldots, 8$) geben die Aktivitätsniveaus an, mit denen die Prozesse π_k eingesetzt werden; ein Wert $z_k = 0$ zeigt an, daß der betreffende Prozeß π_k bei einer Ausdehnung bzw. bei einer Reduktion der Einsatzmengen des Faktors 2 genutzt werden wird. Ein (-) zeigt an, daß der Prozeß nicht genutzt wird. Die Spalten w_2^- und w_2^+ enthalten die - in den kritischen Punkten mehrdeutigen - Werte der dem Bestand des Faktors 2 zugeordneten Dualvariablen. Da diese angeben, wie der Zielfunktionswert r_1 auf eine Veränderung von r_2 reagiert, können sie als Grenzrate der Substitution des Faktors 1 durch den Faktor 2 interpretiert werden:

$$s_{12} = w_2$$

Die Tabelle zeigt, daß ein Mindesteinsatz von $r_2 = 73{,}75$ des Faktors 2 erforderlich ist, um bei den vorgegebenen Einsatzmengen der fixen Faktorbestände r_i^0 ($i = 3, \ldots, n$) die Ausbringungsmenge $x^0 = 100$ zu produzieren. Eine Ausdehnung des Einsatzes des Faktors 2 über $r_2 = 206{,}67$ hinaus führt zu keiner weiteren Einsparung des Faktors 1.

Tabelle 2a gibt weiter die beim Einsatz von (r_1, r_2^*) zur Herstellung von $x^0 = 100$ tatsächlich in Anspruch genommenen Mengen der Faktoren 3, 4 und 5 an. Dabei zeigt sich, daß bereits bei Einsatzmengen $r_2 > 140$ die Bestände der Faktoren 3 bzw. 5 teilweise verschwendet werden: Im Intervall $140 < r_2 < 206{,}67$ ist es zwar möglich, die Einsatzmengen des Faktors 1 durch einen Mehreinsatz des Faktors 2 zu verringern; die hierzu einzusetzenden Aktivitäten sind jedoch wegen der Verschwendung einzelner Faktoren nicht effizient.

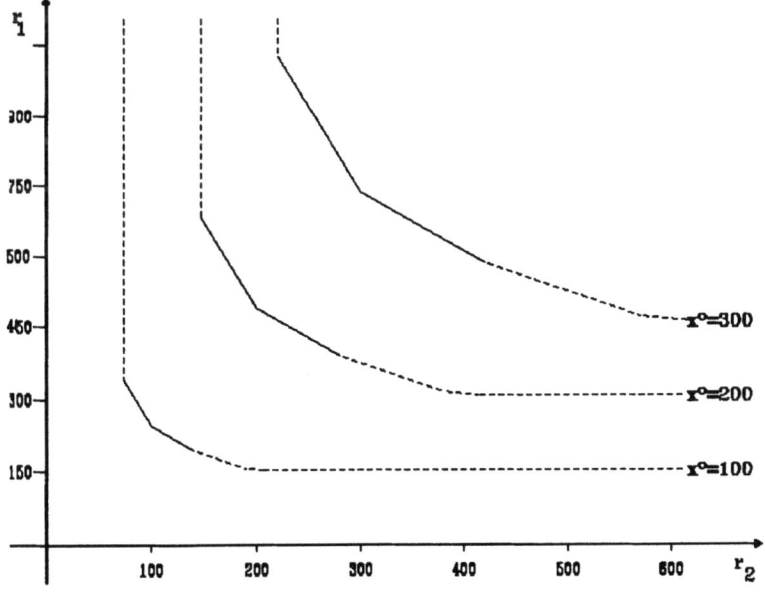

Abbildung 23: Isoquanten

In Abbildung 23 ist die Abhängigkeit der minimalen Einsatzmenge r_1 des Faktors 1 von den Einsatzmengen r_2 des Faktors 2 wiedergegeben. Der Graph stellt einen Schnitt durch die Isoquante parallel zur (r_1, r_2)-Ebene dar.

Verdoppelt bzw. verdreifacht man die vorgegebenen Bestände r_3^0, r_4^0 und r_5^0 der übrigen Faktoren sowie die Ausbringungsmenge x^0, dann erhält man die - ebenfalls in Abbildung 23 wiedergegebenen - Funktionen der Mindesteinsatzmenge r_1^0 des Faktors 1, die erforderlich ist, um zu verschiedenen Einsatzmengen r_2 des Faktors 2 eine Ausbringungsmenge von $x^0 = 200$ bzw. $x^0 = 300$ zu erreichen.

Die in Abbildung 23 gestrichelt gezeichneten Äste der Funktion der Mindesteinsatzmengen r_1^0 in Abhängigkeit von der verfügbaren Menge r_2 entsprechen ineffizienten Kombinationen von Faktoreinsatzmengen, da die Bestände einzelner Faktoren verschwendet werden; die durchgezogene Linie stellt hingegen die Menge der effizienten Kombinationen von Einsatzmengen (r_1, r_2) bei gegebenen Beständen der übrigen Faktoren dar; sie gehört damit zur Isoquante.

Durch ähnliche Schnitte - die nicht notwendig parallel zu den Koordinatenachsen verlaufen - läßt sich die Isoquante numerisch konstruieren.

Abbildung 23 zeigt den Fall der *peripheren Substitution* (GUTENBERG [1983, S. 312]), bei der die Einsatzmenge eines Faktors durch die Erhöhung der Einsatzmenge eines anderen Faktors reduziert, aber nicht völlig ersetzt werden kann. Bei linearen Technologien kann jedoch auch eine *totale Faktorsubstitution* (GUTENBERG [1983, S. 312]) auftreten: Diese ist immer dann möglich, wenn es mindestens einen Produktionsprozeß gibt, der den betreffenden Faktor nicht benötigt. In einer Technologie zur Herstellung eines Produkts, die durch die folgende Matrix der Produktionskoeffizienten beschrieben wird

$$\underline{A} = \begin{bmatrix} a_1^1 & 0 & a_1^3 \\ a_2^1 & a_2^2 & 0 \\ a_3^1 & a_3^2 & a_3^3 \end{bmatrix}$$

können z.B. die Faktoren 1 und 2 total substituiert werden, indem nur die Prozesse π_2 und π_3 genutzt werden; eine periphere Substitution findet hingegen statt, wenn die Prozesse π_1, π_2 und π_3 miteinander kombiniert werden. Ein Beispiel für totale Faktorsubstitution ist der Ersatz eines Metalls durch einen Kunststoff.

Weil bei totaler Faktorvariation die Einsatzmenge eines Faktors bis auf Null reduziert werden kann, beginnt die Isoquante in der Koordinatenachse.

Ein Faktor, der nicht total substituiert werden kann, weil kein Produktionsprozeß verfügbar ist, der diesen Faktor nicht benötigt, wird als *essentieller Faktor* bezeichnet.

Die parametrische lineare Programmierung dient nicht nur dazu, die Menge der effizienten Produktionspunkte numerisch zu bestimmen, sie kann auch dazu genutzt werden, allgemeine Eigenschaften der Produktionsfunktion herzuleiten. Insbesondere können die für den Zwei-Faktoren-Fall aufgezeigten Eigenschaften der Isoquante verallgemeinert werden.

Die Ergebnisse des Beispiels spiegeln folgende Eigenschaft der Isoquante wider:

<u>Satz 4a:</u> *Gesetz von der nicht-zunehmenden Grenzrate der Substitution*

Substituiert man Einsatzmengen eines Faktors i durch Einsatzmengen eines anderen Faktors j und hält die Einsatzmengen der restlichen Faktoren konstant, dann ist die Grenzrate der Substitution stückweise konstant; sie fällt in endlich vielen kritischen Punkten sprunghaft ab. Die Grenzrate der Substitution ist nicht-negativ.

<u>Beweis:</u>

Ohne Einschränkung der Allgemeinheit kann $i=1$ und $j=2$ gesetzt werden. In einer optimalen Lösung von (6) kann die Dualvariable w_2 als Grenzrate der Substitution interpretiert werden:

$$s_{12} = w_2$$

Aus den oben zusammengestellten Eigenschaften parametrischer linearer Programme folgt, daß es eine endliche Zahl kritischer Parameterwerte bzw. kritischer Einsatzmengen des Faktors 2 gibt, bei denen ein Basiswechsel stattfindet. Zwischen zwei kritischen Punkten sind die Dualvariablen konstant, in diesen Punkten ändern sie sich sprunghaft. Es ist also nur noch zu zeigen, daß die Grenzrate der Substitution in einem solchen Punkt nicht ansteigt. Es sei

$$r_1 = g(r_2)$$

der minimale Zielfunktionswert von (6) in Abhängigkeit von r_2. Angenommen, die Grenzrate der Substitution stiege in einem kritischen Punkt r_2^* an; dann wäre in diesem Punkt die linksseitige Grenzrate der Substitution kleiner als die rechtsseitige:

$$s_{12}^- < s_{12}^+ \qquad (7)$$

Da die Grenzrate der Substitution zwischen zwei kritischen Punkten konstant ist, gilt für genügend kleine $\Delta > 0$:

$$r_1^1 = g(r_2^* + \Delta) = g(r_2^*) - \Delta \cdot s_{12}^+$$
$$r_1^2 = g(r_2^* - \Delta) = g(r_2^*) + \Delta \cdot s_{12}^-$$

Dann gilt aber wegen (7) im Punkt r_2^*:

$$r_1^{12} = \tfrac{1}{2} \cdot g(r_2^* + \Delta) + \tfrac{1}{2} \cdot g(r_2^* - \Delta) =$$
$$= \tfrac{1}{2} \cdot \left[g(r_2^*) - \Delta \cdot s_{12}^+\right] + \tfrac{1}{2} \cdot g(r_2^* + \Delta \cdot s_{12}^-) =$$
$$= g(r_2^*) - \tfrac{1}{2}\Delta \cdot (s_{12}^+ - s_{12}^-) < g(r_2^*) = r_1^*$$

Dieses Ergebnis steht aber im Widerspruch dazu, daß r_1^* minimaler Zielfunktionswert des linearen Programms (6) ist; die Grenzrate der Substitution kann also in einem kritischen Punkt nicht zunehmen. Da die Grenzrate der Substitution zwischen zwei kritischen Punkten konstant ist, kann sie auch insgesamt nicht zunehmen. ∎

Intervalle, in denen die Grenzrate der Substitution nicht-positiv ist, gehören nicht zur Isoquante, da dort die gleiche Ausbringung mit einer geringeren Einsatzmenge mindestens eines der beiden Faktoren zu erreichen ist.

Das Substitutionsgebiet $S_k(x^0)$ ist die Menge aller Kombinationen von Einsatzmengen r_i der Faktoren $i \neq k$, für die eine Einsatzmenge r_k existiert, welche die Herstellung von x^0 Einheiten des Produkts ermöglicht. Ohne Einschränkung der Allgemeinheit wird im folgenden vorausgesetzt, daß $k = 1$ ist.

Es sei

$\underline{a}_1^T$ - die erste Zeile der Matrix $\underline{A}$
$\underline{\hat{A}}$ - die Matrix der Produktionskoeffizienten ohne die erste Zeile
$\underline{\hat{r}}$ - der Vektor der Einsatzmengen der Faktoren $2,...,n$
$\underline{z}$ - der Vektor der Prozeßniveaus
$\underline{1}$ - ein Summationsvektor $\underline{1}^T = (1,...,1)$

Dann kann man für (6) in Matrix-Notation schreiben:

$$r_1 = \underline{a}_1^T \cdot \underline{z} \Rightarrow \min !$$

$$\underline{\hat{A}} \cdot \underline{z} \leq \underline{\hat{r}} \tag{6a}$$

$$\underline{1}^T \cdot \underline{z} = x^0$$

$$\underline{z} \geq \underline{0}$$

Das Substitutionsgebiet $S_1(x^0)$ ist gleich der Menge aller Faktoreinsatzmengen $\underline{\hat{r}}$, für die eine zulässige Lösung von (6a) existiert.

Wegen der Additivität und der Proportionalität von Aktivitäten läßt sich zeigen:

Satz 9: *Konvexität des Substitutionsgebiets*

Das Substitutionsgebiet $S_1(x^0)$ ist konvex, d.h. mit zwei Vektoren

$$\underline{\hat{r}}^1, \underline{\hat{r}}^2 \in S_1(x^0)$$

ist auch

$$\underline{\tilde{r}} = \mu \cdot \underline{\hat{r}}^1 + (1-\mu) \cdot \underline{\hat{r}}^2 \in S_1(x^0) \qquad (0 \leq \mu \leq 1)$$

Beweis:

Es seien r_1^1 und r_1^2 die zu $\underline{\hat{r}}^1$ und $\underline{\hat{r}}^2$ gehörenden optimalen Zielfunktionswerte des linearen Programms (6a). Dann sind

$$\underline{r}^1 = \begin{bmatrix} r_1^1 \\ \underline{\hat{r}}^1 \end{bmatrix} \quad \text{und} \quad \underline{r}^2 = \begin{bmatrix} r_1^2 \\ \underline{\hat{r}}^2 \end{bmatrix}$$

zwei Kombinationen von Faktoreinsatzmengen zur Erzeugung von x^0. Wegen der Additivität und der Proportionalität von Aktivitäten sind auch alle Konvexkombinationen

Aktivitätsanalyse

$$\mu \cdot \underline{r}^1 + (1-\mu) \cdot \underline{r}^2 = \mu \cdot \begin{bmatrix} r_1^1 \\ \hat{\underline{r}}^1 \end{bmatrix} + (1-\mu) \cdot \begin{bmatrix} r_1^2 \\ \hat{\underline{r}}^2 \end{bmatrix}$$

Faktoreinsatzmengenkombinationen zur Erzeugung von x^0. Folglich existiert auch eine zulässige Lösung des linearen Programms (6a) mit

$$\tilde{\underline{r}} = \mu \cdot \hat{\underline{r}}^1 + (1-\mu) \cdot \hat{\underline{r}}^2 \qquad (0 \le \mu \le 1)$$

$\tilde{\underline{r}}$ gehört damit zum Substitutionsgebiet, so daß $S_1(x^0)$ tatsächlich konvex ist. ∎

Das Substitutionsgebiet $S_1(x^0)$ enthält alle Kombinationen von Einsatzmengen der Faktoren $i = 2,\ldots,n$, für die ein r_1^0 existiert, das eine Ausbringungsmenge $x = x^0$ ermöglicht. Es enthält nicht nur effiziente Kombinationen von Faktoreinsatzmengen, sondern auch solche, bei denen einzelne Faktoren verschwendet werden. Im Gegensatz zum Substitutionsgebiet ist die Menge $E_1(x^0)$ der *effizienten* Kombinationen von Einsatzmengen der Faktoren $i = 2,\ldots,n$ zur Herstellung einer Ausbringungsmenge $x = x^0$ nicht immer konvex.

Dieser Tatbestand soll anhand eines Zahlenbeispiels erläutert werden. Gegeben sei eine lineare Technologie mit vier Prozessen $\pi_1, \ldots, \pi_4$, die die Herstellung eines Produkts mit drei Faktoren ermöglichen. Die Matrix der Produktionskoeffizienten sei gleich

$$\underline{A} = \begin{bmatrix} 4,0 & 3,0 & 4,0 & 2,0 \\ 4,0 & 1,5 & 1,0 & 2,0 \\ 1,0 & 1,5 & 4,0 & 2,0 \end{bmatrix}$$

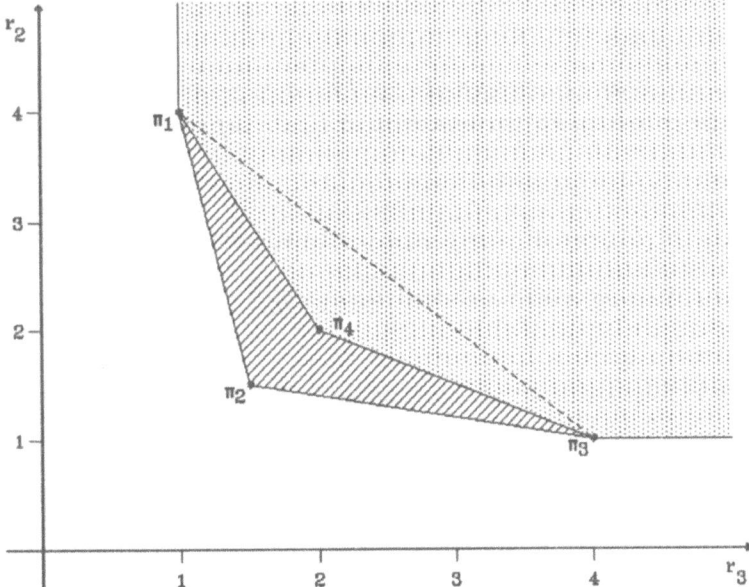

Abbildung 24: Substitutionsgebiet

In Abbildung 24 ist die Menge der effizienten Kombinationen der Faktoren $i=2,3$ schraffiert, die ineffiziente Teilmenge des Substitutionsgebiets gepunktet dargestellt. Eine Konvexkombination der Prozesse π_1 und π_3, die auf der gestrichelten Linie liegt, wird durch Kombinationen der Prozesse π_1 und π_4 bzw. π_3 und π_4 dominiert. So wird zum Beispiel die Konvexkombination

$$\tfrac{1}{2}\cdot\underline{a}^1 + \tfrac{1}{2}\cdot\underline{a}^3 = \tfrac{1}{2}\cdot\begin{bmatrix}4,0\\4,0\\1,0\end{bmatrix} + \tfrac{1}{2}\cdot\begin{bmatrix}4,0\\1,0\\4,0\end{bmatrix} = \begin{bmatrix}4,0\\2,5\\2,5\end{bmatrix}$$

durch den Prozeß π_4 dominiert, da

$$\underline{a}^4 = \begin{bmatrix}2,0\\2,0\\2,0\end{bmatrix} < \begin{bmatrix}4,0\\2,5\\2,5\end{bmatrix}$$

Somit folgt aus

$$\underline{\hat{r}}^1, \underline{\hat{r}}^2 \in E_1(x^0)$$

nicht unbedingt, daß auch eine Konvexkombination

$$\underline{\tilde{r}} = \mu\cdot\underline{\hat{r}}^1 + (1-\mu)\cdot\underline{\hat{r}}^2 \in E_1(x^0) \qquad (0 \leq \mu \leq 1)$$

Die Menge der effizienten Kombinationen von Faktoreinsatzmengen $i = 1,\ldots,n$ ist also nicht immer konvex.

Für den Fall mehrerer Produktionsfaktoren kann nun Satz 5 wie folgt formuliert werden:

Satz 5a: *Funktion der Isoquante*

Kombinationen von Faktoreinsatzmengen, die zur Isoquante gehören, genügen der über der Menge der effizienten Faktoreinsatzmengen $E_1(x^0)$ definierten Funktion

$$r_1^0 = \Gamma_1(\underline{\hat{r}}, x^0) =$$
$$= \min\left\{r_1 = \underline{a}_1^T\cdot\underline{z} \mid \hat{\underline{A}}\cdot\underline{z} \leq \underline{\hat{r}}, \underline{1}^T\cdot\underline{z} = \underline{x}^0; \underline{z} \geq \underline{0}; \underline{\hat{r}} \text{ ist effizient}\right\} \qquad (8)$$

Die Funktion Γ_1 ist eindeutig, konvex und damit auch stetig.

Beweis:

Die Eindeutigkeit von Γ_1 folgt aus deren Konstruktion als Zielfunktionswert der optimalen Lösung parametrischer linearer Programme.

Die Konvexität läßt sich durch Widerspruch beweisen:
Es sei

$$\underline{\hat{r}}^0 \in E_1(x^0)$$

Aktivitätsanalyse

Wäre Γ_1 in einer Umgebung

$$U \subset E_1(x^0)$$

des Punktes $\hat{r}^0$ nicht konvex, dann gäbe es Punkte $\hat{r}^1, \hat{r}^2 \in U$, so daß

$$\tilde{\underline{r}} = \mu \cdot \hat{\underline{r}}^1 + (1-\mu) \cdot \hat{\underline{r}}^2 \qquad (0 < \mu < 1)$$

und

$$r_1^0 = \Gamma_1\left[\mu \cdot \hat{\underline{r}}^1 + (1-\mu) \cdot \hat{\underline{r}}^2, x^0\right] > \mu \cdot \Gamma_1(\hat{\underline{r}}^1, x^0) + (1-\mu) \cdot \Gamma_1(\hat{\underline{r}}^2, x^0)$$

Also würde eine Prozeßkombination der Punkte

$$\underline{r}^1 = \begin{bmatrix} r_1^1 \\ \hat{\underline{r}}^1 \end{bmatrix} \quad \text{und} \quad \underline{r}^2 = \begin{bmatrix} r_1^2 \\ \hat{\underline{r}}^2 \end{bmatrix} \quad \text{den Punkt} \quad \underline{r}^0 = \begin{bmatrix} r_1^0 \\ \hat{\underline{r}}^0 \end{bmatrix}$$

dominieren. Das steht aber im Widerspruch zur Effizienz von $\hat{\underline{r}}^0$. Die Isoquante ist folglich konvex. ∎

Um Bedingungen für die Minimalkostenkombination herzuleiten, wird nun die Kostenfunktion

$$K = \sum_{i=1}^{n} r_i \cdot q_i$$

eingeführt. Löst man nach r_1 auf, dann erhält man für gegebene Kosten K^0

$$r_1 = -\sum_{i=2}^{n} r_i \cdot (q_i/q_1) + K^0/q_1$$

Im Kostenminimum tangiert diese Kostenhyperebene die Isoquante. Daraus folgt:

Satz 6a: *Minimalkostenkombination*

Eine Aktivität ist genau dann Minimalkostenkombination, wenn für alle Faktoren gilt:

$$s_{ij}^- \geq \frac{q_j}{q_i} \geq s_{ij}^+ \qquad (i,j = 1, ..., n; i \neq j)$$

Der Beweis ist analog zu Satz 6 zu führen.

Diese Eigenschaft der Minimalkostenkombination hat große Bedeutung für die traditionelle Produktionstheorie, die daran interessiert ist, generelle Bedingungen für optimale Produktionspläne herzuleiten. Sie ist jedoch weniger dazu geeignet, Minimalkostenkombinationen numerisch zu bestimmen. Während die neoklassische Produktionstheorie von der Produktionsfunktion bzw. von den Isoquanten als Daten produktionstheoretischer Analysen ausgeht, leitet die lineare Aktivitätsanalyse diese aus der Technologiematrix bzw. aus der Matrix der Produktionskoeffizienten her, indem sie in einer technischen Voroptimierung ineffiziente Produktionsprozesse ausscheidet. Statt diesen Umweg über die Isoquante zu gehen, kann man im Rahmen der linearen Aktivitätsanalyse die Minimalkostenkombination auch unmittelbar aus den verfügbaren Daten herleiten.

Hierzu wird zunächst das lineare Programm

$$K = \sum_{i=1}^{n} r_i \cdot q_i \Rightarrow \min! \tag{9}$$

$$\sum_{k=1}^{l} a_i^k \cdot z_k - r_i = 0 \qquad (i = 1, \ldots, n) \tag{10}$$

$$\sum_{k=1}^{l} z_k = x^0 \tag{11}$$

$$z_k \geq 0 \qquad (k = 1, \ldots, l)$$

formuliert. Dabei ist r_i die zur Herstellung der vorgegebenen Ausbringungsmenge x^0 tatsächlich benötigte Einsatzmenge des Faktors i ($i = 1, \ldots, n$).

Setzt man die Nebenbedingungen (10) in die Zielfunktion (9) ein, so erhält man

$$K = \sum_{i=1}^{n} \sum_{k=1}^{l} a_i^k \cdot z_k \cdot q_i = \sum_{k=1}^{l} c_k \cdot z_k \Rightarrow \min! \tag{9a}$$

wobei

$$c_k = \sum_{i=1}^{n} a_i^k \cdot q_i \tag{12}$$

die Stückkosten bei Einsatz des Prozesses k sind.

Es ist also die lineare Kostenfunktion (9a) unter *einer* Nebenbedingung (11) zu minimieren. Aus dem Eckentheorem der linearen Programmierung folgt unmittelbar:

Satz 10: *Minimalkostenkombination und reine Prozesse*

Die Minimalkostenkombination kann immer mit einem reinen Prozeß erreicht werden. Sind mehrere reine Prozesse kostenminimal, dann ist auch jede Kombination dieser Prozesse kostenminimal.

Dieses Ergebnis macht es möglich, alle Minimalkostenkombinationen unmittelbar aus den Produktionskoeffizienten herzuleiten: Man bestimmt für alle Produktionsprozesse die Stückkosten c_k gemäß (12); die Menge M der kostenminimalen Prozesse p ist dann gegeben durch:

$$M := \left\{ p \mid c_p = \min_k \sum_{i=1}^{n} a_i^k \cdot q_i \right\} \tag{13}$$

Ebenso wie im Zwei-Faktoren-Fall gilt weiter:

Satz 7a: *Effizienzpreise*

Ein Produktionsprozeß π^0 ist genau dann effizient, wenn es mindestens ein System positiver Faktorpreise

$$\underline{q}^0 = (q_1^0, \ldots, q_n^0)^T$$

gibt, für das π^0 Minimalkostenkombination ist.

Aktivitätsanalyse

Beweis:

Eine effiziente Faktoreinsatzmengenkombination $\underline{r}^0$ ist dadurch charakterisiert, daß in jeder optimalen Lösung des linearen Programms

$$x = \sum_{k=1}^{l} z_k \Rightarrow \max!$$

$$\sum_{k=1}^{l} a_i^k \cdot z_k \leq r_i^0 \qquad (i = 1, \ldots, n) \qquad (1)$$

$$z_k \geq 0 \qquad (k = 1, \ldots, l)$$

alle Restriktionen bindend sind.

Es sei $\underline{r}^0$ eine effiziente Faktoreinsatzmengenkombination und $\underline{z}^0$ eine optimale Lösung des linearen Programms, welche die Ausbringungsmenge x^0 ermöglicht. Wegen des Preistheorems der linearen Programmierung sind dieser optimalen Lösung Dualvariablen

$$\underline{q}^0 = (q_1^0, \ldots, q_n^0)^T \geq \underline{0}$$

zugeordnet, die den folgenden Bedingungen genügen:

$$\sum_{i=1}^{n} a_i^k \cdot q_i^0 \begin{Bmatrix} = \\ > \end{Bmatrix} 1 \Rightarrow z_k^0 \begin{Bmatrix} \geq \\ = \end{Bmatrix} 0 \qquad (k = 1, \ldots, l) \qquad (14)$$

$$\sum_{k=1}^{l} a_i^k \cdot z_k^0 \begin{Bmatrix} = \\ < \end{Bmatrix} r_i^0 \Rightarrow q_i^0 \begin{Bmatrix} \geq \\ = \end{Bmatrix} 0 \qquad (i = 1, \ldots, n)$$

$\underline{q}^0$ ist optimale Lösung des zu (1) dualen Programms:

$$K = \sum_{i=1}^{n} r_i^0 \cdot q_i \Rightarrow \min!$$

$$\sum_{i=1}^{n} a_i^k \cdot q_i \geq 1 \qquad (k = 1, \ldots, l) \qquad (15)$$

$$q_i \geq 0 \qquad (i = 1, \ldots, n)$$

Die Dualvariablen q_i^0 geben die relative Veränderung der maximal möglichen Ausbringungsmenge x^0 in bezug auf eine Veränderung der Faktoreinsatzmenge r_i^0 an. Sie werden in [Zielfunktionseinheiten/Restriktionseinheit] gemessen. Will man die Effizienzpreise in Geldeinheiten messen, so muß man die Zielfunktion in (1) mit einem positiven Preis multiplizieren.

Setzt man den Preis des Produkts gleich 1, dann kann man die Dualvariablen als Opportunitätskosten bzw. als Knappheitspreise der Faktorbestände interpretieren. Diese Knappheitspreise sind nur dann größer als Null, wenn der zugehörige Faktorbestand knapp ist, bzw. voll ausgeschöpft wird.

Aus der Formulierung von (15) folgt, daß $\underline{q}^0$ ein System von Faktorpreisen ist, für das eine effiziente Kombination von Faktoreinsatzmengen Minimalkostenkombination ist.

Das Preistheorem stellt zwar sicher, daß dieses Preissystem nicht-negativ ist; im Fall der Degeneration kann jedoch eine Dualvariable gleich Null werden, obwohl der zugehörige Faktorbestand knapp ist. Dann gibt es aber mehrere optimale Lösungen des Duals

$$\underline{q}^s = (q_1^s, \ldots, q_n^s)^T \geq \underline{0} \qquad (s = 1, \ldots, t)$$

deren echte Konvexkombinationen

$$\underline{q}^0 = \sum_{s=1}^{t} \mu_s \cdot \underline{q}^s > \underline{0} \qquad (0 < \mu_s < 1 \text{ und } \sum_{s=1}^{t} \mu_s = 1)$$

streng positiv sind. Mit Hilfe der Dualvariablen kann also für jede effiziente Kombination von Faktoreinsatzmengen $\underline{r}^0$ ein Preissystem $\underline{q}^0$ konstruiert werden, für das $\underline{r}^0$ Minimalkostenkombination ist. Ein solches Preissystem bezeichnet man als *Effizienzpreissystem*.

Ist $\underline{r}^0$ für ein gegebenes Preissystem optimal, dann ist $\underline{r}^0$ auch effizient, weil andernfalls durch die Reduktion der verschwendeten Faktoreinsatzmengen eine Verringerung der Kosten möglich wäre. ∎

Während die kostenminimale Faktorkombination zur Herstellung einer vorgegebenen Ausbringungsmenge aufgrund der technischen Produktionsbedingungen determiniert ist, ist die optimale Ausbringungsmenge - ebenso wie im Zwei-Faktoren-Fall - nicht allein durch die Faktorpreise und den Preis für das Produkt bestimmt. Es müssen vielmehr auch im allgemeinen Fall Beschränkungen der Faktorbestände, Absatzrestriktionen oder andere Beschränkungen eingeführt werden, um die optimale Ausbringungsmenge ermitteln zu können.

3.2.3.4 Die Produktionsfunktion bei partieller Faktorvariation

Es sind daher die Auswirkungen der Variation der Einsatzmengen einzelner Faktoren bei Konstanz der Einsatzmengen anderer Faktoren auf die Ausbringungsmenge zu untersuchen. Hierbei sind zwei Fälle zu unterscheiden:

(1) Variation der Einsatzmenge eines Faktors bei Konstanz der Einsatzmengen aller anderen Faktoren.

(2) Proportionale Veränderung der Einsatzmengen mehrerer Faktoren bei Konstanz der Einsatzmengen der übrigen Faktoren.

Dabei wird lediglich der Fall der Bestandskonstanz untersucht; es wird also angenommen, daß die konstanten Faktoren in vorgegebenen Mengen zur Verfügung stehen und die mit den Faktorpreisen bewerteten Bestände in die Kosten eingehen, die verfügbaren Mengen jedoch nicht unbedingt produktiv eingesetzt werden müssen, sondern auch verschwendet werden können. Die Fälle der beschränkten Liefermöglichkeit und der Einsatzmengenkonstanz können durch ähnliche Überlegungen analysiert werden.

Ausgangspunkt ist das parametrische lineare Programm zur Bestimmung der maximal möglichen Ausbringungsmenge x bei gegebenen Faktoreinsatzmengen r_i:

$$x = \sum_{k=1}^{l} z_k \Rightarrow \max!$$

$$\sum_{k=1}^{l} a_i^k \cdot z_k \le r_i^1 + t \cdot r_i^2 \qquad (i = 1, \ldots, n) \qquad (1a)$$

$$z_k \ge 0 \qquad (k = 1, \ldots, l)$$

Um die Auswirkungen der Variation des Faktors 1 bei Bestandskonstanz aller anderen Faktoren zu bestimmen, setzt man in (1a)

$r_1^1 = 0$ und $r_1^2 = 1$

$r_i^1 = r_i^0$ und $r_i^2 = 0$ für $i = 2, \ldots, n$

Man erhält dann das lineare Programm

$$x = \sum_{k=1}^{l} z_k \Rightarrow \max!$$

$$\sum_{k=1}^{l} a_1^k \cdot z_k \le t$$

$$\sum_{k=1}^{l} a_i^k \cdot z_k \le r_i^0 \qquad (i = 2, \ldots, n) \qquad (1b)$$

$$z_k \ge 0 \qquad (k = 1, \ldots, l)$$

Wird der Faktor 1 von allen reinen Prozessen benötigt, dann ist für $t = r_1 = 0$ keine Ausbringung möglich. Bei Erhöhung von r_1 wird zunächst der Prozeß π_1 eingesetzt, der am wenigsten von dem variablen Faktor 1 benötigt, d.h. für den der Produktionskoeffizient a_1^1 am niedrigsten ist. Durch Mehreinsatz des variablen Faktors kann die Produktion mit dem Prozeß π_1 solange erhöht werden, bis der Bestand eines der fixen Faktoren r_i^0 voll eingesetzt wird. Die Ausbringungsmenge x kann nur dann weiter erhöht werden, wenn der Prozeß π_1 mit einem Prozeß π_2 kombiniert wird, der weniger von Faktor i benötigt, d.h. für den $a_i^2 < a_i^1$. Werden bei der Ausdehnung der Produktion Bestände weiterer fixer Faktoren ausgeschöpft, dann wird ein dritter Prozeß π_3 in die Prozeßkombination aufgenommen oder gegen einen der beiden anderen Prozesse ausgetauscht, usw. bis alle Faktorbestände ausgeschöpft sind. Dann führt ein Mehreinsatz des variablen Faktors nur dann zur Erhöhung der Ausbringungsmenge, wenn Prozesse in der Prozeßkombination gegen solche ausgetauscht werden, die mehr von dem variablen Faktor, aber weniger von mindestens einem fixen Faktor benötigen. Eine Erhöhung der Einsatzmenge des variablen Faktors führt nur solange zu einer Ausdehnung der Ausbringungsmenge, wie Prozesse verfügbar sind, die relativ mehr von dem variablen Faktor, aber weniger von den fixen Faktoren benötigen.

Die Konstruktion der Produktionsfunktion bei partieller Faktorvariation soll nun an dem folgenden Beispiel verdeutlicht werden:

Beispiel 2: *Konstruktion der Produktionsfunktion bei partieller Faktorvariation*

Gegeben seien die technologischen Bedingungen des Beispiels 1. Die Faktoren $i = 2,\ldots,5$ seien jedoch nur in beschränkten Mengen verfügbar:

$$r_2 = 130 \quad r_3 = 255 \quad r_4 = 180 \quad r_5 = 80$$

Das Ergebnis der parametrischen Variation von r_1 ist in Tabelle 3 wiedergegeben; Abbildung 25 zeigt die Abhängigkeit der maximalen Ausbringungsmenge x^* von der Einsatzmenge des variablen Faktors 1.

Die Produktionsfunktion bei partieller Faktorvariation kann durch parametrische Variation der Einsatzmenge eines Faktors konstruiert werden. Aus den Eigenschaften parametrischer linearer Programme folgt dann, daß sie stückweise linear mit einer endlichen Zahl von Knickpunkten ist. Die Dualvariable w_1, die dem variablen Faktor 1 zugeordnet ist, gibt an, wie der Zielfunktionswert - hier die maximal erreichbare Ausbringungsmenge x - auf eine Veränderung der Einsatzmenge r_1 reagiert. Sie kann daher als Grenzproduktivität interpretiert werden. Analog dem Vorgehen beim Beweis des Satzes 4a kann man zeigen:

<u>Satz 8a:</u> *Ertragsgesetz*

Bei Variation der Einsatzmenge eines Faktors und Konstanz aller anderen Faktoren ist die Grenzproduktivität nicht-negativ, sie steigt bei einer Erhöhung der Einsatzmenge des variablen Faktors nicht an.

Die Grenzproduktivität fällt in einer endlichen Zahl kritischer Punkte sprunghaft ab; zwischen zwei benachbarten kritischen Punkten ist sie konstant.

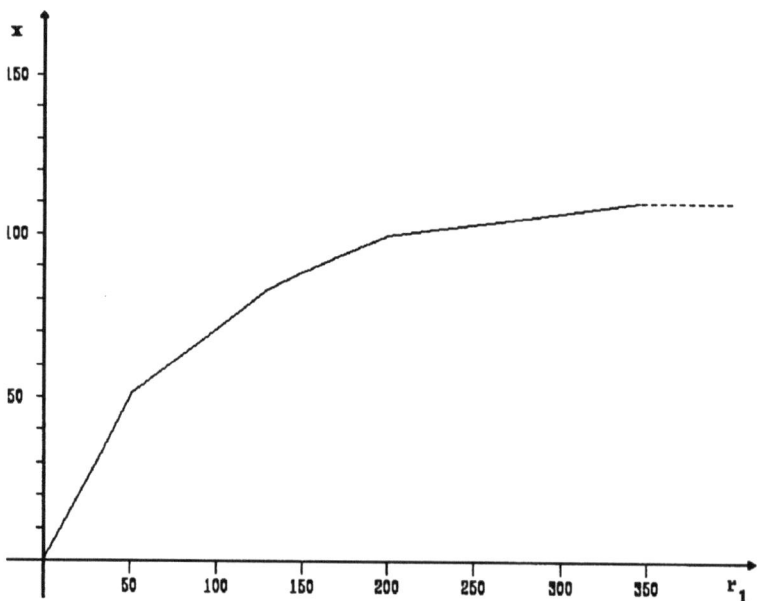

Abbildung 25: Produktionsfunktion bei partieller Faktorvariation

Tabelle 3a: Faktorverbrauch, Ausbringungsmenge und Dualvariable

r_1^*	r_2	r_3	r_4	r_5	x^*	w_1^-	w_1^+
0,00	0	0	0	0,00	0,00	-	1,0000
36,00	36	72	180	0,00	36,00	1,0000	1,0000
51,67	130	25	180	39,17	51,67	1,0000	0,4000
130,00	130	213	180	47,00	83,00	0,4000	0,2667
150,00	130	225	180	55,00	88,33	0,2667	0,2222
200,00	130	225	180	80,00	99,40	0,2222	0,0741
275,00	130	225	180	80,00	105,00	0,0741	0,0357
345,00	130	225	180	80,00	107,50	0,0357	0,0000

Tabelle 3b: Prozeßkombinationen in den kritischen Punkten

r_1^*	z_1^*	z_2^*	z_3^*	z_4^*	z_5^*	z_6^*	z_7^*	z_8^*
0,00	-	-	-	0,00	-	-	-	-
36,00	-	-	-	36,00	-	0,00	-	-
51,67	-	-	0,00	12,50	-	39,17	-	-
130,00	-	-	47,00	36,00	-	0,00	0,00	-
150,00	-	-	48,33	33,33	-	0,00	6,67	-
200,00	-	-	42,78	19,44	-	8,33	28,50	0,00
275,00	0,00	-	40,00	25,00	-	-	15,00	25,00
345,00	15,00	-	22,50	27,50	-	-	0,00	42,50

Beweis:

Wäre die Grenzproduktivität negativ, dann könnte die Ausbringungsmenge in dem fallenden Ast der Produktionsfunktion durch Verschwendung des variablen Faktors erhöht werden.

Wäre die Produktionsfunktion nicht konkav, d.h. würde die Grenzproduktivität in einem Intervall zunehmen, dann könnten durch Prozeßkombination Ausbringungsmengen oberhalb der Produktionsfunktion erreicht werden; die Produktionsfunktion würde also nicht die maximal mögliche Ausbringungsmenge bei vorgegebenen Faktoreinsatzmengen angeben. ∎

In Abbildung 25 beginnt die Produktionsfunktion im Koordinatenursprung, d.h. der variable Faktor ist essentiell, so daß ohne ihn keine Ausbringung möglich ist. Bei nicht essentiellen Faktoren wird hingegen die Ausbringung für $r_1 = 0$ größer als Null sein; die Produktionsfunktion bei partieller Faktorvariation beginnt also bei einer positiven Ausbringungsmenge.

Im Beispiel 1 ist u.a. der Faktor 2 nicht essentiell, weil der Produktionsprozeß π_7 diesen nicht benötigt. Variiert man die Einsatzmengen dieses Faktors parametrisch, dann ergibt sich der in Abbildung 26 dargestellte Verlauf: Bei $r_2 = 0$ ist mit π_7 eine Ausbringung von $x = 73,33$ möglich; bei Erhöhung der Einsatzmenge r_2 steigt die Ausbringungsmenge monoton auf $x = 105,77$ bei einem Einsatz von $r_2 = 182,31$. Darüber hinaus kann die Ausbringung durch einen Mehreinsatz des Faktors 2 nicht erhöht werden. Die Produktionsfunktion bei partieller Faktorvariation besitzt Knickpunkte in folgenden kritischen Punkten:

$r_2 = 7{,}69 \quad x = 78{,}46; \qquad r_2 = 83{,}33 \quad x = 96{,}11; \qquad r_2 = 90 \quad x = 97{,}22$

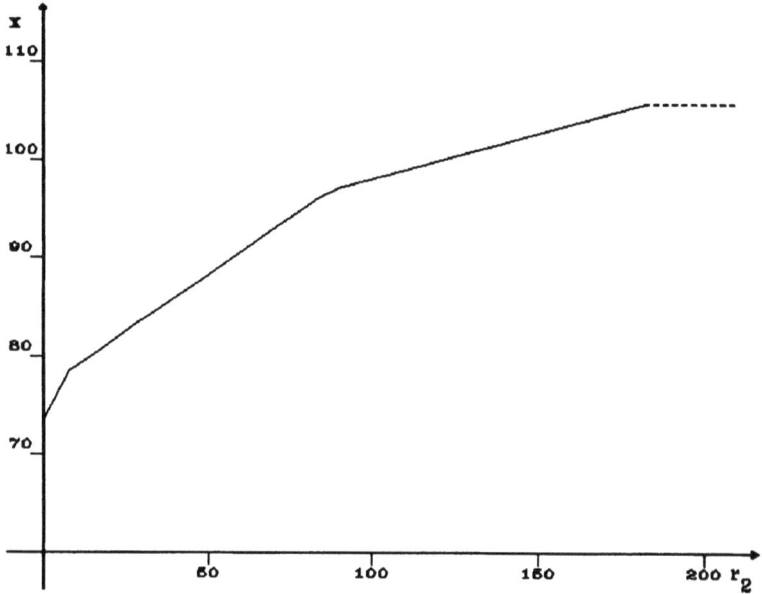

Abbildung 26: Produktionsfunktion bei partieller Faktorvariation eines nicht-essentiellen Faktors

Zu ähnlichen Ergebnissen kommt man, wenn die Einsatzmengen mehrerer Faktoren bei Konstanz von mindestens einem Faktor variiert werden. Die Einsatzmengen der Faktoren $i = 1, ..., n_1$ seien konstant, die der Faktoren $i = n_1 + 1, ..., n$ hingegen variabel. Dann setzt man in dem parametrischen Programm (1a)

$r_i^1 = r_i^0$ und $r_i^2 = 0$ \qquad $(i = 1, ..., n_1)$

$r_i^1 = 0$ und $r_i^2 = r_i$ \qquad $(i = n_1 + 1, ..., n)$

Die parametrische Variation von t führt dann zu einer Ausdehnung der Faktoreinsatzmengen der variablen Faktoren entlang der Geraden durch die Punkte $\underline{r}^1$ und $\underline{r}^1 + \underline{r}^2$. Die hieraus resultierende Produktionsfunktion besitzt als Zielfunktion eines parametrischen linearen Programms die gleichen Eigenschaften wie die Produktionsfunktion bei Variation eines Faktors:

(1) Die Produktionsfunktion steigt monoton mit dem Parameter t, d.h. mit der Erhöhung der Einsatzmengen der variablen Faktoren.

(2) Die Produktionsfunktion ist stückweise linear mit einer endlichen Zahl von kritischen Punkten.

(3) Die Produktionsfunktion ist konkav.

Ist mindestens ein fixer Faktor essentiell, dann sinken die Skalenerträge in endlich vielen Schritten auf Null ab: Für geringe Einsatzmengen der variablen Faktoren werden solche Prozesse eingesetzt, die von diesen relativ wenig benötigen. Um die Ausbringung zu erhöhen, werden bei steigendem Parameter t die fixen Faktoren durch variable Faktoren substituiert, indem Prozesse eingesetzt werden, die relativ weniger von den fixen Faktoren benötigen. Hierdurch sinken die Skalenerträge ab. Von einem bestimmten Punkt an gibt es - ebenso wie bei Variation eines einzigen Faktors - keinen Prozeß mehr, der es ermöglicht, die Produktion weiter auszudehnen, indem die fixen Faktoren weiter durch variable substituiert werden. Die Produktionsfunktion bei proportionaler Variation eines Faktorkomplexes steigt also bis zu einer maximal möglichen Ausbringungsmenge stückweise linear an.

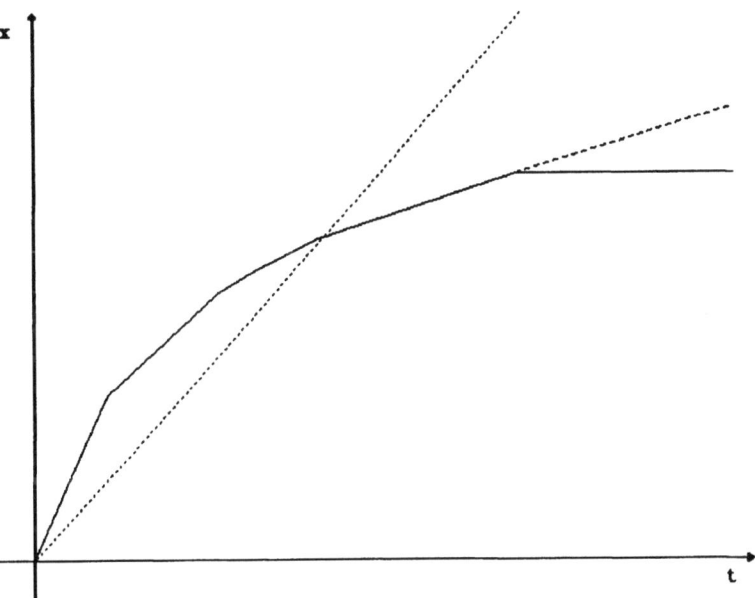

Abbildung 27: Produktionsfunktion bei proportionaler Variation eines Faktorkomplexes

Dieser tendenziell degressive Verlauf der Produktionsfunktion ist jedoch nicht sichergestellt, wenn alle fixen Faktoren nicht-essentiell sind. Dann kann sie zumindest von einem bestimmten Punkt an konstante Skalenerträge besitzen:

(a) Werden die konstanten Faktoren nur von ineffizienten Prozessen benötigt, dann sind die entsprechenden Faktorbeschränkungen redundant; die Produktionsfunktion besitzt konstante Skalenerträge.

(b) Sind alle konstanten Faktoren nicht-essentiell, d.h. gibt es für jeden Faktor mindestens einen Prozeß, der diesen nicht benötigt, dann kann die Produktion durch Einsatz von Prozessen, die die fixen Faktoren nicht einsetzen, beliebig ausgedehnt werden. Bei geringen Einsatzmengen der variablen Faktoren ergeben sich abnehmende Skalenerträge, weil zunächst eine Substitution von fixen durch variable Faktoren durchgeführt wird. Sobald das nicht mehr möglich ist, erfolgt die weitere Ausdehnung der Produktion entlang einem Produktionsprozeß, der ohne die fixen Faktoren auskommt.

Die alternativen Verläufe der Produktionsfunktion bei proportionaler Variation eines Faktorkomplexes und Konstanz der übrigen Faktoren ist in Abbildung 27 wiedergegeben. Die durchgezogene Linie entspricht dem Normalfall, in dem mindestens ein fixer Faktor essentiell ist; die gestrichelte Linie gibt den Verlauf bei nicht-essentiellen fixen Faktoren wieder; die gepunktete Gerade ergibt sich, wenn die fixen Faktoren nur von ineffizienten Prozessen benötigt werden.

Es ist festzuhalten, daß sich ein ertragsgesetzlicher Verlauf, d.h. nicht-zunehmende, tendenziell abnehmende Skalenerträge bei proportionaler Erhöhung der Einsatzmengen der variablen Faktoren, immer dann ergibt, wenn die Einsatzmenge mindestens eines essentiellen Faktors konstant gehalten wird.

Die Herleitung der Produktionsfunktion bei partieller Faktorvariation zeigt weiter, daß diese nicht allein aus technologischen Gesetzmäßigkeiten resultiert, sondern daß sie bereits das Ergebnis einer technischen Voroptimierung ist, die zu jeder Kombination von Faktoreinsatzmengen diejenige Kombination von Produktionsprozessen bestimmt, die eine maximale Ausbringungsmenge ermöglicht. Gleichzeitig wird deutlich, daß diese Voroptimierung eine gewisse Lockerung des Effizienzprinzips bedeutet: Um mit bestimmten Kombinationen von Faktoreinsatzmengen eine möglichst große Ausbringungsmenge zu erreichen, muß unter Umständen in Kauf genommen werden, daß überschüssige Mengen der fixen Faktoren verschwendet werden.

3.2.3.5 Die Kostenfunktion und die gewinnmaximale Ausbringungsmenge

Bei mehreren Einsatzfaktoren sind die Kosten gegeben durch:

$$K = \sum_{i=1}^{n} r_i \cdot q_i$$

Die Kostenfunktion in Abhängigkeit von der Ausbringungsmenge ist nur dann direkt aus der Produktionsfunktion herzuleiten, wenn nur ein einziger Faktor variabel ist, oder wenn die Einsatzmengen aller variablen Produktionsfaktoren proportional variiert werden. Sind mehrere Faktoren variabel, dann sind für diese Minimalkostenkombinationen zu bestimmen; die Kostenfunktion ist daher das Ergebnis von Optimierungsentscheidungen. Bei linearen Technologien kann sie mit Hilfe der parametrischen linearen Programmierung hergeleitet werden: Für eine bestimmte Ausbringungsmenge und bei gegebenen Beständen der fixen Faktoren wird mit Hilfe eines linearen Programms eine kostenminimale Kombination der variablen Faktoren ermittelt; die vorgegebene Ausbringungsmenge ist dann parametrisch zu variieren, um die Abhängigkeit der minimalen Kosten von der Ausbringungsmenge zu bestimmen.

Ohne Einschränkung der Allgemeinheit seien die Faktoren so numeriert, daß sie für $i = 1, ..., n_1$ fix und für $i = n_1 + 1, ..., n$ variabel sind. Die variablen Stückkosten des Einsatzes des Prozesses k ($k = 1, ..., l$) sind dann gegeben durch

$$c_k = \sum_{i=n_1+1}^{n} a_i^k \cdot q_i$$

Die fixen Kosten sind gleich den Kosten des Bestandes der Faktoren $i = 1, ..., n_1$:

$$K_F = \sum_{i=1}^{n_1} r_i^0 \cdot q_i$$

Es sei z_k ($k = 1, ..., l$) das Aktivitätsniveau, mit dem der Prozeß k genutzt wird. Die Kostenfunktion hat dann die Form:

$$K = \sum_{k=1}^{l} c_k \cdot z_k + K_F$$

Die Fixkosten K_F sind unabhängig von der Wahl der Produktionsprozesse und deren Niveau, relevant sind lediglich die variablen Kosten. Somit ergibt sich als Zielfunktion:

$$K_v = \sum_{k=1}^{l} c_k \cdot z_k \Rightarrow \min! \tag{15a}$$

Bei der Wahl der Aktivitätsniveaus sind die Bestände der fixen Faktoren r_i^0

$$\sum_{k=1}^{l} a_i^k \cdot z_k \leq r_i^0 \qquad (i = 1, ..., n_1) \tag{15b}$$

und die vorgegebene Ausbringungsmenge x^0 zu beachten:

$$\sum_{k=1}^{l} z_k = x^0 \tag{15c}$$

$$z_k \geq 0 \qquad (k = 1, ..., l) \tag{15d}$$

Die Kostenfunktion kann dann durch parametrische Variation der Ausbringungsmenge x^0 bestimmt werden.

<u>Beispiel 3</u>: *Konstruktion der Kostenfunktion*

Die Konstruktion der Kostenfunktion mit Hilfe der parametrischen linearen Programmierung soll nun am Beispiel der in Tabelle 1 beschriebenen linearen Technologie verdeutlicht werden. Hierzu wird vorausgesetzt, daß die Faktoren 2, 3 und 4 nur mit den in der Tabelle 1 angegebenen Beständen verfügbar sind, die Faktoren 1 und 5 hingegen variabel sind. Weiter seien die Preise der variablen Faktoren

$$q_1 = 2 \qquad q_5 = 4$$

Aus den Produktionskoeffizienten der Prozesse π_k ($k = 1, ..., l$) erhält man für deren variable Stückkosten:

$$c_1 = 12 \quad c_2 = 13 \quad c_3 = 8 \quad c_4 = 2$$
$$c_5 = 7{,}2 \quad c_6 = 6 \quad c_7 = 10 \quad c_8 = 14$$

Einsetzen in (15a)-(15c) ergibt das folgende lineare Programm:

$$12 \cdot z_1 + 13 \cdot z_2 + 8 \cdot z_3 + 2 \cdot z_4 + 7{,}2 \cdot z_5 + 6 \cdot z_6 + 10 \cdot z_7 + 14 \cdot z_8 \Rightarrow \min!$$

$$z_1 + 2 \cdot z_2 + 2 \cdot z_3 + z_4 + 2 \cdot z_5 + 3 \cdot z_6 + z_8 \leq 130$$
$$4 \cdot z_1 + 2 \cdot z_2 + 3 \cdot z_3 + 2 \cdot z_4 + 2 \cdot z_5 + 2 \cdot z_7 + z_8 \leq 225$$
$$ 5 \cdot z_4 + 2 \cdot z_5 + 3 \cdot z_6 + 2 \cdot z_7 + z_8 \leq 180$$
$$z_1 + z_2 + z_3 + z_4 + z_5 + z_6 + z_7 + z_8 = x$$
$$z_1, z_2, z_3, z_4, z_5, z_6, z_7, z_8 \geq 0$$

Tabelle 4a: Kostenoptimale Aktivitätsniveaus

x	z_1^*	z_2^*	z_3^*	z_4^*	z_5^*	z_6^*	z_7^*	z_8^*
0,00	-	-	-	0,00	-	-	-	-
36,00	-	-	0,00	36,00	-	-	-	-
83,00	-	-	47,00	36,00	-	-	0,00	-
88,33	-	-	48,33	33,33	-	0,00	6,67	-
115,00	-	-	35,00	0,00	-	20,00	60,00	0,00
155,00	0,00	-	15,00	-	-	0,00	40,00	100,00

Tabelle 4b: Kosten und Grenzkosten in den kritischen Punkten

x	K	w^-	w^+
0,00	0,00	0,00	2,00
36,00	72,00	2,00	8,00
83,00	448,00	8,00	13,50
88,33	520,00	13,50	18,00
115,00	1000,00	18,00	23,00
155,00	1920,00	23,00	-

In Tabelle 4 sind die Höhe der Kosten der optimalen Lösung, die zur Restriktion (15c) gehörenden Dualvariablen w und die Aktivitätsniveaus in den kritischen Punkten angegeben. Der Verlauf der Kostenfunktion ist in Abbildung 28 graphisch dargestellt.

Die Kostenfunktion kann als Funktion der optimalen Zielfunktionswerte eines parametrischen linearen Programms konstruiert werden, bei dem die Ausbringungsmenge bei gegebenen Kapazitäten, d.h. bei festen Faktorbeständen, variiert wird. Es lassen sich daher die allgemeinen Eigenschaften der Lösung parametrischer linearer Programme auf die Kostenfunktion übertragen:

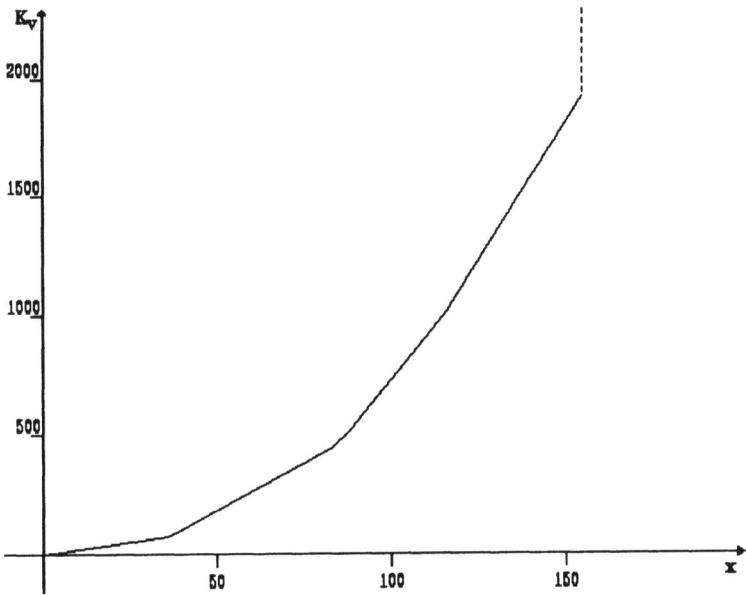

Abbildung 28: Kostenfunktion

(1) Es gibt eine endliche Zahl kritischer Ausbringungsmengen, bei denen ein Wechsel der genutzten Produktionsprozesse stattfindet.

(2) Die Kostenfunktion ist stückweise linear mit Knicken in den kritischen Punkten. Da das parametrische lineare Programm in der Form eines Minimum-Problems vorliegt, ist die Kostenfunktion konvex.

(3) Die der Vorgabe der Ausbringungsmenge zugeordnete Dualvariable w gibt die relative Veränderung der minimalen Kosten in bezug auf eine Variation der vorgegebenen Ausbringungsmenge wieder; sie kann daher als Grenzkosten interpretiert werden. Da die Restriktion in Gleichungsform vorliegt, ist die Dualvariable w prinzipiell nicht im Vorzeichen beschränkt; wegen der Möglichkeit der Verschwendung ist die Restriktion jedoch nur nach unten bindend, die zugehörige Dualvariable wird daher nur positive Werte annehmen. Wegen der Konvexität der Kostenfunktion sinken die Grenzkosten bei steigender Ausbringungsmenge nicht.

Die Herleitung mit Hilfe der parametrischen lineare Programmierung macht deutlich, daß die Kostenfunktion nicht allein auf technologischen Gesetzmäßigkeiten beruht, sondern das Ergebnis von Entscheidungen ist, die jeder Ausbringungsmenge die kostengünstigste Prozeßkombination zuordnen.

Die Ergebnisse der parametrischen Variation der Ausbringungsmenge x in dem linearen Programm haben gezeigt, daß die Eigenschaften der Kostenfunktion im Zwei-Faktoren-Fall unmittelbar auf den Fall mehrerer Faktoren übertragen werden können. Daher ist auch hier die optimale Ausbringungsmenge x^* dadurch gekennzeichnet, daß die linksseitigen Grenzkosten w^- kleiner oder gleich, die rechtsseitigen Grenzkosten w^+ hingegen größer oder gleich dem Preis p des Produkts sind:

$$w^- \leq p \leq w^+$$

Wie im Zwei-Faktoren-Fall ist die optimale Ausbringungsmenge nur dann eindeutig, wenn der Preis zwischen den linksseitigen und den rechtsseitigen Grenzkosten liegt; da die Grenzkosten stückweise konstant sind, ist die optimale Ausbringungsmenge mehrdeutig, falls die Grenzkosten gleich dem Preis sind.

Im Zwei-Faktoren-Fall wurde die optimale Ausbringungsmenge in einem mehrstufigen Verfahren hergeleitet, das zunächst in einer Voroptimierung technologisch unterlegene Produktionsverfahren ausscheidet, dann für jede Ausbringungsmenge die optimale Prozeßkombination bzw. die kostenminimale Kombination von Faktoreinsatzmengen ermittelt und diese schließlich den Erlösen gegenüberstellt, um die gewinnmaximale Ausbringungsmenge zu bestimmen. Dieses Vorgehen hat folgende Vorteile:

(1) Es werden die Beziehungen zu den konventionellen Ansätzen der Produktionstheorie herausgearbeitet.

(2) Die einzelnen Komponenten der Produktionsentscheidung werden aufgezeigt.

(3) Die hier entwickelten Konzepte der Produktionsfunktion und der Kostenfunktion können als Instrumente zur Koordination der Produktionsplanung mit der Absatz- und Beschaffungsplanung eingesetzt werden, die die Beziehungen zwischen diesen Planungsbereichen in einfachen Relationen zusammenfassen.

Für gegebene Preise der Faktoren und der Produkte und für gegebene Bestände r_i^0 der fixen Faktoren kann man die gewinnmaximale Ausbringungsmenge, die optimale Prozeßkombination und die Bereitstellung der variablen Faktoren auch simultan planen. Hierzu werden zunächst aus dem Produktpreis p, den Faktorpreisen q_i, sowie den Produktionskoeffizienten a_{ij} für die variablen Faktoren die Deckungsbeiträge d_k der Produktionsprozesse bestimmt:

$$d_k = p - c_k = p - \sum_{i=n_1+1}^{n} a_i^k \cdot q_i$$

Dann ist die gewinnmaximale Ausbringungsmenge Lösung des linearen Programms:

$$D = \sum_{k=1}^{l} d_k \cdot z_k \Rightarrow \max!$$

$$\sum_{k=1}^{l} a_i^k \cdot z_k \leq r_i^0 \qquad (i = 1, ..., n_1) \qquad (16)$$

$$z_k \geq 0 \qquad (k = 1, ..., l)$$

<u>Beispiel 4</u>: *Gewinnmaximaler Produktionsplan*

Für die Daten des Beispiels 3 sei der Produktpreis $p = 20$. Aus den Daten der Tabelle 4 kann man ablesen, daß die optimale Ausbringungsmenge $x = 115$ ist, weil für diese Ausbringungsmenge der Preis zwischen den linksseitigen Grenzkosten $w^- = 18$ und den rechtsseitigen Grenzkosten $w^+ = 23$ liegt. Es ist daher optimal, 35 Einheiten mit dem Prozeß π_3, 20 Einheiten mit π_6 und 60 Einheiten mit π_7 herzustellen. Dieser Produktionsplan kann auch unmittelbar als Lösung des linearen Programms (16) für die vorgegebenen Daten berechnet werden.

3.2.4 Aktivitätsanalyse und neoklassische Produktionsfunktion

Die Ergebnisse des vorigen Abschnitts zeigen, daß eine weitgehende Übereinstimmung zwischen den Aussagen der neoklassischen Produktionstheorie und der Aktivitätsanalyse besteht bzw. sich beide Ansätze ergänzen: Während die neoklassische Produktionstheorie die Existenz einer Produktionsfunktion und deren grundlegenden Eigenschaften - Linearhomogenität, Gesetz von der abnehmenden Grenzrate der Substitution und Ertragsgesetz - postuliert, leitet die Aktivitätsanalyse diese Eigenschaften aus allgemeinen technologischen Eigenschaften der Produktion - Proportionalität und Additivität der Produktionsprozesse sowie der Möglichkeit der Verschwendung von Produktionsfaktoren - her. Der wesentliche Unterschied zwischen beiden Ansätzen ist in bestimmten Stetigkeitseigenschaften der Produktionsfunktion zu sehen: Während die neoklassische Produktionsfunktion und die Funktion der Isoquante zweimal stetig differenzierbare, streng konkave bzw. streng konvexe Funktionen sind, kommt die lineare Aktivitätsanalyse zu dem Ergebnis, daß bei einer *endlichen* Zahl von Produktionsprozessen die Isoquante zwar konvex und die Produktionsfunktion bei partieller Faktorvariation konkav, aber *stückweise linear* sind. Beide Funktionen besitzen Knickpunkte in einer endlichen Zahl von kritischen Punkten, in denen ein Wechsel der eingesetzten Produktionsprozesse stattfindet.

Die neoklassische Produktionsfunktion kann als Approximation der Produktionsfunktion bei einer linearen Technologie angesehen werden. Je mehr Produktionsprozesse zur Verfügung stehen und je gleichmäßiger sich diese über das Substitutionsgebiet verteilen, desto kleiner werden die Bereiche, in denen die gleichen Prozeßkombinationen genutzt werden, und desto geringer werden die Sprünge der Grenzproduktivität und der Grenzrate der Substitution in den kritischen Punkten; die Isoquante und die Produktionsfunktion werden immer glatter.

Zur Präzisierung dieser intuitiven Ergebnisse wird vorausgesetzt:

Postulat X:

Zu jeder echten Prozeßkombination existiert ein reiner Prozeß, der diese dominiert.

Dann gilt:

Satz 11:

In einer linearen Technologie, die dem Postulat X genügt, ist die Produktionsfunktion neoklassisch.

Beweis:

(1) Die Konstanz der Skalenerträge folgt unmittelbar aus der Linearität der Technologie-Menge.

(2) Um zu zeigen, daß das Gesetz von der *abnehmenden Grenzrate der Substitution* gilt, ist zu zeigen, daß die Funktion der Isoquante streng konvex ist. Wäre sie dies nicht, dann gäbe es zwei Punkte auf der Isoquante, deren Konvexkombination nicht oberhalb dieser Funktion liegt. Das steht aber im Widerspruch zu Postulat X.

(3) Um zu zeigen, daß das Gesetz von den *abnehmenden Grenzproduktivitäten* gilt, ist durch analoge Überlegungen zu zeigen, daß die Produktionsfunktion bei partieller Faktorvariation *streng konkav* ist. ∎

Die neoklassische Produktionsfunktion kann also tatsächlich als Approximation der Produktionsfunktion bei linearen Technologien mit einer großen Zahl von Produktionsprozessen angesehen werden. Sie wird daher insbesondere bei volkswirtschaftlichen Fragestellungen, wie der Beschreibung der produktiven Möglichkeiten einer Branche oder einer Volkswirtschaft, in der eine große Zahl von produktiven Alternativen verfügbar sind, angewendet. Für betriebswirtschaftliche Probleme ist hingegen meist die lineare Aktivitätsanalyse angemessener, da einem einzelnen Betrieb in der Regel nur eine begrenzte Zahl von Produktionsprozessen zur Verfügung steht.

3.3 Produktionsfunktion und Produktionsplanung im Mehrprodukt-Fall

Nachdem im vorigen Abschnitt die wichtigsten Ergebnisse der linearen Aktivitätsanalyse für den Einprodukt-Fall dargestellt wurden, sind diese nun für den Mehrprodukt-Fall zu verallgemeinern. Hierbei sind zwei Fälle zu unterscheiden:

(1) *Einfache Produktion*:

Wie im Einprodukt-Fall dient jeder Produktionsprozeß der Herstellung eines einzigen Produktes; es stehen allerdings verschiedene Prozesse zur Erzeugung unterschiedlicher Produkte zur Verfügung.

(2) *Kuppelproduktion*:

Mit einem Produktionsprozeß werden gleichzeitig mehrere Produkte erzeugt; die Ausbringungsmengen der mit einem Prozeß erzeugten Produkte stehen in einem festen Verhältnis zueinander.

3.3.1 Einfache Produktion

Bei einfacher Produktion entstehen zwischen den einzelnen Produkten nur dann Interdependenzen, wenn bei ihrer Herstellung die gleichen knappen Faktoren eingesetzt werden. Die Eigenschaften der Produktionsfunktion bei totaler Faktorvariation, insbesondere die Linearhomogenität und das Gesetz von der nicht-zunehmenden Grenzrate der Substitution, aber auch der Satz über die Minimalkostenkombination bleiben weitgehend

Aktivitätsanalyse

bestehen. An die Stelle einer vorgegebenen Ausbringungsmenge x^0 tritt lediglich eine bestimmte Kombination von Ausbringungsmengen $\underline{x}^0$. Neue Aspekte ergeben sich hingegen bei der Produktionsfunktion bei partieller Faktorvariation und bei der Produktionsplanung.

Im folgenden wird von der folgenden Situation ausgegangen: Das Unternehmen verfügt über mehrere Produktionsprozesse

$$\pi_j^k \qquad (k=1,\ldots,l_j)$$

zur Herstellung der Produkte $j=1,\ldots,m$ unter Einsatz der Produktionsfaktoren $i=1,\ldots,n$. Weiter seien:

- a_{ij}^k - Produktionskoeffizienten: Einsatzmenge des Faktors i, die zur Erzeugung einer Einheit des Produkts j mit dem Prozeß k benötigt wird
- z_j^k - Prozeßniveau: Ausbringungsmenge des Produkts j mit Prozeß k
- r_i - Einsatzmenge des Faktors i
- q_i - Preis des Faktors i
- x_j - Ausbringungsmenge des Produkts j
- p_j - Preis des Produkts j

Die Faktor- und Produktpreise seien gegeben.

Die Eigenschaften der Produktionsfunktion werden aus folgendem linearen Programm zur Maximierung der Ausbringungsmenge x_1 des Produkts 1 bei gegebenen Einsatzmengen r_i^0 der Faktoren $i=1,\ldots,n$ und gegebenen Ausbringungsmengen x_j^0 $j=2,\ldots,m$ der übrigen Produkte hergeleitet:

$$x_1 = \sum_{k=1}^{l_1} z_1^k \Rightarrow \max!$$

$$\sum_{j=1}^{m} \sum_{k=1}^{l_j} a_{ij}^k \cdot z_j^k \leq r_i^0 \qquad (i=1,\ldots,n) \qquad (1)$$

$$\sum_{k=1}^{l_j} z_j^k \geq x_j^0 \qquad (j=2,\ldots,m)$$

$$z_j^k \geq 0 \qquad (k=1,\ldots,l_j, j=1,\ldots,m)$$

In Matrizenschreibweise erhält man dafür:

$$x_1 = \underline{1}^T \cdot \underline{z}_1 \Rightarrow \max!$$

$$\underline{A} \cdot \underline{z} \leq \underline{r}^0$$

$$\underline{1}^T \cdot \underline{z}_j \geq x_j^0 \qquad (j=2,\ldots,m)$$

$$\underline{z} \geq \underline{0}$$

mit

$$\underline{z}_j^T = (z_j^1, \ldots, z_j^{l_j})$$
$$\underline{z}^T = (\underline{z}_1^T, \ldots, \underline{z}_m^T)$$
$$\underline{A} = (a_{ij}^k)$$
$$\underline{1}^T = (1, \ldots, 1)$$

Es werden nun achsenparallele Schnitte durch die Produktionsfunktion untersucht, indem

(1) die Einsatzmenge r_i des Faktors i
(2) die Ausbringungsmenge x_j des Produkts j

parametrisch variiert wird.

Variiert man die Einsatzmenge r_i eines Produktionsfaktors, dann folgt aus den Eigenschaften parametrischer linearer Programme:

<u>Satz 12:</u> *Produktionsfunktion bei partieller Faktorvariation*

(1) Die Produktionsfunktion bei partieller Faktorvariation im Mehrprodukt-Fall ist stückweise linear mit einer endlichen Zahl von Knickpunkten.

(2) Die Grenzproduktivitäten lassen sich als die den Faktoreinsatzmengenrestriktionen zugeordneten Dualvariablen bestimmen:

$$x'_{ij} = \frac{\partial x_j}{\partial r_i}$$

(3) Die Grenzproduktivitäten sind nicht-negativ, stückweise konstant und fallen in einer endlichen Zahl kritischer Punkte sprunghaft ab.

Satz 12 wird völlig analog zu Satz 8a bewiesen; auf die Wiedergabe des Beweises kann daher verzichtet werden.

Im Mehrprodukt-Fall hängt die Ausbringungsmenge x_1 des Produkts 1 nicht nur von den Einsatzmengen r_i der Produktionsfaktoren, sondern auch von den Ausbringungsmengen x_j der übrigen Produkte $j = 2, \ldots, m$ ab. Insbesondere bedingt die Erhöhung der vorgegebenen Ausbringungsmenge x_j^0 im allgemeinen eine Reduktion der Ausbringungsmenge x_1, wenn alle Faktoreinsatzmengen r_i^0 ausgeschöpft werden.

Es sei

$$\hat{\underline{x}} = (x_2, \ldots, x_m)^T$$

und

$$x_1 = \Phi_1(\underline{r}, \hat{\underline{x}}) =$$
$$= \max \left\{ \underline{1}^T \cdot \underline{z}_1 \,|\, \underline{A} \cdot \underline{z} \leq \underline{r}^0; \underline{1}^T \cdot \underline{z}_j \geq x_j^0; \underline{z} \geq \underline{0}; j = 2, \ldots, m \right\}$$

die nach x_1 aufgelöste Produktionsfunktion, die durch parametrische Variation des linearen Programms (1) konstruiert werden kann.

Definition: *Grenzrate der Produktsubstitution*

Die erste partielle Ableitung der Produktionsfunktion Φ_1 nach der Ausbringungsmenge des Produkts j heißt Grenzrate der Produktsubstitution σ_{1j}:

$$\sigma_{1j} = \frac{\partial \Phi_1}{\partial x_j} \qquad (j = 2, ..., m)$$

Die Grenzrate der Produktsubstitution σ_{1j} gibt die relative Veränderung der Ausbringungsmenge des Produkts 1 in bezug auf eine Veränderung der Ausbringungsmenge des Produkts j an. Sie kann als die der entsprechenden Ausbringungsmengenrestriktion zugeordnete Dualvariable bestimmt werden. Da die Beschränkungen der Ausbringungsmengen in der Form "gleich oder größer" vorliegen, ist die Grenzrate der Produktsubstitution nicht positiv: Eine Erhöhung der Ausbringungsmenge des Produkts j führt nicht zu einer gleichzeitigen Erhöhung der Ausbringungsmenge des Produktes 1, wenn die Ausbringungsmengen aller anderen Produkte und die Einsatzmengen aller Faktoren konstant bleiben.

Variiert man in (1) die Ausbringungsmenge x_j^0 eines Produkts j parametrisch, dann folgt aus den allgemeinen Eigenschaften parametrischer linearer Programme:

Satz 13: *Transformationskurve*

(1) Bei Variation der Ausbringungsmenge x_j^0 des Produkts j bei Konstanz aller übrigen Ausbringungsmengen und aller Faktoreinsatzmengen ist die Produktionsfunktion für das Produkt 1 stückweise linear.

(2) Die Grenzrate der Produktsubstitution ist nicht positiv, stückweise konstant und fällt in endlich vielen kritischen Punkten sprunghaft ab.

Da der Beweis analog dem Vorgehen im vorigen Abschnitt geführt wird, kann er hier dem Leser überlassen werden. Den Graphen der Produktionsfunktion bei Variation der Ausbringungsmenge eines Produkts in Abhängigkeit von der Ausbringungsmenge eines anderen (bei Konstanz aller übrigen Produkte) bezeichnet man als *Transformationskurve*.

Tabelle 5: Transformationskurve und Grenzrate der Produktsubstitution

x_2^*	x_1^*	σ_{12}^-	σ_{12}^+
0,00	90,50	-	-0,6000
8,72	85,27	-0,6000	-0,6914
25,14	73,92	-0,6914	-0,8541
37,96	62,96	-0,8514	-1,1774
45,39	54,22	-1,1774	-1,3289
80,00	8,22	-1,3289	-

Zur Verdeutlichung dieses Sachverhalts wird die in Tabelle 1 beschriebene Technologie modifiziert: Mit den Prozessen $\pi_1,\ldots,\pi_4$ wird ein Produkt 1, mit den Prozessen $\pi_5,\ldots,\pi_8$ wird ein anderes Produkt 2 hergestellt. Dann hat das lineare Programm (1) die folgende spezielle Form:

$$\begin{aligned}
x_1 = \; & z_1 + \quad\; z_2 + \; z_3 + \quad z_4 && \Rightarrow \max! \\
& 4\cdot z_1 + 2{,}5\cdot z_2 + 2\cdot z_3 + \;\; z_4 + 1{,}6\cdot z_5 + \quad\; z_6 + 3\cdot z_7 + 5\cdot z_8 \leq 220 \\
& \;\; z_1 + \quad 2\cdot z_2 + 2\cdot z_3 + \;\; z_4 + \; 2\cdot z_5 + 3\cdot z_6 + \qquad\qquad\quad\; z_8 \leq 130 \\
& 4\cdot z_1 + \quad 2\cdot z_2 + 3\cdot z_3 + 2\cdot z_4 + 2\cdot z_5 + \qquad\qquad 2\cdot z_7 + \quad z_8 \leq 225 \\
& \qquad\qquad\qquad\qquad\qquad\quad\; 5\cdot z_4 + 2\cdot z_5 + 3\cdot z_6 + 2\cdot z_7 + \quad z_8 \leq 180 \\
& \;\; z_1 + \quad 2\cdot z_2 + \;\; z_3 + \qquad\qquad z_5 + \quad z_6 + \quad z_7 + \quad z_8 \leq 80 \\
& \qquad\qquad\qquad\qquad\qquad\qquad\qquad\quad z_5 + \quad z_6 + \quad z_7 + \quad z_8 \geq x_2^0 \\
& z_1, z_2, z_3, z_4, z_5, z_6, z_7, z_8 \geq 0
\end{aligned}$$

Variiert man die Ausbringungsmenge x_2^0 parametrisch, dann erhält man die in Tabelle 5 zusammengestellten kritischen Punkte x_2^*, die zugehörigen Ausbringungsmengen x_1^* und die linksseitigen und rechtsseitigen Grenzraten der Produktsubstitution. Die Transformationskurve ist in Abbildung 29 graphisch dargestellt.

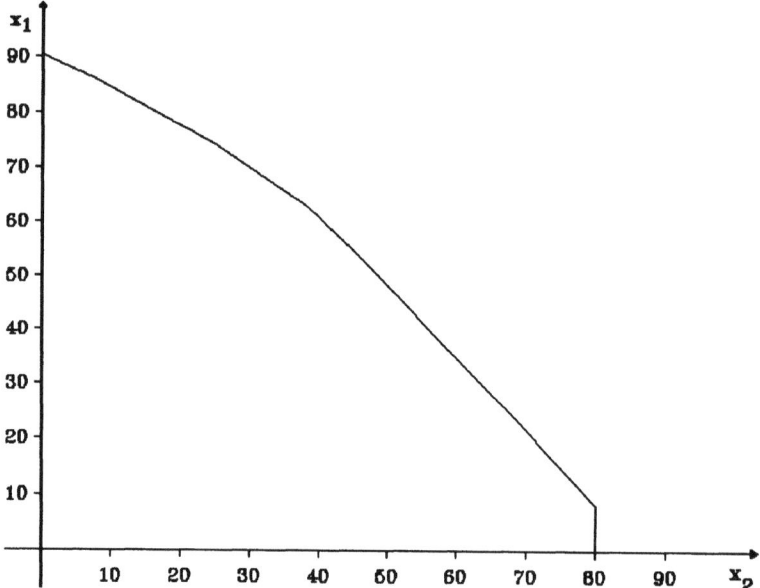

Abbildung 29: Transformationskurve

Sind die Einsatzmengen der Faktoren $i = 1,\ldots,n_1$ vorgegeben und die der übrigen Faktoren $i = n_1 + 1,\ldots,n$ variabel, dann sind die variablen Stückkosten des Prozesses π_j^k gegeben durch

Aktivitätsanalyse

$$c_j^k = \sum_{i=n_1+1}^{n} a_{ij}^k \cdot q_i \qquad (j = 1, ..., m; k = 1, ..., l_j)$$

Der Deckungsbeitrag des Prozesses π_j^k ist gleich

$$d_j^k = p_j - c_j^k$$

Daraus erhält man das lineare Programm zur Bestimmung des gewinnmaximalen Produktionsplans

$$D = \sum_{j=1}^{m} \sum_{k=1}^{l_j} d_j^k \cdot z_j^k \Rightarrow \max!$$

$$\sum_{j=1}^{m} \sum_{k=1}^{l} a_{ij}^k \cdot z_j^k \leq r_i^0 \qquad (i = 1, ..., n_1) \qquad (2)$$

$$z_j^k \geq 0 \qquad (j = 1, ..., m; k = 1, ..., l_j)$$

Eine parametrische Variation der Einsatzmengen einzelner Faktoren bei Konstanz der übrigen ergibt, daß

(1) die Gewinnfunktion in Abhängigkeit von der Einsatzmenge dieses Faktors stückweise linear ansteigt,

(2) die Grenzgewinne in einer endlichen Zahl kritischer Punkte sprunghaft abnehmen.

3.3.2 Kuppelproduktion

Bei Kuppelproduktion werden mit einem Produktionsprozeß gleichzeitig mehrere Produkte hergestellt. Die Proportionalität der Produktionsprozesse bedingt, daß die Ausbringungsmengen aller Produkte in einem festen Verhältnis zueinander stehen. Verfügt der Betrieb nur über einen Prozeß, dann sind mit der Ausbringungsmenge eines der Produkte, z.B. des Produkts 1, die Ausbringungsmengen aller anderen Produkte festgelegt; man bezeichnet diesen Fall als Kuppelproduktion mit *fester Koppelung*. Stehen dem Betrieb hingegen mehrere Prozesse zur Verfügung, bei denen die Produkte in unterschiedlichen Verhältnissen anfallen, dann können die Verhältnisse der Ausbringungsmengen durch Prozeßkombination innerhalb bestimmter Grenzen variiert werden. Man spricht dann von Kuppelproduktion mit *loser Koppelung*.

Es wird nun folgende Situation betrachtet: Dem Betrieb stehen l Produktionsprozesse π_k zur Verfügung, mit denen Produkte in unterschiedlichen Koppelungsverhältnissen hergestellt werden können.

Es sei:

a_i^k - Produktionskoeffizienten $(i = 1,...,n; k = 1,...,l)$

b_j^k - Koppelungskoeffizienten $(j = 1,...,m; k = 1,...,l)$

x_j - Ausbringungsmengen $(j = 1,...,m)$

z_k - Prozeßniveaus $(k = 1,...,l)$

p_j - Produktpreise $\qquad (j = 1,...,m)$

r_i - Faktoreinsatzmengen $\qquad (i = 1,...,n)$

q_i - Faktorpreise $\qquad (i = 1,...,n)$

Das Prozeßniveau z_k kann durch die Ausbringungsmenge eines beliebigen Produkts, von dem eine positive Ausbringungsmenge erzeugt wird, gemessen werden; die Ausbringungsmengen der übrigen Produkte x_j können dann mit Hilfe der Koppelungskoeffizienten bestimmt werden:

$$x_j = \sum_{k=1}^{l} b_j^k \cdot z_k$$

Die Faktoreinsatzmengen der Faktoren $i = 1,...,n_1$ sind in fixen Beständen r_i^0 verfügbar; die Faktoren $i = n_1 + 1,...,n$ seien variabel.

Dann sind die variablen Stückkosten des Produktionsprozesses k bei Prozeßniveau $z_k = 1$ gegeben durch:

$$c_k = \sum_{i=n_1+1}^{n} a_i^k \cdot q_i$$

Das gewinnmaximale Produktionsprogramm ist dann Lösung des folgenden linearen Programms:

$$D = \sum_{j=1}^{m} p_j \cdot x_j - \sum_{k=1}^{l} c_k \cdot z_k \Rightarrow \max!$$

$$\sum_{k=1}^{l} a_i^k \cdot z_k \leq r_i^0 \quad (i = 1,...,n_1) \qquad (3)$$

$$x_j - \sum_{k=1}^{l} b_j^k \cdot z_k = 0 \quad (j = 1,...,m)$$

$$z_k \geq 0 \quad (k = 1,...,l)$$

$$x_j \geq 0 \quad (j = 1,...,m)$$

3.3.3 Effizienzpreise

Im Einprodukt-Fall wurde gezeigt, daß eine enge Beziehung zwischen der Effizienz von Produktionsprozessen und deren Kostenoptimalität besteht: Ein Produktionsprozeß ist genau dann effizient, wenn es mindestens ein System von Faktorpreisen gibt, für das der Produktionsprozeß Minimalkostenkombination ist. Um dieses Ergebnis auf den Mehrprodukt-Fall zu übertragen, müssen neben den Faktorpreisen auch die Produktpreise berücksichtigt werden, da nur so Ausbringungsmengen verschiedener Produkte miteinander verglichen werden können. Das Effizienzpreis-Theorem hat dann die Form:

Aktivitätsanalyse

Satz 7b: *Effizienzpreise*

Ein Produktionsprozeß ist genau dann effizient, wenn es mindestens ein System von positiven Faktor- und Produktpreisen gibt, für das der Produktionsprozeß den Gewinn maximiert.

Beweis:

Ein Produktionspunkt $y^* = (\underline{r}^*, \underline{x}^*)$ sei effizient. Dann gehört zu diesem Produktionspunkt ein Produktionsplan $\underline{z}^*$, der Lösung des folgenden linearen Programms ist:

$$x_1^* = \sum_{k=1}^{l} b_1^k \cdot z_k \Rightarrow \max!$$

$$\sum_{k=1}^{l} a_i^k \cdot z_k \leq r_i^* \qquad (i = 1, \ldots, n) \qquad (4)$$

$$\sum_{k=1}^{l} b_j^k \cdot z_k \geq x_j^* \qquad (j = 2, \ldots, m)$$

$$z_k \geq 0 \qquad (k = 1, \ldots, l)$$

Da y^* effizient ist, werden bei optimalen Lösungen des linearen Programms (4) weder überschüssige Ausbringungsmengen hergestellt noch Faktoreinsatzmengen verschwendet. Es gibt daher keine optimale Lösung $\underline{z}^*$, für die die Restriktionen nicht bindend sind.

Das Optimum wird durch eine Multiplikation der Zielfunktion mit einer positiven Konstanten nicht verändert; $\underline{z}^*$ ist daher auch dann optimal, wenn anstelle der Ausbringungsmenge x_1^* der Erlös

$$p_1^* \cdot x_1^* = \sum_{k=1}^{l} p_1^* \cdot b_1^k \cdot z_k$$

unter den Nebenbedingungen von (4) maximiert wird; p_1^* ist ein beliebig gewählter positiver Preis für das Produkt 1.

Wegen des *Preistheorems* der linearen Programmierung gibt es für jede optimale Lösung des linearen Programms (4) nicht-negative Zahlen p_j^* ($j = 2, \ldots, m$) und q_i^* ($i = 1, \ldots, n$), so daß

$$\sum_{i=1}^{n} r_i^* \cdot q_i^* - \sum_{j=2}^{m} x_j^* \cdot p_j^* \begin{Bmatrix} = \\ < \end{Bmatrix} b_1^k \cdot p_1^* \Rightarrow z_k^* \begin{Bmatrix} \geq \\ = \end{Bmatrix} 0 \qquad (k = 1, \ldots, l)$$

$$\sum_{k=1}^{l} a_i^k \cdot z_k^* \begin{Bmatrix} = \\ < \end{Bmatrix} r_i^* \Rightarrow q_i^* \begin{Bmatrix} \geq \\ = \end{Bmatrix} 0 \qquad (i = 1, \ldots, n)$$

$$\sum_{k=1}^{l} b_j^k \cdot z_k^* \begin{Bmatrix} = \\ > \end{Bmatrix} x_j^* \Rightarrow p_j^* \begin{Bmatrix} \geq \\ = \end{Bmatrix} 0 \qquad (j = 2, \ldots, m)$$

Die Zahlen q_i^*, p_j^* sind optimale Lösungen des zu (4) dualen Programms

$$\sum_{i=1}^{n} r_i^* \cdot q_i - \sum_{j=2}^{m} x_j^* \cdot p_j \Rightarrow \min!$$

$$\sum_{i=1}^{n} a_i^k \cdot q_i - \sum_{j=2}^{m} b_j^k \cdot p_j \geq b_1^k \cdot p_1^* \qquad (k = 1, \ldots, l) \tag{5}$$

$$q_i \geq 0 \qquad (i = 1, \ldots, n)$$

$$p_j \geq 0 \qquad (j = 1, \ldots, m)$$

Multipliziert man die Zielfunktion des Duals mit (-1) und addiert die Konstante

$$p_1^* \cdot x_1^*$$

dann sieht man, daß durch $\underline{z}^*$ für das Preissystem $(\underline{p}^*, \underline{q}^*)$ der Gesamtgewinn

$$G = \sum_{j=1}^{m} p_j^* \cdot x_j^* - \sum_{i=1}^{n} q_i^* \cdot r_i^*$$

unter den Nebenbedingungen (5) maximiert wird. Das Preistheorem zeigt, daß auch die Nebenbedingungen des Primals (4) eingehalten werden. Die Dualvariablen definieren daher ein Preissystem $(\underline{p}^*, \underline{q}^*)$, für das der Produktionspunkt $(\underline{r}^*, \underline{x}^*)$ den Gewinn maximiert.

Allerdings schließt das Preistheorem nicht aus, daß eine Dualvariable q_i^* oder p_j^* gleich Null ist, obwohl die zugehörige Restriktion bindend ist. Einzelne Dualvariable können aber nur dann gleich Null sein, wenn das duale Programm in dem effizienten Punkt $(\underline{r}^*, \underline{x}^*)$ degeneriert ist. Dann gibt es aber mehrere Lösungen $(\underline{p}^s, \underline{q}^s)$ $(s = 1, \ldots, t)$ des dualen Programms; deren echte Konvexkombinationen

$$\begin{bmatrix} \underline{q}^* \\ \underline{p}^* \end{bmatrix} = \sum_{s=1}^{t} \mu_s \cdot \begin{bmatrix} \underline{q}^s \\ \underline{p}^s \end{bmatrix} > \underline{0} \qquad (0 < \mu_s < 1 \text{ mit } \sum_{s=1}^{t} \mu_s = 1)$$

sind streng positiv. Mit Hilfe des Preistheorems läßt sich daher zu jeder effizienten Aktivität $(\underline{r}^*, \underline{x}^*)$ ein System positiver Preise $(\underline{p}^*, \underline{q}^*)$ bestimmen, so daß diese Aktivität den Gewinn maximiert. ∎

Der Preis p_1^* wurde frei festgelegt; für verschiedene, positive Werte erhält man unterschiedliche Systeme von Dualvariablen $(\underline{p}^*, \underline{q}^*)$, die sich durch eine positive multiplikative Konstante voneinander unterscheiden. Die Effizienzpreise sind daher nicht in ihrer absoluten Höhe, sondern nur in ihrem Verhältnis zu dem Preis p_1^* bestimmt. Weiter ist zu beachten, daß für bestimmte kritische Aktivitäten mehrere optimale Basislösungen des dualen Programms (5) existieren; in diesem Fall liefern zwar nicht die Basislösungen, aber deren echten Konvexkombinationen ein positives Preissystem, für das die Aktivität optimal ist. Das Effizienzpreissystem ist daher nicht eindeutig definiert.

Eine Aktivität, die den Gewinn maximiert, muß bei einem positiven Preissystem auch effizient sein. Wäre sie nicht effizient, dann könnte durch Erhöhung der Ausbringungsmenge eines Produktes oder Verringerung der Einsatzmenge eines Faktors der Gewinn erhöht werden. Eine gewinnoptimale Aktivität muß daher auch effizient sein.

3.4 Ergebnisse

In diesem Kapitel wurde die lineare Aktivitätsanalyse als zentraler Ansatz der modernen Produktions- und Kostentheorie vorgestellt. Den Ausgangspunkt bildeten die Grundannahmen dieses Ansatzes:

(1) Meßbarkeit der Faktoreinsatz- und der Ausbringungsmengen,
(2) Proportionalität und Additivität der Aktivitäten,
(3) Möglichkeit der Verschwendung von Produktionsfaktoren.

Technologien, die den Annahmen (2) und (3) genügen, werden als *lineare Technologien* bezeichnet. Zur Analyse derartiger Technologien konnten die Verfahren der *linearen Programmierung* verwendet werden. Im Rahmen der Produktion ergeben sich zwei Einsatzbereiche dieser Techniken:

(1) Die lineare Programmierung kann als Instrument zur Entscheidungsvorbereitung benutzt werden, das für gegebene Daten, insbesondere Preise für die Produktionsfaktoren und die Produkte sowie Produktionskoeffizienten und Beschränkungen der verfügbaren Faktoreinsatzmengen, Produktionspläne aufstellt, die die Produktionskosten minimieren bzw. den Gewinn maximieren.

(2) Die parametrische lineare Programmierung ermöglicht es, allgemeine Eigenschaften linearer Technologien aufzuzeigen.

Die wichtigsten dieser Eigenschaften sind:

(1) Konstanz der Skalenerträge:

Werden die Einsatzmengen aller Produktionsfaktoren proportional erhöht, dann steigen auch die Ausbringungsmengen aller Produkte proportional. Diese Eigenschaft linearer Technologien folgt unmittelbar aus der Annahme der Proportionalität der Aktivitäten. Sie bewirkt, daß es nur dann Produktionspläne gibt, die den Gewinn maximieren, wenn die Einsatzmenge mindestens eines Produktionsfaktors beschränkt ist.

(2) Konvexitätseigenschaften der Produktions- und Kostenfunktion:

Aus den Annahmen linearer Technologien lassen sich Produktionsfunktionen mit folgenden Eigenschaften herleiten:

(a) Ertragsgesetz
(b) Nicht-zunehmende Grenzrate der Faktorsubstitution
(c) Nicht-zunehmende Grenzrate der Produktsubstitution

Ebenso ergeben sich für die Kostenfunktion nicht-abnehmende Grenzkosten.

(3) Stückweise Linearität der Produktions- und Kostenfunktion:

Die Grenzproduktivitäten, die Grenzraten der Substitution und die Grenzkosten sind stückweise konstant und ändern sich in endlich vielen kritischen Punkten sprunghaft.

Ein wesentliches Ergebnis der linearen Aktivitätsanalyse ist, daß sie die Substitutionalität der Produktionsfunktion auch für die industrielle Produktion erklärt: Wenn mehr als ein Produktionsprozeß zur Herstellung eines Produktes verfügbar ist, dann können die Verhältnisse der Einsatzmengen der Produktionsfaktoren verändert werden, indem unterschiedliche Kombinationen dieser Prozesse eingesetzt werden. Die Möglichkeit der Faktorsubstitution ist daher auf die Substitution von Produktionsprozessen zurückzuführen.

Dieses Ergebnis läßt die Kritik GUTENBERGs an der neoklassischen Produktionsfunktion in einem neuen Licht erscheinen: Selbst wenn die Einsatzmengen der Produktionsfaktoren für jeden Produktionsprozeß in einem festen Verhältnis zueinander stehen, ermöglicht die Prozeßkombination die Substitution von Produktionsfaktoren, wenn mehr als ein Produktionsprozeß zur Verfügung steht. Unter den Voraussetzungen der Aktivitätsanalyse gelten die wesentlichen Eigenschaften der neoklassischen Produktionsfunktion. Es ist allerdings zu beachten, daß Faktorsubstitution nur durch den Übergang von einem Produktionsprozeß zu einem anderen möglich ist. Das bedeutet, daß eine Substitution nur dann möglich ist, wenn verschiedene technologische Produktionsverfahren zur Verfügung stehen, die in der Regel mit unterschiedlichen Betriebsmitteln durchgeführt werden, oder aber, daß die Möglichkeit besteht, Betriebsmittel umzuschalten, so daß mit einem Aggregat unterschiedliche Produktionsprozesse realisiert werden können.

Die Eigenschaften linearer Technologien gelten unter recht allgemeinen Bedingungen: Nur das Auftreten externer Effekte - wie Unteilbarkeit, der Zwang zum Einsatz bestimmter Faktoren oder zur Vernichtung bestimmter Güter und nicht explizit erfaßte Güter - kann bewirken, daß die aufgezeigten Gesetzmäßigkeiten verletzt werden.

Eine der grundlegenden Voraussetzungen der linearen Aktivitätsanalyse - die Proportionalität der Aktivitäten - impliziert die unbegrenzte Teilbarkeit aller Faktoren und Produkte. Auf den ersten Blick erscheint diese Eigenschaft so restriktiv, daß der Ansatz der linearen Aktivitätsanalyse für betriebswirtschaftliche Fragestellungen ungeeignet zu sein scheint. Durch geeignete Definition der Begriffe Faktoreinsatz- und Ausbringungsmenge läßt sich jedoch die Bedeutung von Unteilbarkeiten soweit reduzieren, daß sie die Relevanz produktionstheoretischer Aussagen nicht wesentlich beeinträchtigen.

Fixe Faktoren gehen nur in Form von Obergrenzen für den Einsatz oder die Nutzung dieser Faktoren in das Modell ein; überschüssige Mengen werden verschwendet. Es besteht nun kein Zwang, diese Bestände kontinuierlich zu variieren, es ist vielmehr möglich, sie in diskreten Sprüngen zu verändern. Insbesondere kann die Unteilbarkeit von Maschinen dadurch erfaßt werden, daß Kapazitätsbeschränkungen nur in diskreten Schritten variiert werden. Allerdings können dann die Dualvariablen nur beschränkt als Grenzproduktivitäten interpretiert werden: Dualvariablen und Grenzproduktivitäten setzen eine *infinitesimale* Veränderung der Beschränkungen voraus. Wegen der Stabilität der Dualvariablen geben diese jedoch auch Anhaltspunkte für die Auswirkungen diskreter Variationen der Kapazitäten. Weiter ist festzustellen, daß im Mittelpunkt produktionstheoretischer Überlegungen weniger Faktorbestände als vielmehr Einsatzmengen stehen. Während Bestände von Betriebsmitteln meist nur ganzzahlig gemessen werden können, sind ihre Einsatzmengen - z.B. gemessen in Einsatzzeiten - meist stetig variierbar.

Auch wenn Produkte nur in ganzzahligen Einheiten gemessen werden können, lassen sich nicht-ganzzahlige Ausbringungsmengen vernünftig interpretieren: Wenn ein Produktionsplan vorschlägt, den Bruchteil eines Produktes zu erzeugen, dann bedeutet das lediglich, daß mit seiner Herstellung in der laufenden Periode begonnen, es aber erst in der nächsten Periode fertiggestellt wird.

Modelle der Produktionsplanung auf der Grundlage der linearen Programmierung sind nicht auf die in der Technologiematrix erfaßten technologischen Produktionsbedingungen beschränkt; diese können vielmehr um weitere innerbetriebliche Restriktionen - wie z.B. Beschränkungen der Absatz- oder Finanzierungsmöglichkeiten - und außerbetriebliche Rahmenbedingungen - wie gewerbepolizeiliche Vorschriften, die Beschränkung der Emission von Schadstoffen und andere Maßnahmen des Umweltschutzes - ergänzt werden. In der Tat gibt es wohl kaum einen betrieblichen Sachverhalt, der in den letzten Jahren nicht in irgendein Modell der betriebswirtschaftlichen Produktionsplanung auf der Grundlage der linearen Programmierung aufgenommen wurde.

3.5 Literaturhinweise

1. Lineare Aktivitätsanalyse

Debreu, G., Theory of Value: An Axiomatic Analysis of Economic Equilibrium, New York (J. Wiley) 1959; 4. Aufl., New Haven (Yale University Press) 1971

Hildenbrand, K., Hildenbrand, W., Lineare ökonomische Modelle, Berlin-Heidelberg (Springer) 1975

Koopmans, T.C., Analysis of Production as an Efficient Combination of Activities, in: Koopmans, T.C. (Hrsg.), Activity Analysis of Production and Allocation, New York (J. Wiley) 1951; 4. Aufl., New Haven-London (Yale University Press) 1971, S. 33-97

Koopmans, T.C., Allocation of Resources and Price System, in: Koopmans, T.C., Three Essays on the State of Economic Theory, New York (McGraw-Hill) 1957, S. 1-126

Wittmann, W., Grundzüge einer axiomatischen Produktionstheorie, in: Moxter, A. (Hrsg.), Produktionstheorie und Produktionsplanung, Köln-Opladen (Westdeutscher Verlag) 1966, S. 13-36

Wittmann, W., Produktionstheorie, Berlin-Heidelberg (Springer) 1968

2. Produktionstheorie und lineare Programmierung

Albach, H., Zur Verbindung von Produktionstheorie und Investitionstheorie, in: Koch, H. (Hrsg.), Zur Theorie der Unternehmung, Festschrift zum 65. Geburtstag von E. Gutenberg, Wiesbaden (Gabler) 1962a, S. 137-203

Albach, H., Produktionsplanung auf der Grundlage technischer Verbrauchsfunktionen, Arbeitsgemeinschaft für Forschung des Landes Nordrhein-Westfalen, Heft 105, Köln-Opladen (Westdeutscher Verlag) 1962b, S. 45-98

Baumol, W.J., Economic Theory and Operations Analysis, 4. Aufl., Englewood Cliffs (Prentice-Hall) 1977

Beckmann, M., Grundbegriffe der Produktionstheorie vom Standpunkt der Aktivitätsanalyse, Weltwirtschaftliches Archiv 75 (1955), S. 33-58

Beckmann, M., Lineares Programmieren und neoklassische Theorie, Weltwirtschaftliches Archiv 84 (1960), S. 39-52

Bohr, K., Zur Produktionstheorie der Mehrproduktunternehmung, Köln-Opladen (Westdeutscher Verlag) 1967

Danø, S., Industrial Production Models: A Theoretical Study, Wien (Springer) 1966

Dorfman, R., Samuelson, P.A., Solow, R.M., Linear Programming and Economic Analysis, New York (McGraw-Hill) 1958

Gale, D., The Theory of Linear Economic Models, New York (McGraw-Hill) 1960

Kistner, K.-P., Aktivitätsanalyse, Lineare Programmierung und neoklassische Produktionstheorie, WiSt 10 (1981), S. 145-151

Lücke W., Produktions- und Kostentheorie, 3. Aufl., Würzburg (Physica) 1973

3. Theorie und Technik der linearen Programmierung

Beckmann, M., Lineare Planungsrechnung - Linear Programming, Ludwigshafen (Fachverlag für Wirtschaftstheorie und Ökonometrie) 1959

Chvátal, V., Linear Programming, New York-San Francisco (Freeman) 1983

Dantzig, G.B., Linear Programming and Extensions, 5. Aufl., Princeton (University Press) 1972

Dinkelbach. W., Sensitivitätsanalysen und parametrische Programmierung, Berlin-Heidelberg (Springer) 1969

Gal, T., Lineare Optimierung, in: Gal, T. (Hrsg.), Grundlagen des Operations Research Bd. 1, 3. Aufl., Berlin-Heidelberg (Springer) 1991, S. 56-254

Gass, S.I., Linear Programming: Methods and Applications, 5. Aufl., New York (McGraw-Hill) 1985

Hadley, G. F., Linear Programming, 5. Aufl., Reading/Mass. (Addison-Wesley) 1971

Kistner, K.-P., Optimierungsmethoden, 2. Aufl., Heidelberg (Physica) 1993

Krelle, W., Künzi, H.P., Lineare Programmierung, Zürich (Industrielle Organisation) 1958

Neumann, K., Operations Research Verfahren Bd. 1, München (Hanser) 1975

4. Technologische Begründungen der Produktivitätsbeziehung

Weder die neoklassische Produktionstheorie noch die Aktivitätsanalyse berücksichtigen explizit die Unterschiede zwischen Werkstoffen, die bei der Produktion verbraucht werden und direkt in das Produkt eingehen, und Betriebsmitteln, die bei der Produktion genutzt werden, ohne daß sie in das Produkt eingehen.

Die in der neoklassischen Produktionstheorie übliche Unterscheidung der Produktionsfaktoren in Arbeit, Boden und Kapital dient lediglich Zwecken der Aggregation zu gesamtwirtschaftlichen Produktionsfunktionen und verteilungstheoretischen Überlegungen. Im übrigen wird von funktionellen Unterschieden zwischen den Faktorarten abstrahiert. Das mag für eine zusammenfassende Beschreibung der produktiven Möglichkeiten eines Unternehmens, einer Branche oder einer Volkswirtschaft ausreichen; für betriebswirtschaftliche Zwecke ist hingegen eine weitergehende Differenzierung erforderlich.

Auch die Aktivitätsanalyse unterscheidet nicht explizit zwischen den einzelnen Faktorarten. Es werden lediglich Bestände und Einsatzmengen von Faktoren betrachtet; Faktorbestände können sowohl Kapazitäten von Betriebsmitteln als auch für die Produktion einer Periode verfügbare Bestände an Werkstoffen bzw. das Arbeitskräftepotential einer Wirtschaftseinheit sein.

Mit dem Einsatz von Betriebsmitteln sind jedoch zwei Besonderheiten verbunden:

(1) Messung des Faktoreinsatzes: Während der Einsatz von objektbezogener Arbeit und Werkstoffen unmittelbar der Ausbringung zurechenbar ist, ist eine direkte Zurechnung des Betriebsmitteleinsatzes nicht möglich, weil diese bei der Produktion lediglich genutzt werden, ohne dabei unterzugehen.

(2) Die technischen Produktionsbedingungen hängen weitgehend von konstruktiven Eigenschaften und Einstellungen der Betriebsmittel ab.

Die betriebswirtschaftliche Produktions- und Kostentheorie muß daher explizit zwischen Betriebsmitteln und anderen Faktorarten unterscheiden.

Die Messung des Betriebsmitteleinsatzes in der Produktion wird im 6. Kapitel behandelt; im folgenden werden Eigenschaften der Produktionsfunktion, insbesondere die Substitutionalität zwischen Produktionsfaktoren, und die Möglichkeiten der Variation der Ausbringungsmenge bei gegebener technischer Ausstattung eines Betriebes untersucht. Beide Fragestellungen hängen eng mit technischen Eigenschaften der Betriebsmittel zusammen. Daher ist eine disaggregierte Betrachtungsweise erforderlich, die es ermöglicht, Produktivitätsbeziehungen für einzelne Betriebsmittel zu ermitteln.

Im nächsten Abschnitt wird die Möglichkeit der Substitution aus technischen Produktionsbedingungen hergeleitet; zunächst wird gezeigt, daß eine Substitution zwischen Produktionsfaktoren durch unterschiedliche konstruktive Auslegungen von Betriebsmitteln erreicht werden kann; das *Putty-Clay-Modell* zieht daraus die Konsequenz, daß zwischen einer substitutionalen Produktionsfunktion *ex ante*, die die Möglichkeiten der Technologiewahl vor der Installation von Betriebsmitteln beschreibt, und einer limitationalen Produktionsfunktion *ex post*, die die Produktivitätsbeziehung nach deren Installation wiedergibt, unterschieden wird.

Im Anschluß daran wird die *Theorie der Anpassungsformen* dargestellt. Diese hat die Variation technischer Parameter, insbesondere der Produktionsgeschwindigkeit, bei gegebenem Betriebsmittelbestand und deren Auswirkungen auf die Faktoreinsatz- und Ausbringungsmengen zum Gegenstand.

4.1 Begründung der Substitutionalität aus den technischen Produktionsbedingungen

4.1.1 Ingenieurswissenschaftliche Produktionsfunktionen

Die Produktionstheorie ist in erster Linie an Beziehungen zwischen ökonomischen Variablen interessiert. Sie abstrahiert daher weitgehend von den der Produktion zugrundeliegenden technischen Gesetzmäßigkeiten: Die neoklassische Produktionstheorie setzt die Existenz einer stetigen, differenzierbaren Produktionsfunktion und deren Eigenschaften - konstante bzw. abnehmende Skalenerträge, abnehmende Ertragszuwächse und abnehmende Grenzrate der Substitution - voraus und leitet daraus Konsequenzen für die Planung des Faktoreinsatzes und der Ausbringung her. Die lineare Aktivitätsanalyse charakterisiert die Technologie-Menge durch sehr allgemeine Eigenschaften von Aktivitäten - Proportionalität, Additivität und Möglichkeit der Verschwendung von Faktoreinsatzmengen - und ermittelt daraus die Eigenschaften von Produktionsfunktionen. Sie zeigt insbesondere auf, daß die Substitution von Produktionsfaktoren auf eine Substitution von Produktionsprozessen zurückzuführen ist. Produktionsprozesse werden zwar durch ihre formalen Eigenschaften - konstante Verhältnisse zwischen allen Faktoreinsatz- und Ausbringungsmengen - definiert, es wird jedoch nicht geklärt, was unter derartigen Produktionsprozessen zu verstehen ist. Weiter wird vorausgesetzt, daß eine Wirtschaftseinheit über eine bestimmte Menge von Produktionsprozessen verfügt, es wird jedoch nicht untersucht, wie diese technische Ausstattung zustandegekommen ist.

Um diese Fragen zu klären, müssen die der Produktion zugrundeliegenden technischen Gesetzmäßigkeiten in die Analyse einbezogen werden. Hierzu kann auf das von CHENERY [1949] vorgeschlagene Konzept der *Engineering Production Function* zurückgegriffen werden: Ein Produktionsverfahren wird zunächst durch Beziehungen $\Theta_g (g=1,\ldots,h)$ zwischen technischen Variablen $z_p(p=1,\ldots,q)$ beschrieben:

$$\Theta_g(z_1,\ldots,z_q) = 0 \qquad (g=1,\ldots,h) \qquad (1)$$

Diese ergeben sich aus bestimmten konstruktiven Eigenschaften des Produktionsverfahrens und beruhen auf physikalischen, chemischen oder biologischen Gesetzmäßigkeiten bzw. auf ingenieurswissenschaftlichen Erfahrungen.

Für ökonomische Überlegungen sind die technischen Variablen $\underline{z}$ von untergeordneter Bedeutung. Sie sollen daher soweit wie möglich mit Hilfe von Funktionen

$$f_s(\underline{r},\underline{x},\underline{z}) = 0 \qquad (s=1,\ldots,t) \qquad (2)$$

eliminiert werden, um Beziehungen zwischen ökonomischen Variablen wie Faktoreinsatzmengen $\underline{r}$ und Ausbringungsmengen $\underline{x}$ zu erhalten. In der Regel wird es allerdings nicht möglich sein, alle technologischen Variablen zu eliminieren. Ein Teil läßt sich auf technische Konstanten zurückführen, die als Parameter in die Produktionsfunktion eingehen; andere können innerhalb bestimmter Grenzen variiert werden und eröffnen Freiheitsgrade für die Gestaltung der Produktionsverfahren. Die verbleibenden technischen Parameter, die in dem Vektor $\underline{\tilde{z}}$ zusammengefaßt sind, bezeichnet man im Anschluß an GUTENBERG [1983, S. 220] als z-Situation.

Die so hergeleitete Produktionsfunktion, die für eine gegebene z-Situation die Abhängigkeiten zwischen Faktoreinsatz- und Ausbringungsmengen beschreibt, wird als *ingenieurswissenschaftliche Produktionsfunktion* (Engineering Production Function) bezeichnet:

$$F_k(\underline{r},\underline{x},\underline{\tilde{z}}) = 0 \qquad (k = 1,...,l) \qquad (3)$$

Die ingenieurswissenschaftliche Produktionsfunktion wird in der Regel durch ein System impliziter Funktionen beschrieben. Zumindest im Einprodukt-Fall wird es jedoch vielfach möglich sein, das System nach der Ausbringungsmenge aufzulösen und für eine gegebene z-Situation eine explizite Beziehung zwischen Ausbringungsmenge und Faktoreinsatzmengen herzuleiten:

$$x = \Phi(\underline{r},\underline{\tilde{z}}) \qquad (4)$$

CHENERY weist darauf hin, daß aufgrund alternativer Konstruktionsmöglichkeiten, d.h. durch Variation der z-Situation, die Verhältnisse der Faktoreinsatzmengen verändert werden können und so eine Faktorsubstitution erreicht werden kann. Anhand von Beispielen wird gezeigt, daß viele technische Variablen stetig variiert werden können und sich dann Produktionsfunktionen ergeben, die neoklassische Eigenschaften besitzen.

Die Herleitung ingenieurswissenschaftlicher Produktionsfunktionen soll nun anhand von zwei einfachen Beispielen, die auf SMITH [1966, S. 19-41] zurückgehen, erläutert werden.

Das erste Beispiel knüpft an das in der klassischen Kapitaltheorie behandelte Problem der optimalen Wachstumsdauer von Wäldern für die Holzproduktion an (vgl. LUTZ/ LUTZ [1951]). Dieses läßt sich wie folgt als produktionstheoretisches Problem formulieren:

(1) Es soll ein statischer Produktionsplan für Holz hergeleitet werden, d.h. alljährlich soll eine konstante Zahl von Bäumen gefällt und durch die gleiche Zahl von Setzlingen ersetzt werden.

(2) Die Produktion findet unter Gleichgewichtsbedingungen statt, d.h. es existiert bereits eine gleichmäßige Altersverteilung der Bäume.

Es sei

r_1 - Zahl der jährlich zu pflanzenden Setzlinge
r_2 - benötigte Bodenfläche
x - Holzertrag (in Festmetern)

t - die Wachstumsdauer der Bäume

α - Wachstumsrate: Jährlicher Holzzuwachs eines Baumes

a_0 - Parameter: Holzertrag eines einjährigen Baumes

a_1 - Bodenbedarf eines Baumes

Die Holzproduktion unterliegt den folgenden technischen Bedingungen:

(1) Wachstumsgesetz: Der Holzbestand wächst mit dem Alter entsprechend einer Potenzfunktion:

$$x = r_1 \cdot \Theta(t) = a_0 \cdot r_1 \cdot t^\alpha \tag{5}$$

(2) Bodenbedarf: Jeder Baum benötigt eine vorgegebene Bodenfläche; werden jedes Jahr r_1 Setzlinge gepflanzt und diese nach t Jahren abgeholzt, dann ist der Gesamtbedarf an Boden:

$$r_2 = a_1 \cdot r_1 \cdot t \tag{6}$$

bzw.

$$t = \frac{r_2}{a_1 \cdot r_1} \tag{6a}$$

Substituiert man (6a) in (5) und setzt

$$a = \frac{a_0}{a_1^\alpha}$$

dann erhält man die linearhomogene COBB-DOUGLAS-Produktionsfunktion:

$$x = a \cdot r_1^{1-\alpha} r_2^\alpha = \Phi(r_1, r_2) \tag{7}$$

Es besteht also tatsächlich eine Substitutionsmöglichkeit zwischen den Produktionsfaktoren Boden und Setzlingen.

Die Herleitung der Produktionsfunktion macht weiter deutlich, daß diese Faktorsubstitution nur aufgrund einer Umstrukturierung der technischen Produktionsbedingungen möglich ist: Die Substitution von Setzlingen durch Boden setzt eine Verlängerung der Wachstumsdauer des Waldes und eine Anpassung der Altersverteilung voraus: Die Verlängerung der Wachstumsperiode um ein Jahr führt einerseits zum Ausfall einer Holzernte, andererseits kann ein Teil des Waldes gerodet werden, so daß außerordentliche Holzerträge anfallen.

Diese Überlegungen zeigen einen weiteren Aspekt der Produktion auf, der in der herkömmlichen Produktionstheorie vernachlässigt wird: Neben den in der Produktionsfunktion (7) erfaßten Produktionsfaktoren Boden und Setzlingen wird ein Bestand an Bäumen unterschiedlichen Alters oder einfacher, ein Bestand an Holz, als Zwischenprodukt benötigt. Dieser im Produktionsprozeß gebundene Holzbestand ist gegeben durch:

$$r_3(t) = \int_0^t r_1 \cdot \Theta(\tau) d\tau = \frac{a_0 \cdot r_1 \cdot t^{\alpha+1}}{1+\alpha}$$

Berücksichtigt man (6a), dann erhält man für den Holzbestand in Abhängigkeit von der Einsatzmenge an Setzlingen und Boden:

$$r_3 = b \cdot r_1^{-\alpha} r_2^{\alpha+1} \tag{8}$$

mit

$$b = \frac{a_0}{a_1^{\alpha+1} \cdot (\alpha+1)}$$

Als zweites Beispiel für die Herleitung von ingenieurswissenschaftlichen Produktionsfunktionen wird die Dimensionierung von Kabeln für die Übertragung elektrischer Energie betrachtet; hierbei wird von den folgenden, stark vereinfachenden Voraussetzungen ausgegangen:

(1) Es soll Wechselstrom von einem Generator zu einer Verbrauchsstelle übertragen werden.

(2) Variabel seien lediglich die Dimensionierung des Übertragungskabels und die Stromeinspeisung; die Länge des Kabels, die technischen Daten des Generators und der Verbrauchsstelle sowie die Auslegung der Masten und die Wegerechte seien bereits festgelegt und unabhängig von der Dimensionierung der Übertragungsleitung.

(3) Die Dimensionierung des Übertragungskabels werde durch den Querschnitt der phasenführenden Adern bestimmt. Der Materialverbrauch für die Isolierung der Kabel kann zur Vereinfachung vernachlässigt werden.

Zur Beschreibung der technischen Bedingungen der Wechselstromübertragung werden folgende technische Variablen und Parameter eingeführt:

P_i - Stromeinspeisung in Kilowattstunden
P_0 - von der Verbrauchsstelle benötigte Leistung in kWh
P_L - Übertragungsverlust
A - Querschnitt der Übertragungsleitung
L - Länge des Kabels
U - Stromspannung
I - Stromstärke
R - ohmscher Widerstand
δ - spezifischer Widerstand
φ - Phasenverschiebung
d - spezifisches Gewicht des Leitungsmaterials

Für die Wechselstrom-Übertragung gelten die folgenden vier technologischen Gesetzmäßigkeiten:

(1) Gesetz von der Erhaltung der Energie:

Die Stromeinspeisung muß gleich der Summe aus verfügbarer Leistung und Übertragungsverlust sein:

$$P_i = P_0 + P_L \tag{9}$$

(2) Der Wärmeverlust in einer elektrischen Leitung ist gegeben durch:

$$P_L = I^2 \cdot R \tag{10}$$

(3) Ohmsches Gesetz:

Die effektive Leistung an der Verbrauchsstelle ist gegeben durch:

$$P_0 = U \cdot I \cdot \cos\varphi \tag{11}$$

Der Leistungsfaktor $\cos\varphi$ bzw. die Phasenverschiebung φ, die auf kapazitative und induktive Widerstände zurückzuführen sind, hängen von technischen Daten der Verbrauchsstelle ab.

(4) Der ohmsche Widerstand der Übertragungsleitung hängt von der Kabellänge, dem Querschnitt der phasenführenden Adern und dem materialspezifischen Widerstandskoeffizienten ab:

$$R = \frac{2 \cdot L \cdot \delta}{A} \tag{12}$$

Substituiert man (10)-(12) in (9), dann erhält man

$$P_0 = P_i - \left[\frac{P_0}{U \cdot \cos\varphi}\right]^2 \cdot \frac{2 \cdot L \cdot \delta}{A} \tag{9a}$$

Als ökonomische Variablen der ingenieurswissenschaftlichen Produktionsfunktion werden folgende Faktoreinsatz- und Ausbringungsmengen definiert:

r_1 - Energieverbrauch pro Zeiteinheit (in kWh)
r_2 - Kupfermenge für phasenführende Adern
x - verfügbare Leistung (in kWh)

Um die technische Beziehung (9a) in eine Produktionsfunktion zu überführen, können folgende Beziehungen benutzt werden:

(1) Der Energieverbrauch ist gleich der Stromeinspeisung durch den Generator:

$$r_1 = P_i \tag{13}$$

Die an die Verbrauchsstelle gelieferte Leistung ist gleich:

$$x = P_0 \tag{14}$$

(2) Das Gewicht des Leitungsmaterials für die phasenführenden Adern ist gegeben durch:

$$r_2 = 2 \cdot d \cdot L \cdot A \tag{15}$$

Setzt man (13)-(15) in (9a) ein, dann erhält man als Produktionsfunktion in impliziter Form:

$$F(r_1, r_2, x) = r_2 \cdot (r_1 - x) - K \cdot x^2 = 0 \tag{16}$$

wobei

$$K = \frac{4 \cdot L^2 \cdot \delta \cdot d}{(U \cdot \cos\varphi)^2} \tag{17}$$

eine von den technischen Daten des Problems - der Länge des Kabels, dem spezifischen Gewicht, dem spezifischen Widerstand und der Phasenverschiebung - abhängige Konstante ist.

Löst man (16) nach x auf, dann erhält man die explizite Produktionsfunktion:

$$x = \frac{1}{2 \cdot K} \cdot \left[(r_2^2 + 4 \cdot r_1 \cdot r_2 \cdot K)^{1/2} - r_2 \right] = \Phi(r_1, r_2) \tag{18}$$

Die Funktion der Isoquante ist gegeben durch:

$$r_2 = \frac{K \cdot x^2}{r_1 - x} \tag{19}$$

Es ergibt sich also eine Produktionsfunktion mit Substitutionsmöglichkeiten zwischen zwei Produktionsfaktoren, der Stromeinspeisung und dem Einsatz von Leitungsmaterial für die Übertragungsleitung. Wie sich zeigen läßt, ist diese Produktionsfunktion linear-homogen, die Grenzproduktivitäten genügen dem Ertragsgesetz und die Grenzraten der Substitution nehmen monoton ab. Die Produktionsfunktion (18) besitzt also die Eigenschaften einer neoklassischen Produktionsfunktion.

Die Isoquanten dieser Produktionsfunktion (19) sind in Abbildung 30 für die folgenden Parameterwerte dargestellt:

$L = 100$ [km] $U = 50000$ [Volt] $\cos \varphi = 0,8$
$\delta = 0,017$ [$\Omega \cdot$ cm] $d = 9$ [g/cm^3]

Die Werte für das spezifische Gewicht d und den spezifischen Widerstand δ entsprechen dem von Walzkupfer bei einer Temperatur von 20°C.

Die Ergebnisse dieser Beispiele werden durch eine Reihe ähnlicher Untersuchungen bestätigt (vgl. hierzu insbesondere SMITH [1966, S. 177ff.] und die dort angegebenen Fundstellen). Sie zeigen, daß grundsätzlich die Möglichkeit besteht, Produktionsfunktionen aus technologischen Beziehungen zwischen technischen Variablen herzuleiten. Allerdings sind der Umsetzung des Konzepts der ingenieurswissenschaftlichen Produktionsfunktionen in der Praxis enge Grenzen gesetzt:

(1) Die Erfassung der technologischen Produktionsbedingungen bedingt eine sehr starke Disaggregierung; vielfach müssen maschinelle Anlagen in einzelne Komponenten zerlegt werden, um die zugrundeliegenden technologischen Gesetzmäßigkeiten angeben zu können.

(2) Die Zahl der technischen Variablen ist meist so groß, daß es nicht möglich ist, deren Auswirkungen auf Faktoreinsatz- und Ausbringungsmengen zu spezifizieren. Selbst wenn Beziehungen zwischen den technischen Variablen und diesen ökonomischen

Variablen dargestellt werden können, ergeben sich Freiheitsgrade, die durch eine technische Voroptimierung auszufüllen sind.

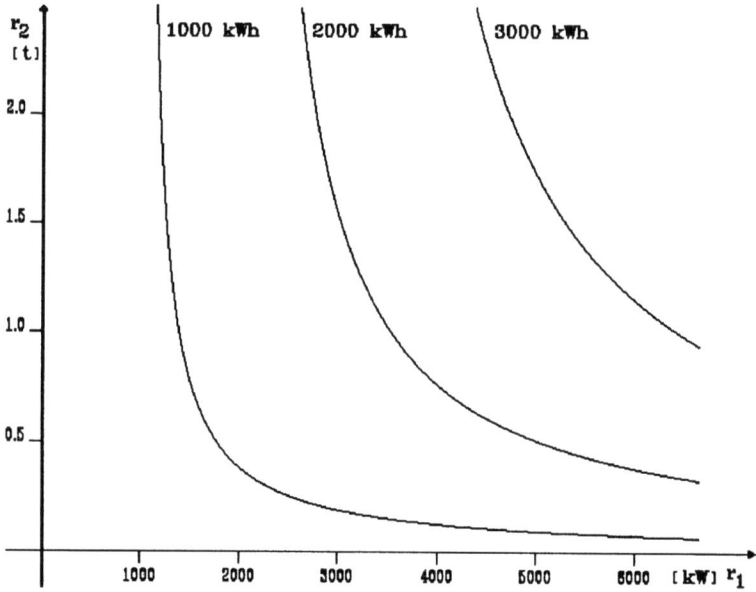

Abbildung 30: Substitution von Kupfer und Stromeinspeisung als Beispiel für eine ingenieurswissenschaftliche Produktionsfunktion

(3) Ingenieurswissenschaftliche Erfahrungen liegen in der Regel numerisch in Form von Tabellen und Kennlinien vor; funktionale Beziehungen, aus denen sich - wie in den angeführten Beispielen - Produktionsfunktionen explizit herleiten lassen, können nur in einfachen Ausnahmefällen angegeben werden.

(4) Es ist nicht sinnvoll, vor der Optimierung technischer Systeme die technologischen Variablen durch ökonomische zu ersetzen; vielmehr werden bei deren Konfiguration den technischen Variablen Kosten zugeordnet, um unmittelbar eine optimale Parameterkombination zu bestimmen.

(5) Viele Produktionsprozesse sind so komplex, daß es überhaupt nicht möglich ist, sie in einem quantitativen Modell abzubilden; dann kann aber erst recht keine ingenieurswissenschaftliche Produktionsfunktion für diesen Prozeß aufgestellt werden.

Die Bedeutung des Konzepts besteht daher nicht darin, daß für jede spezielle Produktionsstruktur eine ingenieurswissenschaftliche Produktionsfunktion hergeleitet werden kann; sie ist vielmehr darin zu sehen, daß neue produktionstheoretische Aspekte aufgezeigt werden und eine weitere Erklärung der Substitutionalität in der industriellen Fertigung gegeben wird:

(1) Es bestehen Substitutionsmöglichkeiten zwischen einzelnen Produktionsfaktoren; häufig können diese sogar innerhalb bestimmter Bereiche kontinuierlich substituiert

werden. Ingenieurswissenschaftliche Produktionsfunktionen besitzen vielfach sogar neoklassische Eigenschaften.

(2) Die Substitution von Produktionsfaktoren ist auf Veränderungen technischer Parameter zurückzuführen; diese sind mit konstruktiven Veränderungen der in der Produktion eingesetzten Betriebsmittel verbunden. Eine stetige Substitution im Sinne der neoklassischen Produktionsfunktion ist daher meist nur in der Entwurfsphase der Betriebsmittel möglich; sind diese installiert, dann sind die Verhältnisse zwischen den Faktoreinsatz- und Ausbringungsmengen festgelegt. Ingenieurswissenschaftliche Produktionsfunktionen beschreiben daher langfristige Produktionsalternativen. Kurzfristig, d.h. bei gegebener Ausstattung mit Betriebsmitteln, kann eine Substitution nur durch Prozeßkombination im Sinne der Aktivitätsanalyse erreicht werden. Diese Aspekte des Substitutionsprozesses werden durch das im folgenden Abschnitt zu behandelnde *Putty-Clay-Modell* aufgegriffen.

(3) Neben Werkstoffen, die unmittelbar in der Produktion verbraucht werden, und Betriebsmitteln, die in der Produktion genutzt werden, müssen ablaufbedingte Bestände von Werkstoffen und Zwischenprodukten *(Goods in Process)* berücksichtigt werden; diese Läger werden zwar relativ häufig umgeschlagen, mit einem bestimmten Produktionsverfahren ist jedoch ein fester Bestand zur Aufrechterhaltung des Fertigungsprozesses erforderlich.

Die Einteilung der Faktoren in Werkstoffe und Betriebsmittel ist daher durch eine Unterscheidung in Einsatzfaktoren, die im Produktionsprozeß verbraucht werden *(Flows)*, und Bestandsfaktoren, die in konstanten Mengen im Produktionsprozeß vorhanden sein müssen *(Stocks)* zu ergänzen. Zu den Bestandsfaktoren zählen neben den Betriebsmitteln auch ablaufbedingte Werkstoffbestände (SMITH [1966]).

4.1.2 Das Putty-Clay-Modell

Die Theorie neoklassischer Jahrgangs-Produktionsfunktionen geht davon aus, daß das technische Niveau der Betriebsmittel mit deren Installation festgelegt wird und daß kapitalgebundener technischer Fortschritt später nicht mehr realisiert werden kann. Für die Betriebsmittel unterschiedlicher Jahrgänge wird jedoch unterstellt, daß auch nach der Installation der Betriebsmittel Substitutionsmöglichkeiten zwischen den Produktionsfaktoren bestehen. Die Theorie der ingenieurswissenschaftlichen Produktionsfunktionen hat hingegen gezeigt, daß zwar in der Planungsphase eine Faktorsubstitution möglich ist, weil konstruktive Alternativen verfügbar sind, die unterschiedliche Kombinationen von Faktoreinsatz- und Ausbringungsmengen ermöglichen. Mit der Installation der Anlagen werden jedoch deren technische Parameter und damit die Kapazitäten sowie die Produktionskoeffizienten weitgehend festgelegt.

Das *Putty-Clay-Modell* knüpft an diese Eigenschaft der ingenieurswissenschaftlichen Produktionsfunktionen an und unterscheidet zwischen einer *Produktionsfunktion ex ante*, die die Möglichkeiten der Technologie-Wahl vor der Investition beschreibt, und einer *Produktionsfunktion ex post*, welche die Produktivitätsbeziehung nach der Installation von Anlagen wiedergibt. Berücksichtigt man weiter, daß die Investitionen einer Wirtschaftseinheit zeitlich gestaffelt sind und sich die Nutzungsdauern der Anlagen überlappen, dann liegt es nahe, das Konzept der ex-post-Produktionsfunktion mit dem der Jahrgangs-Produktionsfunktionen zu verbinden.

Hierbei wird vorausgesetzt, daß die Möglichkeiten der Technologie-Wahl vor der Installation von Anlagen durch eine neoklassische ex-ante-Produktionsfunktion erfaßt werden können, während die ex-post-Produktionsfunktion durch limitationale Produktionsprozesse mit konstanten Produktionskoeffizienten beschrieben wird: In der Konstruktionsphase sind die Betriebsmittel verformbar wie modellierbarer Kitt (putty), nach deren Installation sind sie hingegen verfestigt wie gebrannter Ton (clay).

Bei einer Investition im Zeitpunkt τ wird eine Alternative ausgewählt, die - bei gegebenen Faktorpreisen $q_i(\tau)$ - Minimalkostenkombination der ex-ante-Produktionsfunktion

$$x_\tau = \Phi_\tau(\underline{r}) \tag{20}$$

ist. Die *Technologie-Wahl* im Zeitpunkt τ ist also dadurch charakterisiert, daß das Verhältnis der Grenzproduktivitäten gleich dem Verhältnis der Faktorpreise ist:

$$\frac{x_i'(\tau)}{x_k'(\tau)} = \frac{q_i(\tau)}{q_k(\tau)} = s_{ki}(\tau) \qquad \text{für alle } i,k \tag{21}$$

Bei der Bestimmung der Minimalkostenkombination ist zu beachten, daß zwar die Preise für Arbeitskräfte und Werkstoffe aus Zahlungen bei der Beschaffung dieser Produktionsfaktoren hergeleitet werden können, nicht aber die Preise für den Betriebsmitteleinsatz. Hierfür fallen bei der Investition einmalige Anschaffungskosten an; diese sind in Form von Abschreibungen auf die Nutzungsdauer der Anlagen zu verteilen. Hier wird zunächst angenommen, daß die der Produktion zuzurechnenden Abschreibungsbeträge gegeben sind; im sechsten Kapitel wird gezeigt, wie diese zu ermitteln sind.

Für eine linear-homogene COBB-DOUGLAS-Produktionsfunktion mit Fortschrittsterm gilt:

$$x = \alpha_0(\tau) \cdot r_1^{\alpha_1} \cdot r_2^{\alpha_2} \ldots r_n^{\alpha_n} \qquad \text{mit } \sum_{i=1}^{n} \alpha_i = 1$$

Die Grenzproduktivitäten sind gegeben durch

$$x_i' = \frac{\alpha_i \cdot x}{r_i} \qquad (i = 1,\ldots,n)$$

Die Minimalkostenkombination genügt daher den Bedingungen:

$$\frac{x_i'}{x_k'} = \frac{\alpha_i}{\alpha_k} \cdot \frac{r_k}{r_i} = \frac{q_i(\tau)}{q_k(\tau)} \qquad \text{für alle } i,k \tag{21a}$$

Im Zwei-Faktoren-Fall läßt sich (21a) nach r_2 auflösen:

$$r_2 = \frac{\alpha_2}{\alpha_1} \cdot \frac{q_1(\tau)}{q_2(\tau)} \cdot r_1$$

Setzt man diesen Ausdruck in die Produktionsfunktion ein, löst nach r_1 auf und berücksichtigt, daß $\alpha_1 + \alpha_2 = 1$, dann erhält man:

$$r_1 = \frac{x}{\alpha_0(\tau) \cdot \left[\dfrac{\alpha_2}{\alpha_1} \cdot \dfrac{q_1(\tau)}{q_2(\tau)}\right]^{\alpha_2}}$$

Dividiert man durch x und setzt $a_1 = r_1/x$, dann ergibt sich:

$$a_1 = \frac{1}{\alpha_0(\tau) \cdot \left[\dfrac{\alpha_2}{\alpha_1} \cdot \dfrac{q_1(\tau)}{q_2(\tau)}\right]^{\alpha_2}}$$

Analog erhält man

$$a_2 = \frac{1}{\alpha_0(\tau) \cdot \left[\dfrac{\alpha_1}{\alpha_2} \cdot \dfrac{q_2(\tau)}{q_1(\tau)}\right]^{\alpha_1}}$$

Wie man sieht, hat der Fortschrittsterm $\alpha_0(\tau)$ keinen Einfluß auf das Verhältnis der Produktionskoeffizienten, er bestimmt lediglich das Niveau der Einsatzmengen. Bei einer COBB-DOUGLAS-Produktionsfunktion, in der sich der technische Fortschritt lediglich in einem multiplikativen Fortschrittsterm niederschlägt, bleiben die Verhältnisse der Grenzproduktivitäten - wie in allen Fällen des HICKS-neutralen Fortschritts - immer konstant; eine Verschiebung der Minimalkostenkombination ist dann ausschließlich auf Veränderungen der Verhältnisse der Faktorpreise zurückzuführen.

Nun wird eine Wirtschaftseinheit in der Regel nicht nur über Betriebsmittel eines Jahrgangs verfügen, es werden vielmehr Anlagen vorhanden sein, die zu verschiedenen Zeitpunkten installiert wurden. Sind wegen des technischen Fortschritts und wegen Veränderungen der Faktorpreise die Minimalkostenkombinationen verschieden, dann verfügt die Wirtschaftseinheit über mehrere Produktionsprozesse. Es besteht dann kurzfristig die Möglichkeit der Prozeßsubstitution, so daß auch die ex-post-Produktionsfunktion substitutiv sein kann.

Der Zusammenhang zwischen den Isoquanten der ex-ante-Produktionsfunktion und der ex-post-Produktionsfunktion wird in Abbildung 31 für den Fall einer COBB-DOUGLAS-Produktionsfunktion mit zwei Faktoren

$$x = \alpha_0(\tau) \cdot r_1^{0,6} \cdot r_2^{0,4}$$

verdeutlicht. Der Fortschrittsterm und die Faktorpreise in den Perioden $\tau = 1, 2, 3$ sind gegeben durch

$$\alpha_0(1) = 0,25 \qquad q_1(1) = 3 \qquad q_2(1) = 1$$

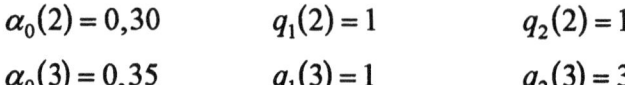

$\alpha_0(2) = 0{,}30 \qquad q_1(2) = 1 \qquad q_2(2) = 1$

$\alpha_0(3) = 0{,}35 \qquad q_1(3) = 1 \qquad q_2(3) = 3$

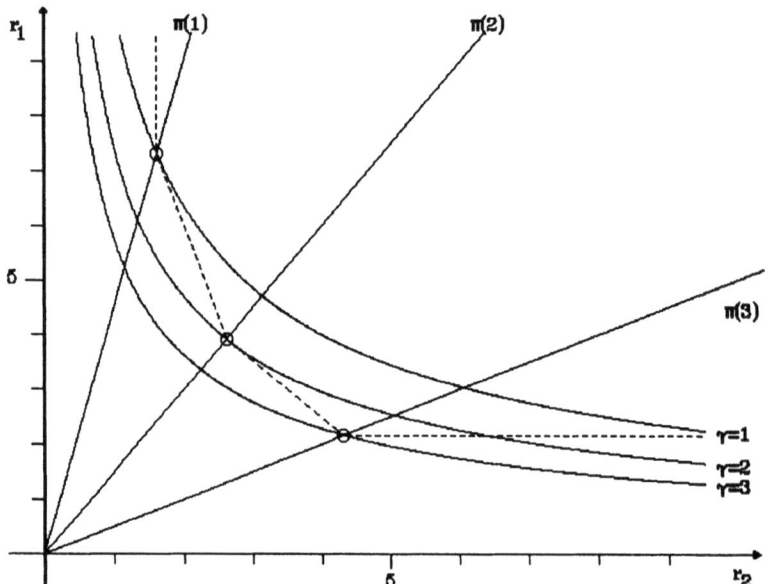

Abbildung 31: Isoquanten der ex-ante-Produktionsfunktionen und Prozesse der ex-post-Produktionsfunktion

Auf den Isoquanten der Jahrgänge $\tau = 1, 2, 3$ der Produktionsfunktion sind die den jeweiligen Faktorpreisen entsprechenden Minimalkostenkombinationen eingekreist. Wurden diese realisiert, dann verfügt die Wirtschaftseinheit über die drei reinen Produktionsprozesse π_1, π_2, π_3. Hieraus ergibt sich die gestrichelt gezeichnete Isoquante der ex-post-Produktionsfunktion.

Sind mehrere Produktionsprozesse verfügbar, die meist aus verschiedenen Jahrgängen stammen, dann ist im Rahmen der kurzfristigen Produktionsplanung zu klären, welche Produktionsprozesse in welchem Umfang genutzt werden sollen.

Um dieses Problem als lineares Programm zu formulieren, werden folgende Bezeichnungen eingeführt:

$\tau = 1, \ldots, T$ — Jahrgänge von Produktionsprozessen

z_τ^0 — Kapazität des Prozesses aus Jahrgang τ

z_τ — Ausbringung mit dem Prozeß τ

$i = 1, \ldots, n$ — Produktionsfaktoren

a_i^τ — Produktionskoeffizienten des Prozesses τ

r_i^0 — Faktorbestände

Technologische Begründung der Produktivitätsbeziehungen

Dann sind effiziente Produktionspunkte Lösungen des folgenden linearen Programms:

$$x = \sum_{\tau=1}^{T} z_\tau \Rightarrow \max!$$

unter den Nebenbedingungen

$$\sum_{\tau=1}^{T} a_i^\tau \cdot z_\tau \leq r_i^0 \qquad (i = 1,\ldots,n) \qquad (22)$$

$$0 \leq z_\tau \leq z_\tau^0 \qquad (\tau = 1,\ldots,T)$$

Durch parametrische Variation der Faktorbestände und der Kapazitäten der Prozesse können die Eigenschaften der ex-post-Produktionsfunktion analog dem Vorgehen der linearen Aktivitätsanalyse hergeleitet werden.

Die Struktur des linearen Programms (22) entspricht völlig der im dritten Kapitel zur Beschreibung linearer Technologien eingeführten Programme. Die dort hergeleiteten Ergebnisse lassen sich daher unmittelbar auf die ex-post-Produktionsfunktion übertragen. Insbesondere ist diese durch nicht negative, tendenziell abnehmende Grenzproduktivitäten und Grenzraten der Substitution charakterisiert.

Während bei der linearen Aktivitätsanalyse Kapazitätsbeschränkungen der Prozesse lediglich implizit durch beschränkte Betriebsmittelbestände erfaßt wurden, sind in (22) die Kapazitäten der Produktionsprozesse explizit berücksichtigt.

Das ermöglicht die Formulierung des folgenden dualen Programms:

$$\sum_{i=1}^{n} r_i^0 \cdot q_i + \sum_{\tau=1}^{T} z_\tau^0 \cdot w_\tau \Rightarrow \min!$$

unter den Nebenbedingungen

$$\sum_{i=1}^{n} a_i^\tau \cdot q_i + w_\tau \geq 1 \qquad (\tau = 1,\ldots,T)$$

$$q_i \geq 0 \qquad (i = 1,\ldots,n)$$

$$w_\tau \geq 0 \qquad (\tau = 1,\ldots,T)$$

Die optimalen Werte der Dualvariablen können als Grenzproduktivitäten der Produktionsfaktoren q_i^* bzw. der Kapazitäten der in τ installierten Prozesse w_τ^* interpretiert werden. Aufgrund des Preistheorems der linearen Programmierung gilt folgende Beziehung zwischen den Grenzproduktivitäten und den optimalen Aktivitätsniveaus z_k^*:

Falls $\sum_{i=1}^{n} a_i^\tau \cdot q_i^* + w_\tau^* \begin{Bmatrix} > \\ = \end{Bmatrix} 1$ dann ist $z_\tau^* \begin{Bmatrix} = \\ \geq \end{Bmatrix} 0$

Ist nun

$$\sum_{i=1}^{n} a_i^\tau \cdot q_i^* > 1$$

dann muß $z_\tau^* = 0$ sein, weil in jedem Fall $w_\tau^* \geq 0$ ist.

Ist hingegen

$$\sum_{i=1}^{n} a_i^\tau \cdot q_i^* < 1$$

dann ist $w_\tau^* > 0$; folglich ist die Kapazität knapp, d.h.

$$z_\tau^* = z_\tau^0$$

Ist schließlich

$$\sum_{i=1}^{n} a_i^\tau \cdot q_i^* = 1$$

dann sind zwei Fälle zu unterscheiden:

Falls $w_\tau^* > 0$, dann ist

$$\sum_{i=1}^{n} a_i^\tau \cdot q_i^* + w_\tau^* > 1$$

und damit $z_\tau^* = 0$. Falls jedoch $w_\tau^* = 0$, dann ist die in τ installierte Kapazität nicht knapp und

$$z_\tau^* \leq z_\tau^0$$

Zusammengefaßt gilt also

$$\sum_{i=1}^{n} a_i^\tau \cdot q_i^* > 1 \quad \Rightarrow \quad z_\tau^* = 0$$

$$\sum_{i=1}^{n} a_i^\tau \cdot q_i^* = 1 \quad \Rightarrow \quad 0 \leq z_\tau^* \leq z_\tau^0$$

$$\sum_{i=1}^{n} a_i^\tau \cdot q_i^* < 1 \quad \Rightarrow \quad z_\tau^* = z_\tau^0$$

Die Grenzproduktivitäten q_i^* geben an, um wieviel die Ausbringungsmenge zurückgeht, wenn eine Einheit des Faktors i weniger verfügbar ist. Ist bei einem Prozeß π_τ die Summe der mit den Grenzproduktivitäten gewichteten Produktionskoeffizienten größer als eins, dann ist es erforderlich, die Ausbringungsmenge anderer Prozesse um mehr als eins zurückzunehmen, um die Herstellung der Ausbringungsmenge $z_\tau = 1$ mit dem Prozeß π_τ zu ermöglichen. Ist die Summe der mit den Grenzproduktivitäten gewichteten Produktionskoeffizienten für einen Produktionsprozeß π_τ kleiner als eins, dann kann die gesamte Ausbringungsmenge durch Aufnahme dieses Prozesses erhöht werden.

Bei vorgegebenen Beständen der Faktoren werden daher die Kapazitäten derjenigen Prozesse voll ausgenutzt, für die die Summe der mit den Grenzproduktivitäten gewichteten Produktionskoeffizienten kleiner als eins ist; nicht genutzt werden solche Prozesse, für die diese Summe größer als eins ist. Die Prozesse, für die diese Summe gleich eins ist, werden teilweise eingesetzt.

Das Putty-Clay-Modell zeigt einen weiteren Aspekt des Substitutionsproblems auf: Die Möglichkeiten der Technologie-Wahl ex ante, d.h. vor der Installation der Betriebsmittel, werden durch eine neoklassische Produktionsfunktion beschrieben; die Produktionsfunktion ex post beschreibt die Alternativen einer kurzfristigen Produktionsplanung bei gegebenem Betriebsmittelbestand, der aus verschiedenen Jahrgängen stammt. Eine Wirtschaftseinheit verfügt damit über mehrere Produktionsverfahren, die miteinander kombiniert werden können, so daß eine Prozeßkombination im Sinne der Aktivitätsanalyse möglich ist. Allerdings können diese Produktionsverfahren nur dann als Produktionsprozesse im Sinne der linearen Aktivitätsanalyse interpretiert werden, wenn die Produktionsfunktion ex ante linearhomogen ist. Bei abnehmenden (oder auch zunehmenden) Skalenerträgen führt nämlich eine proportionale Erhöhung der Einsatzmengen aller Faktoren nicht zu einer proportionalen Ausdehnung der Ausbringungsmenge, so daß die Voraussetzungen der linearen Aktivitätsanalyse verletzt werden.

4.2 Die Theorie der Anpassungsformen

Wie der vorangehende Abschnitt gezeigt hat, wird die Produktivitätsbeziehung weitgehend durch die technischen Eigenschaften der Betriebsmittel bestimmt. Die Herleitung der Produktionsfunktion und der Kostenfunktion erfordert daher eine disaggregierte Betrachtungsweise: Zunächst sind die Produktivitätsbeziehungen aus den technischen Gegebenheiten einzelner Produktionsstellen herzuleiten; diese können dann zu Produktions- und Kostenfunktionen für den Gesamtbetrieb aggregiert werden. Eine Produktionsstelle ist durch folgende Eigenschaften charakterisiert:

(1) Sie erbringt eine homogene, meßbare Leistung. Der Zusammenhang zwischen der Leistung der Produktionsstelle und der Ausbringung ist durch eine Leistungsfunktion bestimmt.

(2) Es existieren homogene, technologisch determinierte Beziehungen zwischen der Leistung der Produktionsstelle und den zur Leistungserstellung benötigten Faktoreinsatzmengen.

Produktionsstellen verfügen über mindestens ein Betriebsmittel; sie können jedoch auch aus mehreren funktionsgleichen oder sich gegenseitig ergänzenden Maschinen bestehen. Neben den Betriebsmitteln werden Arbeitskräfte und Werkstoffe eingesetzt. Im allgemeinen hängen die Einsatzmengen eines Teils der Produktionsfaktoren von der Leistung der Stelle ab. Im folgenden wird daher zunächst die Abhängigkeit der Einsatzmengen dieser Faktoren von der zu erbringenden Leistung dargestellt und daraus die Abhängigkeit der Ausbringungsmenge von den Faktoreinsatzmengen bestimmt und die Eigenschaften dieser Produktionsfunktion hergeleitet.

Durch Bewertung der Einsatzmengen mit den Faktorpreisen werden diese zu den *variablen Kosten* der Produktionsstelle zusammengefaßt. Neben diesen leistungsabhängigen Kosten sind meist auch *fixe Kosten* zu berücksichtigen, die unabhängig von der Leistung der Produktionsstelle sind. Da diese für die kurzfristige Produktionsplanung gegeben sind, wird hier darauf verzichtet, sie in ihre Mengen- und Preiskomponente zu zerlegen.

Die Faktoreinsatzmengen und Kosten der Produktionsstellen sind dann zu Faktoreinsatz- und Kostenfunktionen für den gesamten Betrieb zusammenzufassen. Bei dieser Aggregation sind nicht nur die variablen Kosten der einzelnen Stellen, sondern auch Fixkosten zu berücksichtigen. Hierbei ist zu beachten, daß diese auf verschiedenen Stufen des Aggregationsprozesses zu berücksichtigen sind:

(1) Ein Teil der fixen Kosten läßt sich einzelnen Betriebsmitteln zurechnen. So fallen neben leistungsabhängigen Kosten des Maschineneinsatzes wegen des Zeitverschleißes und der Verzinsung des eingesetzten Kapitals auch zeitproportionale Abschreibungen an; daneben sind nutzungsunabhängige Wartungskosten und ähnliche Fixkostenbestandteile zu berücksichtigen.

(2) Neben diesen betriebsmittelbezogenen Kosten sind auch solche Fixkosten zu berücksichtigen, die den Produktionsstellen zuzurechnen sind; hierzu zählen insbesondere die Kosten für die Heizung und Beleuchtung sowie Meisterlöhne für die Leitung und Kontrolle der Produktionsstelle.

(3) Schließlich sind fixe Kostenbestandteile zu berücksichtigen, die höheren Abrechnungseinheiten zuzurechnen sind: Kosten, die lediglich der Produktion einer Produktart, bestimmten Produktgruppen oder dem Gesamtbetrieb zuzuordnen sind.

Diese Kostenbestandteile hängen nicht von dem Umfang der Leistung der einzelnen Produktionsstellen ab und können daher auch nicht deren Leistung zugerechnet werden. Sie müssen jedoch in Kauf genommen werden, wenn das betreffende Betriebsmittel, die Produktionsstelle bzw. der Gesamtbetrieb tätig werden soll. Diese fixen Kostenbestandteile sind daher als *Kosten der Betriebsbereitschaft* zu interpretieren.

4.2.1 Produktionstheoretische Aspekte

4.2.1.1 Technische Variablen und Verbrauchsfunktionen

Bei der Herleitung ingenieurswissenschaftlicher Produktionsfunktionen hat es sich gezeigt, daß nicht alle technischen Größen eliminiert und durch ökonomische Variablen ersetzt werden können. In der Konstruktionsphase der Betriebsmittel werden die technischen Variablen allerdings weitgehend festgelegt, so daß in der ex-post-Produktionsfunktion technische Größen lediglich als konstante Parameter auftreten, die die z-Situation der Anlagen beschreiben. Vielfach besteht jedoch die Möglichkeit, technische Parameter auch bei dem Einsatz der Betriebsmittel zu variieren. So können z.B. auch in der Einsatzphase der Anlagen die Drehzahl und die Übersetzung von Antriebsaggregaten, die Vorschubgeschwindigkeit, die Energiezufuhr und die Prozeßwärme verändert werden, um damit den Faktorverbrauch und die Ausbringungsmenge zu beeinflussen.

Im Anschluß an GUTENBERG [1951] wird die Leistung eines Betriebsmittels durch die Produktionsgeschwindigkeit gemessen. Diese ist definiert als die Ausbringungsmenge x pro Zeiteinheit t:

$$v = x / t \tag{1}$$

Die Produktionsgeschwindigkeit v wird auch als *Intensität* bezeichnet. Sie hängt von der Einstellung bestimmter technischer Parameter $\underline{z} = (z_1,\ldots,z_l)$ des Produktionsprozesses ab:

$$v = f(z_1,\ldots,z_l)$$

Die Faktoreinsatzmengen sind ebenfalls abhängig von der Einstellung der technischen Parameter $\underline{z}$:

$$r_i = \Theta_i(z_1,\ldots,z_l) \qquad (i=1,\ldots,n)$$

Die Theorie der Anpassungsformen (vgl. insbes. GUTENBERG [1951, 1983], KILGER [1958], ALBACH [1962a,1962b], LÜCKE [1973]) geht davon aus, daß die Faktoreinsatzmengen r_i ausschließlich von der Produktionsgeschwindigkeit v und der Ausbringungsmenge x abhängen:

$$r_i = a_i(v) \cdot x \qquad (i=1,\ldots,n) \qquad (2)$$

Die Funktionen

$$a_i = a_i(v) \qquad (i=1,\ldots,n) \qquad (3)$$

die die Abhängigkeit der Produktionskoeffizienten a_i von der Produktionsgeschwindigkeit beschreiben, bezeichnet man als *technische Verbrauchsfunktionen*.

Eine direkte Abhängigkeit der Einsatzmengen von der Produktionsgeschwindigkeit läßt sich folgendermaßen begründen:

(1) Falls Faktoreinsatzmengen und Produktionsgeschwindigkeit lediglich von *einer* technischen Variablen abhängt

$$r_i = \Theta_i(z) \qquad (i=1,\ldots,n)$$

und

$$v = f(z)$$

und die Inverse f^{-1} existiert, dann kann die technische Variable z aus den Funktionen Θ_i eliminiert werden:

$$r_i = \Theta_i\left[f^{-1}(v)\right] = a_i(v) \cdot v \cdot t \qquad (i=1,\ldots,n)$$

(2) Es existieren weitere Beziehungen zwischen der Produktionsgeschwindigkeit v und den technischen Variablen $\underline{z}$, die es ermöglichen, diese aus den Funktionen Θ_i zu eliminieren.

(3) Eine eindeutige Beziehung zwischen der Produktionsgeschwindigkeit und der Einstellung der technischen Parameter wird im Rahmen einer technischen Voroptimierung hergestellt; hierdurch wird jeder möglichen Produktionsgeschwindigkeit v eine eindeutige Einstellung der technischen Parameter

$$z_k^0 = z_k^0(v) \qquad (k=1,\ldots,l)$$

zugeordnet.

Zur Bestimmung eines solchen funktionalen Zusammenhangs ist die Kostenfunktion

$$\sum_{i=1}^{n} r_i \cdot q_i = \sum_{i=1}^{n} \Theta_i(\underline{z}) \cdot q_i$$

unter der Nebenbedingung

$$f(\underline{z}) = v$$

zu minimieren. Hierbei sind q_i die Preise der Produktionsfaktoren $i = 1,\ldots,n$.

Variiert man v parametrisch, dann erhält man für alle zulässigen Intensitäten eine optimale Einstellung der technischen Parameter

$$z_k^0 = z_k^0(v) \qquad (k = 1,\ldots,l)$$

Substituiert man diese Funktionen in Θ_i und dividiert durch $v \cdot t$, dann erhält man die Verbrauchsfunktionen:

$$a_i = \Theta_i\left[z_1^0(v),\ldots,z_l^0(v)\right] / v \cdot t = a_i(v)$$

Dieses Vorgehen ermöglicht es, Verbrauchsfunktionen aus technischen Daten der Betriebsmittel herzuleiten. Es ist allerdings zu berücksichtigen, daß in diesem Fall die Verbrauchsfunktionen keine rein technologisch bestimmten Daten, sondern das Ergebnis einer die Kosten der Produktionsfaktoren berücksichtigenden Voroptimierung sind.

Die folgenden Überlegungen gehen davon aus, daß technische Verbrauchsfunktionen bekannt sind, durch die jeder Produktionsgeschwindigkeit eindeutige Produktionskoeffizienten zugeordnet werden können:

<u>Postulat XI</u>: *Verbrauchsfunktionen*

Zwischen der Produktionsgeschwindigkeit v, mit der ein Betriebsmittel arbeitet, und der Faktoreinsatzmenge je Ausbringungsmengen-Einheit besteht ein funktionaler Zusammenhang:

$$a_i = a_i(v) \qquad (i = 1,\ldots,n) \qquad \text{mit} \qquad v \in \left[v^{\min}, v^{\max}\right]$$

Die Produktionsgeschwindigkeit kann innerhalb bestimmter Grenzen variiert werden, d.h. die Verbrauchsfunktionen sind über einem abgeschlossenen Intervall $[v^{\min}, v^{\max}]$ definiert. Typische Formen sind in Abbildung 32 dargestellt:

(1) Verbrauchsfunktionen bei *stetig variierbarer* Intensität: Die Produktionsgeschwindigkeit kann innerhalb eines Intervalls kontinuierlich verändert werden; die Verbrauchsfunktionen sind stetig variierbar:

   (a) Konvexe Verbrauchsfunktionen:

   Ein *U-förmiger Verlauf* der Verbrauchsfunktion ergibt sich zum Beispiel, wenn es eine optimale Produktionsgeschwindigkeit gibt, für die das Betriebsmittel ausgelegt ist, und wenn Abweichungen von dieser Geschwindigkeit zu einer Erhöhung des Faktorverbrauchs führen. Vielfach liegen die Minima der Verbrauchsfunktionen verschiedener Faktoren jedoch bei unterschiedlichen Intensitäten.

Monoton steigende Verbrauchsfunktionen ergeben sich z.B., wenn der Ausschuß und damit der Materialverbrauch bei steigender Produktionsgeschwindigkeit ansteigt.

Ein *umgekehrt proportionaler Verlauf* der Verbrauchsfunktion ergibt sich z.B. bei Messung des Einsatzes von Arbeitskräften anhand der Anwesenheitszeit (Zeitlohn) und für den Wartungsaufwand bei festen Wartungsintervallen.

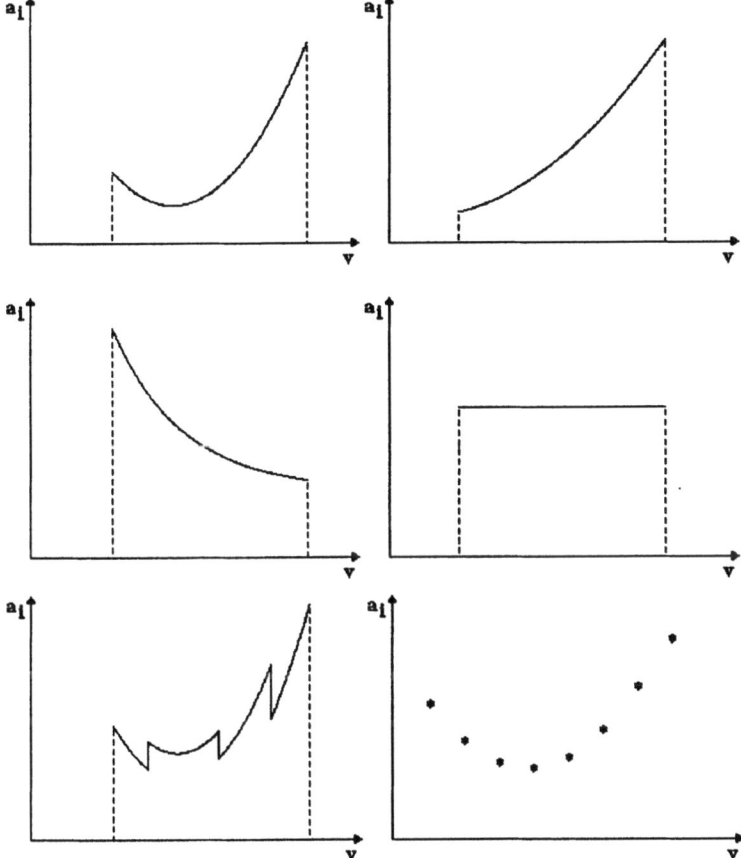

Abbildung 32: Typischer Verlauf von Verbrauchsfunktionen

Konstante Verbrauchsfunktionen ergeben sich z.B. bei Messung des Einsatzes von Arbeitskräften anhand der Leistung (Akkordlohn).

(b) Nicht-konvexe Verbrauchsfunktionen und Verbrauchsfunktionen mit *Unstetigkeiten* bzw. mit *Sprungstellen* erhält man dann, wenn bei kritischen Intensitäten eine Umschaltung, wie z.B. die Wahl eines anderen Übersetzungsverhältnisses, erforderlich wird.

(2) Verbrauchsfunktionen bei *diskret variierbarer* Intensität: Die Produktionsgeschwindigkeit kann nur durch Umschaltung in diskreten Schritten variiert werden.

Im folgenden wird vorausgesetzt, daß die Verbrauchsfunktionen differenzierbar und konvex sind.

Verbrauchsfunktionen können als Verallgemeinerungen von Produktionsprozessen angesehen werden: Produktionskoeffizienten beschreiben einen einzelnen Produktionsprozeß, der durch ein konstantes Verhältnis zwischen Faktoreinsatz- und Ausbringungsmengen charakterisiert ist. Verbrauchsfunktionen ordnen hingegen jeder Intensität v Produktionskoeffizienten für alle Produktionsfaktoren zu. Durch Variation der Einsatzdauer des Betriebsmittels bei gegebener Produktionsgeschwindigkeit kann die Ausbringungsmenge proportional ausgedehnt werden, falls die Einsatzmengen der übrigen Faktoren entsprechend erhöht werden. Eine Verbrauchsfunktion beschreibt damit eine *Schar von Produktionsprozessen*: Jedem Wert des Parameters v wird ein Produktionsprozeß mit konstanten Produktionskoeffizienten zugeordnet.

Die Herleitung von Produktionsprozessen aus Verbrauchsfunktionen ist in Abbildung 33 für den Fall zweier Produktionsfaktoren bzw. von zwei Verbrauchsfunktionen wiedergegeben: Die Verbrauchsfunktionen für die beiden Faktoren sind im II. bzw. im IV. Quadranten abgetragen. Die Faktoreinsatzmengen r_1 und r_2 sind auf den positiven, die Intensität v ist auf den negativen Achsenabschnitten abgetragen. Das bedingt, daß jeweils der Absolutwert abzulesen ist. Bei der Intensität v_0 hat die Verbrauchsfunktion für den Faktor 1 ihr Minimum; bei dieser Produktionsgeschwindigkeit ist der Produktionskoeffizient für diesen Faktor gleich a_1^0. Der dieser Intensität entsprechende Produktionskoeffizient a_2^0 des Faktors 2 kann im zweiten Quadranten abgelesen werden. Die Gerade durch den im ersten Quadranten liegenden Punkt (a_1^0, a_2^0) repräsentiert den der Produktionsgeschwindigkeit v_0 entsprechenden Produktionsprozeß. Die Produktionskoeffizienten und die Produktionsprozesse für die beiden anderen Produktionsgeschwindigkeiten v_1 und v_2 lassen sich analog konstruieren. Dabei ist festzustellen, daß lediglich die Prozesse π_0 und π_2 effizient sind; der Prozeß π_1 ist hingegen ineffizient, weil beide Produktionskoeffizienten a_1^1 und a_2^1 größer sind als die entsprechenden Produktionskoeffizienten der Prozesse π_0 und π_2. Allgemein gilt, daß nur solche Produktionsprozesse effizient sind, bei denen die Verbrauchsfunktionen für mindestens zwei Produktionsfaktoren gegenläufig sind, d.h. für die gilt:

$$\frac{da_i(v)}{dv} < 0 \quad \text{und} \quad \frac{da_k(v)}{dv} > 0 \quad \text{für mindestens ein } i \neq k \text{ mit } i,k = 1,\ldots,n$$

Technologische Begründung der Produktivitätsbeziehungen

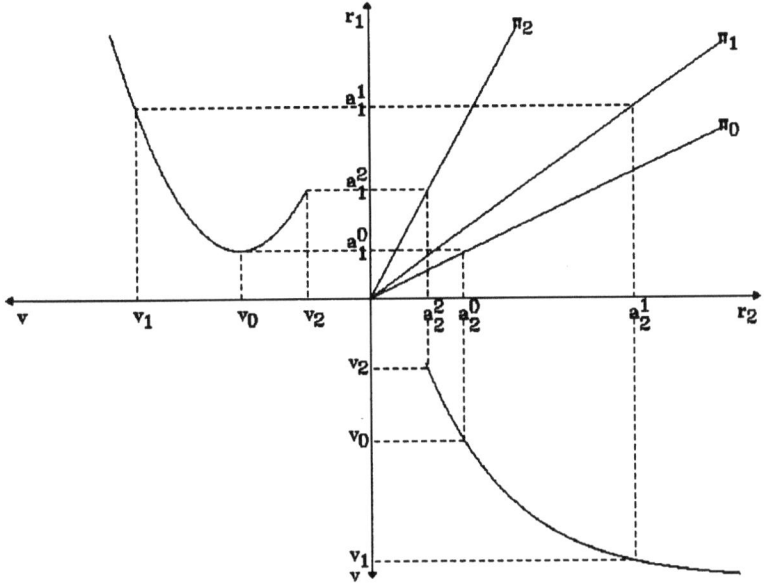

Abbildung 33: Konstruktion von Produktionsprozessen aus Verbrauchsfunktionen

Die Menge der bei einem Betriebsmittel durch Variation der Produktionsgeschwindigkeit realisierbaren Produktionsprozesse bezeichnet man als *Produktionsverfahren*. Kann die Produktionsgeschwindigkeit in diskreten Schritten und die Einsatzdauer des Betriebsmittels stetig variiert werden, dann beschreibt ein solches Produktionsverfahren eine lineare Technologie mit einer endlichen Zahl von linearen Produktionsprozessen; bei stetig variierbarer Intensität ergibt sich eine verallgemeinerte lineare Technologie mit überabzählbar vielen linearen Produktionsprozessen.

Da die Verbrauchsfunktionen die Abhängigkeit der Produktionskoeffizienten von der Produktionsgeschwindigkeit beschreiben, sind die Faktoreinsatzmengen in Abhängigkeit von der Produktionsgeschwindigkeit und der Ausbringunsgmenge gegeben durch:

$$r_i = a_i(v) \cdot x \qquad (i = 1,\ldots,n) \qquad (2)$$

Aufgrund der Definition (1) der Produktionsgeschwindigkeit besteht zwischen der Ausbringunsgmenge x eines Betriebsmittels, der Produktionsgeschwindigkeit v und der Einsatzdauer t des Betriebsmittels die folgende Beziehung

$$x = v \cdot t \qquad (1a)$$

Werden N funktionsgleiche Betriebsmittel eingesetzt, dann gilt

$$x = v \cdot t \cdot N = v \cdot r_M \qquad (1b)$$

wobei

$$r_M = t \cdot N$$

der Betriebsmitteleinsatz gemessen in Maschinenstunden ist. Mit Hilfe von (1b) kann entweder die Ausbringungsmenge x oder die Intensität v aus (2) eliminiert werden. Man erhält dann für den Faktoreinsatz in Abhängigkeit von der Ausbringungsmenge:

$$r_i = R_i(x) = a_i(x/r_M) \cdot x \qquad (i = 1,\ldots,n) \qquad (4)$$

Für den Faktoreinsatz in Abhängigkeit von der Produktionsgeschwindigkeit v erhält man:

$$r_i = a_i(v) \cdot v \cdot r_M \qquad (i = 1,\ldots,n)$$

Als Faktoreinsatz/Maschinenstunde ergibt sich

$$\frac{r_i}{r_M} = R_i^*(v) = a_i(v) \cdot v \qquad (i = 1,\ldots,n)$$

Die Funktionen $R_i^*(v)$ heißen *zeitbezogene Faktoreinsatzfunktionen*.

Da man die zeitbezogenen Faktoreinsatzfunktionen durch Multiplikation der Verbrauchsfunktionen mit der Produktionsgeschwindigkeit erhält, ergeben sich folgende typische Verläufe (vgl. Abbildung 34):

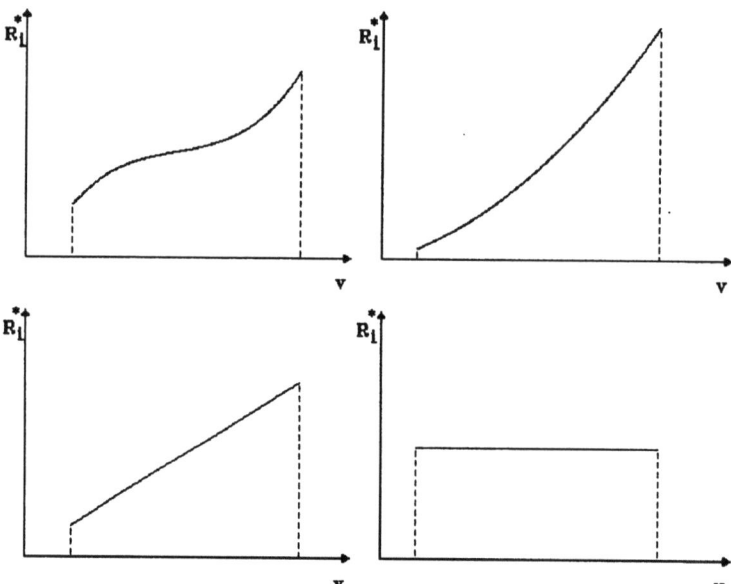

Abbildung 34: Faktoreinsatzfunktionen

(1) Bei einem U-förmigen Verlauf der Verbrauchsfunktion kann die Faktoreinsatzfunktion einen Wendepunkt besitzen: an einen konkaven Bereich schließt sich ein konvexer Ast der Faktoreinsatzfunktion an. Es ist jedoch durchaus möglich, daß der Wendepunkt außerhalb des Definitionsbereichs $[v^{min}, v^{max}]$ liegt, so daß die Verbrauchsfunktion nur einen konvexen oder nur einen konkaven Ast aufweist.

(2) Bei monoton steigenden Verbrauchsfunktionen steigen die Faktoreinsatzfunktionen ebenfalls monoton.

(3) Bei konstanten Verbrauchsfunktionen steigen die Faktoreinsatzfunktionen linear.

(4) Bei umgekehrt proportionalen Verbrauchsfunktionen sind die Faktoreinsatzfunktionen konstant.

Für die ausbringungsbezogenen Faktoreinsatzfunktionen ergeben sich die gleichen Funktionsverläufe, da sie sich lediglich durch die Skalierung von den zeitbezogenen Faktoreinsatzfunktionen unterscheiden.

4.2.1.2 Die GUTENBERG-Produktionsfunktion

Im folgenden wird davon ausgegangen, daß jede Produktionsstelle über eine gegebene Zahl N^0 eines Betriebsmittels, das eine bestimmte Leistungsart erbringt, verfügt. Nach GUTENBERG [1983, S. 326f.] kann die Leistung x^0 dieses Betriebsmittelbestandes wie folgt variiert werden:

(1) *Quantitative Anpassung*:

Es werden nur so viele Maschinen eingesetzt, wie zur Erzeugung einer gegebenen Leistung benötigt werden. Die Kapazitäten der nicht benötigten Betriebsmittel werden verschwendet.

(2) *Zeitliche Anpassung*:

Die verfügbaren Betriebsmittel werden nur während einer bestimmten Zeitdauer eingesetzt, die erforderlich ist, um die gegebene Ausbringungsmenge zu erzeugen; während des verbleibenden Teils der Planungsperiode stehen die Anlagen still, d.h. ein Teil ihrer Kapazität wird verschwendet.

(3) *Intensitätsmäßige Anpassung*:

Die Produktionsgeschwindigkeit, d.h. die Leistung der Betriebsmittel pro Zeiteinheit, wird variiert.

Bezeichnet man mit

N - die Zahl der eingesetzten Maschinen
t - die Einsatzzeit der Betriebsmittel
v - die Produktionsgeschwindigkeit der Betriebsmittel

dann ist die Gesamtleistung der Produktionsstelle bzw. die Ausbringungsmenge x gegeben durch

$$x = v \cdot t \cdot N$$

Die Zahl der eingesetzten Maschinen N kann nur ganzzahlige Werte annehmen; damit können bei rein quantitativer Anpassung nur diskrete Produktionspunkte realisiert werden; die Ausbringungsmenge kann nur ein ganzzahliges Vielfaches der Kapazität einer einzelnen Anlage annehmen. Bei zeitlicher Anpassung kann hingegen die Einsatzzeit t der Betriebsmittel und damit auch die Ausbringungsmenge stetig variiert werden. Daher wird man meist die zeitliche und die quantitative Anpassung miteinander kombinieren; die Betriebsmittelzeit

$$r_M = t \cdot N$$

ist eine stetige Variable. Die Ausbringungsmenge ist gegeben durch:

$$x = v \cdot r_M \tag{1b}$$

Diese Formulierung setzt implizit voraus, daß der Einsatz der Betriebsmittel anhand der Betriebsmittelzeit gemessen wird. Die Auswirkungen unterschiedlicher Produktionsgeschwindigkeiten auf den Verschleiß der Anlagen bzw. deren Nutzungsdauer lassen sich durch zusätzliche Verbrauchsfunktionen erfassen.

Da der Einsatz der Produktionsfaktoren über die Verbrauchsfunktionen durch die Produktionsgeschwindigkeit beeinflußt wird, hat die GUTENBERG-Produktionsfunktion die Form

$$x = F[r_1(v), r_2(v), \ldots, r_n(v), r_M]$$
$$= \Phi(r_1, r_2, \ldots, r_n, r_M; v)$$

Bei gegebenen Verbrauchsfunktionen

$$a_i = a_i(v) \qquad (i = 1, \ldots, n) \quad \text{mit} \quad v \in \left[v^{\min}, v^{\max}\right]$$

ist eine GUTENBERG-Technologie, d.h. die Menge der in einer Produktionsstelle mit einem gegebenen Betriebsmittelbestand durch zeitlich-quantitative und intensitätsmäßige Anpassung realisierbaren Kombinationen von Faktoreinsatz- und Ausbringungsmengen durch das folgende System von Faktoreinsatzfunktionen beschrieben:

$$r_i = a_i(v) \cdot x \qquad (i = 1, \ldots, n)$$
$$x = v \cdot r_M$$
$$v \in \left[v^{\min}, v^{\max}\right]$$

Für die Betriebsmittelzeit gilt daher

$$r_M = a_M(v) \cdot x = \frac{x}{v}$$

Der Produktionskoeffizient für das Betriebsmittel ist folglich

$$a_M = \frac{1}{v}$$

Im Mittelpunkt der Theorie der Anpassungsformen stehen die Auswirkungen unterschiedlicher Maßnahmen auf die Kostenfunktion. Im folgenden werden hingegen zunächst deren Einflüsse auf die Produktionsfunktion untersucht. Ein erster Ansatz zu einer derartigen mengenmäßigen Betrachtungsweise findet sich bei KNOLMAYER [1983], der sich insbesondere mit der Form der Isoquanten in GUTENBERG-Technologien befaßt. Während in diesem Ansatz also die Möglichkeit der Faktorsubstitution in Vordergrund steht, betont FANDEL [1991, S. 101f.] den limitationalen Charakter der GUTENBERG-Produktionsfunktion.

4.2.1.2.1 Die GUTENBERG-Produktionsfunktion bei zeitlicher und quantitativer Anpassung

Für eine gegebene Produktionsgeschwindigkeit v^0 ergeben sich *konstante* Produktionskoeffizienten

$$a_i^0 = a_i(v^0) \qquad (i = 1, \ldots, n)$$

und

$$a_M^0 = \frac{1}{v^0}$$

bzw. lineare Faktoreinsatzfunktionen

$$r_i = a_i^0 \cdot x \qquad (i = 1, \ldots, n)$$

und

$$r_M = \frac{x}{v^0}$$

Bei gegebener Produktionsgeschwindigkeit v^0 kann die Ausbringungsmenge nur durch Variation der Anzahl der eingesetzten Maschinen N oder der Einsatzzeit t, d.h. durch eine *zeitlich-quantitative* Anpassung, beeinflußt werden. Mit der Betriebsmittelzeit r_M sind die Ausbringungsmenge x sowie die Einsatzmengen r_i der übrigen Faktoren eindeutig festgelegt. Die GUTENBERG-Produktionsfunktion ist in diesem Fall *limitational*.

Weiter ist wegen der Konstanz der Produktionskoeffizienten bei zeitlich-quantitativer Anpassung die Produktionsfunktion bei *totaler Faktorvariation* linearhomogen:

$$\Phi(\mu \cdot \underline{r}, \mu \cdot r_M; v^0) = \mu \cdot \Phi(\underline{r}, r_M; v^0)$$

Bei zeitlich-quantitativer Anpassung bzw. bei Konstanz der Produktionsgeschwindigkeit v^0 arbeitet die Produktionsstelle mit genau einem Produktionsprozeß.

Da die Einsatzmengen der Produktionsfaktoren in einem konstanten Verhältnis zueinander stehen, ist der *Expansionspfad* bei zeitlich-quantitativer Anpassung linear.

Hält man die verfügbaren Mengen r_i^0 der Faktoren $i = 2, \ldots, n; M$ konstant und variiert lediglich die Einsatzmengen des Faktors 1, dann steigt die Ausbringungsmenge proportional mit r_1, bis der verfügbare Bestand des Engpaßfaktors bei einer Ausbringungsmenge

$$x^0 = \min\left\{ r_i^0 / a_i^0 \,\middle|\, i = 2, \ldots, n; M \right\}$$

ausgeschöpft ist; in einzelnen Fällen kann x^0 durch mehrere Engpaßfaktoren determiniert werden.

Die entsprechende Einsatzmenge des Faktors 1 ist gegeben durch

$$r_1^0 = a_1^0 \cdot x^0$$

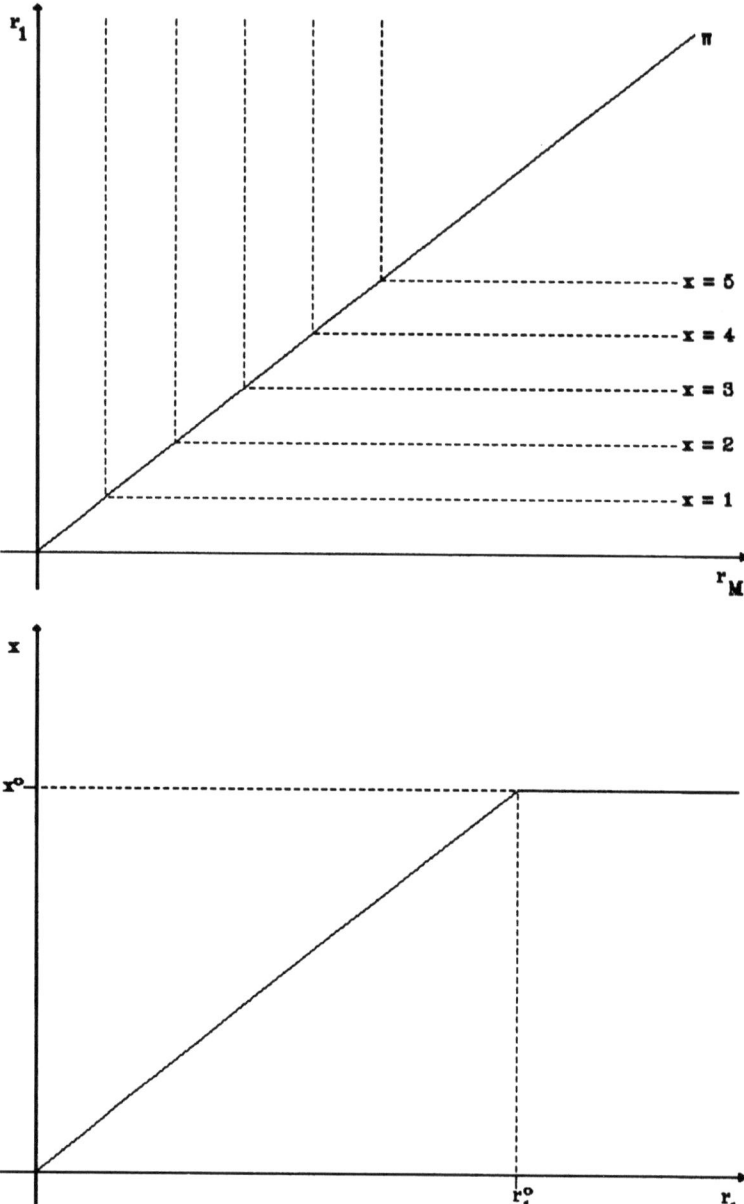

Abbildung 35: Isoquanten und Produktionsfunktion bei partieller Faktorvariation bei zeitlich-quantitativer Anpassung

Die Produktionsfunktion bei partieller Faktorvariation hat daher die Form:

$$x = f_1(r_1) = \begin{cases} r_1/a_1^0 & \text{für } r_1 \leq r_1^0 \\ x^0 = r_1^0/a_1^0 & \text{für } r_1 \geq r_1^0 \end{cases}$$

Der Verlauf dieser Produktionsfunktion bei *partieller Faktorvariation* ist im unteren Teil der Abbildung 35 wiedergegeben.

Zu beachten ist, daß hier eine Produktionsfunktion bei partieller Faktorvariation nur für den Fall der Bestandskonstanz hergeleitet werden kann. Für $r_1 < r_1^0$ werden Bestände aller konstanten Faktoren verschwendet, für $r_1 = r_1^0$ werden die Bestände der Engpaßfaktoren voll eingesetzt, für $r_1 > r_1^0$ muß der variable Faktor r_1 teilweise verschwendet werden.

Ein analoger Verlauf ergibt sich, wenn man die Betriebsmittelzeit r_M variiert und den verfügbaren Bestand der übrigen Faktoren konstant hält.

$$x = f_M(r_M) = \begin{cases} r_M \cdot v^0 & \text{für } r_M \leq r_M^0 \\ x^0 = r_M^0 \cdot v^0 & \text{für } r_M \geq r_M^0 \end{cases}$$

mit

$$r_M^0 = x^0/v^0$$

4.2.1.2.2 Die GUTENBERG-Produktionsfunktion bei zeitlicher und intensitätsmäßiger Anpassung

Bei der *Kombination* der zeitlich-quantitativen mit der intensitätsmäßigen Anpassung wird neben der Betriebsmittelzeit r_M auch die Produktionsgeschwindigkeit v variiert. Jeder Intensität ist dann ein Produktionsprozeß zugeordnet; die Produktionskoeffizienten für die verschiedenen Produktionsfaktoren werden durch die Verbrauchsfunktionen bestimmt.

Der Wechsel der Produktionsgeschwindigkeit bedeutet also einen Prozeßwechsel und damit eine Veränderung der Verhältnisse der Einsatzmengen der Produktionsfaktoren. Die intensitätsmäßige Anpassung ermöglicht daher unter Umständen eine Faktorsubstitution. Dazu muß es allerdings ein Intervall $[v^1, v^2]$ geben, in dem mindestens zwei Verbrauchsfunktionen gegenläufig sind. Innerhalb dieses Intervalls führt die Veränderung der Produktionsgeschwindigkeit zu einer Erhöhung des Produktionskoeffizienten für mindestens einen Faktor, während die Koeffizienten anderer Faktoren sinken (vgl. hierzu Abbildung 33). Da die Verbrauchsfunktion für die Betriebsmittelzeit

$$a_M = 1/v$$

monoton mit der Produktionsgeschwindigkeit fällt, ist diese Bedingung erfüllt, wenn es mindestens einen anderen Produktionsfaktor mit einem steigenden Ast der Verbrauchsfunktion gibt. Dann besteht zumindest die Möglichkeit der Substitution zwischen Betriebsmittelzeit und dem Einsatz mindestens eines anderen Faktors. Die Substitutionsmöglichkeiten zwischen jeweils zwei Produktionsfaktoren können als Isoquanten dargestellt werden (vgl. KNOLMAYER [1983]).

Dieser Sachverhalt kann anhand des folgenden Beispiels mit zwei Werkstoffen verdeutlicht werden. Die Verbrauchsfunktionen seien gegeben durch:

$$a_1(v) = 0{,}34 \cdot v^2 - 2{,}3 \cdot v + 5$$
$$a_2(v) = 0{,}23 \cdot v^2 - 3{,}0 \cdot v + 12$$

Die Produktionsgeschwindigkeit kann in dem Intervall [1; 8,5] variiert werden.

Diese beiden Verbrauchsfunktionen sind im Intervall [3,38; 6,52] gegenläufig, so daß Substitutionsmöglichkeiten zwischen den beiden Werkstoffen bestehen. Sie sind - gemeinsam mit der Verbrauchsfunktion für das Betriebsmittel - in Abbildung 36 graphisch dargestellt.

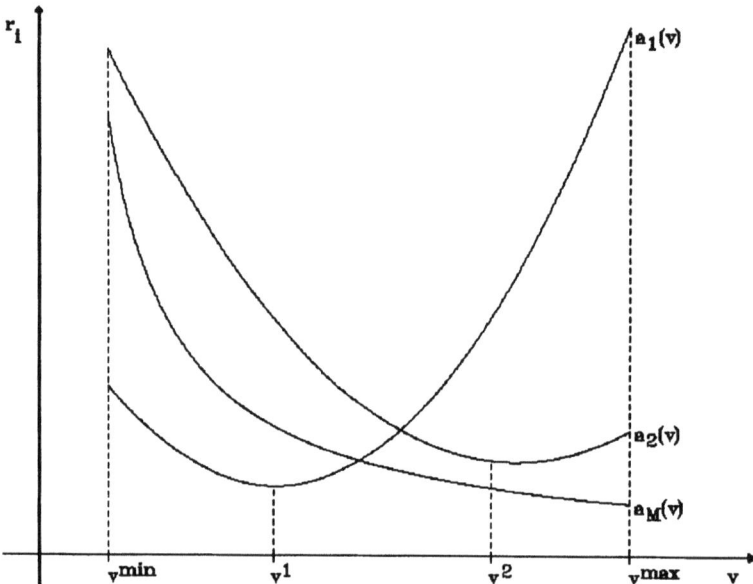

Abbildung 36: Verbrauchsfunktionen

Die möglichen Kombinationen der Faktoreinsatzmengen (r_1, r_2), mit denen eine Ausbringungsmenge x^0 hergestellt werden kann, erhält man, indem man in den Faktoreinsatz-Funktionen

$$r_i = a_i(v) \cdot x^0 \qquad (i = 1, 2)$$

$v \in [v^{min}, v^{max}]$ parametrisch variiert und die resultierenden Kombinationen der Einsatzmengen der Werkstoffe in einem (r_1, r_2)-Koordinatensystem abträgt. In Abbildung 37 ist die so ermittelte Projektion der Isoquante für $x^0 = 1$ in die (r_1, r_2)-Ebene dargestellt.

Im Intervall $[r_1^1, r_1^2]$ ist eine Substitution von Einsatzmengen des Faktors 2 durch Einsatzmengen des Faktors 1 möglich. Ist hingegen $r_1 > r_1^2$, dann führt eine Erhöhung von

r_1 zu einem Anstieg von r_2. Für $r_1 < r_1^1$ ist es nicht möglich, eine Ausbringung von $x = 1$ zu erzielen. Ebenso kann durch die Veränderung der Produktionsgeschwindigkeit erreicht werden, daß eine Erhöhung der Einsatzmenge r_2 des Faktors 2 im Intervall $[r_2^1, r_2^2]$ zu einer Verringerung der Einsatzmenge r_1 des Faktors 1 führt.

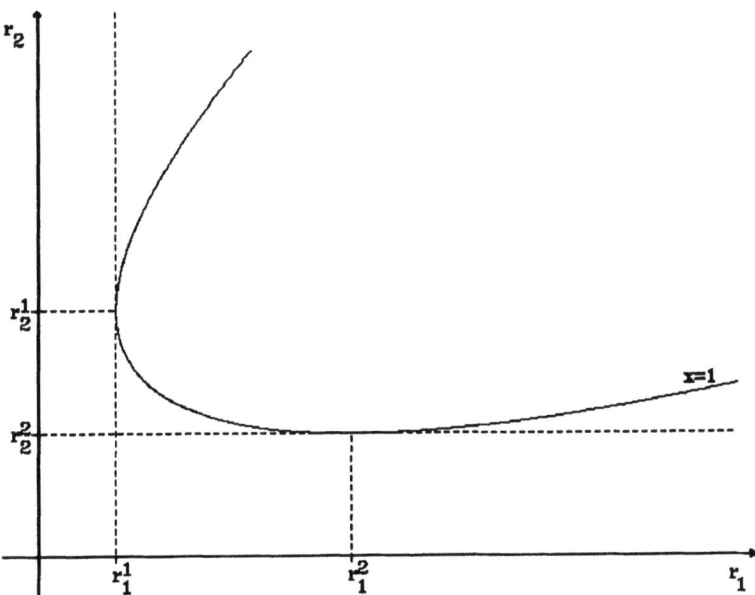

Abbildung 37: Isoquante der GUTENBERG-Produktionsfunktion bei zeitlich-intensitätsmäßiger Anpassung

In dem oben angegebenen Zahlenbeispiel ist der Bereich, in dem eine Substitution zwischen den beiden Werkstoffen möglich ist, durch folgende Zahlenwerte begrenzt:

$$r_1^1 = r_1(v_1^0) = 1{,}11 \qquad r_1^2 = r_1(v_2^0) = 4{,}46$$
$$r_2^1 = r_2(v_1^0) = 4{,}48 \qquad r_2^2 = r_2(v_2^0) = 2{,}22$$

Dabei ist v_i^0 die Intensität, bei der das Minimum der Verbrauchsfunktion des Faktors i ($i = 1, 2$) liegt.

Die Substitutionsbeziehungen zwischen der Betriebsmittelzeit r_M und dem Einsatz r_i jeweils eines Werkstoffs lassen sich als Projektionen der Isoquante in die (r_i, r_M)-Ebenen darstellen. Hierzu ist die bei einer Produktionsgeschwindigkeit v zur Erzeugung einer Ausbringungsmenge x^0 erforderliche Einsatzmenge des Faktors i aus

$$r_i = a_i(v) \cdot x^0$$

zu berechnen; die Betriebsmittelzeit ist gegeben durch

$$r_M = \frac{x^0}{v}$$

Die Projektionen der Isoquante in die (r_i, r_M)-Ebenen ($i = 1, 2$) sind in Abbildung 38 dargestellt.

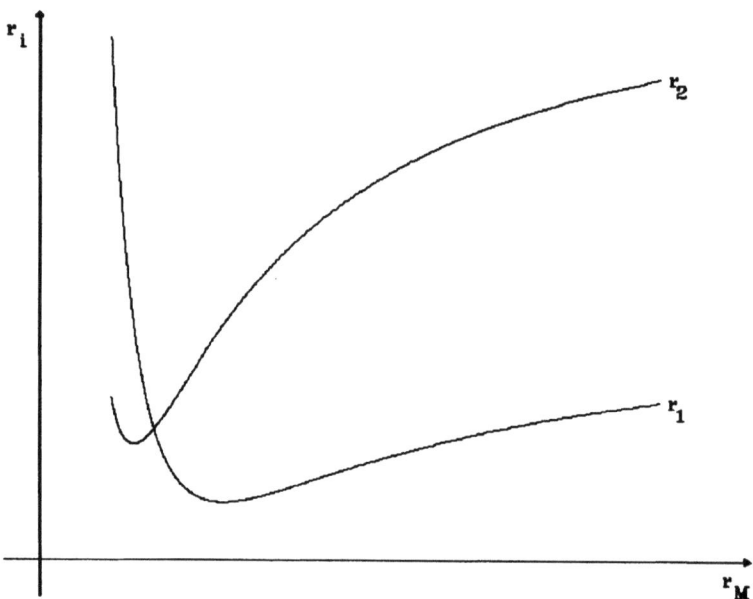

Abbildung 38: Betriebsmittelzeit und Werkstoffeinsatz

Auch wenn die Projektion der Isoquante in die (r_1, r_2)-Ebene Bereiche aufweist, in denen der Mehreinsatz eines Verbrauchsfaktors nicht zu einer Verringerung der Einsatzmenge des anderen Verbrauchsfaktors führt und die Projektionen in die (r_M, r_i)-Ebenen nicht einmal konvex sind, kann aus Abbildung 38 der Eindruck entstehen, daß in einer GUTENBERG-Technologie ähnliche Substitutionsmöglichkeiten wie bei neoklassischen Produktionsfunktionen oder in linearen Technologien bestehen: Es gibt alternative Kombinationen von Produktionsfaktoren, mit denen eine vorgegebene Ausbringungsmenge erzeugt werden kann; diese können durch stetige Isoquanten abgebildet werden. In GUTENBERG-Technologien kann eine Substitution zwischen zwei Faktoren jedoch nur durch eine Änderung der Produktionsgeschwindigkeit erreicht werden. Das führt im allgemeinen zu einer Veränderung der Einsatzmengen der anderen Faktoren; insbesondere führt eine intensitätsmäßige Anpassung bei Konstanz der Ausbringungsmenge immer zu einer Variation der Betriebsmittelzeit. Weil die Einsatzmengen aller Faktoren von einem gemeinsamen Parameter, der Produktionsgeschwindigkeit v, abhängen, müssen die Einsatzmengen der restlichen Faktoren angepaßt werden.

Dieser Sachverhalt läßt sich anhand der Abbildung 39 verdeutlichen: Dort sind für das Zahlenbeispiel alle möglichen Projektionen der Isoquanten zusammengestellt: Der erste Quadrant zeigt die möglichen Kombinationen der Einsatzmengen der Faktoren $i = 1, 2$, die eine Ausbringungsmenge $x^0 = 1$ ermöglichen; im zweiten und vierten Quadranten sind mögliche Kombinationen der Einsatzmengen des Betriebsmittels r_M und der Faktoren r_1 bzw. r_2 dargestellt.

Technologische Begründung der Produktivitätsbeziehungen 155

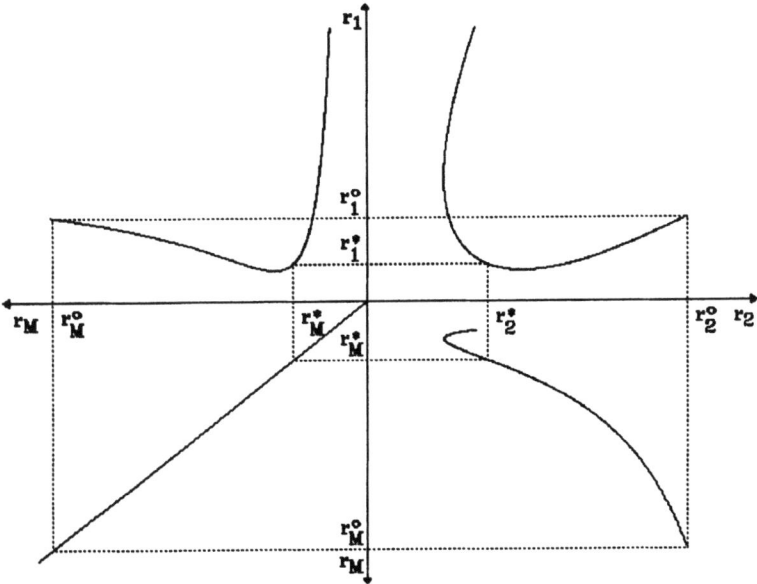

Abbildung 39: Projektionen der Isoquante

Die Intensität $v^0 = 1$ führt zu der Kombination (r_1^0, r_2^0) der Verbrauchsfaktoren, die eine Ausbringungsmenge $x = 1$ ermöglicht; das Betriebsmittel wird dann im Umfang r_M^0 genutzt. Es besteht z.B. die Möglichkeit, die gleiche Ausbringungsmenge mit der Kombination (r_1^*, r_2^*) herzustellen, wenn man die Intensität auf $v^* = 4,2$ erhöht; dadurch sinkt jedoch auch die Betriebsmittelzeit auf r_M^*. Die Intensität v^0 ist offensichtlich ineffizient.

Bei einer GUTENBERG-Technologie sind wegen der Abhängigkeit der Faktoreinsatzmengen-Kombinationen $\underline{r}$ von der Intensität die Substitutionsmöglichkeiten eingeschränkt: Es kann immer nur das Einsatzmengen-Verhältnis von zwei Faktoren frei variiert werden; mit der Festlegung dieses Verhältnisses sind die Einsatzmengen-Verhältnisse aller übrigen Faktoren durch die Produktionsgeschwindigkeit determiniert.

Weiter zeigt Abbildung 39, daß zwar die Kombination der Verbrauchsfaktoren (r_1^*, r_2^*) und ebenfalls die Kombination des Verbrauchsfaktors 1 und der Einsatzzeit des Betriebsmittels (r_1^*, r_M^*) im effizienten Bereich der jeweiligen Projektion der Isoquante liegen, daß aber die Kombination (r_2^*, r_M^*) auf dem steigenden Ast liegt. Dennoch ist die Kombination (r_1^*, r_2^*, r_M^*) effizient, weil r_M^* nur dann reduziert werden kann, wenn r_1 erhöht wird. Die mit den Intensitäten $v^* = 4,2$, $v^- = 4,15$ und $v^+ = 4,25$ verbundenen Produktionspunkte sind gegeben durch

$$\underline{r}^- = \begin{bmatrix} 1,3107 \\ 3,5112 \\ 0,2410 \end{bmatrix} \quad \underline{r}^* = \begin{bmatrix} 1,3376 \\ 3,4572 \\ 0,2381 \end{bmatrix} \quad \underline{r}^+ = \begin{bmatrix} 1,3663 \\ 3,4044 \\ 0,2353 \end{bmatrix}$$

Der Vergleich des Produktionspunktes $\underline{r}^*$ mit den Produktionspunkten $\underline{r}^-$ und $\underline{r}^+$ zeigt, daß dieser - zumindest in seiner Umgebung - nicht dominiert wird.

Es ist typisch für die zeitlich-intensitätsmäßige Anpassung, daß ein effizienter Produktionspunkt auf dem steigenden Ast der Projektion der Isoquante in eine (r_i, r_M)-Ebene liegt: Eine Substitution zwischen zwei Faktoren i und k ist nur dann möglich, wenn es ein Intervall gibt, in dem $a_k(v)$ sinkt und $a_i(v)$ steigt. Da die Verbrauchsfunktion für die Betriebsmittelzeit a_M monoton sinkt, steigen bei einer Verringerung der Produktionsgeschwindigkeit sowohl die Betriebsmittelzeit als auch die Einsatzmenge des Faktors k, die Projektion der Isoquante in die (r_k, r_M)-Ebene steigt in diesem Punkt an.

Es ist nun zu zeigen, daß die eingeschränkte Substitutionalität der GUTENBERG-Produktionsfunktion bei zeitlich-intensitätsmäßiger Anpassung eine partielle Faktorvariation ermöglicht und welche Eigenschaften die *Produktionsfunktion bei partieller Faktorvariation* besitzt. Hierbei wird - analog zum Vorgehen der linearen Aktivitätsanalyse - *Bestandskonstanz* vorausgesetzt, d.h. es wird unterstellt, daß die Faktoren $\underline{r}$ in konstanten Mengen $\underline{r}^0$ verfügbar sind und daß die Einsatzmenge eines Faktors parametrisch variiert wird. Ohne Einschränkung der Allgemeinheit kann davon ausgegangen werden, daß der Verbrauchsfaktor 1 variabel ist und die Bestände aller anderen Faktoren - und insbesondere die verfügbare Betriebsmittelzeit - konstant sind. Dabei wird vorausgesetzt, daß die Faktoreinsatzfunktionen konvex sind.

Bei einem geringen Bestand des variablen Faktors wird man den Prozeß einsetzen, der am wenigsten von diesem benötigt, d.h. man produziert mit der Intensität v^*, für die die Verbrauchsfunktion $a_1(v)$ ihr Minimum besitzt. Bei einer Erhöhung des Bestandes des variablen Faktors kann die Produktion mit diesem Produktionsprozeß solange ausgedehnt werden, wie die Bestände der konstanten Faktoren ausreichen. Da der Produktionskoeffizient $a_1(v^*)$ bei konstanter Intensität konstant ist, steigt die Ausbringungsmenge x linear mit der Einsatzmenge r_1 des variablen Faktors:

$$x = \frac{r_1}{a_1(v^*)}$$

Wegen der Konstanz der Produktionskoeffizienten steigen die Einsatzmengen der konstanten Faktoren r_i ($i = 2, \ldots, n$) - und insbesondere die Einsatzzeit des Betriebsmittels r_M - ebenfalls linear an. Diese zeitliche Anpassung kann solange erfolgen, bis der Bestand eines der konstanten Faktoren ausgeschöpft wird. Die Kapazitätsgrenze bei zeitlicher Anpassung ist gegeben durch:

$$r_1^* = a_1(v^*) \cdot x^*$$

mit

$$x^* = \min\left\{r_M^0 \cdot v^*; r_i^0 / a_i(v^*) \mid i = 2, \ldots, n\right\}$$

Wenn durch eine Erhöhung der Produktionsgeschwindigkeit Einsatzmengen des Engpaßfaktors durch Einsatzmengen des variablen Faktors substituiert werden können, dann ist es möglich, die Ausbringungsmenge durch intensitätsmäßige Anpassungsmaßnahmen weiter zu erhöhen. Dabei sind folgende Fälle zu unterscheiden:

Technologische Begründung der Produktivitätsbeziehungen

(1) Die Kapazitätsgrenze bei zeitlicher Anpassung wird durch das Betriebsmittel bestimmt, d.h.

$$x^* = r_M^0 \cdot v^* \quad \text{und} \quad r_1^* = a_1(v^*) \cdot x^*$$

(2) Die Kapazitätsgrenze bei zeitlicher Anpassung wird durch den Bestand r_k^0 eines fixen Faktors k begrenzt:

$$x^* = r_k^0 / a_k(v^*) \quad \text{und} \quad r_1^* = a_1(v^*) \cdot x^*$$

Im ersten Fall kann die Ausbringungsmenge durch eine Erhöhung der Produktionsgeschwindigkeit vergrößert werden. Da die Verbrauchsfunktion für die Betriebsmittelzeit monoton fällt, die des variablen Faktors aber für $v > v^*$ steigt, findet eine Substitution von Betriebsmittelzeit durch den Mehreinsatz des variablen Faktors statt.

Bei intensitätsmäßiger Anpassung wird die Beziehung zwischen Faktoreinsatz- und Ausbringungsmenge durch die Faktoreinsatzfunktion beschrieben. Insbesondere gilt für den variablen Faktor

$$r_1 = a_1(x/r_M) \cdot x = R_1(x)$$

wobei $R_1(x)$ die ausbringunsgbezogene Faktoreinsatzfunktion ist.

Die mit einem Faktoreinsatz r_1 erzielbare Ausbringungsmenge ist dann gegeben durch die Inverse der Faktoreinsatzfunktion:

$$x = R_1^{-1}(r_1)$$

Die Möglichkeiten, die Ausbringungsmenge durch intensitätsmäßige Anpassung zu erhöhen, sind begrenzt, weil

(a) die Produktionsgeschwindigkeit nicht über eine technisch bestimmte Obergrenze v^{max} erhöht werden kann,

(b) der Bestand r_k^0 eines der konstanten Faktoren eine weitere Erhöhung der Ausbringung verhindert.

Falls die Bestände der konstanten Faktoren r_i^0 ($i = 2,...,n$) genügend groß sind, wird die maximal mögliche Ausbringungsmenge x^{max} durch die maximale Produktionsgeschwindigkeit v^{max} bestimmt:

$$x^{max} = r_M \cdot v^{max}$$

Um diese Ausbringungsmenge herzustellen, wird eine Einsatzmenge

$$r_1^{max} = a_1(v^{max}) \cdot x^{max} = a_1(v^{max}) \cdot r_M \cdot v^{max}$$

des variablen Faktors benötigt. Eine Erhöhung des Einsatzes über diese Grenze hinaus führt zu keiner Ausdehnung der Ausbringungsmenge.

In diesem Fall ergibt sich der folgende Verlauf der Produktionsfunktion bei partieller Faktorvariation (vgl. Abbildung 40):

- Im Intervall $[0, r_1^*]$ kann die Ausbringung durch zeitliche Anpassung variiert werden; die Ausbringungsmenge steigt *linear* mit der Einsatzmenge r_1.

- Im Intervall $[r_1^*, r_1^{max}]$ kann die Ausbringung durch intensitätsmäßige Anpassung verändert werden; die Beziehung zwischen der Einsatzmenge des variablen Faktors und der Ausbringungsmenge wird durch die *Inverse der Faktoreinsatzfunktion* $R_1(x)$ beschrieben.

- Für $r_1 > r_1^{max}$ führt eine Variation der Einsatzmenge des variablen Faktors zu keiner Veränderung der Ausbringungsmenge.

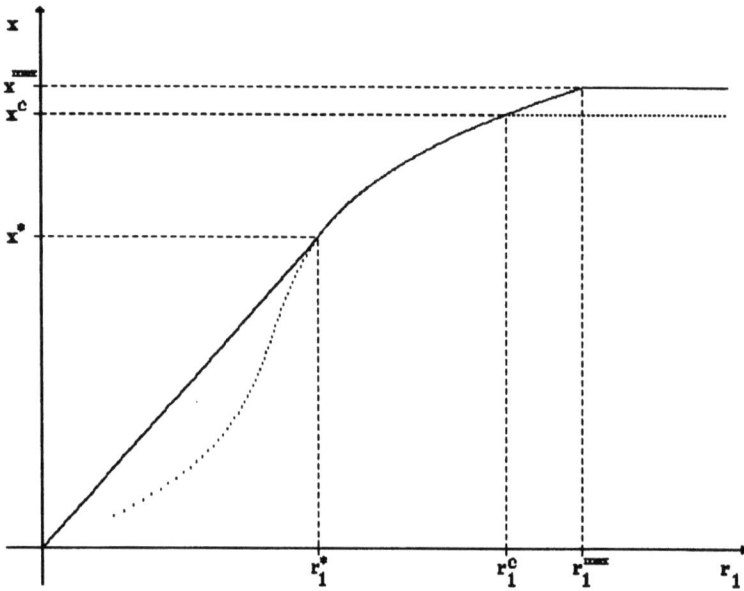

Abbildung 40: Produktionsfunktion bei partieller Faktorvariation

Reicht hingegen der Bestand eines fixen Faktors nicht aus, um mit der maximalen Intensität zu arbeiten, d.h. ist

$$r_i(v^{max}) = a_i(v^{max}) \cdot v^{max} \cdot r_M^0 > r_i^0 \qquad \text{für mindestens ein } i$$

dann wird die Kapazitätsgrenze durch einen der fixen Faktoren bestimmt.

Soll ein Betriebsmittel mit der Intensität v und der Betriebsmittelzeit r_M^0 genutzt werden, dann sind aufgrund der zeitbezogenen Faktoreinsatzfunktion

$$r_i = a_i(v) \cdot v \cdot r_M^0 = R_i^*(v) \cdot r_M^0$$

Einheiten des fixen Faktors i erforderlich. Bei gegebenen Beständen r_i^0 der fixen Faktoren kann daher das Betriebsmittel höchstens mit der Intensität

$$v^c = \min_i \left\{ R_i^{*-1}(r_i^0 / r_M^0) \right\}$$

arbeiten. Die entsprechende Ausbringungsmenge und die Einsatzmenge des variablen Faktors sind gegeben durch

$$x^c = v^c \cdot r_M \qquad \text{und} \qquad r_1^c = a_1(v^c) \cdot x^c$$

Reichen die Bestände der fixen Faktoren nicht aus, mit der maximalen Intensität zu produzieren, dann kann die Ausbringungsmenge nur durch intensitätsmäßige Anpassung im Intervall $[r_1^*, r_1^c]$ erhöht werden. Eine Erhöhung der Einsatzmenge über r_1^c hinaus hat keine Auswirkungen auf die Ausbringungsmenge.

Ist die Kapazitätsgrenze bei zeitlicher Anpassung durch die Betriebsmittelzeit r_M^0 begrenzt, dann kann sie durch intensitätsmäßige Anpassungsmaßnahmen bis zu einer Maximalkapazität

$$x^0 = \min\{x^c, x^{\max}\}$$

erhöht werden. Die der maximalen Ausbringungsmenge x^0 entsprechende Einsatzmenge des variablen Faktors ist gegeben durch

$$r_1^0 = \min\{r_1^c, r_1^{\max}\}$$

Die Produktionsfunktion bei partieller Faktorvariation hat dann die Form:

$$x = f_1(r) = \begin{cases} r_1/a_1(v^*) & \text{für } 0 \leq r_1 \leq r_1^* \\ R_1^{-1}(r_1) & \text{für } r_1^* \leq r_1 \leq r_1^0 \\ r_1^0/a(v^0) & \text{für } r_1 \geq r_1^0 \end{cases}$$

Ist hingegen die Kapazitätsgrenze bei zeitlicher Anpassung durch einen der fixen Faktoren k bestimmt, dann sind zwei Fälle zu unterscheiden:

(a) Die Verbrauchsfunktion des Engpaßfaktors steigt im Punkt v^* an. Dann ist es nicht möglich, durch intensitätsmäßige Anpassungsmaßnahmen Einsatzmengen des Engpaßfaktors k durch einen Mehreinsatz des variablen Faktors i zu substituieren; eine Erhöhung der Produktion über x^* ist nicht möglich. Die Produktionsfunktion bei partieller Faktorvariation hat die in Abbildung 35 dargestellte Form.

(b) Sinkt die Verbrauchsfunktion des Engpaßfaktors hingegen im Punkt v^*, dann kann die Einsatzmenge des Engpaßfaktors durch eine Erhöhung der Produktionsgeschwindigkeit reduziert und durch einen Mehreinsatz des variablen Faktors substituiert werden. Das ermöglicht es, die Ausbringungsmenge zu erhöhen, bis die durch die Maximalintensität $v^{\max}$ oder den Bestand eines fixen Faktors r_i^0 definierte Maximalkapazität

$$x^0 = \min\{x^c, x^{\max}\}$$

erreicht ist.

Die Produktionsfunktion bei partieller Faktorvariation hat in diesem Fall die in Abbildung 40 dargestellte Gestalt: Bis zur Kapazitätsgrenze bei zeitlicher Anpassung r_1^* steigt die Produktionsfunktion bei partieller Faktorvariation linear an; im Intervall $[r_1^*, r_1^c]$ fällt sie mit der Inversen der Faktoreinsatzfunktion zusammen.

Zusammenfassend ist festzustellen, daß die Produktionsfunktion bei partieller Faktorvariation in einer GUTENBERG-Technologie mit der Möglichkeit einer zeitlich-intensitätsmäßigen Anpassung konkav ist, falls die Verbrauchsfunktionen aller Faktoren konvex sind: Im Bereich der zeitlichen Anpassung steigt die Ausbringungsmenge linear. Falls sie durch intensitätsmäßige Anpassung über die Kapazitätsgrenze bei zeitlicher Anpassung hinaus ausgedehnt wird, dann wird der weitere Verlauf der Produktionsfunktion durch die Inverse der Faktoreinsatzfunktion für den variablen Faktor beschrieben. Intensitätsmäßige Anpassung ist nur bei steigender Verbrauchsfunktion des variablen Faktors und damit im konvexen Bereich der Faktoreinsatzfunktion sinnvoll, daher ist deren Inverse konkav. Da die Produktionsfunktion im Punkt r_1^* stetig ist, ist die Produktionsfunktion bei partieller Faktorvariation insgesamt konkav.

Bei zeitlich-intensitätsmäßiger Anpassung ist der Faktoreinsatz des variablen Faktors r_1 durch die Inverse der Produktionsfunktion bei partieller Faktorvariation gegeben:

$$R_1(x) = f_1^{-1}(x)$$

Aus der Konkavität von f folgt die Konvexität dieser Faktoreinsatzfunktion. Die Funktion der tatsächlich verbrauchten Mengen $R_i(x)$ der fixen Faktoren ist hingegen bei zeitlich-intensitätsmäßiger Anpassung nicht immer konvex.

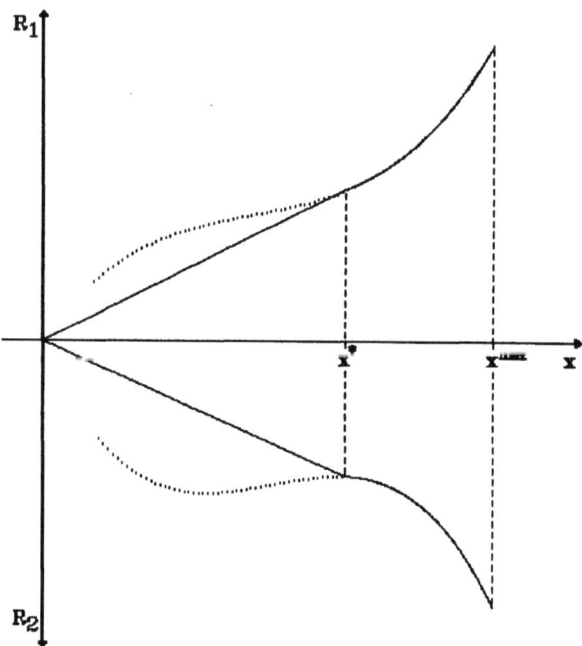

Abbildung 41: Faktoreinsatzfunktionen bei zeitlich-intensitätsmäßiger Anpassung

Diese Tatsache macht Abbildung 41 deutlich: Im ersten Quadranten ist die Faktoreinsatzfunktion $R_1(x)$ für den variablen Faktor bei zeitlich-intensitätsmäßiger Anpassung dargestellt, im vierten Quadranten sind die tatsächlichen Verbrauchsmengen eines fixen Faktors $R_2(x)$ in Abhängigkeit von der Ausbringungsmenge abgetragen. Die gepunkteten Linien stellen für beide Faktoren den Verlauf der Faktoreinsatzfunktionen bei intensitätsmäßiger Anpassung dar. Im Intervall $[0, x^*]$ wird die Ausbringungsmenge durch zeitliche

Anpassung variiert; der tatsächliche Faktoreinsatz beider Faktoren steigt in diesem Intervall mit dem Anstieg $a_i(v^*)$ $(i = 1, 2)$ linear an. Im Intervall $(x^*, x^{max}]$ kann eine Variation der Ausbringungsmenge hingegen nur durch intensitätsmäßige Anpassungsmaßnahmen erreicht werden; der Anstieg der Faktoreinsatzfunktionen ist in diesem Intervall gegeben durch $a_i(x)$. Gibt es nun ein Intervall (x^*, x^0), in dem

$$a_2(x/r_M) < a_2(v^*) \qquad (x^* < x < x^0)$$

d.h. in dem die Verbrauchsfunktion eines fixen Faktors sinkt, dann ist die Funktion des tatsächlichen Verbrauchs dieses Faktors nicht konvex.

4.2.1.2.3 Die GUTENBERG-Produktionsfunktion bei rein intensitätsmäßiger Anpassung

Die zeitliche Anpassung und deren Kombination mit der Variation der Produktionsgeschwindigkeit zur zeitlich-intensitätsmäßigen Anpassung setzen voraus, daß es möglich ist, Betriebsmittel zeitweilig stillzulegen. Diese Bedingung dürfte zwar in sehr vielen Fällen erfüllt sein, es gibt jedoch Aggregate, die nicht oder nur mit sehr hohem Aufwand zeitweise stillgelegt werden können: So müssen z.B. chemische Anlagen mit sehr aufwendigen Verfahren gereinigt werden, wenn die Prozesse zeitweilig unterbrochen wurden, Hochöfen müssen nach einer vorübergehenden Stillegung völlig überholt werden.

Im folgenden ist daher zu untersuchen, wie sich die Beschränkung auf die intensitätsmäßige Anpassung auf die Produktionsfunktion auswirkt.

Bei rein intensitätsmäßiger Anpassung besteht eine eindeutige Beziehung zwischen der Produktionsgeschwindigkeit v und der Ausbringungsmenge x:

$$x = r_M^0 \cdot v$$

wobei r_M^0 die nicht variierbare Betriebsmittelzeit ist.

Die Produktionskoeffizienten hängen ebenfalls eindeutig von der Produktionsgeschwindigkeit ab:

$$a_i = a_i(v) \qquad (i = 1, \ldots, n; M)$$

Jeder Ausbringungsmenge ist damit eine eindeutige Kombination von Faktoreinsatzmengen zugeordnet; es gibt daher keine Substitutionsmöglichkeiten zwischen den Einsatzmengen der Produktionsfaktoren, die Produktionsfunktion ist *limitational*.

Während der *Expansionspfad* bei Nutzung eines einzelnen Produktionsprozesses in der linearen Aktivitätsanalyse und auch bei zeitlich-quantitativer Anpassung linear ist, ist der Expansionspfad bei rein intensitätsmäßiger Anpassung *nicht-linear*, weil sich die Verhältnisse der Faktoreinsatzmengen bei einer Veränderung der Produktionsgeschwindigkeit verschieben. Wie Abbildung 42 am Beispiel der Verbrauchsfunktionen

$$a_1(v) = 0{,}23 \cdot v^2 - 3{,}0 \cdot v + 12$$

und

$$a_2(v) = 0{,}18 \cdot v^2 - 2{,}16 \cdot v + 10$$

zeigt, ist der Expansionspfad weder konvex noch monoton, wenn es einen Bereich gibt, in dem die Ableitungen der Verbrauchsfunktionen verschiedene Vorzeichen besitzen.

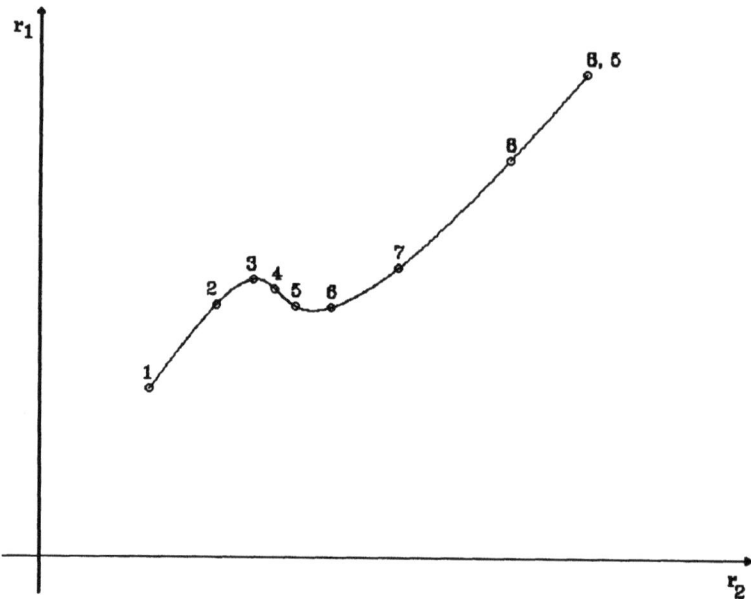

Abbildung 42: Expansionspfad bei rein intensitätsmäßiger Anpassung

Reichen die Bestände der fixen Faktoren aus, um mit maximaler Intensität zu produzieren, dann ist die *Produktionsfunktion bei partieller Faktorvariation* gleich der Inversen der Faktoreinsatzfunktion für den variablen Faktor:

$$x = f_1(r_1) = R_1^{-1}(r_1) \qquad (r_1^{\min} \leq r_1 \leq r_1^{\max})$$

Dabei ist zu beachten, daß die Einsatzmenge des variablen Faktors nur in einem Intervall $[r_1^{\min}, r_1^{\max}]$ variiert werden kann, da die Produktionsgeschwindigkeit nur in dem Intervall $[v^{\min}, v^{\max}]$ verändert werden kann. Die Unter- und Obergrenze für die Einsatzmengen des variablen Faktors sind gegeben durch:

$$r_1^{\min} = a_1(v^{\min}) \cdot r_M^0 \cdot v^{\min}$$

$$r_1^{\max} = a_1(v^{\max}) \cdot r_M^0 \cdot v^{\max}$$

wobei r_M^0 die - nicht variierbare - Kapazität des Betriebsmittels ist.

Die Produktionsfunktion bei partieller Faktorvariation bei rein intensitätsmäßiger Anpassung ist in Abbildung 43 wiedergegeben.

Reichen die Bestände von fixen Faktoren nicht aus, um mit der maximalen Intensität zu produzieren, dann ist die Obergrenze für den Einsatz des variablen Faktors ebenso wie im Fall der zeitlich-intensitätsmäßigen Anpassung durch die Kapazität des Engpaßfaktors bestimmt.

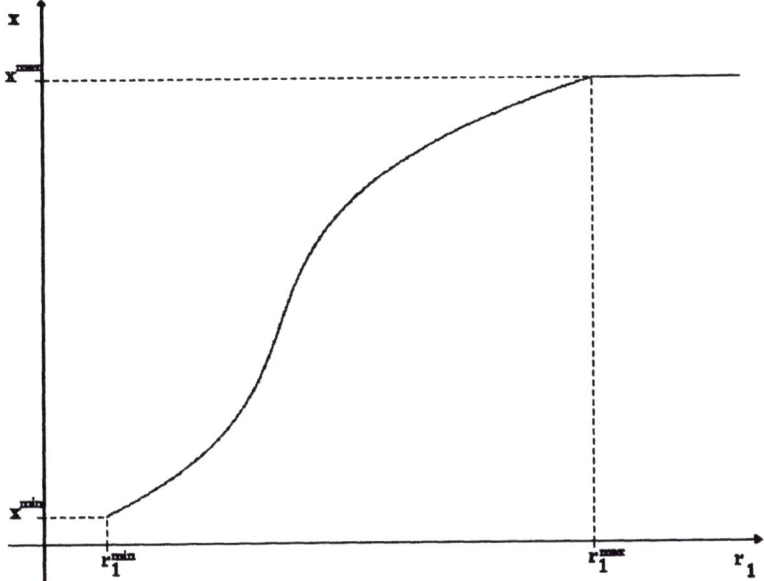

Abbildung 43: Produktionsfunktion bei partieller Faktorvariation im Fall rein intensitätsmäßiger Anpassung

4.2.1.2.4 Die GUTENBERG-Produktionsfunktion bei Intensitätssplitting

Bei den bisherigen Überlegungen zur intensitätsmäßigen Anpassung wurde davon ausgegangen, daß die Einsatzzeit der Produktionsstelle nicht variiert werden kann und die Produktionsgeschwindigkeit in Abhängigkeit von der zu erstellenden Ausbringungsmenge über den gesamten Planungszeitraum konstant bleibt. Es stellt sich nun die Frage, welche Auswirkungen es hat, wenn die Produktionsstelle bei konstanter Arbeitszeit mit wechselnden Intensitäten arbeiten kann. Einen solchen Wechsel der Produktionsgeschwindigkeit bezeichnet man im Anschluß an DELLMANN/NASTANSKI [1969] als *Intensitätssplitting*.

Um allgemeine Eigenschaften der *Produktionsfunktion bei partieller Faktorvariation* herzuleiten, werden im folgenden die Verbrauchsfunktionen durch ein Näherungspolynom approximiert, d.h. es werden endlich viele Stützstellen v^k mit

$$v^{min} = v^1 < \ldots < v^l = v^{max}$$

betrachtet. Der Wert a_i^k der Verbrauchsfunktion i an der Stützstelle v^k ist gleich

$$a_i^k = a_i(v^k) \qquad (i = 1,\ldots,n;\ k = 1,\ldots,l)$$

Bezeichnet man mit t_k die Zeitdauer, während der das Betriebsmittel mit der Intensität $k = 1,\ldots,l$ arbeitet, dann kann man das folgende lineare Programm zur Maximierung der mit gegebenen Beständen der Produktionsfaktoren r_i^0 $(i = 1,\ldots,n)$ herstellbaren Ausbringungsmenge formulieren:

$$x = \sum_{k=1}^{l} v^k \cdot t_k \Rightarrow \max!$$

unter den Nebenbedingungen

$$r_i = \sum_{k=1}^{l} a_i^k \cdot v^k \cdot t_k \leq r_i^0 \qquad (i = 1, \ldots, n)$$

$$r_M = \sum_{k=1}^{l} t_k = r_M^0$$

Die ersten n Restriktionen stellen sicher, daß der Einsatz der Faktoren i $(i = 1, \ldots, n)$ höchstens gleich deren Bestand ist, die letzte Restriktion gewährleistet, daß der Betriebsmitteleinsatz gleich der verfügbaren Betriebsmittelzeit r_M^0 ist, zeitliche Anpassung also ausgeschlossen wird.

Die Zahl der Intensitäten, zwischen denen gewechselt wird, läßt sich mit Hilfe des *Ekkentheorems* der linearen Programmierung bestimmen. Da das lineare Programm $n+1$ Restriktionen besitzt, könnte man vermuten, daß es optimal sei, zwischen $n+1$ Intensitätsstufen zu wechseln. Es ist jedoch zu berücksichtigen, daß wegen der festen Verhältnisse zwischen den Faktoreinsatzmengen r_i $(i = 1, \ldots, n)$ die Kapazität nur durch einen Engpaßfaktor beschränkt ist. In den Basislösungen sind daher jeweils $n-1$ Schlupfvariablen für nicht ausgenutzte Bestände der übrigen Faktoren enthalten. In optimalen Basislösungen sind daher höchstens zwei Zeitdauern $t_k > 0$; es ist also optimal, zwischen höchstens *zwei* Intensitätsstufen zu wechseln.

Hierbei sind zwei Fälle zu unterscheiden:

(1) Es wird zwischen zwei benachbarten Intensitätsstufen v^k und v^{k+1} gewechselt. Der Wechsel der Intensitätsstufen ist ausschließlich durch die stückweise lineare Approximation der Verbrauchsfunktion bedingt.

(2) Es wird zwischen zwei nicht benachbarten Intensitätsstufen v^k und v^l mit $l > k+1$ gewechselt. In diesem Fall liegt ein echtes *Intensitätssplitting* vor, die Produktionsgeschwindigkeit wird nach t_k Zeiteinheiten von v^k auf v^l umgeschaltet. Im Intervall (v^k, v^l) ergibt sich die maximale Ausbringungsmenge als Konvexkombination der Ausbringungsmengen, die mit den beiden Intensitäten maximal herstellbar sind.

Die Produktionsfunktion bei partieller Faktorvariation läßt sich konstruieren, indem man in dem linearen Programm den Bestand des variablen Faktors r_1^0 parametrisch variiert. Aufgrund der einfachen Struktur der Lösungsmenge läßt sich ihr Verlauf jedoch durch folgende Überlegungen begründen (vgl. Abbildung 44):

Falls kein Intensitätssplitting stattfindet, ist die Produktionsfunktion gleich der Inversen der Faktoreinsatzfunktion.

Intensitätssplitting bedeutet eine Konvexkombination der Produktionsgeschwindigkeiten, der Faktoreinsatzmengen und der Ausbringungsmenge.

Technologische Begründung der Produktivitätsbeziehungen

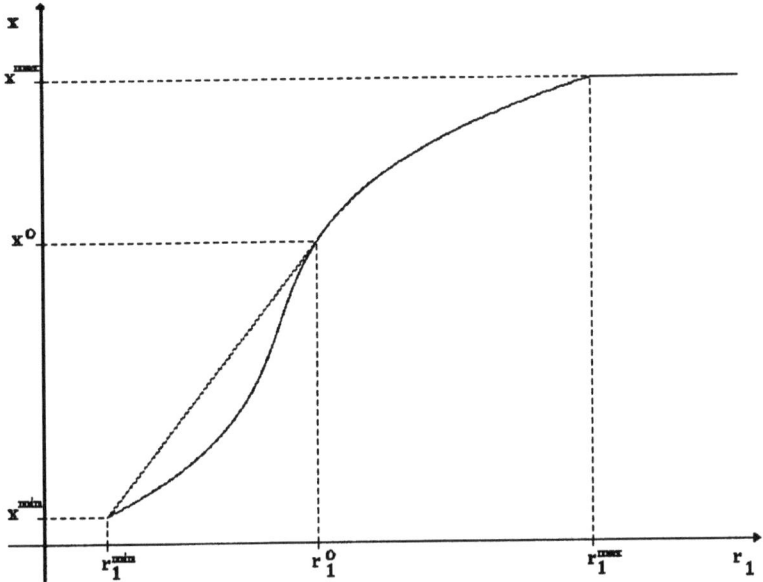

Abbildung 44: Produktionsfunktion bei partieller Faktorvariation im Fall des Intensitätssplitting

Es seien

$$r_1^k = a_1^k \cdot v_k \qquad x^k = v^k$$

die Einsatzmenge des variablen Faktors und die Ausbringungsmenge pro Zeiteinheit bei Nutzung des Betriebsmittels mit der Intensität v^k. Findet ein Intensitätssplitting zwischen den beiden Intensitäten v^k und v^l statt, dann ergibt sich die Einsatzmenge des variablen Faktors als Konvexkombination:

$$r_1 = t_k \cdot r_1^k + t_l \cdot r_1^l$$

Ebenso ist die Ausbringungsmenge gleich der Konvexkombination

$$x = t_k \cdot v^k + t_l \cdot v^l$$

Die Gewichte t_k und $t_l = r_M^0 - t_k$ sind so bestimmt, daß die Einsatzmenge des variablen Faktors genau gleich r_1 ist. Folglich steigt die Ausbringungsmenge bei Intensitätssplitting linear an.

Intensitätssplitting ist nur in einem Intervall sinnvoll, in dem die Inverse der Faktoreinsatzfunktion R_1^{-1} bei rein intensitätsmäßiger Anpassung streng konvex ist, da nur dann

$$t_k \cdot R_1^{-1}(r_1^k) + t_l \cdot R_1^{-1}(r_1^l) > R_1^{-1}(t_k \cdot r_1^k + t_l \cdot r_1^l)$$

Wie Abbildung 44 zeigt, findet ein Intensitätssplitting im Intervall $[r_1^{\min}, r_1^0]$ statt; r_1^0 ist die Faktoreinsatzmenge, bei der eine Gerade durch $f_1(r_1^{\min})$ die Produktionsfunktion bei rein intensitätsmäßiger Anpassung tangiert. Bezeichnet man den Anstieg dieser Geraden mit

$$\alpha = \frac{R_1^{-1}(r_1^0) - R_1^{-1}(r_1^{\min})}{r_1^0 - r_1^{\min}}$$

dann ist die Produktionsfunktion bei Intensitätssplitting gegeben durch

$$f_1(r_1) = \begin{cases} R_1^{-1}(r_1^{\min}) + \alpha(r_1 - r_1^{\min}) & r_1^{\min} \leq r_1 \leq r_1^0 \\ R_1^{-1}(r_1) & r_1^0 \leq r_1 \leq r_1^{\max} \end{cases}$$

Wie im Fall der rein intensitätsmäßigen Anpassung ist die Produktionsfunktion bei Intensitätssplitting nur im Intervall $[r^{\min}, r^{\max}]$ definiert.

Die zeitliche Anpassung kann als Spezialfall des Intensitätssplittings angesehen werden, bei dem die Möglichkeit besteht, Intensitäten aus dem Intervall $[v^{\min}, v^{\max}]$ mit der Intensität $v = 0$ zu kombinieren. Falls $v^{\min} > 0$, erbringt die zeitliche Anpassung immer eine höhere Ausbringung als das Intensitätssplitting zwischen Intensitäten aus dem Intervall $[v^{\min}, v^{\max}]$. Ein Intensitätssplitting ist daher nur dann sinnvoll, wenn

(1) die zeitliche Anpassung nicht möglich ist und

(2) die Inverse der Faktoreinsatzfunktion einen konvexen Bereich aufweist.

Ebenso wie die zeitlich-intensitätsmäßige Anpassung eröffnet das Intensitätssplitting die Möglichkeit, durch Variation der Kombination der Intensitäten die Verhältnisse der Faktoreinsatzmengen innerhalb bestimmter Grenzen zu variieren und Einsatzmengen eines Faktors durch Einsatzmengen eines anderen Faktors zu substituieren. Allerdings sind - wie im Fall der zeitlich-intensitätsmäßigen Anpassung - lediglich die Einsatzmengen von zwei Faktoren variierbar; diese legen die Intensitätskombination und damit die Einsatzmengen der übrigen Faktoren fest.

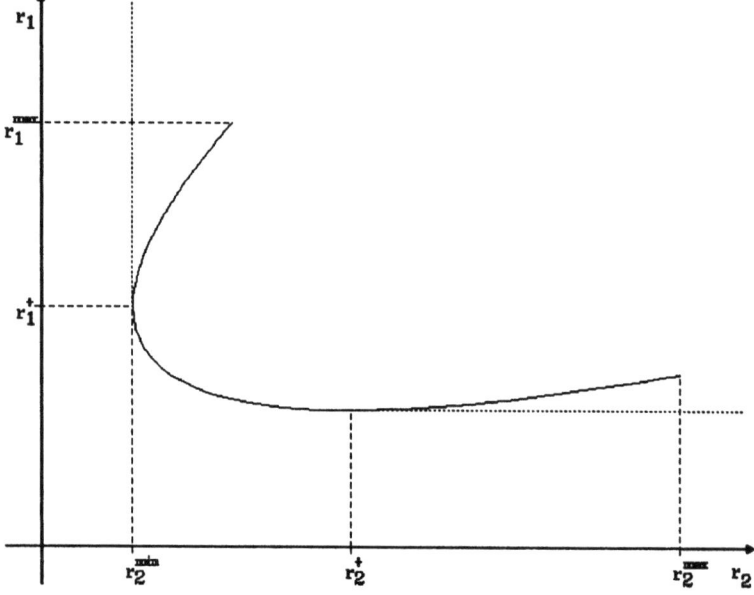

Abbildung 45: Isoquante bei Intensitätssplitting

Technologische Begründung der Produktivitätsbeziehungen 167

Um die Eigenschaften der *Isoquante* bei Intensitätssplitting zu ermitteln, wird im folgenden ohne Einschränkung der Allgemeinheit vorausgesetzt, daß die Einsatzmengen r_1 und r_2 variiert werden, während die Bestände r_i^0 der übrigen Faktoren $i = 3, \ldots, n$ sowie die Ausbringungsmenge x^0 vorgegeben sind. Weiter werden die Verbrauchsfunktionen durch Näherungspolygone mit den Stützstellen v^k ($k = 1, \ldots, l$) approximiert (vgl. Abbildung 45).

Der Wert a_i^k der Verbrauchsfunktion i an der Stützstelle v^k ist gegeben durch

$$a_i^k = a_i(v^k) \qquad (i = 1, \ldots, n; k = 1, \ldots, l)$$

Weiter sei t_k die Zeit, während der die Produktionsstelle mit der Intensität v^k ($k=1,\ldots,l$) arbeitet. Dann ist die Einsatzmenge des Faktors 1, die bei gegebenen Beständen r_i^0 der übrigen Faktoren $i = 2, \ldots, n$ mindestens eingesetzt werden muß, um die vorgegebene Ausbringungsmenge x^0 zu erzeugen, durch die optimale Lösung des folgenden linearen Programms bestimmt:

$$r_1 = \sum_{k=1}^{l} a_1^k \cdot v^k \cdot t_k \Rightarrow \min!$$

unter den Nebenbedingungen

$$\sum_{k=1}^{l} a_2^k \cdot v^k \cdot t_k \leq r_2$$

$$\sum_{k=1}^{l} a_i^k \cdot v^k \cdot t_k \leq r_i^0 \qquad (i = 3, \ldots, n)$$

$$\sum_{k=1}^{l} t_k = r_M^0$$

$$\sum_{k=1}^{l} v^k \cdot t_k = x^0$$

Durch parametrische Variation der Einsatzmenge r_2 kann man die Projektion der Isoquante für die beiden variablen Faktoren konstruieren, die in Abbildung 45 graphisch dargestellt ist. Wegen der allgemeinen Eigenschaften parametrischer linearer Programme ist diese konvex. Die Faktoreinsatzmengen-Restriktion für den zweiten Faktor ist als Ungleichung formuliert, d.h. überschüssige Mengen können verschwendet werden, die Isoquante ist daher monoton fallend; für $r_2 > r_2^+$ führt ein Mehreinsatz zu keiner Reduktion von r_1. Ebenso kann r_2 nicht durch Erhöhung von r_1 unter $r_2^{\min}$ reduziert werden. Dieser ineffiziente Bereich ist in Abbildung 45 gestrichelt dargestellt.

Wird keine Verschwendung der beiden variablen Faktoren zugelassen, soll also die Menge aller Kombinationen der Einsatzmengen (r_1, r_2), die eine Ausbringung von x^0 ermöglichen, bestimmt werden, dann ist die Konstruktion wie folgt zu modifizieren:

(1) Die Restriktion für den Einsatz des Faktors 2 ist als Gleichheitsrestriktion zu formulieren:

$$\sum_{k=1}^{l} a_2^k \cdot v^k \cdot t_k = r_2$$

In diesem Fall ist die Isoquante weiterhin konvex, sie steigt jedoch für $r_2 > r_2^+$ wieder an; Einsatzmengen des Faktors 2, die eine obere Schranke r_2^{max} überschreiten, können nicht eingesetzt werden; für $r_2 > r_2^{max}$ gibt es keine zulässige Lösung des parametrischen Programms.

(2) Um die Wirkung einer Erhöhung der Einsatzmengen des Faktors 1 über die Menge r_1^+ erfassen zu können, ist das parametrische Programm so zu modifizieren, daß die minimale Einsatzmenge des Faktors 2 in Abhängigkeit von den Einsatzmengen des Faktors 1 bestimmt wird:

$$r_2 = \sum_{k=1}^{l} a_2^k \cdot v^k \cdot t_k \Rightarrow \min!$$

wobei

$$\sum_{k=1}^{l} a_1^k \cdot v^k \cdot t_k = r_1$$

Die übrigen Restriktionen bleiben weiter bestehen.

Bei parametrischer Variation der Einsatzmengen r_1 erhält man den oberen Ast der Isoquante. Dieser ist ebenfalls konvex; ein Mehreinsatz von r_1 über r_1^+ erzwingt jedoch auch einen Mehreinsatz des Faktors 2. Kombinationen der Faktoreinsatzmengen mit $r_1 > r_1^{max}$ ermöglichen keine Ausbringungsmenge in Höhe von x^0. Der Verlauf der Isoquante bei Einsatzzwang für die variablen Faktoren ist in Abbildung 45 durchgezogen dargestellt.

4.2.2 Kostentheoretische Aspekte

Nachdem im vorigen Abschnitt die produktionstheoretischen Aspekte von GUTENBERG-Technologien analysiert und generelle Eigenschaften der Produktionsfunktion bei zeitlich-quantitativer und bei intensitätsmäßiger Anpassung dargestellt wurden, ist im folgenden die Kostenfunktion, d.h. die Abhängigkeit der Kosten von der Leistung einer Produktionsstelle bei unterschiedlichen Anpassungsformen, zu untersuchen. Dabei werden zunächst die Kostenverläufe bei zeitlich-quantitativer und bei rein intensitätsmäßiger Anpassung betrachtet; im Anschluß daran wird die optimale Kombination der Anpassungsformen diskutiert.

Die variablen Kosten einer Produktionsstelle sind definiert als

$$K_v = \sum_{i=1}^{n} r_i \cdot q_i$$

Technologische Begründung der Produktivitätsbeziehungen 169

Berücksichtigt man die Faktoreinsatzfunktionen

$$r_i = a_i(v) \cdot v \cdot N \cdot t \qquad (i = 1, \ldots, n)$$

mit

v - Produktionsgeschwindigkeit
N - Zahl der in der Produktionsstelle eingesetzten Maschinen
t - Einsatzzeit einer einzelnen Maschine
$a_i(v)$ - Verbrauchsfunktionen

dann erhält man für die variablen Kosten:

$$K_v = \sum_{i=1}^{n} a_i(v) \cdot v \cdot t \cdot N \cdot q_i = \sum_{i=1}^{n} a_i(v) \cdot x \cdot q_i$$

Neben diesen Kosten, die von der Leistung der Produktionsstelle abhängen, sind weitere fixe Kostenbestandteile K_F zu berücksichtigen, die unabhängig davon auftreten, in welchem Umfang die Stelle tätig wird. Hierbei sind insbesondere Raumkosten, zeitproportionale Abschreibungen für die in der Produktionsstelle installierten Anlagen und Meistergehälter zu berücksichtigen. Generell bestehen diese fixen Kosten aus dem bewerteten Einsatz von Produktionsfaktoren, die nicht explizit in der Produktionsfunktion erfaßt sind, oder den Kosten von Faktorbeständen, die entweder in der Produktion eingesetzt oder verschwendet werden müssen. Diese Kosten werden zwar durch die Produktionsstelle verursacht, weil sie Voraussetzung für deren Tätigkeit sind, lassen sich jedoch nicht einzelnen Leistungen zurechnen; sie werden daher auch als *Kosten der Betriebsbereitschaft* interpretiert.

Die gesamten Kosten der Produktionsstelle sind damit gegeben durch

$$K = \sum_{i=1}^{n} a_i(v) \cdot v \cdot t \cdot N \cdot q_i + K_F$$

4.2.2.1 Die Kosten bei zeitlicher und quantitativer Anpassung

Bei rein *zeitlicher Anpassung* wird ausschließlich die Arbeitszeit der Produktionsstelle variiert, während die Zahl der eingesetzten Betriebsmittel N^0 und die Produktionsgeschwindigkeit v^0 konstant gehalten werden. Wie bei der Darstellung der Produktionsfunktion bei zeitlicher Anpassung gezeigt wurde, wird in diesem Fall mit einem gegebenen Produktionsprozeß produziert. Die Produktionskoeffizienten dieses Produktionsprozesses sind gegeben durch

$$a_i^0 = a_i(v^0) \qquad (i = 1, \ldots, n)$$

Die Ausbringungsmenge ist gegeben durch

$$x = N^0 \cdot v^0 \cdot t \qquad (0 \le t \le t^0)$$

Durch Variation der Einsatzdauer der Betriebsmittel kann die Ausbringungsmenge im Intervall

$$0 \le x \le x^0 = N^0 \cdot v^0 \cdot t^0$$

variiert werden. In diesem Intervall ist die Kostenfunktion bei zeitlicher Anpassung gegeben durch

$$K = \sum_{i=1}^{n} a_i^0 \cdot x \cdot q_i + K_F$$

Vielfach besteht die Möglichkeit, durch Überstundenarbeit die Ausbringung über die Kapazitätsgrenze bei zeitlicher Anpassung x^0 hinaus zu erhöhen. In diesem Fall sind jedoch Überstundenzuschläge zu zahlen. Es seien

q^* - der in der Produktionsstelle anfallende Überstundenzuschlag je Stück
t^* - die Maximalzahl der Überstunden

Dann können während der Überstunden maximal

$$x^* = N^0 \cdot v^0 \cdot t^*$$

Einheiten gefertigt werden. Die Kosten der Überstundenarbeit sind gegeben durch

$$K_{\ddot{U}} = \left[\sum_{i=1}^{n} a_i^0 \cdot q_i + q^*\right] \cdot (x - x^0) \qquad (x^0 < x \leq x^0 + x^*)$$

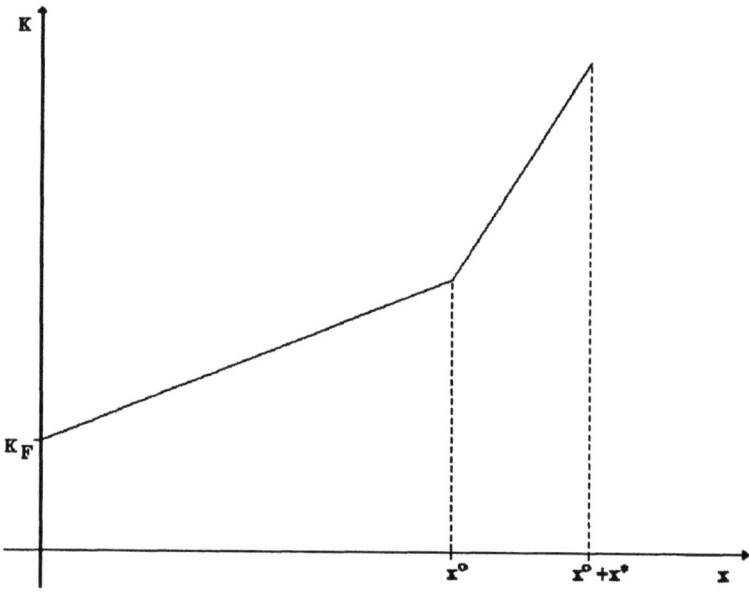

Abbildung 46: Kostenfunktion bei zeitlicher Anpassung

Die Kostenfunktion bei zeitlicher Anpassung hat daher die Form

$$K(x) = \begin{cases} \sum_{i=1}^{n} a_i^0 \cdot x \cdot q_i + K_F & (0 \leq x \leq x^0) \\ \sum_{i=1}^{n} a_i^0 \cdot x \cdot q_i + (x - x^0) \cdot q^* + K_F & (x^0 < x \leq x^0 + x^*) \end{cases}$$

Sie steigt im Intervall $[0 \le x \le x^*]$ stückweise linear; die Grenzkosten steigen im Punkt x^0 sprunghaft von

$$\sum_{i=1}^{n} a_i^0 \cdot q_i \qquad \text{auf} \qquad \sum_{i=1}^{n} a_i^0 \cdot q_i + q^*$$

Ihr Verlauf ist in Abbildung 46 dargestellt.

Bei *rein quantitativer Anpassung* wird lediglich die Zahl N der in einer Produktionsstelle eingesetzten Betriebsmittel eines bestimmten Typs variiert, während deren Arbeitszeit t^0 und die Produktionsgeschwindigkeit v^0 konstant gehalten werden. Wegen der Unteilbarkeit der Betriebsmittel sind nur einzelne Produktionspunkte

$$x^N = N \cdot v^0 \cdot t^0 \qquad (N = 1, ..., N^0)$$

möglich. Dabei ist N^0 die Zahl der in der Produktionsstelle maximal zur Verfügung stehenden Maschinen.

In der Regel wird man jedoch die quantitative Anpassung mit anderen Anpassungsformen kombinieren, um die Ausbringung innerhalb eines bestimmten Intervalls kontinuierlich variieren zu können. Bei Kombination von zeitlicher und quantitativer Anpassung ergibt sich der in Abbildung 47 wiedergegebene Kostenverlauf.

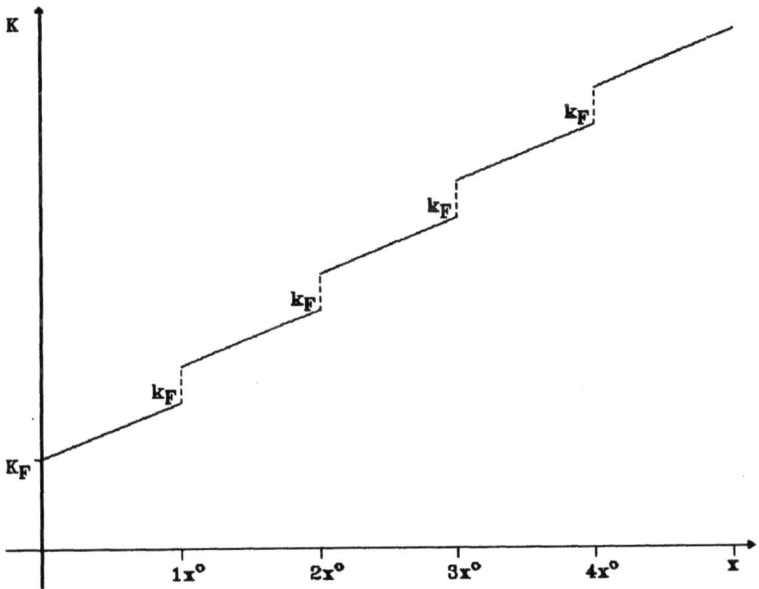

Abbildung 47: Kostenfunktion bei zeitlich-quantitativer Anpassung

Liegt die Ausbringungsmenge unter der Ausbringungsmenge x^0 bei Auslastung der Kapazität einer Maschine, dann findet eine zeitliche Anpassung statt, so daß die Kosten im Intervall $(0, x^0)$ linear verlaufen. Übersteigt die geplante Ausbringungsmenge diese Kapazitätsgrenze, dann wird ein zweites Betriebsmittel eingeschaltet. Hierbei können zusätzliche Fixkosten k_f auftreten, so daß die Gesamtkosten bei der kritischen Ausbringungsmenge x^0 sprunghaft ansteigen. Im Intervall $(x^0, 2 \cdot x^0)$ findet eine zeitliche Anpassung statt, so daß die Kosten in diesem Intervall linear ansteigen. Soll die Ausbringung über $2 \cdot x^0$ hinaus erhöht werden, dann wird ein weiteres Betriebsmittel eingesetzt usw. Die Zahl der zur Herstellung von x benötigten Maschinen ist gegeben durch

$$N(x) = \left[x/(v^0 \cdot t^0) \right] + 1$$

wobei $[z]$ als die größte ganze Zahl kleiner als z definiert ist. Die gesamten Kosten bei zeitlich-quantitativer Anpassung in Abhängigkeit von der Ausbringungsmenge sind dann gegeben durch

$$K(x) = \sum_{i=1}^{n} a_i \cdot x \cdot q_i + N(x) \cdot k_f + K_F$$

Dabei sind K_F Bereitschaftskosten der Produktionsstelle, die unabhängig von der Zahl N der eingesetzten Betriebsmittel anfallen, während k_f *intervallfixe* Kosten sind, die unabhängig von der Leistung eines Betriebsmittels anfallen, sobald dieses eingeschaltet wird.

Bei dem Ansatz intervallfixer Kosten ist zu beachten, daß nur solche Kostenbestandteile angesetzt werden dürfen, die durch den Einsatz eines weiteren Betriebsmittels verursacht werden. Es wäre also falsch, zeitabhängige Abschreibungen für ein ohnehin der Produktionsstelle zur Verfügung stehendes Betriebsmittel anzusetzen, das vorübergehend stillgelegt wurde. Diese fallen unabhängig davon an, ob das Betriebsmittel genutzt wird oder nicht, sie sind also bereits in den fixen Kosten K_F der Produktionsstelle enthalten.

Als intervallfixe Kosten kommen hingegen Rüstkosten und Einschaltkosten, die immer dann anfallen, wenn das Betriebsmittel genutzt werden soll, die Kosten leistungsunabhängiger Wartungsmaßnahmen an allen genutzten Maschinen, Mietkosten für angemietete Betriebsmittel oder Heizkosten für Brennofen etc. in Frage.

Unterscheiden sich die in einer Produktionsstelle verfügbaren Betriebsmittel in ihrem Leistungsquerschnitt - und folglich in den Verbrauchsfunktionen und den Kosten - voneinander, dann findet ein *selektiver Anpassungsprozeß* statt: Bei einer Erhöhung der Ausbringung wird die kostengünstigste bisher noch nicht genutzte Maschine zugeschaltet, bei einer Einschränkung der Produktion wird das mit den höchsten Kosten arbeitende Betriebsmittel als erstes stillgelegt.

4.2.2.2 Die Kosten bei intensitätsmäßiger Anpassung

Bei rein intensitätsmäßiger Anpassung sind die Zahl der eingesetzten Betriebsmittel und die Arbeitszeit der Produktionsstelle konstant. Für die Kosten gilt daher

$$K = \sum_{i=1}^{n} a_i(v) \cdot v \cdot t^0 \cdot N^0 \cdot q_i + K_F$$

Berücksichtigt man, daß die Betriebsmittelzeit durch

$$r_M = t \cdot N$$

definiert ist und daß

Technologische Begründung der Produktivitätsbeziehungen

$$x = v \cdot r_M \qquad \text{bzw.} \qquad v = x/r_M$$

dann erhält man für die Kosten bei intensitätsmäßiger Anpassung in Abhängigkeit von der Ausbringungsmenge x

$$K(x) = \sum_{i=1}^{n} a_i\left(x/r_M^0\right) \cdot x \cdot q_i + K_F$$

Die variablen Stückkosten sind gegeben durch

$$k_v(x) = \sum_{i=1}^{n} a_i\left(x/r_M^0\right) \cdot q_i$$

Setzt man $r_M = 1$, dann gilt wegen $v = x$:

$$k_v(x) = k(v) = \sum_{i=1}^{n} a_i(v) \cdot q_i$$

Da die Produktionsgeschwindigkeit nur im Intervall $[v^{min}, v^{max}]$ variiert werden kann, sind die Kostenfunktion und die variablen Stückkosten nur im Intervall

$$x^{min} = v^{min} \cdot r_M^0 \leq x \leq x^{max} = v^{max} \cdot r_M^0$$

definiert.

Im Fall konvexer Verbrauchsfunktionen ergeben sich folgende Kostenverläufe:

(1) Die Stückkosten ergeben sich als gewichtete Summe konvexer Funktionen und sind deshalb ebenfalls konvex. Im allgemeinen kann davon ausgegangen werden, daß sie eine U-förmige Funktion der Ausbringungsmenge sind; es ist jedoch auch möglich, daß nur der steigende bzw. der fallende Ast innerhalb des Definitionsbereichs liegt.

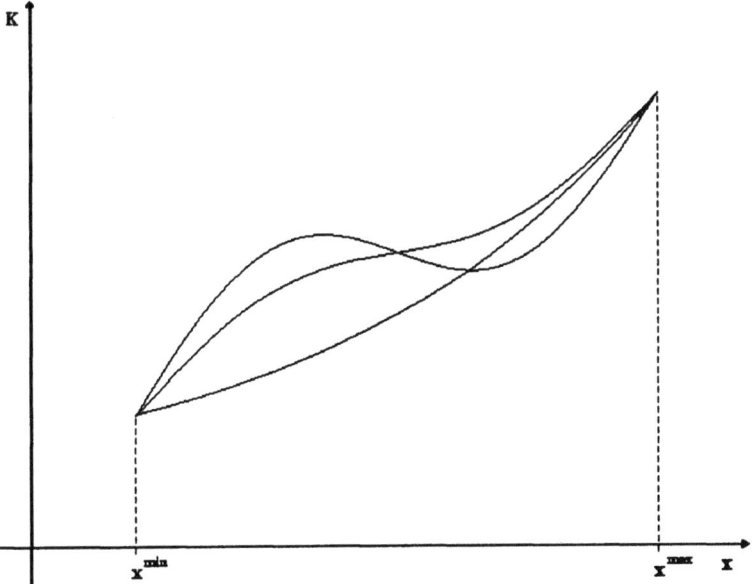

Abbildung 48: Kostenverläufe bei intensitätsmäßiger Anpassung

(2) Die Gesamtkosten in Abhängigkeit von der Ausbringungsmenge ergeben sich als das Produkt einer konvexen mit einer linearen Funktion. Die Gesamtkostenfunktion besitzt daher im allgemeinen einen Wendepunkt; an ein Intervall mit konkavem Kostenverlauf schließt sich ein Intervall mit konvexem Verlauf der Kostenfunktion an. Vielfach liegt der Wendepunkt jedoch unterhalb der Minimalausbringung x^{min}, so daß die Kostenfunktion konvex ist (vgl. Abbildung 48).

Der in der traditionellen Kostentheorie unterstellte S-förmige Kostenverlauf kann also nicht nur durch eine klassische Produktionsfunktion mit einem Bereich steigender Grenzerträge, sondern auch durch intensitätsmäßige Anpassung bei konvexen Verbrauchsfunktionen begründet werden.

4.2.2.3 Die Wahl der Anpassungsformen

Nachdem die Kostenverläufe für den Fall der zeitlich-quantitativen und der intensitätsmäßigen Anpassung dargestellt wurden, kann nun die Wahl der optimalen Anpassungsform bzw. der günstigsten Kombination von Anpassungsformen untersucht werden.

Die Frage, ob die Erhöhung der Ausbringung einer Produktionsstelle über die Normalkapazität x^0 (bei Vollauslastung einer Einheit des Betriebsmittels) durch *Überstunden* oder durch *quantitative Anpassung*, d.h. durch Einsatz einer zusätzlichen Maschine, erreicht werden soll, läßt sich mittels der *Break-Even-Analyse* entscheiden. Zu vergleichen sind zwei Alternativen: die erste ist mit höheren variablen Kosten, die zweite mit niedrigeren variablen, aber zusätzlichen Fixkosten verbunden.

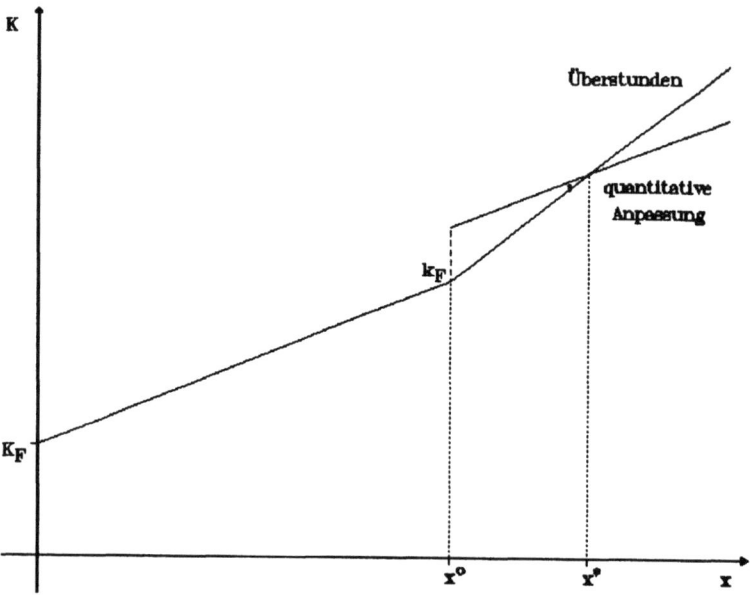

Abbildung 49: Break-Even-Analyse

Technologische Begründung der Produktivitätsbeziehungen

Die Grundidee der Break-Even-Analyse läßt sich anhand der Abbildung 49 verdeutlichen: Liegt die geplante Ausbringungsmenge zwischen der Normalkapazität x^0 und der kritischen Ausbringungsmenge x^*, bei der sich die Kostenfunktionen bei Überstunden und bei quantitativer Anpassung schneiden, dann findet zeitliche Anpassung mit Überstunden statt. In diesem Intervall sind die durch Überstundenzuschläge verursachten Kosten niedriger als die durch das Einschalten der zusätzlichen Maschine verursachten intervallfixen Kosten. Liegt die Ausbringungsmenge hingegen über der kritischen Menge x^*, dann ist eine Kombination von quantitativer und zeitlicher Anpassung vorzuziehen, weil die intervallfixen Kosten durch die Überstundenzuschläge kompensiert werden.

Für die intensitätsmäßige Anpassung ergeben sich folgende Überlegungen: Sind alle Verbrauchsfunktionen konvex, dann ist auch

$$k_v(v) = \sum_{i=1}^{n} a_i(v) \cdot q_i$$

konvex, d.h. es existiert eine optimale Produktionsgeschwindigkeit, bei der die Stückkosten minimal sind. Sieht man von Randminima ab, bei denen die optimale Produktionsgeschwindigkeit gleich der minimalen Intensität v^{min} bzw. der maximalen Intensität v^{max} ist, dann ist notwendige Bedingung für das Stückkostenminimum, daß

$$k_v'(v^{opt}) = \sum_{i=1}^{n} a_i'(v^{opt}) \cdot q_i = 0$$

Hierbei sind zwei Fälle zu unterscheiden:

(1) Es gibt eine optimale Intensität v^{opt}, bei der alle Verbrauchsfunktionen ihr Minimum annehmen:

$$a_i'(v^{opt}) = 0 \qquad \text{für alle } i = 1,\ldots,n$$

Dieser Fall tritt dann auf, wenn das Betriebsmittel technisch für eine bestimmte Intensität ausgelegt ist und Abweichungen von dieser Produktionsgeschwindigkeit zu einer Erhöhung der Einsatzmengen aller Faktoren führen.

(2) Es gibt mindestens zwei Verbrauchsfunktionen i und k, die in v^{opt} eine gegenläufige Tendenz aufweisen,

$$a_i'(v^{opt}) < 0 \qquad a_k'(v^{opt}) > 0 \qquad \text{für mindestens } i,k = 1,\ldots,n \text{ und } i \neq k$$

so daß ein Mehreinsatz des Faktors k durch Einsparungen bei dem Einsatz des Faktors i kompensiert wird.

Existiert eine optimale Produktionsgeschwindigkeit v^{opt}, dann kann es optimal sein, zeitliche und intensitätsmäßige Anpassung zu kombinieren:

Es sei

$$x^{opt} = v^{opt} \cdot r_M$$

die Ausbringungsmenge, die erzielt werden kann, wenn die Produktionsstelle während der gesamten Planungsperiode mit optimaler Intensität arbeitet. Ist die geplante Ausbringungsmenge $x < x^{opt}$, dann ist es kostengünstiger, die Betriebsmittel mit optimaler

Geschwindigkeit zu nutzen und sie zeitlich und nicht intensitätsmäßig anzupassen. Um die Ausbringungsmenge über x^{opt} hinaus zu erhöhen, ist es hingegen erforderlich, die Produktionsstelle mit einer höheren Geschwindigkeit $v^0 > v^{opt}$ zu nutzen, d.h. sie intensitätsmäßig anzupassen. Im Bereich der zeitlichen Anpassung ergeben sich konstante Stückkosten bzw. linear steigende variable Kosten, im Bereich der intensitätsmäßigen Anpassung steigen die Stückkosten hingegen monoton, die variablen Gesamtkosten progressiv (vgl. Abbildung 50 und 51).

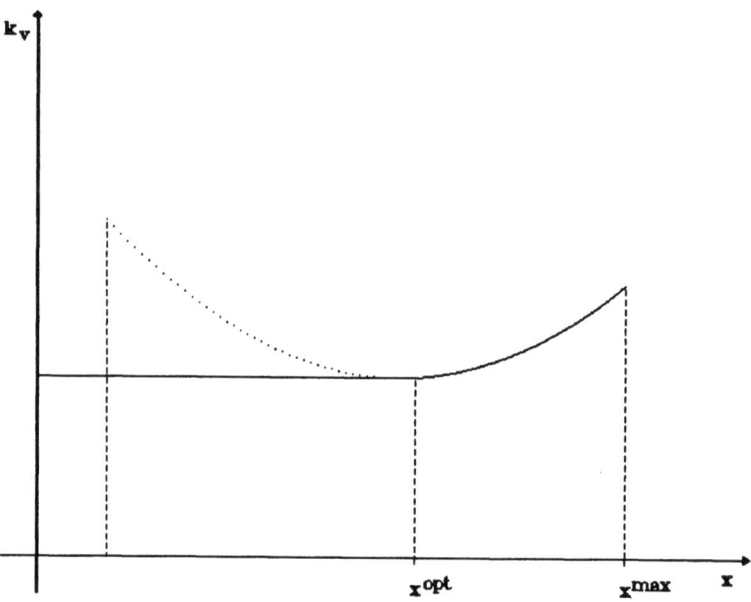

Abbildung 50: Stückkosten bei Kombination von zeitlicher und intensitätsmäßiger Anpassung

Ist eine zeitliche Anpassung nicht möglich oder sind die variablen Stückkosten in Abhängigkeit von der Produktionsgeschwindigkeit v nicht konvex, dann kann es optimal sein, zwischen mehreren Produktionsgeschwindigkeiten zu wechseln. In dem in Abbildung 52 dargestellten Beispiel können die Kosten in dem Intervall $[v^-, v^0]$ durch *Intensitätssplitting* reduziert werden, indem die Intensitäten v^- und v^0 miteinander kombiniert werden. Dabei ist v^- die Mindestintensität, v^0 die Intensität, bei der eine Gerade durch $K(v^-)$ die Kostenfunktion tangiert.

Arbeitet die Produktionsstelle mit der Produktionsgeschwindigkeit v^-, dann ist die Ausbringungsmenge definitionsgemäß $x = r_M^0 \cdot v^-$, die variablen Kosten sind gleich $K(v^-)$. Arbeitet sie hingegen mit der Intensität v^0, dann entstehen Kosten in Höhe von $K(v^0)$, die Ausbringungsmenge ist $x = r_M^0 \cdot v^0$. Ist die Intensität während eines Teils α der Periode gleich v^-, während des Rests der Periode jedoch v^0, dann ist die Ausbringungsmenge gegeben durch

$$x = \left[\alpha \cdot v^- + (1-\alpha) \cdot v^0\right] \cdot r_M^0$$

Technologische Begründung der Produktivitätsbeziehungen

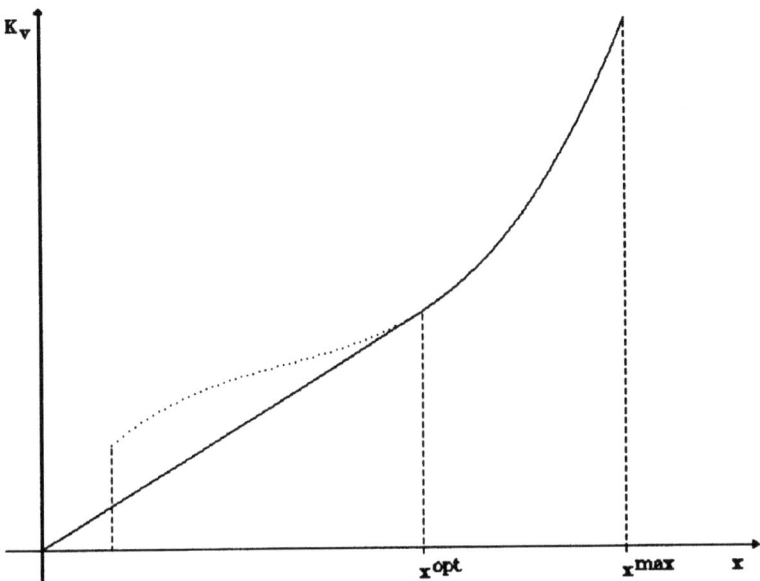

Abbildung 51: Gesamtkosten bei Kombination von zeitlicher und intensitätsmäßiger Anpassung

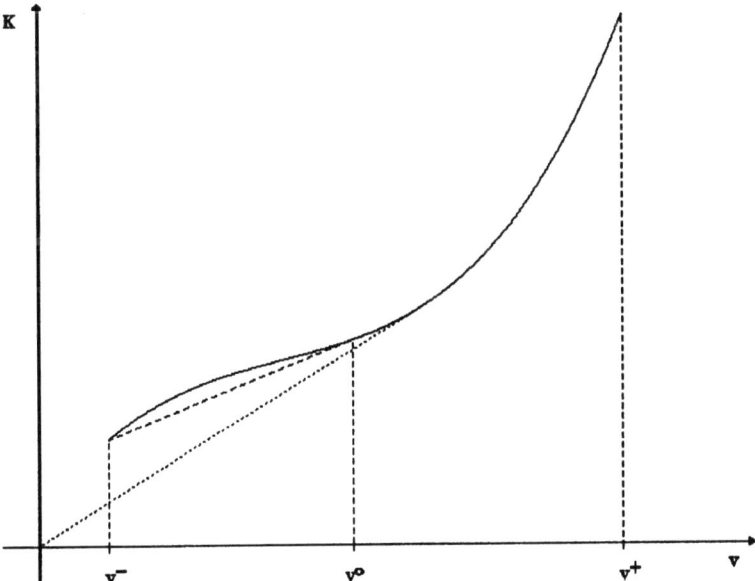

Abbildung 52: Intensitätssplitting

Die Kosten sind dann gleich

$$K(x) = \alpha \cdot K(v^-) + (1-\alpha) \cdot K(v^0)$$

Ist K im Intervall $[v^-, v^0)$ streng konkav, dann ist

$$K(x) < K\left[\alpha \cdot v^- + (1-\alpha) \cdot v^0\right]$$

Das *Intensitätssplitting* ist also im konkaven Bereich der Kostenfunktion kostengünstiger als die rein intensitätsmäßige Anpassung: Durch Intensitätssplitting gelingt es, die Kostenfunktion bei intensitätsmäßiger Anpassung durch ihre konvexe Hülle zu ersetzen.

Wie die gepunktete Linie in Abbildung 52, die die Kostenfunktion bei zeitlich-intensitätsmäßiger Anpassung wiedergibt, zeigt, ist allerdings festzustellen, daß die Kosten bei zeitlicher Anpassung in dem vorliegenden Fall noch niedriger sind; das Intensitätssplitting kann nur dann optimal sein, wenn eine zeitliche Anpassung nicht möglich ist.

Aus der graphischen Konstruktion ergibt sich, daß es ausreicht, maximal zwei Intensitäten miteinander zu kombinieren, um eine vorgegebene Ausbringungsmenge kostenminimal herzustellen. Analog dem Vorgehen bei Ermittlung der Produktionsfunktion bei Intensitätssplitting kann gezeigt werden:

<u>Satz 1:</u>

Erbringt eine Produktionsstelle lediglich eine Leistung, dann ist es optimal, zwischen höchstens zwei Intensitäten zu wechseln.

<u>Beweis:</u>

Im Anschluß an DELLMANN/NASTANSKI [1969] zerlegt man zum Beweis das Intervall (v^-, v^+), in dem die Produktionsgeschwindigkeit variiert werden kann, in eine endliche Zahl von Intensitätspunkten

$$v^- = v_1 < \ldots < v_l = v^*$$

Es seien

$k = 1, \ldots, l$ - Intensitätsstufen
v_k - Ausbringung/Zeiteinheit bei Intensitätsstufe k
t_k - Zeitdauer der Produktion mit Intensitätsstufe k
x - Vorgegebene Ausbringungsmenge
c_k - Variable Kosten pro Zeiteinheit bei Produktion mit Intensität k

Zwischen den Stückkosten bzw. den Verbrauchsfunktionen und den variablen Kosten pro Zeiteinheit besteht die folgende Beziehung:

$$c_k = \sum_{i=1}^{n} a_i^k \cdot v_k \cdot N^0 \cdot q_i$$

wobei

a_i^k - Verbrauchsfunktion an der Stelle v_k
q_i - Preis des Faktors i

Dann kann man die optimale Kombination der Nutzungsdauern t_k als Lösung des folgenden linearen Programms zur Minimierung der variablen Kosten einer Produktionsstelle bei einer gegebenen Ausbringungsmenge bestimmen:

$$K = \sum_{k=1}^{l} c_k \cdot t_k \Rightarrow \min!$$

unter den Nebenbedingungen

$$\sum_{k=1}^{l} t_k = r_M^0$$

$$\sum_{k=1}^{l} t_k \cdot v_k = x$$

$$t_k \geq 0 \qquad (k = 1, \ldots, l)$$

Das lineare Programm hat zwei Restriktionen; durch die erste wird sichergestellt, daß die Produktionsstelle während der gesamten Periode tätig ist, durch die zweite wird erreicht, daß genau die vorgegebene Ausbringungsmenge erzeugt wird. Aus dem Ekkentheorem der linearen Programmierung folgt, daß, wenn es eine optimale Lösung gibt, es auch eine gibt, bei der höchstens zwei Variablen t_k von Null verschieden sind. ∎

Werden zwei Intensitätsstufen genutzt, dann sind zwei Fälle zu unterscheiden:

(1) Im konvexen Bereich der Kostenfunktion wird durch Kombination von zwei benachbarten Intensitätsstufen t_k und t_{k+1} die tatsächliche Kostenfunktion durch lineare Interpolation approximiert.

(2) Existiert ein konkaver Bereich der Kostenfunktion, dann werden dort durch Kombination von zwei nicht benachbarten Intensitätsstufen Punkte auf der konvexen Hülle, die nicht auf der Kostenfunktion bei intensitätsmäßiger Anpassung liegen, realisiert. Es findet also ein echtes Intensitätssplitting statt.

4.2.2.4 Aggregation der Kostenfunktion

Die Theorie der Anpassungsformen untersucht die Produktivitätsbeziehung und die Kostenfunktion für einzelne Produktionsstellen. Um Beziehungen zwischen der Ausbringungsmenge der Endprodukte und den Kosten herleiten zu können, sind die Kosten der Produktionsstellen zu einer Kostenfunktion des Betriebs zu aggregieren.

Bearbeiten die Produktionsstellen $k = 1, \ldots, l$ nur ein Produkt und kann ihre Leistung x^k in Endprodukteinheiten ausgedrückt werden, ist also bekannt, welche Leistungen die Stellen erbringen müssen, um eine Endprodukteinheit herzustellen, dann läßt sich die Kostenfunktion für den mit der Herstellung dieses Produktes befaßten Bereich durch Addition der Kostenfunktionen der Produktionsstellen bestimmen.

Es seien

$k = 1, \ldots, l$ - Produktionsstellen, die mit der Herstellung eines Endprodukts befaßt sind

x^k - Leistung der Produktionsstelle k, gemessen in Endprodukteinheiten

$K_v^k(x^k)$ - variable Kosten der Produktionsstelle k in Abhängigkeit von deren Leistung

K_F^k — Fixkosten der Produktionsstelle k

K_F^B — Bereichsfixe Kosten

Dann sind die gesamten Kosten der mit der Herstellung des Endprodukts befaßten Produktionsstellen gegeben durch

$$K(x) = \sum_{k=1}^{l}\left[K_v^k(x) + K_F^k\right] + K_F^B$$

Die variablen Kosten ergeben sich aufgrund der Anpassungsmaßnahmen der Produktionsstellen.

Die variablen Stückkosten sind gegeben durch

$$k_v(x) = \sum_{k=1}^{l} K_v^k(x)/x$$

Unter der Voraussetzung konvexer Verbrauchsfunktionen sind die variablen Stückkosten der Produktionsstellen konvex. Da die Kosten des Bereichs als Summe der variablen Kosten der Stellen definiert sind, sind sie ebenfalls konvex; sie steigen entweder monoton an oder besitzen ein Minimum.

Sind die Gesamtkostenfunktionen der einzelnen Stellen konvex und sind keine intervallfixen Kosten der Produktionsstellen zu berücksichtigen, dann ist auch die Gesamtkostenfunktion konvex. Konvexe Kosten ergeben sich insbesondere in folgenden Fällen:

(1) Bei zeitlicher Anpassung ist die Kostenfunktion einer Produktionsstelle linear, sie besitzt allenfalls einen Knickpunkt, der durch den Übergang von der Normalarbeitszeit zur Überstundenarbeit hervorgerufen wird.

(2) Im Bereich intensitätsmäßiger Anpassung sind die Kosten ebenfalls konvex, falls eine Kombination mit zeitlicher Anpassung oder Intensitätssplitting möglich ist, weil diese Maßnahmen die rein intensitätsmäßige Anpassung im Bereich nicht konvexer Kostenverläufe dominieren und dort zu stückweise linearen Kostenverläufen führen.

Nicht-konvexe Kostenverläufe der Produktionsstellen ergeben sich hingegen bei quantitativer Anpassung, weil dann intervallfixe Kosten zu berücksichtigen sind, und in den Fällen der rein intensitätsmäßigen Anpassung. In diesen Fällen ist auch die Gesamtkostenfunktion für den Produktionsbereich nicht-konvex.

Die Aggregation der Kosten der Produktionsstellen zur Kostenfunktion des Gesamtbetriebs bzw. eines Betriebsbereichs, der mit der Herstellung eines Produktes befaßt ist, setzt voraus, daß die Leistungen der einzelnen Produktionsstellen in Endprodukteinheiten gemessen werden können. Das setzt voraus, daß

(1) alle Produktionsstellen nur ein Endprodukt bearbeiten,

(2) eine reine Veredlungsfertigung besteht, bei der alle Produktionsstellen in Serie hintereinandergeschaltet sind, oder eine Montagestruktur gegeben ist, bei der jede Produktionsstelle höchstens eine nachfolgende Stelle beliefert.

Die Probleme der Aggregation der Produktions- und Kostenfunktion bei komplexen Produktionsstrukturen mit mehreren Endprodukten und sich gegenseitig beliefernden Produktionsstellen werden im fünften Kapitel behandelt.

4.2.3 Die optimale Anpassung im Mehrprodukt-Fall

Falls die Beziehungen zwischen den Leistungen der Produktionsstellen und der Ausbringungsmenge der Endprodukte bekannt sind, dann kann man die Wahl der optimalen Anpassungsform auch im Mehrprodukt-Fall untersuchen. Wie im fünften Kapitel gezeigt wird, können derartige Produktionskoeffizienten für den Faktorverbrauch/Endprodukteinheit in den einzelnen Produktionsstellen, die möglicherweise von deren Produktionsgeschwindigkeit abhängen, rekursiv bestimmt werden, wenn keine zyklischen Lieferstrukturen auftreten, d.h. keine Produktionsstellen Lieferungen von anderen Stellen empfangen, an die sie selbst liefern.

Zur Formulierung eines Grundmodells zur Bestimmung der optimalen Anpassungsform (vgl. hierzu ALBACH [1962a]) werden folgende Bezeichnungen eingeführt:

$j = 1,\ldots,m$ - Index der Produkte

$i = 1,\ldots,n$ - Index der Produktionsfaktoren

$k = 1,\ldots,l$ - Index der Produktionsstellen

p_j - Verkaufspreis des Endprodukts j

q_i - Einstandspreis des Faktors i

A_j^0 - Absatzobergrenze des Produkts j

x_j - Ausbringungsmenge des Produkts j

c_k^0 - Kapazität der Produktionsstelle k

a_{ij}^k - Produktionskoeffizienten: Einsatzmenge des Faktors i in der Produktionsstelle k zur Erzeugung einer Einheit des Produkts j

a_{Mj}^k - zeitliche Inanspruchnahme der Kapazität der Produktionsstelle k zur Bearbeitung einer Einheit des Produkts j

r_i^0 - Bestand des Faktors i

(1) *Zeitliche Anpassung*:

Falls die Produktionsstellen nur zeitlich angepaßt werden können, kann das folgende lineare Programm zur Maximierung des Deckungsbeitrags, der Differenz zwischen Erlösen und variablen Kosten, formuliert werden:

$$D = \sum_{j=1}^{m} p_j \cdot x_j - \sum_{j=1}^{m} \sum_{k=1}^{l} \sum_{i=1}^{n} a_{ij}^k \cdot q_i \cdot x_j \Rightarrow \max! \qquad (1)$$

Hierbei sind folgende Nebenbedingungen einzuhalten:

1. Faktorverbrauch:

$$\sum_{k=1}^{l}\sum_{j=1}^{m} a_{ij}^{k} \cdot x_{j} \leq r_{i}^{0} \qquad (i=1,\ldots,n) \qquad (2)$$

2. Kapazitäten der Produktionsstellen:

$$\sum_{j=1}^{m} a_{Mj}^{k} \cdot x_{j} \leq c_{k}^{0} \qquad (k=1,\ldots,l) \qquad (3)$$

3. Absatzbeschränkungen:

$$0 \leq x_{j} \leq A_{j}^{0} \qquad (j=1,\ldots,m) \qquad (4)$$

Dieses Grundmodell kann wie folgt erweitert werden, um weitere Möglichkeiten der Anpassung der Produktionsstellen an die Beschäftigung bzw. an die Nachfrage nach Endprodukten zu erfassen:

(2) *Einbeziehung von Überstunden*:

Um die Möglichkeit von Überstunden zu erfassen, sind in der Zielfunktion (1) die Überstundenzuschläge zu berücksichtigen und die Nebenbedingungen (3) wie folgt zu modifizieren:

Es sei:

τ_k - Überstunden der Produktionsstelle k
τ_k^0 - Maximal mögliche Zahl der Überstunden der Stelle k
h_k - Kapazitätszuwachs je Überstunde der Stelle k
g_k - Überstundenzuschläge in der Produktionsstelle k

Setzt man für die variablen Kosten bei Normalbetrieb

$$k_{vj} = \sum_{k=1}^{l}\sum_{i=1}^{n} a_{ij}^{k} \cdot q_i \cdot x_j \qquad (j=1,\ldots,m)$$

dann erhält man als Zielfunktion

$$D = \sum_{j=1}^{m}(p_j - k_{vj}) \cdot x_j - \sum_{k=1}^{l} g_k \cdot \tau_k \Rightarrow \max! \qquad (1a)$$

Die Kapazitätsbeschränkungen haben die folgende Form:

$$\sum_{j=1}^{m} a_{Mj}^{k} \cdot x_j - h_k \cdot \tau_k \leq c_k^0 \qquad (k=1,\ldots,l) \qquad (3a)$$

Die Überstunden sind begrenzt durch:

$$0 \leq \tau_k \leq \tau^0 \qquad (k=1,\ldots,l) \qquad (5)$$

Weiter sind die Faktorbeschränkungen (2) und die Absatzobergrenzen (4) zu berücksichtigen.

(3) *Kombination von zeitlicher und intensitätsmäßiger Anpassung*

Um die Möglichkeit der intensitätsmäßigen Anpassung zu erfassen, sind folgende Symbole einzuführen:

v_k - Produktionsgeschwindigkeit der Produktionsstelle k

$a_{ij}^k(v_k)$ - Verbrauchsfunktion der Produktionsstelle k:

        Einsatz des Faktors i in der Stelle k zur Bearbeitung einer Einheit des Produkts j bei Produktionsgeschwindigkeit v_k

$h_j^k(v_k)$ - Zeitliche Inanspruchnahme der Stelle k zur Bearbeitung einer Einheit des Produkts j mit der Intensität v_k

Unter der Voraussetzung, daß die Intensität der Produktionsstellen im Intervall $[v_k^-, v_k^+]$ stetig variierbar ist und daß die Verbrauchsfunktionen der Produktionsstellen $k = 1,\ldots,l$ konvex sind, läßt sich das folgende konvexe Programm zur Bestimmung der optimalen Anpassungsform formulieren:

$$D = \sum_{j=1}^{m}\left[p_j - \sum_{k=1}^{l}\sum_{i=1}^{n}a_{ij}^k(v_k)\cdot q_i\right]\cdot x_j \Rightarrow \max! \qquad (1b)$$

unter den Nebenbedingungen

$$\sum_{k=1}^{l}\sum_{j=1}^{m}a_{ij}^k(v_k)\cdot x_j \leq r_i^0 \qquad (i=1,\ldots,n) \qquad (2b)$$

$$\sum_{j=1}^{m}h_j^k(v_k)\cdot x_j \leq c_k^0 \qquad (k=1,\ldots,l) \qquad (3b)$$

$$0 \leq x_j \leq A_j^0 \qquad (j=1,\ldots,m) \qquad (4b)$$

$$v_k^- \leq v_k \leq v_k^+ \qquad (k=1,\ldots,l) \qquad (6)$$

Bei einer großen Zahl von Produktionsstellen, Produktionsfaktoren und Produkten kann die Lösung dieses konvexen Programms auf numerische Schwierigkeiten stoßen. Es empfiehlt sich daher, das stetige, konvexe Modell durch ein lineares Modell mit einer endlichen Zahl diskreter Intensitätsstufen zu ersetzen.

Hierzu werden folgende Symbole definiert:

$s = 1,\ldots,t$ - Intensitätsstufen

v_k^s - Produktionsgeschwindigkeit der Stelle k bei Intensitätsstufe s

a_{ij}^{ks} - Produktionskoeffizienten der Produktionstelle k bei Intensitätsstufe s

h_j^{ks} - Zeitliche Inanspruchnahme der Stelle k bei der Bearbeitung einer Einheit des Produkts j mit der Intensität s

z_j^{ks} - Menge des Produkts j, die mit Intensität s auf Stelle k bearbeitet wird

Dann kann man das folgende lineare Programm zur Optimierung der Produktionsgeschwindigkeit formulieren:

$$D = \sum_{j=1}^{m}\left[p_j \cdot x_j - \sum_{k=1}^{l}\sum_{i=1}^{n}\sum_{s=1}^{t} a_{ij}^{ks} \cdot q_i \cdot z_j^{ks}\right] \Rightarrow \max! \qquad (1c)$$

unter den Nebenbedingungen:

$$\sum_{j=1}^{m}\sum_{k=1}^{l}\sum_{s=1}^{t} a_{ij}^{ks} \cdot z_j^{ks} \leq r_i^0 \qquad (i=1,\ldots,n) \qquad (2c)$$

$$\sum_{j=1}^{m}\sum_{s=1}^{t} h_j^{ks} \cdot z_j^{ks} \leq c_k^0 \qquad (k=1,\ldots,l) \qquad (3c)$$

$$0 \leq x_j \leq A_j^0 \qquad (j=1,\ldots,m) \qquad (4c)$$

$$\sum_{k=1}^{l}\sum_{s=1}^{t} z_j^{ks} - x_j = 0 \qquad (j=1,\ldots,m) \qquad (7)$$

$$z_j^{ks} \geq 0 \qquad (k=1,\ldots,l;\ j=1,\ldots,m;\ s=1,\ldots,t) \qquad (8)$$

Durch die Nebenbedingung (7) wird sichergestellt, daß jede Produktionsstelle genau x_j Einheiten des Endprodukts j bearbeitet.

Der Vorteil des diskreten Modells (1c)-(8) ist darin zu sehen, daß es im Gegensatz zu der stetigen Formulierung (1b)-(6) als lineares Programm formuliert ist, das auch für große Probleme lösbar ist. Die auf die Diskretisierung des Modells zurückzuführenden Interpolationsfehler können durch eine genügend große Zahl von Intensitätsstufen beliebig klein gemacht werden.

Die Möglichkeit des Intensitätssplittings wird in dem diskreten Modell ebenfalls erfaßt, weil die Variablen z_j^{ks} für mehrere s positiv werden können. Es wird jedoch nur dann relevant, wenn bei einzelnen Produktionsstellen eine zeitliche Anpassung nicht möglich ist, d.h. wenn die Restriktion (3c) für einzelne k als Gleichung erfüllt sein muß.

(4) *Quantitative Anpassung*

Während die Wahl zwischen zeitlicher und intensitätsmäßiger Anpassung durch lineare Programme beschrieben werden kann, sind bei quantitativer Anpassung wegen der beim Einschalten zusätzlicher Maschinen auftretenden *sprungfixen* Kosten ganzzahlige Variablen erforderlich.

Es seien

N_k - Zahl der bei der Produktionsstelle k eingesetzten Maschinen

K_F^k - die bei Einsatz einer weiteren Maschine in der Produktionsstelle k entstehenden sprungfixen Kosten

Dann ergeben sich die folgenden Modifikationen des Grundmodells der zeitlichen Anpassung:

$$D = \sum_{j=1}^{m}(p_j - k_{vj}) \cdot x_j - \sum_{k=1}^{l}(g_k \cdot \tau_k + K_F^k \cdot N_K) \Rightarrow \max! \qquad (1d)$$

Die Kapazitätsrestriktionen haben die Form

$$\sum_{j=1}^{m} a_{Mj}^{k} \cdot x_j - h_k \cdot \tau_k - c_k^0 \cdot N_k \leq 0 \qquad (k = 1, \ldots, l) \qquad (3d)$$

$$N_k \geq 0 \quad \text{und ganzzahlig} \qquad (k = 1, \ldots, l) \qquad (9)$$

Im übrigen sind die Restriktionen (2), (4) und (5) zu berücksichtigen.

4.2.4 Theorie der Anpassungsformen und Aktivitätsanalyse

Obgleich die Theorie der Anpassungsformen weitgehend unabhängig von der Aktivitätsanalyse entwickelt wurde, kann sie als Spezialisierung dieses Ansatzes angesehen werden, die die sehr allgemeinen Annahmen über die Technologie-Menge durch spezielle Voraussetzungen über die Möglichkeit, die Leistung der Betriebsmittel zu variieren, ergänzt.

Zeitliche Anpassung bedeutet, daß eine Produktionsstelle mit einem Produktionsprozeß arbeitet. Während der Einsatz von Werkstoffen und der objektbezogenen menschlichen Arbeitskraft an die durch die technologischen Eigenschaften der Betriebsmittel determinierten Proportionen zwischen Faktoreinsatzmengen angepaßt werden kann, ist wegen der Unteilbarkeit der Betriebsmittel deren Bestand fest vorgegeben; variiert wird lediglich die Nutzung der Betriebsmittel, nicht genutzte Kapazitäten der Produktionsstellen werden verschwendet.

Auch die *quantitative Anpassung* kann prinzipiell durch einen Produktionsprozeß beschrieben werden. Bei rein quantitativer Anpassung sind jedoch wegen der Unteilbarkeit der Betriebsmittel nur diskrete Punkte auf dem Prozeßstrahl realisierbar. Bei Kombination von zeitlicher und quantitativer Anpassung kann hingegen innerhalb der Kapazitäten jeder Punkt des Prozeßstrahls realisiert werden. Allerdings können sprungfixe Kosten im Rahmen der linearen Aktivitätsanalyse nicht berücksichtigt werden, da diese auf Unteilbarkeiten zurückzuführen sind, die im Widerspruch zu dem Postulat der Proportionalität stehen.

Neben der zeitlichen und quantitativen Anpassung besteht die Möglichkeit, die Leistung einer Produktionsstelle durch *intensitätsmäßige Anpassung*, durch Variation der Produktionsgeschwindigkeit, zu verändern. Mit der Produktionsgeschwindigkeit verändern sich auch - gemäß den technischen Verbrauchsfunktionen - die Einsatzmengen der Werkstoffe und der Arbeitskräfte und deren Proportionen. Mit jeder Produktionsgeschwindigkeit ist ein Produktionsprozeß verbunden; mit einem Betriebsmittel können damit durch intensitätsmäßige Anpassung verschiedene Produktionsprozesse realisiert werden.

Zeitliche und intensitätsmäßige Anpassung lassen sich also auf Produktionsprozesse, auf die technologischen Grundelemente der Aktivitätsanalyse, zurückführen. Die Menge der Produktionsprozesse ist allerdings überabzählbar, wenn die Produktionsgeschwindigkeit kontinuierlich variiert wird, während die lineare Aktivitätsanalyse von einer endlichen Zahl von reinen Produktionsprozessen ausgeht; wie oben gezeigt wurde, kann man eine

GUTENBERG-Technologie jedoch mit beliebiger Genauigkeit durch eine endliche Zahl reiner Produktionsprozesse approximieren, indem man lediglich eine endliche Zahl von Intensitätsstufen berücksichtigt, und so die Ergebnisse der linearen Aktivitätsanalyse auf die intensitätsmäßige Anpassung übertragen.

Ein wesentlicher Unterschied zwischen linearen Technologien und GUTENBERG-Technologien ergibt sich jedoch aus der Koppelung zwischen Produktionsprozessen und Ausbringunsgmenge durch die Beziehung

$$x = v \cdot t \cdot N = v \cdot r_M \qquad (*)$$

Während bei linearen Technologien die Produktionsprozesse frei miteinander kombiniert werden können, sind bei GUTENBERG-Technologien nur solche Prozeßkombinationen zulässig, die (*) genügen: Ist v konstant, dann ist nur ein Produktionsprozeß verfügbar; ist hingegen die Kapazität r_M fest vorgegeben und sind keine zeitlichen Anpassungsmaßnahmen bzw. Verschwendung von Maschinenkapazität zulässig, dann kann die Ausbringungsmenge nur durch einen Prozeßwechsel, d.h. durch Variation der Produktionsgeschwindigkeit bzw. duch Intensitätssplitting zwischen verschiedenen Geschwindigkeiten erreicht werden. Können aber zeitlich-quantitative und intensitätsmäßige Anpassung miteinander kombiniert werden, dann ergeben sich Freiheitsgrade für die Prozeßwahl: Es besteht die Möglichkeit, die Einsatzmengen von zwei Faktoren gegeneinander zu substituieren.

Die Aktivitätsanalyse untersucht generelle Produktivitätsbeziehungen, ohne die Wirtschaftseinheit, für die sie gelten, zu spezifizieren; die Ergebnisse werden auf Betriebe, Branchen oder ganze Volkswirtschaften angewendet. Die Theorie der Anpassungsformen beruht hingegen auf einer stark disaggregierten Betrachtungsweise: Sie geht davon aus, daß homogene Produktivitätsbeziehungen nur bei den einzelnen Produktionsstellen und den in diesen installierten Betriebsmitteln beobachtet werden können

Weiter geht die Aktivitätsanalyse davon aus, daß alle Faktoreinsatzmengen explizit erfaßt und mit der Ausbringungsmenge variiert werden können. Die Theorie der Anpassungsformen konzentriert sich hingegen darauf, die durch die Produktion verursachten Faktoreinsatzmengen zu erfassen und sie der Ausbringung zuzurechnen. Neben den leistungsabhängigen Einsatzmengen und Produktionskosten werden fixe Kosten berücksichtigt, die als Kosten der Betriebsbereitschaft interpretiert werden: In den Produktionsstellen fallen diese fixen Kosten u.a. als zeitabhängige Abschreibungen für Betriebsmittel, nicht-leistungsabhängige Personalkosten, aber auch als nicht-leistungsabhängiger Verbrauch von Werkstoffen - wie z.B. für die Beleuchtung und Heizung der Produktionsstellen - an. Auf höheren Aggregationsstufen sind Transport- und Lagerhaltungskosten sowie Verwaltungs- und Betriebskosten zu berücksichtigen. Auf eine Analyse des Mengengerüsts dieser Kosten wird meist verzichtet.

Trotz dieser inhaltlichen Unterschiede gehen die formalen Übereinstimmungen so weit, daß die Methoden und Ergebnisse der Aktivitätsanalyse weitgehend auf die Untersuchung der Produktivitätsbeziehungen der Produktionsstellen übertragen werden können. Insbesondere läßt sich das eng mit der linearen Aktivitätsanalyse verbundene Instrumentarium unmittelbar für die Lösung von Problemen der Theorie der Anpassungsformen einsetzen.

4.3 Literaturhinweise

Adam, D., Produktions- und Kostentheorie, 2. Aufl., Tübingen-Düsseldorf (Mohr/Werner) 1977

Adam, D., Produktionspolitik, 6. Aufl., Wiesbaden (Gabler) 1990

Albach, H., Zur Verbindung von Produktionstheorie und Investitionstheorie, in: Koch, H. (Hrsg.), Zur Theorie der Unternehmung, Festschrift zum 65. Geburtstag von E. Gutenberg, Wiesbaden (Gabler) 1962a, S. 137-203

Albach, H., Produktionsplanung auf der Grundlage technischer Verbrauchsfunktionen, Arbeitsgemeinschaft für Forschung des Landes Nordrhein-Westfalen, Heft 105, Köln-Opladen (Westdeutscher Verlag) 1962b, S. 45-98

Bosworth, D.L., Production Functions: A Theoretical and Empirical Study, Westmead (Saxon House) 1976

Busse v. Colbe, W., Lassmann, G., Betriebswirtschaftsheorie, Bd. 1: Grundlagen, Produktions- und Kostentheorie, 5. Aufl., Berlin-Heidelberg (Springer) 1991

Chenery, H.B., Engineering Production Functions, QJE 63 (1949), S. 507-531

Dellmann, K., Betriebswirtschaftliche Produktions- und Kostentheorie, Wiesbaden (Gabler) 1980

Dellmann, K., Nastanski, L., Kostenminimale Produktionsplanung bei rein intensitätsmäßiger Anpassung mit differenzierten Intensitätsgraden, ZfB 39 (1969), S. 239-286

Ellinger, Th., Haupt, R., Produktions- und Kostentheorie, 2. Aufl., Stuttgart (Poeschel) 1990

Fandel, G., Produktion I: Produktions- und Kostentheorie, 3. Aufl., Berlin-Heidelberg (Springer) 1991

Feichtinger, G., Kistner, K.-P., Luhmer, A., Ein dynamisches Modell des Intensitätssplittings, ZfB 58 (1988), S. 1242-1258

Fischer, K.-H., Empirische Anwendungen der Produktionstheorie, ZfB 50 (1980), S. 314-335

Gälweiler, A., Produktionskosten und Produktionsgeschwindigkeit, Wiesbaden (Gabler) 1960

Gutenberg, E., Grundlagen der Betriebswirtschaftslehre, Bd. 1: Die Produktion, 1. Aufl., Berlin-Göttingen-Heidelberg (Springer) 1951; 24. Aufl., Berlin-Heidelberg (Springer) 1983

Heinen, E., Betriebswirtschaftliche Kostenlehre, 6. Aufl., Wiesbaden (Gabler) 1983

Jacob, H., Produktionsplanung und Kostentheorie, in: Koch, H., Zur Theorie der Unternehmung, Festschrift zum 65. Geburtstag von E. Gutenberg, Wiesbaden (Gabler) 1962, S. 205-268

Johansen, L., Production Functions: An Integration of Micro and Macro, Short Run and Long Run Aspects, Amsterdam (North-Holland) 1972

Karrenberg, R., Scheer, A.W., Ableitung des kostenminimalen Einsatzes von Aggregaten zur Vorbereitung der Optimierung simultaner Planungssysteme, ZfB 40 (1970), S. 689-706

Kilger, W., Produktions- und Kostentheorie, Wiesbaden (Gabler) 1958

Kilger, W., Optimale Produktions- und Absatzplanung, Opladen (Westdeutscher Verlag) 1973

Kistner, K.-P., Zeitaspekte in der Produktionstheorie, in Kistner, K.-P., Schmidt, R. (Hrsg.), Unternehmensdynamik, Wiesbaden (Gabler) 1991, S. 135-162

Kistner, K.-P., Produktionsfunktion, in: Wittmann, W. u.a. (Hrsg.), Handwörterbuch der Betriebswirtschaft, 5. Aufl., Stuttgart (Schäffer-Poeschel) 1993, Sp. 3415-3432

Kloock, J., Zur gegenwärtigen Diskussion der Produktions- und Kostentheorie, ZfB 39 (1969b) Ergänzungsheft 1, S. 49-82

Knolmayer, G., Der Einfluß von Anpassungsmöglichkeiten auf die Isoquanten in Gutenberg-Produktionsmodellen, ZfB 53 (1983), S. 1122-1147

Lambrecht, H.-W., Die Optimierung intensitätsmäßiger Anpassungsprozesse, Meisenheim (A. Hein) 1978

Lücke, W., Produktions- und Kostentheorie, 3. Aufl., Würzburg (Physica) 1973

Lutz, F., Lutz, V., The Theory of Investment of the Firm, Princeton (University Press) 1951

Pack, L., Die Bestimmung der optimalen Leistungsintensität, Z. ges. Staatsw. 119 (1963), S. 1-57

Pressmar, D., Kosten- und Leistungsanalyse im Industriebetrieb, Wiesbaden (Gabler) 1971

Schüler, W., Prozeß- und Verfahrensauswahl im einstufigen Einproduktunternehmen, ZfB 43 (1973), S. 435-458

Schüler, W., Kostenoptimaler Anlageneinsatz bei mehrstufiger Mehrproduktfertigung, ZfB 45 (1975), S. 393-406

Schweitzer, M., Küpper, H.-U., Produktions- und Kostentheorie der Unternehmung, Reinbek (Rowohlt) 1974

Smith, V.L., Investment and Production, Cambridge/Mass. (Harvard University Press) 1966

5. Komplexe Produktionsstrukturen
5.1 Problemstellung

Die im vorigen Kapitel dargestellte Theorie der Anpassungsformen geht davon aus, daß die Produktivitätsbeziehungen zwischen Faktoreinsatz- und Ausbringungsmengen aus den technischen Eigenschaften der Betriebsmittel herzuleiten sind; zur Ermittlung der Produktions- und Kostenfunktionen muß der Betrieb in Produktionsstellen, d.h. in betriebliche Teilbereiche mit homogenen Produktivitätsbeziehungen, zerlegt werden. Bei einfachen Produktionsstrukturen, bei denen alle Produktionsstellen an der Erzeugung eines einzigen Endproduktes beteiligt sind, geben die Produktionskoeffizienten bzw. die Verbrauchsfunktionen direkte Beziehungen zwischen dem Faktorverbrauch r_i^k einer Produktionsstelle k und der Ausbringungsmenge x an:

$$r_i^k = a_i^k(v_k) \cdot x \qquad (i = 1, ..., n; k = 1, ..., l) \qquad (1)$$

mit

v_k — Produktionsgeschwindigkeit der Stelle k (gemessen in Endprodukteinheiten)

$a_i^k(v_k)$ — Verbrauchsfunktion für Faktor i in Stelle k

Im Fall konstanter Produktionsgeschwindigkeiten bzw. der zeitlich-quantitativen Anpassung treten die (konstanten) Produktionskoeffizienten a_i^k an die Stelle der Verbrauchsfunktionen $a_i^k(v_k)$.

Diese Faktoreinsatzfunktionen r_i^k für die einzelnen Produktionsstellen lassen sich dann durch Summation zu Faktoreinsatzfunktionen r_i für den Gesamtbetrieb aggregieren:

$$r_i = \sum_{k=1}^{l} r_i^k = \sum_{k=1}^{l} a_i^k(v_k) \cdot x \qquad (i = 1, ..., n) \qquad (2)$$

Insbesondere kann man im Fall der quantitativ-zeitlichen Anpassung die konstanten Produktionskoeffizienten a_i^k der einzelnen Produktionsstellen zu Produktionskoeffizienten für den Gesamtbetrieb aggregieren:

$$a_i = \sum_{k=1}^{l} a_i^k \qquad (i = 1, ..., n) \qquad (3)$$

Im Fall komplexer Produktionsstrukturen, bei denen einzelne Produktionsstellen mehrere Endprodukte bearbeiten und sich möglicherweise gegenseitig beliefern, lassen sich die Produktionskoeffizienten a_{ij} für ein Endprodukt j nicht mehr unmittelbar durch Summation der Koeffizienten aller an seiner Herstellung beteiligten Stellen berechnen. Vielmehr müssen deren Leistungen zunächst in Ausbringungsmengen unterschiedlicher Endprodukte umgerechnet und die innerbetrieblichen Leistungen den Endprodukten zugerechnet werden.

Im folgenden ist daher zu zeigen, wie aus dem Verbrauch an Produktionsfaktoren durch die Produktionsstellen und deren Lieferungen untereinander Beziehungen zwischen den Ausbringungsmengen der Endprodukte, den Faktoreinsatzmengen und den Leistungen der Stellen hergeleitet werden können. Hierzu werden zunächst Möglichkeiten zur Darstellung komplexer Produktionsstrukturen untersucht. Im Anschluß daran werden für den Fall der quantitativ-zeitlichen Anpassung mit konstanten Inputkoeffizienten der Stellen Produktionskoeffizienten hergeleitet, die angeben, welche Leistungen eine Stelle einschließlich der innerbetrieblichen Leistungen erbringen muß, wenn eine Einheit eines bestimmten Endprodukts hergestellt werden soll. Hieraus können für gegebene Ausbringungsmengen der Produkte die geforderte Gesamtleistung der Produktionsstellen und der Gesamtverbrauch an Produktionsfaktoren berechnet werden. Weiter ist es möglich, bei gegebenen Faktorpreisen Verrechnungspreise für die Leistungen der Stellen und Stückkosten für die Endprodukte zu berechnen. Diese Ergebnisse sind dann Grundlage für ein Modell der Produktionsplanung bei komplexen Produktionsstrukturen mit beschränkten Kapazitäten der Produktionsstellen. Abschließend werden die Ergebnisse auf den Fall der intensitätsmäßigen Anpassung übertragen.

Für die Analyse der Lieferbeziehungen zwischen den Produktionsstellen bei komplexen Produktionsstrukturen kann auf Ergebnisse zurückgegriffen werden, die bei der Untersuchung verwandter betriebswirtschaftlicher bzw. volkswirtschaftlicher Fragestellungen gewonnen wurden:

(1) Die *Stücklistenauflösung* hat die Aufgabe, eine Liste aller von anderen Betrieben zu beziehenden Rohstoffe, Teile und Bausätze und aller innerbetrieblichen Leistungen zu erstellen, die benötigt werden, um eine Einheit eines bestimmten Produktes herzustellen.

(2) Die *Kostenstellenrechnung* erfaßt alle in einer Produktionsstelle entstandenen Kosten und ermittelt Verrechnungspreise für die innerbetriebliche Leistungsverrechnung.

(3) Die *Input-Output-Analyse* erfaßt die Lieferbeziehungen zwischen den Branchen einer Volkswirtschaft.

Der Betrieb sei in l Stellen $k = 1,...,l$ gegliedert: Die n *Faktorläger* $k = 1,...,n$ stellen die für die Produktion benötigten Faktoren zur Verfügung; in m *Produktionsstellen* $k = n+1,...,n+m = l$ wird die Produktion durchgeführt. Diese bearbeiten Endprodukte, stellen Zwischenprodukte her oder erbringen innerbetriebliche Dienstleistungen wie Reparaturen, Heizung u.ä. für andere Produktionsstellen. Das Ergebnis der Tätigkeit einer Produktionsstelle wird allgemein als *Leistung* bezeichnet. Die Stellen sind so voneinander abgegrenzt, daß jedes Faktorlager genau eine Fakorart liefert und jede Produktionsstelle genau eine Leistung erstellt.

Es seien

x_k - die Leistungen der Stelle k

x_{ij} - die Lieferungen der Stelle i an die Stelle j

Es wird vorausgesetzt, daß die Vorleistungen der Stelle i, die die Stelle j in Anspruch nimmt, proportional den Leistungen der Stelle j sind:

$$x_{ij} = a_{ij} \cdot x_j \tag{4}$$

Der Koeffizient a_{ij} heißt *Inputkoeffizient*.

Komplexe Produktionsstrukturen

Weiter wird angenommen, daß von jeder Produktionsstelle k ($k = n+1,...,n+m = l$) Leistungen im Umfang von $y_k \geq 0$ als Endprodukt verwertet werden sollen; diese Ausbringungsmengen bezeichnet man als *Primärbedarf*. Gesucht werden die Gesamtleistungen x_k der Stellen $k = 1,...,l$

$$\underline{x} = (x_1,...,x_n, x_{n+1},...,x_{n+m})^T$$

die erforderlich sind, um einen gegebenen Primärbedarf

$$\underline{y} = (y_1,...,y_n, y_{n+1},...,y_{n+m})^T$$

herstellen zu können. Da die Stellen $k = 1,...,n$ Faktorläger sind, geben die ersten n Komponenten des Vektors $\underline{x}$ Faktoreinsatzmengen an; die ersten n Komponenten des Vektors $\underline{y}$ sind gleich Null, da in der Regel von einem Produktionsbetrieb keine unbearbeiteten Produktionsfaktoren weiterverkauft werden.

Schließlich sind für jede Faktorart i Preise $q_i > 0$ ($i = 1,...,n$) vorgegeben; setzt man die Einkaufspreise der innerbetrieblichen Leistungen q_k ($k = n+1,...,l$) formal gleich Null, dann kann man folgenden Preisvektor definieren:

$$\underline{q} = (q_1,...,q_n, q_{n+1} = 0,...,q_{n+m} = 0)^T$$

Die Aufgabe der *Kostenverrechnung* besteht darin, ein System von Verrechnungspreisen für innerbetriebliche Leistungen

$$\underline{p} = (p_1,...,p_l)^T$$

zu bestimmen, das es ermöglicht, die Kosten des Faktoreinsatzes auf die Endprodukte zu verteilen bzw. dem Primärbedarf $\underline{y}$ als Produktionskosten zuzurechnen.

5.2 Darstellung der Lieferstruktur zwischen Produktionsstellen

Die Lieferbeziehungen bei komplexen Produktionsstrukturen können mit Hilfe des *Gozinto-Graphen* dargestellt werden. Dieser ist ein bewerteter, gerichteter Graph, dessen Elemente wie folgt zu interpretieren sind:

(1) Die Knoten stellen die Produktionsstellen bzw. die Faktorläger dar.

(2) Die Pfeile geben Lieferbeziehungen zwischen den Stellen wieder.

(3) Die Pfeilbewertungen entsprechen den Inputkoeffizienten.

In Abbildung 53 ist ein Gozinto-Graph für einen Betrieb mit drei Faktorlägern $k = A, B, C$ und fünf Produktionsstellen $k = 1, 2,...,5$ wiedergegeben, die drei Endprodukte $k = I, II, III$ erzeugen.

Bei großen Produktionssystemen wird die Darstellung durch einen Gozinto-Graphen schnell unübersichtlich; in diesen Fällen ist die kompaktere Matrix-Darstellung vorzuziehen. Die Matrix der Inputkoeffizienten

$$\underline{A} = (a_{ij})$$

heißt *Direktbedarfsmatrix*.

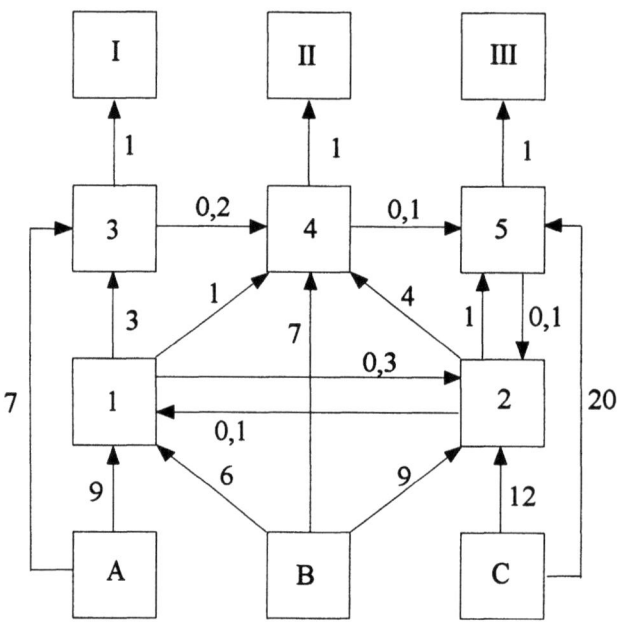

Abbildung 53: Gozinto-Graph

Die Direktbedarfsmatrix der in der Abbildung 53 dargestellten Produktionsstruktur ist gegeben durch:

$$\underline{A} = \begin{bmatrix}
- & - & - & 9 & - & 7 & - & - \\
- & - & - & 6 & 9 & - & 7 & - \\
- & - & - & - & 12 & - & - & 20 \\
- & - & - & - & 0{,}3 & 3 & 1 & - \\
- & - & - & 0{,}1 & - & - & 4 & 1 \\
- & - & - & - & - & - & 0{,}2 & - \\
- & - & - & - & - & - & - & 0{,}1 \\
- & - & - & - & 0{,}1 & - & - & -
\end{bmatrix}$$

Aufgrund der Struktur des Gozinto-Graphen bzw. der Direktbedarfsmatrix ergibt sich folgende Klassifikation der Produktionsstrukturen:

(1) Lineare Produktionsstrukturen:

(a) Montagestrukturen:

Jede Produktionsstelle liefert nur an eine nachgelagerte Stelle. In der Direktbedarfsmatrix enthält jede Zeile höchstens ein positives Element oberhalb der Hauptdiagonalen. Der Gozinto-Graph ist zyklenfrei, jeder Knoten hat höchstens einen Nachfolger. Im Einprodukt-Fall ist der Gozinto-Graph ein Baum, im Mehrprodukt-Fall besteht er aus mehreren disjunkten Bäumen.

(b) Einfach-zusammenhängende Produktionsstrukturen:

Verschiedene Stellen können mehrere nachgelagerte Stellen beliefern; eine Stelle i, die Leistungen für die Stelle j erbringt, nimmt jedoch weder direkt noch indirekt (über andere Stellen) Leistungen der Stelle j in Anspruch. Der Gozinto-Graph ist zyklenfrei, die Direktbedarfsmatrix kann durch Umnumerieren der Stellen trianguliert werden, so daß alle von Null verschiedenen Inputkoeffizienten oberhalb der Hauptdiagonalen liegen.

(2) Nicht-lineare Produktionsstrukturen:

Es gibt Produktionsstellen, die sich gegenseitig beliefern, der Gozinto-Graph besitzt Zyklen, die Direktbedarfsmatrix ist nicht triangulierbar.

Für eine weitere Einteilung nicht-linearer Produktionsstrukturen wird der Begriff der *Zerlegbarkeit* von Matrizen benötigt:

Definition: *Zerlegbarkeit von Matrizen*

Eine Matrix $\underline{A}$ heißt zerlegbar, falls sie durch gleichzeitiges Vertauschen von Zeilen und Spalten in der Form

$$\underline{A} = \begin{bmatrix} \underline{A}_1 & \underline{B} \\ \underline{0} & \underline{A}_2 \end{bmatrix}$$

darstellbar ist, wobei die Untermatrizen $\underline{A}_1$ und $\underline{A}_2$ quadratisch sind.

Sie heißt vollkommen zerlegbar, wenn sie in der Form

$$\underline{A} = \begin{bmatrix} \underline{A}_1 & \underline{0} \\ \underline{0} & \underline{A}_2 \end{bmatrix}$$

darstellbar ist.

Entsprechend ergibt sich die folgende Einteilung nicht-linearer Produktionsstrukturen:

(a) Unzerlegbare Produktionsstrukturen:

Bei unzerlegbaren Produktionsstrukturen ist die Direktbedarfsmatrix nicht zerlegbar.

(b) Zerlegbare Produktionsstrukturen:

Die Direktbedarfsmatrix ist zerlegbar, das heißt, es besteht die Möglichkeit, den Betrieb so in Abteilungen aufzuteilen, daß eine Abteilung, die eine andere beliefert, keine Leistungen von dieser empfängt. Die Lieferstruktur zwischen diesen Abteilungen ist also *einfach-zusammenhängend*.

(c) Vollkommen zerlegbare Produktionsstrukturen

Die Direktbedarfsmatrix ist vollkommen zerlegbar. Es besteht also die Möglichkeit, den Betrieb so in Abteilungen aufzuteilen, daß zwischen diesen keine Lieferbeziehungen bestehen. Jede Abteilung ist mit der Herstellung eines oder mehrerer Produkte allein befaßt und benötigt keine Lieferungen von anderen Abteilungen. Die einzelnen Abteilungen können damit als separate Betriebe aufgefaßt werden.

5.3 Produktionsprogramm und Kostenverrechnung

Die Gesamtleistung x_i einer Produktionsstelle i setzt sich zusammen aus dem Primärbedarf y_i und den von ihr zu erbringenden innerbetrieblichen Leistungen:

$$x_i = y_i + \sum_{j=1}^{l} a_{ij} \cdot x_j \qquad (i = n+1, \ldots, l) \tag{5a}$$

Da die Faktorläger lediglich Faktoren an die Produktionsstellen liefern, aber keinen Primärbedarf befriedigen, gilt für deren Lieferungen:

$$x_i = \sum_{j=1}^{l} a_{ij} \cdot x_j \qquad (i = 1, \ldots, n) \tag{5b}$$

In Matrix-Schreibweise kann man für (5a) schreiben:

$$\underline{x} = \underline{y} + \underline{A} \cdot \underline{x} \qquad \text{bzw.} \qquad (\underline{E} - \underline{A}) \cdot \underline{x} = \underline{y} \tag{5}$$

wobei $\underline{E}$ eine Einheitsmatrix ist. Da die Faktorläger nur an nachgelagerte Stellen liefern, aber keinen Primärbedarf erfüllen, ist

$$\underline{y} = (0, \ldots, 0, y_{n+1}, \ldots, y_l)^T$$

Falls die Inverse von $(\underline{E} - \underline{A})$ existiert, ist der Gesamtbedarf gegeben durch:

$$\underline{x} = (\underline{E} - \underline{A})^{-1} \cdot \underline{y} = \underline{G} \cdot \underline{y} \tag{6}$$

Die Matrix

$$\underline{G} = (\underline{E} - \underline{A})^{-1}$$

heißt *Gesamtbedarfsmatrix*. Deren Elemente g_{ij} geben an, welche Leistung die Stelle i insgesamt erbringen muß, damit die Stelle j eine Einheit ihres Primärbedarfs decken kann; sie können daher als *Produktionskoeffizienten* interpretiert werden, die sowohl die direkten als auch die indirekten Leistungen der Stelle i für die Stelle j wiedergeben.

Ein weitgehend analoges Problem stellt sich bei der Bestimmung der Verrechnungspreise für die Leistungen der Produktionsstellen und der Stückkosten für die Endprodukte: Gesucht wird eine Bewertung p_j für die Leistung der Stelle j, so daß der Wert ihrer Leistungen gleich dem Wert der von ihr empfangenen Leistungen und Faktoreinsätze ist:

Komplexe Produktionsstrukturen

$$x_j \cdot p_j = x_j \cdot q_j + \sum_{i=1}^{l} a_{ij} \cdot x_j \cdot p_i \quad (j = 1, ..., l) \tag{7}$$

Wenn Faktorläger keine innerbetrieblichen Leistungen beziehen, dann gilt für diese

$$a_{ij} = 0 \quad (j = 1, ..., n)$$

und folglich

$$x_j \cdot p_j = x_j \cdot q_j \quad (j = 1, ..., n) \tag{7a}$$

Der Wert der Lieferungen der Faktorläger ergibt sich, indem man diese mit Anschaffungspreisen bewertet.

Da Produktionsstellen keine Lieferungen von außen beziehen, sind die Kosten ihrer Leistungen gegeben durch

$$x_j \cdot p_j = \sum_{i=1}^{l} a_{ij} \cdot x_j \cdot p_i \quad (j = n+1, ..., l) \tag{7b}$$

Dividiert man durch x_j ($x_j > 0$) und führt den um fiktive "Faktorpreise" $q_j = 0$ ($j = n+1, ..., l$) für die Leistungen der Produktionsstellen erweiterten Vektor der Faktorpreise

$$\underline{q} = (q_1, ..., q_n, 0, ..., 0)^T$$

und den Vektor für die Verrechnungspreise

$$\underline{p} = (p_1, ..., p_l)^T$$

ein, dann kann man für (7) schreiben:

$$\underline{p} = \underline{q} + \underline{A}^T \cdot \underline{p} \tag{8}$$

Falls die Inverse von $(\underline{E} - \underline{A}^T)$ existiert, dann erhält man für die Verrechnungspreise

$$\underline{p} = (\underline{E} - \underline{A}^T)^{-1} \cdot \underline{q} = \underline{G}^T \cdot \underline{q} \tag{9}$$

Es gibt also ein eindeutiges System von Verrechnungspreisen $\underline{p}$, das die Lieferungen der Faktorläger und der Produktionsstellen so bewertet, daß der Wert der Lieferungen gleich dem Wert der von außen bezogenen Produktionsfaktoren zuzüglich dem Wert der Vorleistungen anderer Produktionsstellen ist. Man erhält den Vektor der Verrechnungspreise, indem man die Transponierte der Gesamtbedarfsmatrix mit dem (erweiterten) Vektor der Faktorpreise $\underline{q}$ multipliziert. Die Stückkosten der Endprodukte sind gleich den Verrechnungspreisen der Produktionsstellen, in denen sie fertiggestellt werden.

Voraussetzung für die Existenz eindeutiger Lösungen der linearen Gleichungssysteme (5) und (8) ist die Existenz der Inversen von $(\underline{E} - \underline{A})$ bzw. von $(\underline{E} - \underline{A}^T)$. Um sicherzustellen, daß die Produktionsmengen $\underline{x}$ und die Verrechnungspreise $\underline{p}$ für beliebige Primärbedarfsmengen $\underline{y} \geq \underline{0}$ und Faktorpreise $\underline{q} \geq \underline{0}$ nicht-negativ sind, müssen alle Elemente der Inversen ebenfalls nicht-negativ sein:

$$\underline{G} = (\underline{E} - \underline{A})^{-1} \geq \underline{0}$$

Es stellt sich daher die Frage, ob und unter welchen Bedingungen eine nicht-negative Gesamtbedarfsmatrix existiert. Im Zusammenhang mit einer ähnlichen Fragestellung in der volkswirtschaftlichen Input-Output-Analyse wurde der Begriff der *Produktivität der Direktbedarfsmatrix* eingeführt.

Definition: *Produktivität einer Matrix*

Eine quadratische Matrix $\underline{A}$ heißt produktiv, falls es einen beliebigen nicht-negativen Vektor $\underline{x}^0 \geq \underline{0}$ gibt, so daß

$$\underline{x}^0 > \underline{A} \cdot \underline{x}^0$$

bzw.

$$x_i^0 - \sum_{j=1}^{n} a_{ij} \cdot x_j^0 > 0 \qquad (i = 1, \ldots, n)$$

Für produktive Matrizen gilt (zum Beweis vgl. GALE [1960, S. 296f.]):

Satz 1: *Produktive Matrizen*

(1) *Falls die Matrix $\underline{A}$ produktiv ist, dann gibt es für jeden Vektor $\underline{y} \geq \underline{0}$ eine eindeutige, nicht-negative Lösung des Gleichungssystems*

$$(\underline{E} - \underline{A}) \cdot \underline{x} = \underline{y}$$

(2) *Die Matrix $\underline{A}$ ist genau dann produktiv, wenn eine nicht-negative Inverse*

$$(\underline{E} - \underline{A})^{-1} \geq \underline{0}$$

existiert.

Die Produktivität der Direktbedarfsmatrix $\underline{A}$ und die Existenz einer nicht-negativen Gesamtbedarfsmatrix $\underline{G}$ sind also äquivalent. Aus der Definition der Produktivität folgt, daß eine Direktbedarfsmatrix bereits dann produktiv ist, wenn es eine Gesamtleistung $\underline{x}^0$ gibt, die es erlaubt, einen *positiven* Primärbedarf $\underline{y}^0 > \underline{0}$ für alle Stellen zu befriedigen. Dann kann wegen des ersten Teils von Satz 1 jeder beliebige nicht-negative Primärbedarf $\underline{y} \geq \underline{0}$ befriedigt werden. Wegen des zweiten Teils von Satz 1 existiert dann eine nicht-negative Gesamtbedarfsmatrix $\underline{G} \geq \underline{0}$, so daß auch die Existenz nicht-negativer Verrechnungspreise gesichert ist.

Hierbei ist allerdings zu beachten, daß eine positive Nettoleistung $\underline{y}^0 > \underline{0}$ lediglich möglich, nicht aber tatsächlich realisiert werden muß. Für betriebliche Produktionssysteme wird man in der Regel davon ausgehen müssen, daß es eine Reihe von Produktionsstellen gibt, die ausschließlich innerbetriebliche Leistungen erbringen, aber keine Endprodukte fertigstellen. Es ist daher nicht möglich, anhand realisierter Produktionspläne $\underline{y}^0 \geq \underline{0}$ die Produktivität einer Produktionsstruktur nachzuweisen.

Im folgenden sind daher hinreichende Bedingungen für die Produktivität der Direktbedarfsmatrix für spezielle Produktionsstrukturen herzuleiten und zu zeigen, daß diese Bedingungen für sinnvoll konzipierte betriebliche Strukturen erfüllt sind.

Für lineare Produktionsstrukturen, d.h. für *Montagestrukturen* und *einfach-zusammenhängende Produktionsstrukturen*, in denen es keine sich gegenseitig beliefernde Stellen gibt, lassen sich der Gesamtbedarf $\underline{x}$ und die Verrechnungspreise $\underline{p}$ sukzessiv berechnen.

Da in diesen Fällen die Direktbedarfsmatrix trianguliert werden kann, läßt sich das Gleichungssystem (5) immer in folgender Form darstellen:

$$x_1 - a_{12} \cdot x_2 - a_{13} \cdot x_3 - \ldots - a_{1,l-1} \cdot x_{l-1} - a_{1l} \cdot x_l = y_1 \quad (5.1)$$
$$x_2 - a_{23} \cdot x_3 - \ldots - a_{2,l-1} \cdot x_{l-1} - a_{2l} \cdot x_l = y_2 \quad (5.2)$$
$$\vdots$$
$$x_{l-1} - a_{l-1,l} \cdot x_l = y_{l-1} \quad (5.l\text{-}1)$$
$$x_l = y_l \quad (5.l)$$

Aus (5.*l*) folgt unmittelbar $x_l = y_l \geq 0$. Einsetzen in (5.*l*-1) ergibt

$$x_{l-1} = y_{l-1} + a_{l-1,l} \cdot x_l$$

da y_{l-1}, $a_{l-1,l}$ und x_l größer oder gleich Null sind, ist auch

$$x_{l-1} \geq 0$$

Analog läßt sich rekursiv zeigen, daß alle x_i ($i = 1, \ldots, l$) nicht-negativ sind, weil y_i, $a_{i,i+1}$ und x_{i+1} nicht-negativ sind.

Ebenso kann man das Gleichungssystem (7) zur Bestimmung der innerbetrieblichen Verrechnungspreise in der folgenden Form darstellen und sukzessiv lösen:

$$p_1 = q_1 \quad (7.1)$$
$$p_2 - a_{12} \cdot p_1 = q_2 \quad (7.2)$$
$$p_3 - a_{13} \cdot p_1 - a_{23} \cdot p_2 = q_3 \quad (7.3)$$
$$\vdots$$
$$p_l - a_{1l} \cdot p_1 - a_{2l} \cdot p_2 - \ldots - a_{l-1,l} \cdot p_{l-1} = q_l \quad (7.l)$$

Dieses Vorgehen entspricht dem in der Kostenstellenrechnung verwendeten *Stufenleiterverfahren* der innerbetrieblichen Leistungsverrechnung.

Aus der Konstruktion der sukzessiven Lösung für den Gesamtbedarf und der Verrechnungspreise bei einer triangulierbaren Direktbedarfsmatrix folgt unmittelbar:

Satz 2: *Triangulierbare Direktbedarfsmatrix*

Es sei $\underline{A}$ eine nicht-negative quadratische Dreiecksmatrix, deren Hauptdiagonal-Elemente gleich Null sind. Dann existiert eine nicht-negative Gesamtbedarfsmatrix

$$\underline{G} = (\underline{E} - \underline{A})^{-1} \geq \underline{0}$$

Zur Prüfung der Existenz einer nicht-negativen Gesamtbedarfsmatrix bei *unzerlegbaren Produktionsstrukturen* dient der folgende Hilfssatz von FROBENIUS (zum Beweis vgl. GANTMACHER [1970/1971, S. 47]):

Hilfssatz:

Ist $\underline{A}$ eine unzerlegbare quadratische, nicht-negative Matrix und gilt für die Zeilen- oder Spaltensummen

$$S_i = \sum_{j=1}^{n} a_{ij} \leq 1 \qquad \textit{für alle } i = 1, \ldots, n \textit{ und}$$

$$S_k = \sum_{j=1}^{n} a_{kj} < 1 \qquad \textit{für mindestens ein } k$$

oder

$$S'_j = \sum_{i=1}^{n} a_{ij} \leq 1 \qquad \textit{für alle } j = 1, \ldots, n \textit{ und}$$

$$S'_k = \sum_{i=1}^{n} a_{ik} < 1 \qquad \textit{für mindestens ein } k$$

dann existiert eine nicht-negative Gesamtbedarfsmatrix

$$\underline{G} = (\underline{E} - \underline{A})^{-1} \geq \underline{0}$$

Zum Beweis ist zu prüfen, unter welchen Bedingungen es ein nicht-negatives System von Verrechnungspreisen $p_j \geq 0 \, (j = 1, \ldots, l)$ gibt, das dem Gleichungssystem (7) genügt:

$$p_j - \sum_{i=1}^{l} a_{ij} \cdot p_i = q_j \qquad (j = 1, \ldots, l)$$

Bei der Anwendung des Hilfssatzes tritt jedoch die folgende Schwierigkeit auf: Die Elemente der Direktbedarfsmatrix $\underline{A}$ sind nicht kommensurabel. Um sie zeilenweise addieren zu können, müssen sie normiert werden. Hierzu wird das System (7) mit einer beliebigen Gesamtleistung $\underline{x}^0 \geq \underline{0}$ multipliziert:

$$x_j^0 \cdot p_j = x_j^0 \cdot q_j + \sum_{i=1}^{l} x_{ij}^0 \cdot p_i \qquad (j = 1, \ldots, l)$$

wobei

$$x_{ij}^0 = a_{ij} \cdot x_j^0$$

gleich der Lieferung der Stelle i an die Stelle j ist. Setzt man

$$v_j = q_j \cdot x_j^0 \qquad \text{und} \qquad w_j = p_j \cdot x_j^0 \qquad (j = 1, \ldots, l) \tag{10}$$

dann erhält man für den Wert der Leistungen der Stelle j:

$$w_j = v_j + \sum_{i=1}^{l} \alpha_{ij} \cdot w_i \qquad (j = 1, \ldots, l) \tag{11}$$

Dabei ist

$$\alpha_{ij} = \frac{x_{ij}^0}{x_i^0} = \frac{a_{ij} \cdot x_j^0}{x_i^0} \qquad \text{mit} \qquad x_i^0 > 0 \qquad (12)$$

der Anteil der Lieferungen an die Stelle j an der Gesamtleistung der Stelle i. Daher muß gelten, daß

$$\alpha_{ij} \leq 1 \qquad \text{und} \qquad \sum_{j=1}^{l} \alpha_{ij} \leq 1$$

Setzt man

$\underline{w} = (w_1, \ldots, w_l)^T$ — Wert der Leistung der Stellen

$\underline{v} = (v_1, \ldots, v_l)^T$ — Wert der Lieferung von Faktoren

$\underline{B} = (\alpha_{ij})$ — Normierte Inputmatrix

dann kann man für (11) in Matrix-Form schreiben:

$$\underline{w} = \underline{v} + \underline{B}^T \cdot \underline{w} \qquad \text{bzw.} \qquad (\underline{E} - \underline{B}^T) \cdot \underline{w} = \underline{v} \qquad (11a)$$

Ist die Matrix $\underline{B}$ unzerlegbar und sind alle Zeilensummen kleiner oder gleich eins und ist mindestens eine Zeilensumme streng kleiner als eins, dann sind die Voraussetzungen des Hilfssatzes erfüllt; es existiert eine nicht-negative Inverse

$$\underline{\Gamma} = (\underline{E} - \underline{B})^{-1} \geq \underline{0}$$

Die Bedingung, daß mindestens eine Zeilensumme kleiner als eins sein muß, besagt, daß mindestens eine Stelle einen Teil ihrer Gesamtleistung zur Deckung des Primärbedarfs und nicht für innerbetriebliche Leistungen verwendet.

Dann existiert eine eindeutige nicht-negative Lösung des Gleichungssystems (11a):

$$\underline{w}^0 = \underline{\Gamma} \cdot \underline{v}$$

Hieraus ergibt sich wegen (10) für die Verrechnungspreise

$$p_j^0 = \frac{w_j^0}{x_j^0}$$

Da $w_j^0 \geq 0$ und $x_j^0 > 0$ für alle $j = 1, \ldots, l$, sind die Verrechnungspreise p_j^0 nicht-negativ.

Falls $\underline{B}$ unzerlegbar ist und es einen Produktionsplan $\underline{x}^0 > \underline{0}$ gibt, bei dem mindestens eine Produktionsstelle Leistungen zur Befriedigung eines Primärbedarfs abgibt, existiert ein System von Verrechnungspreisen $\underline{p}^0$, das für diesen Produktionsplan die Kosten für die Beschaffung der Produktionsfaktoren auf die Produktionsstellen und die Endprodukte umlegt. Weiter ist in diesem Fall die normierte Inputmatrix $\underline{B}$ produktiv.

Um zu zeigen, daß die Direktbedarfsmatrix ebenfalls produktiv ist, falls es einen Produktionsplan $\underline{x}^0 > \underline{0}$ gibt, bei dem mindestens eine Produktionsstelle Leistungen zur Befriedigung des Primärbedarfs abgibt, ist zu zeigen, daß

(1) die Matrix der normierten Inputkoeffizienten $\underline{B}$ zerlegbar ist, wenn die Direktbedarfsmatrix $\underline{A}$ zerlegbar ist und

(2) die Matrix $\underline{A}$ produktiv ist, wenn $\underline{B}$ zerlegbar ist.

Aus der Definition (12) der Elemente der Matrix der normierten Inputkoeffizienten ergibt sich die folgende Beziehung zwischen den Matrizen $\underline{A}$ und $\underline{B}$:

$$\underline{A} = \underline{Z} \cdot \underline{B} \cdot \underline{Z}^{-1} \tag{12a}$$

wobei

$$\underline{Z} = \begin{bmatrix} x_1^0 & & & \\ & x_2^0 & & \\ & & \ddots & \\ & & & x_I^0 \end{bmatrix} \quad \underline{Z}^{-1} = \begin{bmatrix} 1/x_1^0 & & & \\ & 1/x_2^0 & & \\ & & \ddots & \\ & & & 1/x_I^0 \end{bmatrix}$$

Da bei der Normierung (12) die Inputkoeffizienten mit positiven Konstanten x_j^0/x_i^0 multipliziert werden, gilt

$$\alpha_{ij} \begin{Bmatrix} = \\ > \end{Bmatrix} 0 \quad \text{genau dann, wenn} \quad a_{ij} \begin{Bmatrix} = \\ > \end{Bmatrix} 0$$

$\underline{B}$ ist also genau dann zerlegbar, wenn $\underline{A}$ zerlegbar ist.

Weiter folgt aus (12a), daß

$$(\underline{E} - \underline{A}) = \underline{Z} \cdot (\underline{E} - \underline{B}) \cdot \underline{Z}^{-1} \quad \text{und} \quad (\underline{E} - \underline{A})^{-1} = \underline{Z} \cdot (\underline{E} - \underline{B})^{-1} \cdot \underline{Z}^{-1}$$

$\underline{Z}$ ist eine nicht-negative Diagonalmatrix und besitzt daher eine nicht-negative Inverse $\underline{Z}^{-1}$. Folglich hat $(\underline{E} - \underline{A})$ genau dann eine nicht-negative Inverse, wenn für $(\underline{E} - \underline{B})$ eine solche existiert. ∎

Faßt man diese Ergebnisse zusammen, dann erhält man:

Satz 3: *Unzerlegbare Produktionsstrukturen*

Ist die Direktbedarfsmatrix unzerlegbar, dann ist es für die Existenz einer nicht-negativen Direktbedarfsmatrix hinreichend, daß es einen Produktionsplan $\underline{x}^0 > \underline{0}$ gibt, bei dem mindestens eine Produktionsstelle k einen positiven Primärbedarf $y_k > 0$ befriedigt.

Um Bedingungen für die Produktivität zerlegbarer Produktionsstrukturen herzuleiten, führt man diese auf mehrere unzerlegbare Produktionsstrukturen zurück, auf die dann der Hilfssatz von FROBENIUS anzuwenden ist.

Im Fall zerlegbarer Produktionsstrukturen läßt sich die normierte Inputmatrix $\underline{B}$ durch gleichzeitiges Vertauschen von Zeilen und Spalten in folgender Gestalt darstellen; wobei $\underline{B}_k$ ($k = 1, ..., p$) quadratische, unzerlegbare Untermatrizen von $\underline{B}$ sind. Eine derartige Zerlegung entspricht der Bildung von p Abteilungen, zwischen denen eine einfach-zusammenhängende Produktionsstruktur besteht. Die Matrix $\underline{B}_k$ erfaßt die Lieferungen

Komplexe Produktionsstrukturen

zwischen den Stellen der Produktionsabteilung k, die Matrizen $\underline{B}_{kj}$ beschreiben Lieferungen von Stellen der Abteilung k an Stellen der Abteilung j. Aus der blockdiagonalen Struktur der Matrix $\underline{B}$ folgt, daß Stellen der Abteilung k, die an Stellen der Abteilung j liefern, keine Leistungen von dieser Abteilung empfangen.

$$\underline{B} = \begin{bmatrix} \underline{B}_1 & \underline{B}_{12} & \underline{B}_{13} & \cdots & \underline{B}_{1,p-1} & \underline{B}_{1,p} \\ \underline{0} & \underline{B}_2 & \underline{B}_{23} & \cdots & \underline{B}_{2,p-1} & \underline{B}_{2,p} \\ \underline{0} & \underline{0} & \underline{B}_3 & \cdots & \underline{B}_{3,p-1} & \underline{B}_{3,p} \\ \cdots & \cdots & \cdots & \cdots & \cdots & \cdots \\ \underline{0} & \underline{0} & \underline{0} & \cdots & \underline{0} & \underline{B}_p \end{bmatrix}$$

Die Vektoren $\underline{v}$ und $\underline{w}$ werden entsprechend zerlegt:

$$\underline{v} = (\underline{v}^1, \ldots, \underline{v}^p)^T$$

$$\underline{w} = (\underline{w}^1, \ldots, \underline{w}^p)^T$$

Faktorläger empfangen keine Leistungen von anderen Stellen, sie bilden daher die Abteilung 1; da nur sie Lieferungen von außen beziehen, ist $\underline{v}^k = \underline{0}$ für alle $k > 1$. Das Gleichungssystem (11) kann daher in folgender Form dargestellt werden:

$$\begin{bmatrix} (\underline{E} - \underline{B}_1^T) & \underline{0} & \underline{0} & \cdots & \underline{0} \\ -\underline{B}_{12}^T & (\underline{E} - \underline{B}_2^T) & \underline{0} & \cdots & \underline{0} \\ -\underline{B}_{13}^T & -\underline{B}_{23}^T & (\underline{E} - \underline{B}_3^T) & \cdots & \underline{0} \\ \cdots & \cdots & \cdots & \cdots & \cdots \\ -\underline{B}_{1p}^T & -\underline{B}_{2p}^T & -\underline{B}_{3p}^T & \cdots & (\underline{E} - \underline{B}_p^T) \end{bmatrix} \cdot \begin{bmatrix} \underline{w}^1 \\ \underline{w}^2 \\ \underline{w}^3 \\ \cdots \\ \underline{w}^p \end{bmatrix} = \begin{bmatrix} \underline{v}^1 \\ \underline{0} \\ \underline{0} \\ \cdots \\ \underline{0} \end{bmatrix} \quad (11b)$$

Das Gleichungssystem (11b) läßt sich dann - in Analogie zum Stufenleiterverfahren - sukzessiv lösen: Man beginnt mit den Faktorlägern der Abteilung 1. Der Wert der Lieferungen dieses Bereichs ergibt sich als Lösung des Gleichungssystems

$$(\underline{E} - \underline{B}_1^T) \cdot \underline{w}^1 = \underline{v}^1$$

Da $\underline{B}_1$ voraussetzungsgemäß unzerlegbar ist, existiert eine Inverse

$$(\underline{E} - \underline{B}_1^T)^{-1} \geq \underline{0}$$

wenn es mindestens eine Zeile von $\underline{B}_1^T$ gibt, deren Summe kleiner als eins ist, es also mindestens ein Faktorlager gibt, das positive Faktormengen an eine Produktionsstelle liefert. Diese Bedingung ist für Faktorläger immer erfüllt, da diese keine Leistungen untereinander austauschen.

Der Wert der Faktorläger ist gegeben durch

$$\underline{w}^1 = (\underline{E} - \underline{B}_1^T)^{-1} \cdot \underline{v}^1$$

Weil keine Lieferungen der Faktorläger untereinander stattfinden, ist $\underline{B}_1 = 0$ und folglich

$$\underline{w}^1 = \underline{v}^1$$

Setzt man dieses Ergebnis in die Gleichungen für die Abteilung 2 ein, die nur Lieferungen von den Faktorlägern empfängt, dann erhält man wegen $\underline{v}^2$ und $\underline{w}^1 = \underline{v}^1$:

$$(\underline{E} - \underline{B}_2^T) \cdot \underline{w}^2 = \underline{v}^2 + \underline{B}_{12}^T \cdot \underline{w}^1 = \underline{B}_{12}^T \cdot \underline{v}^1$$

$\underline{B}_2$ ist voraussetzungsgemäß unzerlegbar, daher ist es für die Existenz einer Inversen

$$(\underline{E} - \underline{B}_2^T)^{-1} \geq \underline{0}$$

hinreichend, daß es mindestens eine Zeile gibt, deren Summe kleiner als eins ist, daß es also mindestens eine Stelle der Abteilung 2 gibt, die Leistungen für nachgelagerte Abteilungen $k > 1$ erbringt oder Endprodukte herstellt.

Durch ähnliche Überlegungen läßt sich zeigen, daß ein eindeutiger Wert der Leistungen aller Stellen bestimmt werden kann, wenn es in jeder Abteilung mindestens eine Stelle gibt, die Leistungen für nachgelagerte Stellen erbringt oder Endprodukte herstellt. Analog dem Vorgehen im Fall unzerlegbarer Produktionsstrukturen läßt sich dann zeigen, daß eine nicht-negative Gesamtbedarfsmatrix

$$\underline{G} = (\underline{E} - \underline{A})^{-1} \geq \underline{0}$$

existiert.

Es gilt daher

Satz 4: *Gesamtbedarfsmatrix bei zerlegbaren Produktionsstrukturen*

Ist die Direktbedarfsmatrix zerlegbar, dann ist es für die Existenz einer nicht-negativen Gesamtbedarfsmatrix hinreichend, daß
(1) mindestens eine Stelle eine positive Endproduktmenge herstellt,
(2) in jeder Abteilung eine Stelle Leistungen an nachgeordnete Abteilungen abgibt oder Endprodukte herstellt.

Im Fall *völlig zerlegbarer* Produktionsstrukturen gibt es zwei oder mehrere Abteilungen, zwischen denen keine Lieferbeziehungen bestehen. Jede kann als selbständiges Produktionssystem angesehen werden, dessen Produktivität unabhängig von den anderen Teilsystemen zu überprüfen ist. Die Produktivität einer solchen Abteilung ist insbesondere dann gegeben, wenn die zugehörige Direktbedarfsmatrix triangulär ist oder wenn diese unzerlegbar ist und es einen Produktionsvektor $\underline{x}^0$ gibt, bei dem mindestens eine Produktionsstelle k einen positiven Primärbedarf $y_k > 0$ befriedigt. Eine Abteilung ist auch dann produktiv, wenn ihre Produktionsstruktur zerlegbar ist und die Bedingungen des Satzes 4 erfüllt sind.

Die Bedeutung der Sätze 1-4 ist darin zu sehen, daß sie es ermöglichen, anhand der Struktur der Lieferbeziehungen zwischen den Produktionsstellen und eines einzigen realisierten Produktionsplans festzustellen, daß - gegeben ausreichende Produktionskapazitäten bzw. unbegrenzte Beschaffungsmöglichkeiten für alle Faktorarten - für jeden beliebigen Primärbedarf ein zulässiger Produktionsplan und für jedes System von Faktorpreisen ein System von Verrechnungspreisen für innerbetriebliche Leistungen existiert:

(1) Für Montagestrukturen und einfach-zusammenhängende Produktionssysteme gilt, daß jeder Primärbedarf befriedigt werden kann.

(2) Unabhängig von der Produktionsstruktur kann jeder Primärbedarf befriedigt werden, wenn es einen Produktionsplan gibt, bei dem jede Stelle zur Befriedigung des Primärbedarfs beiträgt.

(3) Bei unzerlegbaren Produktionsstrukturen ist jede Kombination von Endproduktmengen realisierbar, wenn es einen Produktionsplan gibt, bei dem mindestens eine Stelle eine positive Ausbringung von Endprodukten erstellt.

(4) Bei zerlegbaren Produktionsstrukturen kann jede beliebige Kombination von Endproduktmengen hergestellt werden, wenn es einen Produktionsplan gibt, bei dem keine Abteilung Leistungen von anderen Abteilungen empfängt, ohne Leistungen an andere Abteilungen abzugeben oder zur Befriedigung des Primärbedarfs beizutragen. Weiter muß in diesem Fall mindestens eine Stelle eine positive Endproduktmenge herstellen.

Dann existiert auch immer ein System positiver Verrechnungspreise für innerbetriebliche Leistungen.

Für betriebliche Produktionsstrukturen dürfte eine dieser Bedingungen immer erfüllt sein. Es sind zwar Betriebsabteilungen - wie z.B. eine Lehrwerkstatt - denkbar, die innerbetriebliche Leistungen empfangen, ohne daß ihre Leistungen in der herkömmlichen Betriebsabrechnung erfaßt werden. In diesen Fällen ist jedoch zu berücksichtigen, daß diese Abteilungen immaterielle Leistungen - Ausbildungsleistungen im Fall der Lehrwerkstatt - erbringen, die entweder als fiktives Endprodukt oder als immaterielle Leistungen für andere Stellen zu erfassen sind.

5.4 Beziehungen zu anderen produktionstheoretischen Ansätzen
5.4.1 Betriebliche Input-Output-Analyse und Aktivitätsanalyse

Die betriebliche Input-Output-Analyse geht wie die lineare Aktivitätsanalyse von einer linearen Technologie aus; sie setzt voraus, daß jede Produktionsstelle über genau einen Produktionsprozeß verfügt. Während die Aktivitätsanalyse nur Produktionsfaktoren und Endprodukte betrachtet, erfaßt die betriebliche Input-Output-Analyse auch Zwischenprodukte bzw. innerbetriebliche Leistungen, Güter, die von einem Betrieb hergestellt werden und von ihm im gleichen Umfang wieder eingesetzt werden. Die Aktivitätsanalyse saldiert die Einsatz- und Ausbringungsmengen der Zwischenprodukte; sie untersucht daher das betriebliche Geschehen auf einem höheren Aggregationsniveau.

Die Produktionskoeffizienten der Aktivitätsanalyse entsprechen den Elementen der Gesamtbedarfsmatrix, welche die Lieferbeziehungen zwischen den Faktorlägern und den

Stellen beschreiben, die Endprodukte herstellen; die Technologiematrix gibt damit einen Ausschnitt aus der Gesamtbedarfsmatrix wieder.

Formal kann man innerbetriebliche Lieferbeziehungen auch im Rahmen der linearen Aktivitätsanalyse berücksichtigen, indem man Zwischenprodukte als besondere Güterart einführt, die mit positiven Mengen hergestellt und gleichzeitig mit negativen Mengen in der Produktion eingesetzt werden. Die Technologiematrix ist dann um Zeilen für die Zwischenprodukte zu erweitern; Produktionsprozesse, mit denen ein Zwischenprodukt erzeugt wird, sind durch einen positiven Produktionskoeffizienten, Prozesse, die das Zwischenprodukt einsetzen, durch einen negativen Produktionskoeffizienten in der entsprechende Zeile charakterisiert. Ein positiver Primärbedarf tritt nur bei Endprodukten auf.

5.4.2 Intensitätsmäßige Anpassung bei komplexen Produktionsstrukturen

Die herkömmlichen Ansätze der innerbetrieblichen Input-Output-Analyse gehen von konstanten Inputkoeffizienten aus; das bedeutet, daß sich alle Produktionsstellen nur zeitlich und quantitativ anpassen können, daß hingegen eine intensitätsmäßige Anpassung nicht stattfindet.

Man kann jedoch die intensitätsmäßige Anpassung in die Input-Output-Analyse einbeziehen, indem man formal die Inputkoeffizienten durch Verbrauchsfunktionen ersetzt, die angeben, welche Leistungen die Stelle i für die Produktionsstelle j erbringen muß, wenn diese eine Einheit ihrer Leistung mit der Produktionsgeschwindigkeit d_j bereitstellen soll (vgl. hierzu KLOOCK [1969a, 1969b]):

$$a_{ij} = a_{ij}(d_j) \qquad (i = 1, ..., l; j = n+1, ..., l)$$

Da die Faktorläger keine Leistungen anderer Stellen erhalten, sind deren Inputkoeffizienten gleich Null:

$$a_{ij} = 0 \qquad (i = 1, ..., l; j = 1, ..., n)$$

Die Lieferbeziehungen zwischen den einzelnen Stellen werden dann durch das folgende Gleichungssystem beschrieben:

$$x_i = y_i + \sum_{j=1}^{l} a_{ij}(d_j) \cdot x_j \qquad (i = 1, ..., l)$$

Für gegebene Intensitäten aller Produktionsstellen

$$d_j = d_j^0 \qquad (j = n+1, ..., l)$$

erhält man (konstante) Produktionskoeffizienten

$$a_{ij}^0 = a_{ij}(d_j^0) \qquad (i = 1, ..., l; j = n+1, ..., l)$$

bzw.

$$a_{ij}^0 = 0 \qquad (i = 1, ..., l; j = 1, ..., n)$$

Falls die Direktbedarfsmatrix

$$\underline{A}^0 = (a_{ij}^0)$$

produktiv ist, ergibt sich der Gesamtbedarf aus

$$\underline{x}^0 = (\underline{E} - \underline{A}^0)^{-1} \cdot \underline{y}$$

Hierbei ist zu beachten, daß

(1) die Produktivität der Direktbedarfsmatrix nur für gegebene Kombinationen der Intensitäten aller Produktionsstellen

$$\underline{d}^0 = (d_{n+1}^0, \ldots, d_l^0)$$

geprüft werden kann und

(2) der Gesamtbedarf von den Intensitäten aller Produktionsstellen abhängt

$$x^0 = x(\underline{d}^0)$$

5.5 Optimale Produktionsplanung bei mehrstufiger Fertigung

Nachdem im vorigen Abschnitt die Beziehungen zwischen der Ausbringung von Endprodukten und den hierzu benötigten Faktoreinsatzmengen sowie den erforderlichen Mengen an Zwischenprodukten hergeleitet wurden, ist nun zu klären, welche Endproduktmengen bei gegebenen Preisen für Faktoren und Endprodukte hergestellt werden sollen und welche Zwischenproduktmengen erzeugt werden müssen, um diesen Produktionsplan durchführen zu können.

5.5.1 Das optimale Produktionsprogramm bei zeitlicher Anpassung

Zunächst wird der Fall einer mehrstufigen - um Zwischenprodukte erweiterten - linearen Technologie betrachtet. Wie bei allen linearen Technologien ist die gewinnoptimale Ausbringungsmenge auch bei komplexen Produktionsstrukturen nicht durch die Faktor- und Endproduktpreise allein determiniert, weil der Gewinn linear mit der Ausbringungsmenge steigt. Es gibt nur dann optimale Produktionsprogramme, wenn Faktorbestände oder Absatzmengen beschränkt sind.

Zu maximieren ist der Deckungsbeitrag, die Differenz zwischen Erlösen und variablen Kosten:

$$D = \sum_{j=n+1}^{l} p_j \cdot y_j - \sum_{i=1}^{n} q_i \cdot r_i \Rightarrow \max!$$

wobei

p_j - Preis, zu dem die Leistung der Produktionsstelle j ($j = n+1, \ldots, l$) verkauft werden kann

y_j - Primärbedarf bzw. die zum Verkauf bestimmte Leistung der Produktionsstelle j ($j = n+1,...,l$)

q_i - Preis des Faktors i ($i = 1,...,n$)

r_i - Einsatzmenge des Faktors i ($i = 1,...,n$)

Innerbetriebliche Leistungen werden in der Zielfunktion nicht verrechnet, weil der Wert der erstellten Leistungen und der eingesetzten Leistungen saldiert werden kann.

Die Einsatzmenge des Faktors i ist gleich den Lieferungen des Faktorlagers i an die Produktionsstellen $j = n+1,...,l$:

$$r_i - \sum_{j=n+1}^{l} a_{ij} \cdot x_j = 0$$

wobei

a_{ij} - Inputkoeffizienten ($i = 1,...,l$; $j = n+1,...,l$)

x_j - Gesamtleistung der Produktionsstelle j ($j = n+1,...,l$)

Die Lieferungen der Faktorläger sind kleiner als deren verfügbare Bestände r^0:

$$r_i \leq r_i^0 \qquad (i = 1,...,n)$$

Die Gesamtleistung x_j der Produktionsstelle j ist gleich der Summe aus Primärbedarf y_j und den Lieferungen an andere Produktionsstellen:

$$x_j - y_j - \sum_{i=n+1}^{l} a_{ij} \cdot x_i = 0 \qquad (j = n+1,...,l)$$

Die Kapazität c_j der Produktionsstelle $j = n+1,...,l$ beschränkt deren Gesamtleistung x_j:

$$x_j \leq c_j \qquad (j = n+1,...,l)$$

Die für den Absatz bestimmte Nettoleistung der Produktionsstelle j ist durch eine Absatzgrenze y_j^0 beschränkt:

$$0 \leq y_j \leq y_j^0 \qquad (j = n+1,...,l)$$

Für Produktionsstellen, die ausschließlich innerbetriebliche Leistungen erbringen, ist $y_j^0 = 0$.

Ist die Direktbedarfsmatrix produktiv, dann existieren zulässige Lösungen dieses linearen Programms. Durch die Kapazitäts- und Absatzrestriktionen wird der Deckungsbeitrag nach oben beschränkt, so daß es mindestens eine optimale Lösung gibt.

Der wesentliche Unterschied zwischen diesem Modell und den im vierten Kapitel vorgestellten Ansätzen ist darin zu sehen, daß hier die Matrix der Inputkoeffizienten bzw. die Direktbedarfsmatrix an die Stelle der Produktionskoeffizienten bzw. der Gesamtbedarfsmatrix tritt.

5.5.2 Das optimale Produktionsprogramm bei zeitlicher und intensitätsmäßiger Anpassung

Im Fall der intensitätsmäßigen Anpassung sind die Inputkoeffizienten von der Produktionsgeschwindigkeit der empfangenden Produktionsstelle abhängig:

$$a_{ij} = a_{ij}(d_j) \qquad (i = 1, ..., l; j = n+1, ..., l)$$

Zu beachten ist, daß grundsätzlich alle Produktionsstellen mit unterschiedlicher Geschwindigkeit arbeiten; da die Faktorläger keine Leistungen empfangen, sind die entsprechenden Inputkoeffizienten konstant:

$$a_{ij} = 0 \qquad (i = 1, ..., l; j = 1, ..., n)$$

Wäre die Kapazität der Produktionsstellen unbeschränkt, dann wäre die intensitätsmäßige Anpassung irrelevant: Alle Produktionsstellen würden dann mit der stückkostenminimalen Intensität arbeiten und sich zeitlich anpassen. Die intensitätsmäßige Anpassung wird erst relevant, wenn Kapazitätsbeschränkungen verhindern, daß ein gegebener Primärbedarf mit der kostengünstigsten Intensität hergestellt wird.

Im Fall der intensitätsmäßigen Anpassung ergeben sich zwei Schranken für die Erhöhung der Produktion:

(1) Die Produktion stößt an Schranken, weil die Kapazität einer oder mehrerer Produktionsstellen nicht ausreicht, eine gegebene Nettoproduktion herzustellen.

(2) Im Gegensatz zu dem Fall zeitlicher Anpassung bzw. konstanter Inputkoeffizienten, in dem eine Produktionsstruktur entweder produktiv ist und beliebige Ausbringungsmengen ermöglicht, oder nicht produktiv ist, hängt die Produktivität der Direktbedarfsmatrix bei intensitätsmäßiger Anpassung von der Produktionsgeschwindigkeit der empfangenden Stelle ab: Es gibt Kombinationen von Intensitäten, bei denen die Direktbedarfsmatrix produktiv ist, während es andere Intensitäten gibt, bei denen sie es nicht ist.

Um die Wahl des optimalen Produktionsprogramms bei zeitlicher und intensitätsmäßiger Anpassung durch ein lineares Programm abzubilden, werden die Verbrauchsfunktionen der Produktionsstellen $j = n+1, ..., l$ - analog dem Vorgehen im vierten Kapitel - durch eine endliche Zahl $k = 1, ..., s_j$ von Intensitätspunkten approximiert.

Es sei

d_j^k - Produktionsgeschwindigkeiten der Stelle j

a_{ij}^k - Input-Koeffizient für die Lieferungen der Stelle i an die Produktionsstelle j, falls diese mit der Intensitätsstufe k arbeitet

t_j^k - Zeit, während der die Produktionsstelle j auf der Intensitätsstufe k arbeitet

Dann kann man das folgende lineare Programm zur Optimierung des Produktionsprogramms bei zeitlicher und intensitätsmäßiger Anpassung formulieren:

Zu maximieren ist der Deckungsbeitrag

$$D = \sum_{j=n+1}^{l} p_j \cdot y_j - \sum_{i=1}^{n} q_i \cdot r_i \Rightarrow \max!$$

Die Einsatzmengen des Faktors i sind gegeben durch:

$$r_i - \sum_{j=n+1}^{l} a_{ij}^k \cdot d_j^k \cdot t_j^k = 0 \qquad (i = 1, ..., n)$$

Die Faktoreinsatzmengen des Faktors i sind beschränkt auf die verfügbaren Bestände r_i^0 des Faktorlagers i:

$$r_i \leq r_i^0 \qquad (i = 1, ..., n)$$

Die Gesamtleistung der Produktionsstelle j ist gleich:

$$\sum_{k=1}^{s_j} d_j^k \cdot t_j^k = x_j \qquad (j = n+1, ..., l)$$

Die Leistungsbilanz der Stelle j ist gegeben durch

$$x_j - y_j - \sum_{i=n+1}^{l} \sum_{k=1}^{s_j} a_{ij}^k \cdot d_i^k \cdot t_i^k = 0 \quad (j = n+1, ..., l)$$

Die Produktionszeit der Produktionsstelle j ist beschränkt durch deren zeitliche Kapazität t_j^0:

$$0 \leq \sum_{k=1}^{s_j} t_j^k \leq t_j^0 \qquad (j = n+1, ..., l)$$

Die für den Absatz bestimmte Nettoleistung y_j der Stelle j ist durch die Absatzschranke y_j^0 beschränkt:

$$0 \leq y_j \leq y_j^0 \qquad (j = n+1, ..., l)$$

Stetig variierbare Produktionsgeschwindigkeiten lassen sich durch die Erhöhung der Zahl der Intensitätspunkte mit beliebiger Genauigkeit approximieren.

Weder die lineare Aktivitätsanalyse noch die Theorie der Anpassungsformen gehen explizit auf die Produktionsstruktur ein; sie setzen vielmehr voraus, daß die Beziehungen zwischen Faktoreinsatz- und Ausbringungsmengen - die Produktionskoeffizienten bzw. die Verbrauchsfunktionen - bekannt sind. Diese Annahme läßt zwei Interpretationen zu:

(1) Es liegt eine Montagestruktur vor, die Produktionskoeffizienten sind gleich den Inputkoeffizienten bzw. können unmittelbar durch deren Addition bestimmt werden.

(2) Bei einfach-zusammenhängenden und nicht-linearen Produktionsstrukturen sind die Produktionskoeffizienten gleich den Koeffizienten der Gesamtbedarfsmatrix.

Während im ersten Fall die intensitätsmäßige Anpassung für jede einzelne Produktionsstelle untersucht werden kann, kann die optimale Intensität im zweiten Fall nur simultan bestimmt werden, weil die Produktionskoeffizienten von den Produktionsgeschwindigkeiten aller Produktionsstellen abhängen.

5.6 Literaturhinweise

Gale, D., The Theory of Linear Economic Models, New York (McGraw-Hill) 1960

Gantmacher, F.R., Matrizenrechnung, 2 Bde., 3. Aufl., Berlin (Deutscher Verlag der Wissenschaften) 1970/71

Hildenbrand, K., Hildenbrand, W., Lineare ökonomische Modelle, Berlin-Heidelberg (Springer) 1975

Jäger, A., Wenke, K., Lineare Wirtschaftsalgebra, Stuttgart (Teubner) 1969

Kilger, W., Einführung in die Kostenrechnung, 3. Aufl., Wiesbaden (Gabler) 1987

Kistner, K.-P., Luhmer, A., Die Dualität von Produktionsplanung und Kostenverrechnung bei komplexen Produktionsstrukturen, ZfB 47 (1977), S. 767-786

Kloock, J., Betriebswirtschaftliche Input-Output-Modelle, Wiesbaden (Gabler) 1969a

Kloock, J., Zur gegenwärtigen Diskussion der betriebswirtschaftlichen Produktionstheorie und Kostentheorie, ZfB 39 (1969b) Ergänzungsheft 1, S. 49-82

Leontief, W., The Structure of the American Economy, 2. Aufl., New York (Oxford University Press) 1966

Pichler, O., Anwendungen der Matrizenrechnung bei der Betriebskostenüberwachung, in: Adam, A. u.a. (Hrsg.), Anwendungen der Matrizenrechnung auf wirtschaftliche und statistische Probleme, 3. Aufl., Würzburg (Physica) 1966, S. 74-111

Schumann, J., Input-Output-Analyse, Berlin-Heidelberg (Springer) 1968

Solow, R.M., On the Structure of Linear Models, Econometrica 20 (1952), S. 29-46

Vogel, F., Matrizenrechnung in der Betriebswirtschaft, Opladen (Westdeutscher Verlag) 1970

Wenke, K., Matrizenmodelle in der Großindustrie, in: Adam, A. u.a. (Hrsg.), Anwendungen der Matrizenrechnung auf wirtschaftliche und statistische Probleme, 3. Aufl., Würzburg (Physica) 1966, S. 112-119

Woodbury, M.A., Properties of Leontief-Type Input-Output-Matrices, in: v. Morgenstern, O. (Hrsg.), Economic Activity Analysis, New York (Wiley) und London (Chapman & Hall) 1969, S. 341-363

Woods, J.E., Mathematical Economics, London-New York (Longman) 1978

6. Betriebsmittel in der Produktionstheorie
6.1 Einleitung

Die neoklassische Produktionstheorie und die Aktivitätsanalyse differenzieren nicht explizit zwischen den einzelnen Faktorarten; Arbeitskräfte und Betriebsmittel unterscheiden sich allenfalls dadurch von Werkstoffen, daß sie nur in bestimmten Beständen verfügbar bzw. die Einsatzmengen begrenzt sind, während Werkstoffe meist in beliebigen Mengen beschafft und eingesetzt werden können: Betriebsmittel und unter Umständen auch Arbeitskräfte werden als *konstante Faktoren* angesehen, die die Kapazität der Wirtschaftseinheit definieren.

Bei der Aggregation neoklassischer Produktionsfunktionen werden die Betriebsmittelbestände zu dem Aggregat *Kapital*, der Arbeitskräfteeinsatz zum Aggregat *Arbeit* zusammengefaßt, die Werkstoffe werden bei der Aggregation saldiert, da sie zwar Input eines Unternehmens, aber gleichzeitig auch Output eines Zulieferers sind. Das Konzept der Jahrgangs-Produktionsfunktionen geht davon aus, daß der technische Fortschritt an Investitionen gebunden ist, die als Änderungen des Kapitals und damit des Betriebsmittelbestandes zu interpretieren sind. Eine explizite Analyse des Investitionsprozesses erfolgt jedoch nicht.

Im Gegensatz dazu stehen Betriebsmittel im Zentrum der Theorie der Anpassungsformen und der ingenieurswissenschaftlichen Produktionsfunktionen: Die konstruktiven Merkmale von Maschinen und maschinellen Anlagen bestimmen die produktiven Möglichkeiten.

Der Ansatz der *ingenieurswissenschaftlichen Produktionsfunktionen* erklärt die Substitution von Produktionsfaktoren durch die Möglichkeit, während der Konstruktionsphase technische Eigenschaften von Betriebsmitteln zu beeinflussen und damit den Faktorverbrauch, insbesondere die benötigten Einsatzmengen von Werkstoffen und Arbeitskräften, zu variieren. Das *Putty-Clay-Modell* verbindet das Konzept der ingenieurswissenschaftlichen Produktionsfunktionen sowie der Jahrgangs-Produktionsfunktionen mit der Aktivitätsanalyse und erklärt die Existenz mehrerer Produktionsprozesse: Aufgrund des technischen Fortschritts unterscheiden sich die *ex-ante-Produktionsfunktionen* in verschiedenen Jahren voneinander, ebenso können sich die Verhältnisse der *Faktorpreise* verschieben. Werden die neu zu installierenden Betriebsmittel technisch so ausgelegt, daß sie jeweils den Bedingungen der Minimalkostenkombination entsprechen, dann unterscheiden sich die Verhältnisse der an Maschinen aus verschiedenen Installationsjahrgängen erforderlichen Einsatzmengen von Arbeitskräften und Werkstoffen voneinander; die zu verschiedenen Zeitpunkten installierten Anlagen repräsentieren damit unterschiedliche Produktionsprozesse. Obgleich die lineare Aktivitätsanalyse Betriebsmittel nicht explizit berücksichtigt, besteht somit eine enge Beziehung zwischen dem zentralen Begriff des Produktionsprozesses und maschinellen Anlagen: Bei industrieller Produktion ist jeder Produktionsprozeß einem bestimmten Betriebsmittel zugeordnet.

Während sich der Ansatz der ingenieurswissenschaftlichen Produktionsfunktion mit technischen Wahlmöglichkeiten bei der Konstruktion von Anlagen befaßt, geht die Theorie der Anpassungsformen davon aus, daß technische Eigenschaften von Betriebsmitteln auch nach deren Installation beeinflußt werden können. Sie untersucht insbesondere die Möglichkeiten, die Ausbringungsmenge bei gegebenem Maschinenbestand durch die Variation der Produktionsgeschwindigkeit der Maschinen zu beeinflussen. Dabei ändern sich im allgemeinen die Verhältnisse der Faktoreinsatzmengen; die intensitätsmäßige Anpassung ist daher mit einem Prozeßwechsel verbunden. Besteht die Möglichkeit, die Produktionsgeschwindigkeit einer Maschine zu variieren, dann repräsentiert diese mehrere Produktionsprozesse.

Mit einem Betriebsmittel sind auch dann mehrere Produktionsprozesse verbunden, wenn dieses - wie z.B. eine Mehrzweckmaschine - nach Umschaltung oder Umrüstung alternativ für die Erzeugung verschiedener Produkte eingesetzt werden kann.

Neben diesen Besonderheiten des Produktionsfaktors *Betriebsmittel*, die bereits im Rahmen der Darstellung der produktionstheoretischen Grundansätze behandelt worden sind, ist im folgenden auf zwei weitere Problemkreise einzugehen, die im Zusammenhang mit dem Einsatz von Betriebsmitteln in der Produktion stehen:

(1) Die Messung des Betriebsmitteleinsatzes und die Zurechnung der Kosten der Betriebsmittel zur Produktion.

(2) Die Beziehungen zwischen Betriebsmitteln und technischem Fortschritt in Unternehmen.

6.2 Die Kosten des Betriebsmitteleinsatzes

6.2.1 Problemstellung

Betriebsmittel unterscheiden sich von den anderen Produktionsfaktoren insbesondere dadurch, daß sie im Produktionsprozeß nicht verbraucht, sondern über einen längeren Zeitraum hinweg genutzt werden. Daraus ergeben sich prinzipielle Schwierigkeiten für die Messung des Betriebsmitteleinsatzes bzw. für dessen Zuordnung zur Ausbringung (zum folgenden vgl. insbesondere LUHMER [1975, S. 17ff.]).

Der Einsatz von Betriebsmitteln kann grundsätzlich anhand des *Bestandes* oder der *Nutzung* gemessen werden. Die Messung anhand des Bestandes hat den Vorteil, daß auf einen leicht erfaßbaren Maßstab, die Zahl der verfügbaren Maschinen eines bestimmten Typs, zurückgegriffen wird. Der Maschinenbestand definiert weiter die *verfügbare Kapazität*; er kann damit der Steuerung des Einsatzes der Betriebsmittel in einem Zeitpunkt dienen.

Neben der horizontalen Konkurrenz alternativer Einsatzmöglichkeiten in einem Zeitpunkt ist jedoch auch die zeitlich-vertikale Konkurrenz zwischen gegenwärtigen und zukünftigen Verwendungsmöglichkeiten eines Betriebsmittels zu berücksichtigen: Der gegenwärtige Einsatz einer Maschine führt zu technischem Verschleiß und damit zu einer Verringerung künftiger Nutzungsmöglichkeiten. Es reicht daher nicht aus, den Betriebsmitteleinsatz anhand des in einem Zeitpunkt verfügbaren Maschinenbestandes zu messen, es muß vielmehr die tatsächliche Nutzung und die damit verbundene Beeinträchtigung künftiger Nutzungen erfaßt werden.

In der Theorie der Anpassungsformen - und implizit auch in der Aktivitätsanalyse - wird der Betriebsmitteleinsatz anhand der Maschinenzeit, der Zeitdauer der tatsächlichen Nutzung, gemessen. Die Differenz zwischen verfügbarer Maschinenkapazität und Nutzungsdauer wird dort als *Verschwendung* interpretiert. Berücksichtigt man jedoch die vertikal-zeitlichen Interdependenzen der Maschinennutzung, dann kann eine Nicht-Auslastung von Kapazitäten auch als Verlagerung der Nutzungsmöglichkeiten eines Betriebsmittels aus der Gegenwart in die Zukunft interpretiert werden.

Die künftigen Nutzungsmöglichkeiten eines Betriebsmittels werden jedoch nicht nur durch die Maschinenzeit, sondern auch durch die Intensität der Nutzung beeinflußt. Diese Effekte sollen durch das Konzept der *Potentialfaktoren* (GUTENBERG [1983, S. 326], ALBACH [1962a, S. 187f.]) erfaßt werden: Abnutzbare Betriebsmittel werden als ein Bündel von Leistungen aufgefaßt, aus dem solange Nutzungen gezogen werden können, bis das Potential erschöpft ist. Die Messung des Betriebsmitteleinsatzes reduziert sich dann darauf,

(1) das gesamte Leistungspotential eines Betriebsmittels zu bestimmen,

(2) die Leistungsabgabe an die Produktion zu messen; insbesondere sind Verbrauchsfunktionen für den Betriebsmittelverschleiß zu ermitteln, die angeben, in welchem Umfang das Leistungspotential eines Betriebsmittels in Abhängigkeit von der Produktionsgeschwindigkeit in Anspruch genommen wird.

Mit diesem Konzept ist auch das Problem der zeitlich-vertikalen Interdependenzen gelöst: Jede Leistungsabgabe in der Gegenwart verringert künftige Nutzungen im gleichen Umfang.

Sieht man von den praktischen Schwierigkeiten bei der Ermittlung des Leistungspotentials und der Messung der Leistungsabgabe ab, dann ist dieses Konzept jedoch mit zwei prinzipiellen Problemen verbunden:

(1) Das Leistungspotential kann allenfalls den Umfang der technischen Nutzungsmöglichkeiten angeben. Es ist jedoch fraglich, ob es wirtschaftlich sinnvoll ist, das gesamte Nutzungspotential einer Anlage auszuschöpfen: Die wirtschaftliche Nutzungsdauer einer Anlage ist in der Regel kürzer als deren technische. Somit muß eine zusätzliche Nutzung in der Gegenwart nicht notwendig künftige Nutzungsmöglichkeiten einschränken, weil das gesamte Leistungspotential der Anlage unter Umständen überhaupt nicht ausgenutzt werden wird.

(2) Auch das technische Leistungspotential ist keine vorgegebene Größe; es kann vielmehr durch Wartungs- und Reparaturmaßnahmen beeinflußt werden. Prinzipiell kann die Lebensdauer einer Anlage durch Reparaturen und Ersatz von Verschleißteilen beliebig verlängert werden (vgl. STEPAN [1981]).

Damit kann das Konzept der Potentialfaktoren nur bedingt zur Messung des Betriebsmitteleinsatzes herangezogen werden. Betriebsmittel werden während mehrerer Perioden genutzt; ihr Leistungspotential und ihre Nutzungsdauer sind nicht technisch determiniert, sondern das Ergebnis ökonomischer Entscheidungen. Daher können die Auswirkungen des gegenwärtigen Einsatzes eines Betriebsmittels auf seine künftigen Nutzungen nur im Rahmen einer langfristigen Planung erfaßt werden, die nicht nur die

Produktionsplanung bis zu einem Planungshorizont, sondern auch die Wartungs- und Instandhaltungspolitik sowie die Ersatzpolitik und damit die Investitionsplanung des Unternehmens simultan festlegt. Ein solches Totalmodell ist aber weder numerisch lösbar, noch können daraus generelle produktionstheoretische Aussagen hergeleitet werden (zum Problem von Totalmodellen in der Produktionsplanung vgl. KISTNER/STEVEN [1993, S. 12ff. und 306ff.]).

Wegen der mit der Messung des Betriebsmitteleinsatzes verbundenen Schwierigkeiten wird in Kostentheorie und Kostenrechnung meist darauf verzichtet, das Mengengerüst der Kosten zu erfassen. Stattdessen sollen die Kosten des Betriebsmitteleinsatzes in Form von *Abschreibungen* erfaßt werden. Ziel der Abschreibung von Betriebsmitteln ist es, die Anschaffungskosten, vermindert um einen eventuellen Restwert, auf die Nutzungsdauer der Anlage zu verteilen. Hierbei ergeben sich jedoch die gleichen Schwierigkeiten wie bei der Messung des Betriebsmitteleinsatzes: Zeitabhängige Abschreibungen unterstellen, daß die Nutzung des Betriebsmittels bei linearer Abschreibung konstant, bei degressiver Abschreibung hingegen monoton fallend ist. Um eine unterschiedliche Inanspruchnahme der Maschine im Zeitablauf zu erfassen, müssen die Abschreibungen proportional zur Leistungsabgabe berechnet werden; dabei stellen sich aber genau die gleichen Probleme wie bei der Messung des Betriebsmitteleinsatzes.

Eine exakte Erfassung des Betriebsmitteleinsatzes und dessen Kosten kann daher nur im Rahmen eines dynamischen Totalmodells erfolgen, in dem die Produktionsplanung in die Investitions- und Instandhaltungsplanung eingebettet ist. Um diese Größen im Rahmen einer statischen Produktions- und Kostentheorie erfassen zu können, ist von vereinfachenden Annahmen über die künftige Nutzung der Anlagen und über deren Wartung und Ersatz auszugehen. Die Grundideen dieser *investitionstheoretischen Ansätze der Abschreibungstheorie* sollen in den folgenden Abschnitten vorgestellt werden (vgl. hierzu insbesondere: SWOBODA [1979], LUHMER [1980], KISTNER/LUHMER [1981], KÜPPER [1985]).

6.2.2 Gleichmäßige Nutzung des Betriebsmittels

Um die investitionstheoretische Begründung der Abschreibungstheorie zu verdeutlichen, werden zunächst einige sehr einschränkende Annahmen gemacht, die dann sukzessiv gelockert werden: In diesem Abschnitt wird vorausgesetzt, daß das Betriebsmittel mit einer konstanten Produktionsgeschwindigkeit arbeitet, es findet also weder eine zeitliche noch eine intensitätsmäßige Anpassung statt. Dann kann der Betriebsmitteleinsatz bzw. der Anlagenverschleiß anhand der Kalenderzeit gemessen werden. Diese Annahme ist auch dann gerechtfertigt, wenn die Beschäftigung mit einer im Verhältnis zur Nutzungsdauer sehr hohen Frequenz um einen konstanten Mittelwert schwankt; insbesondere können so auch regelmäßige Leerschichten erfaßt werden, indem statt der tatsächlichen die durchschnittliche Nutzung angesetzt wird.

Darüber hinaus wird zunächst davon ausgegangen, daß die Nutzungsdauer T der Anlage fest vorgegeben ist und weder durch Wartungs- und Reparaturmaßnahmen noch durch Entscheidungen über den vorzeitigen Ersatz der Anlage beeinflußt werden kann.

Die traditionellen Ansätze der Abschreibungstheorie gehen davon aus, daß die Anschaffungskosten Q der Anlage, vermindert um einen Restwert, auf die Nutzungsdauer verteilt werden sollen. Dabei wird jedoch vernachlässigt, daß die Anschaffungskosten und der Restwert in unterschiedlichen Zeitpunkten anfallen; um die Zeitpräferenz zu berücksichtigen, muß stattdessen der Restwert $R(T)$ auf den Investitionszeitpunkt diskontiert werden:

$$R_0 = R(T) \cdot e^{-\rho T} \tag{1}$$

wobei ρ der Zinsfuß bei kontinuierlicher Verzinsung ist. Da die Abschreibungen ebenfalls zu unterschiedlichen Zeitpunkten verrechnet werden, sind auch bei ihnen Zinseffekte zu beachten. Der Kapitalwert (bei kontinuierlicher Verzinsung) dieser Netto-Anschaffungskosten ist gegeben durch

$$K_0 = Q - R(T) \cdot e^{-\rho T} \tag{2}$$

Die Annuität verteilt die Netto-Anschaffungskosten unter Beachtung von Zinseffekten gleichmäßig auf die Nutzungsdauer der Anlage, indem sie einen konstanten Zahlungsstrom q_M bestimmt, der den gleichen Kapitalwert besitzt:

$$q_M = \frac{\rho \cdot K_0}{1 - e^{-\rho T}} = \frac{\rho \cdot (Q - R(T) \cdot e^{-\rho T})}{1 - e^{-\rho T}} \tag{3}$$

Diese Kostenannuitäten können als Abschreibungen interpretiert werden.

Mit der Nutzung eines abnutzbaren Betriebsmittels sind meist Wartungs- und Instandhaltungsmaßnahmen verbunden. Diese führen zu Faktorverbräuchen, die nicht der laufenden Produktion zugerechnet werden können, da sie auf den mit der Produktion früherer Perioden verbundenen Verschleiß zurückzuführen sind bzw. die Produktion künftiger Perioden erst ermöglichen. Sie sind daher ebenso wie die Abschreibungen gleichmäßig auf die Nutzungsdauer der Anlage zu verteilen. Nimmt man an, daß ein fester, vom Alter t des Betriebsmittels abhängiger Wartungsplan vorgegeben ist, und daß die im Zeitpunkt t anfallenden Wartungs- und Instandhaltungskosten durch

$$c_w(t) \qquad\qquad t \in [0, T]$$

gegeben sind, dann ist die *Kostenannuität*, die die Netto-Anschaffungskosten und die Wartungskosten unter Berücksichtigung von Zinseffekten gleichmäßig auf die Nutzungsdauer der Anlage verteilt, gleich:

$$q_M = \frac{\rho \cdot (Q - R(T) \cdot e^{-\rho T} + \int_0^T c_w(t) \cdot e^{-\rho t} \cdot dt)}{1 - e^{-\rho T}} \tag{4}$$

Die Kostenannuität kann als Preis für den Einsatz des Betriebsmittels pro Zeiteinheit interpretiert werden. Verrechnet man die Maschinennutzung mit diesem Preis, dann hat sich die Anlage bis zum Ende ihrer Nutzungsdauer amortisiert.

Es soll nun die Annahme fallengelassen werden, daß die Nutzungsdauer der Betriebsmittel fest vorgegeben ist; stattdessen wird davon ausgegangen, daß diese optimiert werden

Betriebsmittel in der Produktionstheorie

soll. Entsprechend dem Grundmodell zur Bestimmung der optimalen Nutzungsdauer von Investitionsobjekten (vgl. hierzu: PREINREICH [1940], LUTZ und LUTZ [1951, S. 101ff.], SCHNEIDER [1973, S.78ff.], HAX [1985, S. 30ff.]) wird vorausgesetzt, daß

(1) das Betriebsmittel mit konstanter Intensität genutzt werden soll, so daß insbesondere der Deckungsbeitrag D der auf dem Betriebsmittel hergestellten Erzeugnisse im Zeitablauf konstant ist,

(2) die Wartungs- und Betriebskosten monoton mit der Zeit ansteigen,

(3) die Anlage nach Ende ihrer Nutzungsdauer durch eine gleichartige ersetzt wird.

Die Nutzungsdauer ist so zu bestimmen, daß der Kapitalwert der Deckungsbeiträge abzüglich der Kosten des Betriebsmittels maximiert wird. Der Kapitalwert eines Betriebsmittels, das T Zeiteinheiten genutzt wird, ist gegeben durch

$$C_0(T) = \int_0^T [D - c_w(t)] \cdot e^{-\rho t} dt - Q + R(T) \cdot e^{-\rho T} \Rightarrow \max! \tag{5}$$

Bildet man die erste Ableitung, setzt diese gleich Null und dividiert durch $e^{-\rho T}$, dann erhält man

$$D - c_w(T^0) = \rho \cdot R(T^0) - R'(T^0) \tag{6}$$

Geht man davon aus, daß der Restwert mit dem Alter T einer Anlage monoton sinkt, dann kann man diese Bedingung wie folgt interpretieren:

Der *Nettoerlös*, d.h. die Differenz von Deckungsbeitrag und Kosten der Maschinennutzung in T^0, muß ausreichen, um die Zinsen auf den Restwert des Betriebsmittels und die Verringerung des Restwerts in diesem Zeitpunkt abzudecken.

Es reicht jedoch nicht aus, bei der Bestimmung des optimalen Ersatzzeitpunkts eines Betriebsmittels die Entwicklung des Restwerts, der Betriebskosten und der dieser Anlage zurechenbaren Deckungsbeiträge zu berücksichtigen. Vielmehr sind auch die durch eine mögliche Ersatzmaschine ausgelösten Zahlungsströme in die Entscheidung einzubeziehen. Das zeigt deutlich eine zweigliedrige *Investitionskette*, bei der ein Betriebsmittel am Ende seiner Nutzungsdauer T^1 durch ein gleichartiges ersetzt wird. Am Ende der Nutzungsdauer T^2 der zweiten Anlage erfolgt keine Reinvestition. Der Kapitalwert dieser Investitionskette ist gegeben durch:

$$C_0 = C_1(T^1) + C_2(T^2) \cdot e^{-\rho T^1} \tag{7}$$

wobei $C_i(T^i)$ ($i = 1, 2$) der Kapitalwert des i-ten Gliedes der Investitionskette im Zeitpunkt der Installation der Maschine ist. Bei konstantem Deckungsbeitrag ist die optimale Nutzungsdauer T^2 der zweiten Anlage unabhängig vom Investitionszeitpunkt. Sie genügt daher der Bedingung

$$D - c_w(T^2) = \rho \cdot R(T^2) - R'(T^2) \tag{8}$$

Die optimale Nutzungsdauer T^1 der ersten Anlage hängt hingegen auch von dem diskontierten Kapitalwert des zweiten Gliedes der Investitionskette bei optimaler Nutzungsdauer T^2 ab. Um diese zu ermitteln, ist das Maximum der folgenden Funktion zu bestimmen:

$$C_0 = C_1(T^1) + C_2(T^2) \cdot e^{-\rho T^1} =$$
$$= \int_0^{T^1} [D - c_w(t)] \cdot e^{-\rho t} dt - Q + R(T^1) \cdot e^{-\rho T^1} + C_2(T^2) \cdot e^{-\rho T^1} \Rightarrow \max! \quad (9)$$

Differenziert man C_0 bezüglich T^1 und setzt die Ableitung gleich Null, dann erhält man als Bedingung für die optimale Nutzungsdauer T^1 der ersten Anlage:

$$D - c_w(T^1) = \rho \cdot \left[R(T^1) + C_2(T^2) \right] - R'(T^1) \quad (10)$$

Der Nettoerlös im Zeitpunkt T^1 muß die Verzinsung des Restwerts und dessen Verringerung sowie die Zinsen auf den Kapitalwert der zweiten Anlage abdecken. Da der Nettoerlös bei monoton steigenden Instandhaltungskosten $c_w(t)$ monoton sinkt, erfolgt der Ersatz der ersten Maschine gemäß (10) *schneller* als der der zweiten Anlage gemäß (8).

Dieses Beispiel zeigt, daß bei der Bestimmung der optimalen Nutzungsdauer einer Anlage auch die Erlöse und Kosten der Nachfolger berücksichtigt werden müssen. Da im allgemeinen auch die zweite Maschine am Ende ihrer Nutzungsdauer durch eine weitere ersetzt wird usw., muß bei der Bestimmung der Nutzungsdauer eines Betriebsmittels eine unendliche Investitionskette betrachtet werden. Da es nicht möglich ist, alle künftigen Investitionsalternativen und die durch sie ausgelösten Zahlungsströme explizit zu erfassen, muß man von vereinfachten Annahmen über künftige Investitionschancen ausgehen. Die einfachste Annahme ist, daß auch in Zukunft nur das gleiche Betriebsmittel installiert werden kann, d.h. daß die durch die Anlagen verursachten Zahlungen identisch sind. Unter dieser Voraussetzung wurde in der Theorie der Investitionsketten gezeigt, daß die Nutzungsdauern T^0 aller Glieder einer unendlichen identischen Investitionskette gleich sind (vgl. z.B. die oben angegebene Literatur). Der Kapitalwert einer solchen Investitionskette ist gegeben durch:

$$C_0^\infty(T) = \sum_{i=0}^\infty C_i(T) \cdot e^{-\rho i T} =$$
$$= \sum_{i=0}^\infty \int_0^T \{ [D - c_w(t)] \cdot e^{-\rho t} dt - Q + R(T) \cdot e^{-\rho T} \} \cdot e^{-\rho i T} \quad (11)$$

Wegen $e^{-\rho T} < 1$ kann man für diese unendliche geometrische Reihe schreiben:

$$C_0^\infty(T) = \frac{\int_0^T [D - c_w(t)] \cdot e^{-\rho t} dt - Q + R(T) \cdot e^{-\rho T}}{1 - e^{-\rho T}} \quad (12)$$

Differenziert man C_0^∞ nach T und setzt die erste Ableitung gleich Null, dann erhält man als Bedingung für die optimale Nutzungsdauer T^0 aller Glieder der Investitionskette

$$D - c_w(T^0) = \rho \cdot \left[R(T^0) + C_0^\infty(T^0) \right] - R'(T^0) \quad (13)$$

Betriebsmittel in der Produktionstheorie

Diese Bedingung ist analog der Bedingung (10) für das Anfangsglied einer zweigliedrigen Investitionskette aufgebaut: Die Nettoerlöse der Periode T^0 müssen neben der Abnahme des Restwerts auch die Verzinsung des Restwerts und des Kapitalwerts der unendlichen Investitionskette tragen.

Wie bei einer Anlage mit vorgegebener Nutzungsdauer werden die Kosten des Betriebsmitteleinsatzes als Annuität der Kosten der unendlichen Investitionskette bei optimaler Nutzungsdauer aller Glieder bestimmt. Der Kapitalwert der Kosten dieser Investitionskette ist gegeben durch:

$$K_0 = \sum_{i=0}^{\infty} \left(Q - R(T^0) \cdot e^{-\rho T^0} + \int_0^{T^0} c_w(t) \cdot e^{-\rho t} dt \right) \cdot e^{-\rho i t} =$$

$$= \frac{Q - R(T^0) \cdot e^{-\rho T^0} + \int_0^{T^0} c_w(t) \cdot e^{-\rho t} dt}{1 - e^{-\rho T^0}} \tag{14}$$

Daraus folgt für die Annuität der Kosten dieser unendlichen Investitionskette

$$q_M = \frac{\rho \cdot \left[Q - R(T^0) \cdot e^{-\rho T^0} + \int_0^{T^0} c_w(t) \cdot e^{-\rho t} dt \right]}{1 - e^{-\rho T^0}} \tag{15}$$

Die Kostenannuität einer unendlichen Investitionskette bei optimaler Nutzungsdauer T^0 aller Glieder (15) entspricht formal der Kostenannuität (4) einer einzelnen Anlage mit vorgegebener Nutzungsdauer T; es ist lediglich die vorgegebene durch die optimale Nutzungsdauer zu ersetzen.

In der gemäß (4) bzw. (15) berechneten Kostenannuität sind sowohl Instandhaltungskosten und Abschreibungen als auch Zinsen enthalten. Diese Kostenbestandteile können aufgrund der folgenden Überlegungen getrennt werden:

In traditioneller Sicht ist der Buchwert einer Anlage im Zeitpunkt τ gegeben durch

$$B^*(\tau) = Q - \int_0^{\tau} [q_M - c_w(t)] dt \tag{16}$$

Der Integrand von (16) gibt den Teil der Kostenannuität wieder, der nach Abzug der Instandhaltungskosten für Abschreibungen zur Verfügung steht. Hierbei wird jedoch außer acht gelassen, daß die Abschreibungen in verschiedenen Zeitpunkten anfallen. Um die Zeitpräferenz zu berücksichtigen, sind alle Größen auf den Zeitpunkt τ aufzuzinsen. Dann erhält man als Buchwert der Anlage im Zeitpunkt τ:

$$B(\tau) = Q \cdot e^{\rho \tau} - \int_0^{\tau} [q_M - c_w(t)] \cdot e^{\rho(\tau-t)} dt \tag{17}$$

Es gilt die Identität

$$Q - \int_0^\tau [q_M - c_w(t)] \cdot e^{-\rho t} dt =$$
$$= Q - \int_0^T [q_M - c_w(t)] \cdot e^{-\rho t} dt + \int_\tau^T [q_M - c_w(t)] \cdot e^{-\rho t} dt \qquad (18)$$

Weiter erhält man aus (4) bzw. (15):

$$\int_0^T q_M \cdot e^{-\rho t} dt = q_M \cdot \frac{1 - e^{-\rho T}}{\rho} =$$
$$= Q - R(T) \cdot e^{-\rho T} + \int_0^T c_w(t) \cdot e^{-\rho t} dt$$

Substituiert man diesen Ausdruck in (18) dann erhält man

$$Q - \int_0^\tau [q_M - c_w(t)] \cdot e^{-\rho t} dt =$$
$$= \int_\tau^T [q_M - c_w(t)] \cdot e^{-\rho t} dt + R(T) e^{-\rho T}$$

Setzt man diese Gleichung in (17) ein, dann ergibt sich

$$B(\tau) = e^{\rho \tau} \cdot \int_\tau^T [q_M - c_w(t)] \cdot e^{-\rho t} dt + R(T) \cdot e^{-\rho(T-\tau)} \qquad (17a)$$

Dieses Ergebnis ermöglicht die folgende Interpretation des Wertes eines Betriebsmittels: Nutzt man vom Zeitpunkt τ bis zum Ende seiner Nutzungsdauer in T ein Betriebsmittel des Alters τ, dann fallen im Zeitintervall $[\tau, T]$ Wartungskosten in Höhe von

$$\int_\tau^T c_w(t) \cdot e^{-\rho t} dt$$

an; diese sind um den auf den Zeitpunkt τ diskontierten Restwert $R(T)$ zu verringern. Wird statt dessen in diesem Intervall eine in τ neu installierte Anlage eingesetzt, dann ist der Einsatz mit der Kostenannuität in Höhe von

$$\int_\tau^T q_M \cdot e^{-\rho t} dt$$

zu belasten. Der Wert der Anlage ist also gleich dem - auf den Zeitpunkt τ aufgezinsten - *Kostenvorteil* des alten Betriebsmittels gegenüber einem neuen zu interpretieren. Diese Interpretation des Wertes einer Anlage als Kostenvorteil bzw. als Opportunitätskosten geht auf TERBORGH [1949] zurück.

Abschreibungen sind die Verringerung des Wertes eines Betriebsmittels. Man erhält daher den Anteil der Abschreibungen an den Betriebskosten q_M, indem man (17a) differenziert:

$$A(\tau) = -\frac{dB(\tau)}{d\tau} =$$

$$= q_M - c_w(\tau) - \rho \cdot e^{\rho\tau} \cdot \int_\tau^T [q_M - c_w(t)] \cdot e^{-\rho t} dt + R(T) \cdot e^{-\rho(T-\tau)}$$

Wegen (17a) kann man hierfür auch schreiben

$$A(\tau) = q_M - c_w(\tau) - \rho \cdot B(\tau) \tag{19}$$

oder

$$q_M = c_w(t) + A(\tau) + \rho \cdot B(\tau) \tag{20}$$

Die Kosten des Betriebsmittels setzen sich also zusammen aus den Wartungskosten, den Abschreibungen und den Zinsen auf das gebundene Kapital.

6.2.3 Gegebenes Nutzungspotential des Betriebsmittels

Es ist nun zu untersuchen, welche Auswirkungen Anpassungsmaßnahmen auf die Kosten des Betriebsmitteleinsatzes haben. Dazu wird die Annahme einer gleichmäßigen Nutzung der Anlage über die gesamte Lebensdauer T hinweg durch die Voraussetzung ersetzt, daß in dem Intervall $[\tau, \tau+h]$ eine einmalige Anpassungsmaßnahme durchgeführt werden soll, um einen Zusatzauftrag abzuwickeln. Um prüfen zu können, ob dieser akzeptiert werden soll, ist festzustellen, welche zusätzlichen Kosten er auslösen wird.

Hierzu wird die folgende Situation betrachtet:

(1) Das Betriebsmittel hat ein technisch determiniertes Nutzungspotential P; der Umfang der Anlagennutzung im Zeitpunkt t bzw. der dadurch verursachte produktionsbedingte Verschleiß kann durch eine geeignete Meßgröße $x(t)$ - z.B. die Ausbringung - gemessen werden. Der Verschleißzustand der Anlage im Zeitpunkt t ist gegeben durch die kumulierte Anlagennutzung:

$$X(t) = \int_0^t x(t) \, dt \tag{21}$$

(2) Die Reparatur- und Wartungskosten der Anlage sind eine monoton steigende Funktion des Verschleißzustandes:

$$C_w(t) = C_w[X(t)] \quad \text{mit} \quad \frac{dC_w}{dX} > 0 \tag{22}$$

(3) Die langfristige Produktionsplanung geht davon aus, daß das Betriebsmittel mit einer konstanten Rate $x(t) = x^0$ genutzt wird. Der Ersatz der Anlage durch eine identische Maschine ist für den Zeitpunkt geplant, in dem ihr Leistungspotential erschöpft ist, d.h. die kumulierten Nutzungen gleich dem Nutzungspotential sind:

$$P = X(T^0) = x^0 \cdot T^0 \quad \text{bzw.} \quad T^0 = P/x^0 \tag{23}$$

(4) Um einen Zusatzauftrag abwickeln zu können, soll die Anlage im Intervall $[\tau, \tau+h]$ in Überstunden eingesetzt werden; die zusätzliche Nutzung der Maschine je Zeiteinheit ist gleich x^*. Diese Anpassungsmaßnahme hat folgende Auswirkungen auf die kumulierte Nutzung des Betriebsmittels:

$$X(t) = \begin{cases} x^0 \cdot t & 0 \leq t < \tau \\ x^0 \cdot t + x^* \cdot (t - \tau) & \tau \leq t \leq \tau + h \\ x^0 \cdot t + x^* \cdot h & t > \tau + h \end{cases} \tag{24}$$

Hierdurch wird die Nutzungsdauer der Anlage auf T^* verkürzt. Unter der Voraussetzung, daß sich die Anpassungsmaßnahme nicht über die Lebensdauer der Anlage hinaus erstreckt, folgt aus

$$P = X(T^*) = x^0 \cdot T^* + x^* \cdot h$$

daß

$$T^* = \frac{P - x^* \cdot h}{x^0} = T^0 - \frac{x^*}{x^0} \cdot h \tag{25}$$

Diese Beziehungen gelten analog im Fall von Kurzarbeit, in dem $x^* < 0$ ist.

(5) Wird das Ende der Nutzungsdauer durch den technischen Verschleiß der Anlage bestimmt, dann ist der Restwert des Betriebsmittels am Ende seiner Nutzungsdauer unabhängig von Anpassungsmaßnahmen:

$$R = R^0(T^0) = R^*(T^*)$$

Der Einfachheit halber wird vorausgesetzt, daß $R=0$ ist.

Die Auswirkungen einer einmaligen Anpassungsmaßnahme auf die Nutzung eines Betriebsmittels sind in Abbildung 54 dargestellt:

Im unteren Teil der Abbildung ist das Nutzungsprofil der Anlage bei Normalbetrieb dargestellt. Sie wird im Zeitpunkt $t = 0$ installiert und im Intervall $[0, T^0]$ mit konstanter Leistungsabgabe x^0 genutzt. Im Zeitpunkt T^0 wird sie durch eine identische Maschine ersetzt, die bis zum Ersatz im Zeitpunkt $2 \cdot T^0$ ebenfalls mit konstanter Leistung genutzt wird. Im oberen Teil der Abbildung ist das Nutzungsprofil bei einmaliger zeitlicher Anpassung dargestellt. Die Anlage wird im Intervall $[0, \tau)$ mit der Intensität x^0 genutzt; im Intervall $[\tau, \tau+h]$ ist die Leistungsabgabe hingegen gleich x^0+x^*. Für $t > \tau+h$ ist die Leistungsabgabe dieser Anlage und ihrer Nachfolger konstant gleich x^0. Durch die verstärkte Nutzung der Anlage im Intervall $[\tau, \tau+h]$ verringert sich die Nutzungsdauer der Anlage auf T^*; Leistungen, die bei konstanter Nutzung im Intervall $[T^*, T^0]$ zu erbringen wären, werden durch die zeitliche Anpassung in das Intervall $[\tau, \tau+h]$ vorgezogen. Die entsprechenden Nutzungspotentiale sind als gepunktete Flächen dargestellt. Durch diese Maßnahme verringert sich nicht nur die Nutzungsdauer der ersten Anlage, vielmehr müssen auch alle Folgeanlagen um $T^0 - T^*$ Zeiteinheiten früher ersetzt werden.

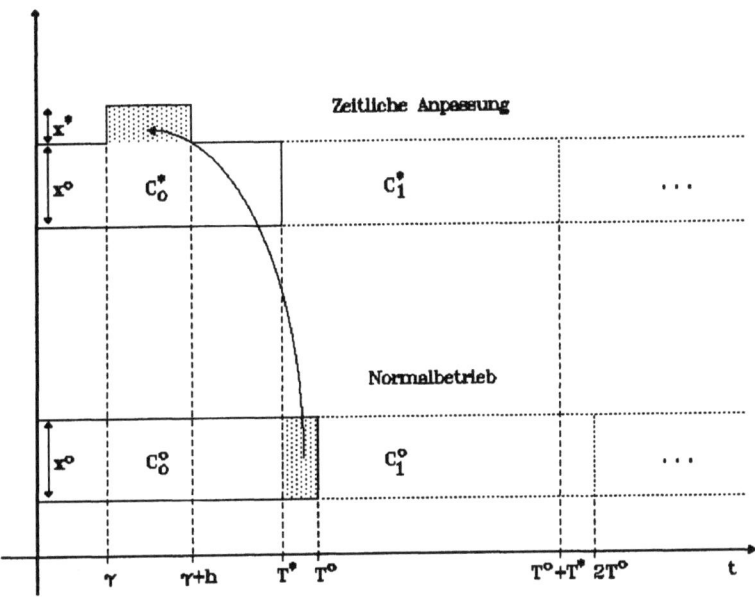

Abbildung 54: Nutzungsprofil bei konstanter Nutzung und bei zeitlicher Anpassung

Die durch eine einmalige Anpassungsmaßnahme bewirkten Effekte lassen sich wie folgt zusammenfassen:

(1) Die Ausbringung wird in $[\tau, \tau+h]$ von x^0 auf $x^0 + x^*$ erhöht. Hierdurch steigt der Verschleiß in diesem Intervall.

(2) Die stärkere Inanspruchnahme des Betriebsmittels und der dadurch bewirkte Verschleiß führen zu steigenden Wartungskosten in diesem Intervall.

(3) Der erhöhte Verschleiß führt weiter zu einem Anstieg der Wartungskosten in den Folgeperioden.

(4) Durch die Verlagerung von Nutzungspotentialen wird die Nutzungsdauer des Betriebsmittels verringert. Dadurch werden auch die Investitionszeitpunkte für die Nachfolger der Anlage vorgezogen.

Um die durch die zeitliche Anpassung im Intervall $[\tau, \tau+h]$ ausgelösten Kosten zu ermitteln, sind die Kapitalwerte der Kosten von zwei unendlichen Investitionsketten miteinander zu vergleichen:

(1) Der Kapitalwert C^0 der Kosten bei konstanter Anlagennutzung:

Der Kapitalwert des ersten Gliedes der Kette ist gegeben durch

$$C_0^0 = Q + \int_0^{T^0} C_W[x^0 \cdot t] \cdot e^{-\rho t}\, dt \tag{26}$$

Der Kapitalwert der Kosten der unendlichen Kette der Folgeglieder ist gleich

$$C^\infty = \frac{C_0^0}{1 - e^{-\rho T^0}} \tag{27}$$

Da die Kette der Folgeglieder im Zeitpunkt T^0 gestartet wird, ist ihr Kapitalwert auf den Zeitpunkt $t=0$ zu diskontieren, ehe er zum Kapitalwert des ersten Gliedes der Kette addiert werden kann, um den Kapitalwert der Kosten der gesamten Kette zu bestimmen:

$$C^0 = C_0^0 + \frac{C_0^0}{1 - e^{-\rho T^0}} \cdot e^{-\rho T^0} \tag{28}$$

(2) Der Kapitalwert der Kosten bei einmaliger zeitlicher Anpassung:

Der Kapitalwert der Kosten des ersten Gliedes ist gegeben durch:

$$C_0^* = Q + \int_0^{\tau} C_W[x^0 \cdot t] \cdot e^{-\rho t}\, dt + \int_{\tau}^{\tau+h} C_W[(x^0 \cdot t + x^* \cdot (t - \tau))] \cdot e^{-\rho t}\, dt +$$
$$+ \int_{\tau+h}^{T^*} C_W[x^0 \cdot t + x^* \cdot h] \cdot e^{-\rho t}\, dt \tag{29}$$

Da die Folgeglieder mit konstanter Leistung x^0 genutzt werden, ist der Kapitalwert der Kosten dieser unendlichen Investitionskette - bezogen auf den Zeitpunkt T^* - durch (27) gegeben. Diskontiert man diesen auf den Zeitpunkt $t=0$ und addiert ihn zu (29), dann erhält man als Kapitalwert der Kosten der Kette bei einmaliger zeitlicher Anpassung:

$$C^* = C_0^* + \frac{C_0^0}{1 - e^{-\rho T^0}} \cdot e^{-\rho T^*} \tag{30}$$

Die Differenz der Kapitalwerte der beiden Ketten ist gegeben durch:

$$C^* - C^0 = \int_{\tau}^{\tau+h} C_W[x^0 \cdot t + x^* \cdot (t - \tau)] \cdot e^{-\rho t} dt +$$
$$+ \int_{\tau+h}^{T^*} C_W[x^0 \cdot t + x^* \cdot h] \cdot e^{-\rho t} dt - \tag{31}$$
$$- \int_{\tau+h}^{T^*} C_W[x^0 \cdot t] \cdot e^{-\rho t} dt + \frac{C_0^0}{1 - e^{-\rho T^0}} \cdot \left[e^{-\rho T^*} - e^{-\rho T^0}\right]$$

Betriebsmittel in der Produktionstheorie

Diese Differenz der Kapitalwerte ist auf den Zeitpunkt $t = 0$ bezogen; da die Entscheidung, eine kurzfristige Anpassungsmaßnahme durchzuführen, im Zeitpunkt $t = \tau$ zu beurteilen ist, sind diese Kosten auf diesen Zeitpunkt aufzuzinsen. Durch die Variablensubstitution $t \to t - \tau$ erhält man als Kapitalwert der anpassungsbedingten Kosten

$$D = (C^* - C^0) \cdot e^{\rho\tau} =$$
$$= \int_0^h C_W\left[X_\tau + (x^0 + x^*) \cdot t\right] \cdot e^{-\rho t}\, dt +$$
$$+ \int_h^{N^*} C_W\left[X_\tau + x^0 \cdot t + x^* \cdot h\right] \cdot e^{-\rho t}\, dt - \quad (32)$$
$$- \int_0^{N^0} C_W\left[X_\tau + x^0 \cdot t\right] \cdot e^{-\rho t}\, dt + \frac{C_0^0}{1 - e^{-\rho T^0}} \cdot \left[e^{-\rho N^*} - e^{-\rho N^0}\right]$$

wobei

$$N^0 = T^0 - \tau \quad \text{bzw.} \quad N^* = T^* - \tau$$

die Restnutzungsdauern und

$$X_\tau = x^0 \cdot \tau$$

die kumulative Leistungsabgabe bzw. der Verschleißzustand der Anlage im Zeitpunkt τ sind.

Um diese zusätzlichen Kosten auf das Intervall $[\tau, \tau+h]$ zu verteilen, bildet man die Kostenannuität

$$q_D = \frac{\rho \cdot D}{1 - e^{-\rho h}} \quad (33)$$

q_D ist gleich den durch die Anpassungsmaßnahme verursachten Kosten/Zeiteinheit.

Dieses Konzept läßt sich mit geringfügigen Modifikationen auf einmalige intensitätsmäßige Anpassungsmaßnahmen übertragen: Eine Anlage wird planmäßig mit einer Intensität v^0 betrieben; in einem Intervall $[\tau, \tau+h]$ wird hingegen mit der Produktionsgeschwindigkeit v^1 gearbeitet, um die Ausbringung an eine kurzfristige Veränderung der Nachfrage anzupassen.

Der wesentliche Unterschied zur zeitlichen Anpassung ist, daß der Verschleißzustand nicht durch die kumulierte Ausbringung gemessen werden kann. Vielmehr ist davon auszugehen, daß das Nutzungspotential des Betriebsmittels gemäß einer Verbrauchsfunktion

$$p(t) = a_M^*[v(t)] \quad (34)$$

verzehrt wird (Zum Konzept von Verbrauchsfunktionen für den Anlagenverschleiß vgl. ALBACH [1962a, S. 187f.]). Da die Anlage für $t < \tau$ und $t > \tau+h$ mit konstanter Intensität v^0 und im Intervall $[\tau, \tau+h]$ mit konstanter Intensität v^1 genutzt wird, gilt für die Anlagennutzung

$$p(t) = \begin{cases} p^0 = a_M^*(v^0) & (0 \le t < \tau) \\ p^1 = a_M^*(v^1) & (\tau \le t \le \tau+h) \\ p^0 = a_M^*(v^0) & (t > \tau+h) \end{cases}$$

Für den Verschleißzustand $X(t)$ bzw. die kumulierte Anlagennutzung gilt:

$$X(t) = \begin{cases} p^0 \cdot t & (0 \le t < \tau) \\ p^0 \cdot \tau + p^1 \cdot (t-\tau) & (\tau \le t \le \tau+h) \\ p^0 \cdot \tau + p^1 \cdot h + p^0 \cdot (t-\tau-h) & (t > \tau+h) \end{cases} \quad (24a)$$

Zu beachten ist, daß es im Unterschied zur zeitlichen Anpassung nicht mehr möglich ist, den Anlagenverschleiß im Zeitpunkt t ($t \in [\tau, \tau+h]$) in einen planmäßigen Verschleiß x^0 und einen anpassungsbedingten Verschleiß x^* aufzuteilen, da der Verschleiß intensitätsmäßiger Anpassung in der Regel nicht proportional der Produktionsgeschwindigkeit ist.

Aus $X(T^*) = P$ folgt für die Nutzungsdauer T^* bei einmaliger intensitätsmäßiger Anpassung:

$$T^* = \frac{P - (p^1 - p^0) \cdot h}{p^0} \quad (25a)$$

Die Nutzungsdauer T^0 der Anlage bei konstanter Nutzung erhält man unmittelbar, indem man in (23) x^0 durch p^0 ersetzt. Analog ergibt sich der Kapitalwert bei konstanter Nutzung aus (26). Der Kapitalwert bei einmaliger intensitätsmäßiger Anpassung ist hingegen gleich

$$C_0^* = \int_0^\tau C_W[p^0 \cdot t] \cdot e^{-\rho t} \, dt + \int_\tau^{\tau+h} C_W[p^1 \cdot t] \cdot e^{-\rho t} \, dt + \\ + \int_{\tau+h}^{T^*} C_W[p^0 \cdot \tau + p^1 \cdot h + p^0 \cdot (t-\tau-h)] \cdot e^{-\rho t} \, dt \quad (29a)$$

Die anpassungsbedingten Kosten sind dann gegeben durch:

$$D = \int_0^h C_W[X_\tau + p^1 \cdot t] \cdot e^{-\rho t} dt + \\ + \int_h^{N^*} C_W[X_\tau + p^1 \cdot h + x^0 \cdot (t-\tau-h)] \cdot e^{-\rho t} dt - \\ - \int_0^{N^0} C_W[X_\tau + p^0 \cdot t] \cdot e^{-\rho t} dt + \frac{C_0^0}{1 - e^{-\rho T^0}} \cdot \left[e^{-\rho N^*} - e^{-\rho N^0} \right] \quad (32a)$$

wobei die Restnutzungsdauern N^0 und N^* wie im Fall der zeitlichen Anpassung definiert sind. X_τ ist gleich dem kumulierten Verschleiß im Zeitpunkt τ:

$$X_\tau = p^0 \cdot \tau$$

6.2.4 Alternative Formulierungen des investitionstheoretischen Ansatzes

Um die Auswirkungen einer einmaligen Anpassungsmaßnahme zu verdeutlichen, wurde in den beiden vorigen Abschnitten von einer endlichen Dauer dieser Maßnahme ausgegangen. In den ursprünglichen Arbeiten von SWOBODA [1979], LUHMER [1980] und KISTNER/LUHMER [1981] wurde hingegen vorausgesetzt, daß die Dauer der Anpassungsmaßnahme im Verhältnis zur Nutzungsdauer der Anlage sehr klein ist, so daß die Analyse mit Hilfe der Differentialrechnung erfolgen kann. Dieser formal elegantere Weg ermöglicht es nicht nur, den technischen Verschleiß durch die Nutzung der Anlage und nutzungsabhängige Abschreibungen, sondern auch den ruhenden Verschleiß und zeitproportionale Abschreibungen zu begründen.

Einen völlig anderen Weg geht der von ROSKI [1987] vorgeschlagene kontrolltheoretische Ansatz. Dieser geht nicht von einer einmaligen Anpassungsmaßnahme aus, sondern unterstellt, daß der Verlauf der Nachfrage bis zum Planungshorizont bekannt ist und die Anlagennutzung bis zu diesem Zeitpunkt mit Hilfe der Kontrolltheorie optimiert wird. Abschreibungen können dann als Wertveränderungen des Kapitalwerts der Anlage im Zeitpunkt t interpretiert werden. In der Realität wird es nicht möglich sein, die Nachfrage über die gesamte Lebensdauer einer Anlage und ihrer Nachfolger bis zu einem Planungshorizont exakt zu schätzen. Es wird vielmehr nötig sein, von stark vereinfachenden Annahmen über den Verlauf der Nachfrage - wie z.B. ein konstanter Absatz - auszugehen. Der oben behandelte investitionstheoretische Ansatz mit konstanter Nachfrage und einmaligen Anpassungsmaßnahmen ist ein solcher einfacher Spezialfall; unter diesen Voraussetzungen stimmen die Lösungen beider Ansätze miteinander überein (vgl. KÜPPER [1988]).

6.2.5 Ergebnisse

Die investitionstheoretischen Ansätze der Abschreibungstheorie lösen das Problem der Bewertung des Einsatzes von Betriebsmitteln, indem sie alle durch deren Beschaffung und Nutzung verursachten Kosten berücksichtigen und auf die Nutzungsdauer verteilen: Unter der Voraussetzung einer konstanten Planleistung wird Maschinen und maschinellen Anlagen das ihrer Leistung entsprechende Kostenniveau in Form der Kostenannuität angelastet. Diese verteilt die ungleichmäßig anfallenden Aufwendungen für Betriebsmittel - insbesondere Anschaffungskosten und mit dem Alter und der Nutzung ansteigende Wartungs- und Reparaturkosten - unter Berücksichtigung von Zwischenzinsen gleichmäßig auf die Nutzungsdauer. Die Kostenannuität enthält folgende Kostenarten:

(1) Reparatur- und Wartungskosten
(2) Abschreibungen
(3) Kalkulatorische Zinsen

Der Abschreibungsanteil der Kostenannuität läßt sich als Verringerung des Wertes des Betriebsmittels im Zeitablauf bestimmen. Dieser kann auf zwei Weisen bestimmt werden:

(1) Der Wert des Betriebsmittels im Zeitpunkt t ist gleich den aufgezinsten Anschaffungskosten abzüglich des bis zu diesem Zeitpunkt für die Amortisation verwendeten Teils der Kostenannuität.

(2) Der Wert des Betriebsmittels im Zeitpunkt t ist gleich dem Kostenvorteil eines t Zeiteinheiten alten Betriebsmittels gegenüber einem neuen Betriebsmittel abzüglich des Restwertes.

Unter der Voraussetzung konstanter Preise führen beide Ansätze zum gleichen Ergebnis.

Bei kurzfristigen Anpassungsmaßnahmen müssen die durch die Kostenannuität bestimmten *Grundkosten* bei konstanter Planleistung korrigiert werden: Eine kurzfristige Erhöhung der Leistung führt zu einem höheren Verschleiß und damit zu höheren Betriebskosten in den Folgeperioden und möglicherweise zu einer Verkürzung der Nutzungsdauer des Betriebsmittels. Umgekehrt führt eine kurzfristige Verringerung der Leistung zu verringertem Verschleiß und damit zu geringeren Betriebskosten in den Folgeperioden.

Die durch kurzfristige Anpassungsmaßnahmen verursachte Abweichung der Kosten des Betriebsmittels von seinen Grundkosten kann man wie folgt bestimmen: Man geht davon aus, daß das Betriebsmittel während seiner gesamten Nutzungsdauer mit einer konstanten Planleistung genutzt wird; lediglich in einem Intervall $[\tau, \tau+h]$ findet eine zeitliche Anpassungsmaßnahme statt. Dies führt zu einer Veränderung des Verschleißzustands der Anlage und damit der Nutzungsdauer von T^0 nach T^*; Nutzungsdauer und Kapitalwert der Kosten der Folgeinvestitionen werden hierdurch nicht berücksichtigt. Die gesamten Kosten der Maßnahme - bezogen auf den Zeitpunkt $t = 0$ - ergeben sich dann als Differenz der Kapitalwerte der Kosten mit und ohne die Anpassungsmaßnahme. Zinst man diese auf den Entscheidungszeitpunkt τ auf und berechnet die Annuität, dann erhält man die anpassungsbedingten Kosten pro Zeiteinheit. Diese enthalten neben den erhöhten Wartungskosten in $[\tau, \tau+h]$ auch die Auswirkungen auf die künftigen Nutzungsmöglichkeiten der Anlage, die verschleißbedingte Erhöhung der Betriebskosten in den Folgeperioden und die Kosten der Verkürzung der Nutzungsdauer. Da sowohl die in der Kostenannuität enthaltenen Abschreibungen als auch die durch kurzfristige Anpassungsmaßnahmen verursachte Erhöhung der Wartungskosten vom Alter des Betriebsmittels im Zeitpunkt τ abhängen, sind auch die anpassungsbedingten Kosten altersabhängig. Dieses Ergebnis leuchtet unmittelbar ein: Bei einem stark verschlissenen Betriebsmittel, das bereits hohe Wartungskosten verursacht, wirkt sich eine Veränderung der Leistung stärker auf die künftigen Wartungskosten aus als bei einem neueren, weniger verschlissenen.

6.3 Technischer Fortschritt in den Produktionsstellen

6.3.1 Problemstellung

Im vorigen Abschnitt wurde gezeigt, daß bei der Bestimmung der Nutzungsdauer als wesentlicher Determinante der Kosten der Betriebsmittel der Reinvestitionsprozeß mit in die Überlegungen einbezogen werden muß. Dabei wurde eine identische Investitionskette vorausgesetzt: Nach Ablauf der Nutzungsdauer wird ein Betriebsmittel durch ein technisch gleichartiges ersetzt. Diese Annahme steht im Widerspruch zu der Tatsache, daß Betriebsmittel meist durch technisch verbesserte Nachfolger ersetzt werden. Die sich in der Zukunft bietenden Möglichkeiten, eine Maschine durch eine technisch überlegene zu ersetzen, beeinflussen die Nutzungsdauer und damit auch die Kosten des Einsatzes des gegenwärtig installierten Betriebsmittels. Es ist daher notwendig, die technische Entwicklung in die Produktions- und Kostentheorie einzubeziehen.

Technischer Fortschritt führt dazu, daß Wirtschaftseinheiten Kenntnis von bisher unbekannten Produktionsprozessen erhalten; es können entweder *neuartige Produkte* hergestellt werden oder alte Produkte mit Hilfe *neuer Faktorkombinationen* produziert werden. In der Produktionstheorie interessiert besonders der Fall, daß der technische Fortschritt *Kostensenkungen* ermöglicht, weil entweder Einsatzmengen einzelner Faktoren eingespart oder neue, relativ billigere Faktorarten eingesetzt werden können.

Die *Realisierung* des technischen Fortschritts setzt in der Regel bestimmte qualitative Veränderungen der Produktionsfaktoren voraus: Im Fall des *kapitalgebundenen technischen Fortschritts* müssen neue Betriebsmittel installiert oder alte umgerüstet werden, um neue Produktionsverfahren einsetzen zu können; seine Durchsetzung setzt also Investitionsmaßnahmen voraus, sie führt zu diskontinuierlichen, schubweisen Kostensenkungen. *Arbeitsgebundener technischer Fortschritt* beruht vielfach auf Lernvorgängen, seine Realisierung vollzieht sich kontinuierlich im Zeitablauf. *Werkstoffgebundener technischer Fortschritt* beruht schließlich darauf, daß neuartige Werkstoffe eingesetzt werden, die entweder im eigenen Betrieb hergestellt oder von Zulieferern bezogen werden müssen. In der betrieblichen Praxis sind diese Aspekte meist nicht zu trennen; so setzt der Einsatz neuartiger Werkstoffe in der Regel die Installation neuer oder zumindest die Umrüstung alter Anlagen voraus. Auch die Nutzung von Lernvorgängen setzt vielfach die Umstellung oder die Anschaffung von Maschinen voraus.

Im Rahmen der neoklassischen Produktionstheorie wurden bereits einige Aspekte des technischen Fortschritts in der Produktionstheorie behandelt; insbesondere wurden dessen Auswirkungen auf die Produktionsfunktion untersucht. Dabei standen die gesamtwirtschaftliche Produktivität bzw. die produktiven Möglichkeiten des Gesamtbetriebs im Vordergrund. Im folgenden sind hingegen die Wirkungen auf einzelne Produktionsstellen zu betrachten. Es werden insbesondere zwei Fragestellungen behandelt:

(1) Wie wird der technische Fortschritt in den Produktionsstellen umgesetzt?
(2) Welche Wirkungen haben Lernprozesse auf die Entwicklung der Kosten der Produktionsstellen?

6.3.2 Umsetzung des technischen Fortschritts im Produktionsprozeß

Der kapitalgebundene technische Fortschritt vollzieht sich in diskreten Schüben: In unregelmäßigen Abständen zeigen Erfindungen Möglichkeiten auf, kostengünstiger zu produzieren. Diese neuen Produktionsprozesse können jedoch nur dann realisiert werden, wenn neue Anlagen installiert oder verfügbare Maschinen umgebaut werden, d.h.

alte Betriebsmittel müssen durch neue ersetzt werden. Das führt dazu, daß alte Anlagen, deren Nutzungspotential noch nicht erschöpft ist, vorzeitig durch bessere ersetzt werden müssen; bei technischem Fortschritt wird die Nutzungsdauer von Betriebsmitteln nicht allein durch den Verschleiß, sondern auch durch die technische Entwicklung bestimmt.

Bei der Entscheidung über die Anschaffung neuer, technisch überlegener Anlagen sind zwei Aspekte zu berücksichtigen:

(1) Soll ein noch funktionstüchtiges Betriebsmittel weitergenutzt werden oder soll es durch eine neue, technisch überlegene Anlage ersetzt werden?

(2) Wie lange soll ein neu installiertes Betriebsmittel unter Berücksichtigung der künftigen technischen Entwicklung genutzt werden?

Da die mit einer neuen Anlage zu erwirtschaftenden Erträge entscheidend davon abhängen, wie lange diese genutzt werden kann, setzt die Lösung der ersten Frage voraus, daß die Nutzungsdauer eines neu installierten Betriebsmittels zumindest näherungsweise bekannt ist. Bei der Entscheidung über den Ersatz einer Maschine durch eine möglicherweise technisch überlegene Anlage sind keine genauen Informationen über den Zeitpunkt künftiger Erfindungen und deren Auswirkungen auf die Produktionskosten verfügbar. Daher müssen der Entscheidung vereinfachende Hypothesen über die künftige technische Entwicklung zugrundegelegt werden. Im folgenden wird daher vorausgesetzt, daß die Produktionskosten c_B eine stetige, differenzierbare Funktion des Alters der Anlage t und des Installationszeitpunkts τ sind:

$$c_B = c_B(t, \tau)$$

Die Produktionskosten c_B enthalten neben den im vorigen Abschnitt berücksichtigten Reparatur- und Wartungskosten, die monoton mit dem Alter der Anlage steigen, auch alle variablen Produktionskosten. Diese sinken aufgrund des technischen Fortschritts monoton mit dem Installationszeitpunkt τ. Es gilt daher allgemein:

$$\frac{\partial c_B}{\partial t} > 0 \qquad \text{und} \qquad \frac{\partial c_B}{\partial \tau} < 0$$

Der technische Fortschritt bietet die Möglichkeit, die Produktionskosten stetig zu senken. Da diese Kostensenkungspotentiale nur durch den Ersatz von Betriebsmitteln realisiert werden können, sinken die Produktionskosten tatsächlich nur in den Investitionszeitpunkten in diskreten Sprüngen ab. Zwischen zwei Ersatzzeitpunkten steigen die Produktionskosten hingegen wegen des Verschleißes der eingesetzten Maschinen stetig an.

Weiter sind Annahmen über die künftige Entwicklung der Erlöse erforderlich. Als erste Näherung wird hier vorausgesetzt, daß der Deckungsbeitrag D, d.h. die Differenz von Erlösen und nicht dem Betriebsmittel zugeordneten Kosten, konstant bleibt. Die Anschaffungskosten des i-ten Gliedes der Investitionskette seien gleich Q_i. Da sich die Maschinen aufgrund des technischen Fortschritts voneinander unterscheiden, ist es nicht sinnvoll, davon auszugehen, daß die Anschaffungskosten im Zeitablauf konstant bleiben. Zur Vereinfachung der Darstellung wird der Restwert der Anlagen vernachlässigt.

Es sei T_i ($i=1,2,...$) die Nutzungsdauer des i-ten Gliedes der Investitionskette. Dann ist unter den oben angegebenen Voraussetzungen der Kapitalwert einer unendlichen Investitionskette mit technischem Fortschritt gegeben durch

$$C_0 = \int_0^{T_1} [D - c_B(0,t)] \cdot e^{-\rho t} dt - Q_1 +$$

$$+ \sum_{i=2}^{\infty} \left\{ \int_{T_{i-1}}^{T_i} [D - c_B(T_{i-1},t)] \cdot e^{-\rho t} dt - Q_i \right\} \cdot e^{-\rho \Theta_i} \quad (35)$$

wobei

$$\Theta_i = \sum_{j=1}^{i} T_{j-1} \qquad (i = 2,3,...)$$

der Installationszeitpunkt des i-ten Gliedes der Investitionskette ist.

Es sei $C^\infty(T_1)$ der auf den Installationszeitpunkt T_1 bezogene Kapitalwert der Nachfolger des ersten Gliedes der Kette unter der Voraussetzung, daß dessen Nutzungsdauer gleich T_1 ist und die T_i aller Folgeglieder $i=2,3,...$ optimal bestimmt werden. Dann ist der Kapitalwert der Kette in Abhängigkeit von T_1 gegeben durch:

$$C_0(T_1) = \int_0^{T_1} [D - c_B(0,t)] \cdot e^{-\rho t} dt - Q_1 + C^\infty(T_1) \cdot e^{-\rho T_1} \quad (36)$$

Setzt man die Ableitung von $C_0(T_1)$ gleich Null, dann erhält man als Bedingung für die optimale Nutzungsdauer T_1^0 des neu zu installierenden Betriebsmittels:

$$D - c_B(0, T_1^0) = \rho \cdot C^\infty(T_1^0) - C^{\infty'}(T_1^0) \quad (37)$$

Der Nettoerlös muß zum einen die Verzinsung des Kapitalwerts der Folgeglieder tragen; darüber hinaus ist auch die durch den technischen Fortschritt bedingte Erhöhung des Kapitalwerts zu berücksichtigen: Schiebt man den Ersatz einer Anlage auf, dann kann man wegen zu erwartenden technischen Fortschritts mit einer weiteren Verbesserung der Investitionsmöglichkeiten rechnen.

Spezifiziert man die Funktion c_B, dann kann man mit Hilfe der dynamischen Programmierung die optimale Nutzungsdauer der Anlage prinzipiell numerisch bestimmen. Für die vorliegende Fragestellung wäre die Lösung allerdings viel zu aufwendig: Zum einen wären die sehr pauschalen Prognosen über den technischen Fortschritt, die sich in c_B niederschlagen, viel zu ungenau, um eine rechnerisch exakte Lösung von (36) zu rechtfertigen. Zum anderen soll auch gar nicht ein Investitionsplan für das Betriebsmittel und alle seine Nachfolger aufgestellt werden, vielmehr wird lediglich eine Prognose über die Nutzungsdauer der Anlage bei technischem Fortschritt angestrebt. Hierfür gibt die Optimalitätsbedingung (37) Anhaltspunkte, welche Aspekte zu berücksichtigen sind: Neben der Entwicklung der mit dem Betriebsmittel zu erzielenden Erträge sind auch die Auswirkungen auf die Folgeinvestitionen in die Überlegungen einzubeziehen. Hierbei sind zwei gegenläufige Tendenzen zu beachten:

(1) Wie bei identischen Investitionsketten bewirkt die Forderung, daß die mit dem Betriebsmittel zu erwirtschaftenden Erträge die Verzinsung des Kapitalwerts der Nachfolger tragen müssen, eine Verkürzung der Nutzungsdauer.

(2) Der Kapitalwert der Folgeinvestitionen steigt an, wenn man die Investition herausschiebt, weil wegen des technischen Fortschritts die Produktivität der Nachfolgeinvestition zwischenzeitlich ansteigt.

Diese Aspekte berüchsichtigt die Näherungsformel von TERBORGH [1949], die die optimale Nutzungsdauer von Betriebsmitteln bei technischem Fortschritt mit Hilfe einer einfachen Durchschnittskostenbetrachtung approximiert. Diese geht von folgenden Annahmen aus:

(1) Die laufenden Kosten des Betriebsmittels steigen linear mit dem Alter an:

$$c_B(0,t) = c_0 + \beta \cdot t$$

(2) Der technische Fortschritt führt dazu, daß die durchschnittlichen Betriebskosten eines neu installierten Betriebsmittels (und aller seiner Nachfolger) linear mit dem Investitionszeitpunkt T sinken:

$$c_B(T,t) = c_B(0,t) - \alpha \cdot T$$

Die durchschnittlichen Kosten des Betriebsmitteleinsatzes bei einer Nutzungsdauer von T setzen sich dann aus folgenden Komponenten zusammen:

(1) Lineare Abschreibungen auf die Anschaffungskosten:

$$\overline{A} = \frac{Q}{T}$$

(2) Zinsen auf das eingesetzte Kapital:

$$Z = \rho \cdot Q$$

(3) Durchschnittliche Betriebskosten:

$$\overline{c}_B = c_0 + \tfrac{1}{2} \cdot \beta \cdot T$$

(4) Entgangene Kostenvorteile:

Die durchschnittlichen Kosteneinsparungen aufgrund verbesserter Modelle sind gleich $\alpha \cdot T/2$; es ist jedoch zu beachten, daß die Weiternutzung des alten Modells die Möglichkeit eröffnet, weitere technische Verbesserungen abzuwarten. Eine Verschiebung der Ersatzinvestition um eine Zeiteinheit führt zu einer Kostensenkung um α. Im folgenden wird vorausgesetzt, daß diese Kostenersparnis nicht nur bei der Ersatzmaschine, sondern auch bei allen Nachfolgern realisiert werden kann. Der Kapitalwert dieser Kostenersparnis ist gleich dem Barwert α/ρ einer unendlichen Rente in Höhe von α. Die entgangenen Kostenvorteile bei Weiternutzung des alten Betriebsmittels sind daher im Durchschnitt gleich

$$\overline{k}_0 = \tfrac{1}{2} \cdot \alpha \cdot T - \frac{\alpha}{\rho}$$

Faßt man diese Kostenkomponenten zusammen, dann erhält man als durchschnittliche Kosten des Betriebsmitteleinsatzes:

$$K(T) = c_0 + \frac{(\alpha+\beta) \cdot T}{2} + Q\left[\rho + \frac{1}{T}\right] - \frac{\alpha}{\rho} \tag{38}$$

Die optimale Nutzungsdauer genügt der Bedingung

$$\frac{dK}{dT} = \frac{\alpha+\beta}{2} - \frac{Q}{T^2} \stackrel{!}{=} 0$$

Löst man nach T auf, so erhält man für die optimale Nutzungsdauer:

$$T^0 = \left[\frac{2 \cdot Q}{\alpha+\beta}\right]^{1/2} \tag{39}$$

Die durchschnittlichen Kosten bei optimaler Nutzungsdauer sind gegeben durch:

$$K(T^0) = c_0 + [2 \cdot Q(\alpha+\beta)]^{1/2} - \frac{\alpha}{\rho} + \rho \cdot Q \tag{40}$$

Da im Zeitpunkt der Installation eines Betriebsmittels keine genauen Prognosen über die künftige technische Entwicklung und insbesondere über Zeitpunkt und Auswirkungen von Erfindungen und technischen Verbesserungen verfügbar sind, gehen die Optimalitätsbedingung (37) und die Schätzformel (39) für die optimale Nutzungsdauer eines neu installierten Betriebsmittels von sehr pauschalen Annahmen über die Auswirkungen des technischen Fortschritts auf künftig zu installierende Anlagen aus: Der technische Fortschritt führt zu einer stetigen Abnahme der Betriebskosten $c_B(T, \tau)$ der Anlagen. Tatsächlich eröffnet der technische Fortschritt in diskreten Zeitpunkten Kostensenkungspotentiale, die durch die Installation neuer Anlagen realisiert werden können.

Daher ist das Problem, die Nutzungsdauer eines neu installierten Betriebsmittels bei technischem Fortschritt zu schätzen, von der Frage zu trennen, ob ein Betriebsmittel des Alters τ durch ein neues ersetzt werden soll oder nicht. Würde im geplanten Ersatzzeitpunkt gerade ein neuartiges Betriebsmittel verfügbar, dessen Betriebskosten genau der geschätzten Kostenfunktion entsprächen, dann würde das alte Betriebsmittel genau in diesem Zeitpunkt ersetzt. Da der technische Fortschritt jedoch sprunghaft auftritt, werden in diskreten Zeitpunkten verbesserte Anlagen angeboten, die die benötigten Leistungen erbringen können; meist werden sowohl die Betriebskosten dieser neuen Anlagen von den durch $c_B(T^0, \tau)$ prognostizierten Kosten, als auch die Anschaffungskosten von den in (37) bzw. (39) unterstellten Kosten abweichen. Daher ist prinzipiell immer dann, wenn ein verbesserter Anlagentyp verfügbar ist, eine Planrevision nötig: Es ist zu prüfen, ob die Kostenvorteile der neuen Anlage gegenüber der alten die Anschaffungskosten übersteigen oder nicht.

Bei der Berechnung des Kostenvorteils sind nicht nur die laufenden Betriebskosten des alten und des neuen Betriebsmittels, sondern auch die Kosten ihrer Nachfolger zu berücksichtigen; insbesondere ist zu beachten, daß die Weiternutzung des alten Modells zwar mit höheren Betriebskosten verbunden ist, aber auch die Möglichkeit eröffnet, weitere technische Verbesserungen abzuwarten. Es sind daher zu vergleichen

(1) eine Investitionskette, die mit der Investition in eine neue Anlage beginnt,

(2) eine Kette, bei der die alte Maschine bis zum geplanten Ersatzzeitpunkt weitergenutzt wird.

Das Alter der alten Anlage im Entscheidungszeitpunkt t sei gleich Θ, war die geplante Nutzungsdauer der Maschine gleich T_1, dann ist die Restnutzungsdauer gleich T_1-t. Die diskontierten Deckungsbeiträge während der Restnutzungsdauer sind dann gegeben durch:

$$\int_0^{T_1-t} [D - c_B(\Theta + \tau, t - \Theta)] \cdot e^{-\rho\tau} \, d\tau$$

Die Anschaffungskosten des alten Betriebsmittels sind nicht entscheidungsrelevant; der Kapitalwert der folgenden Glieder der Investitionskette ist hingegen zu berücksichtigen. Geht man davon aus, daß die Prognosen über den technischen Fortschritt beibehalten werden, dann ist der Kapitalwert der restlichen Glieder der Investitionskette - bezogen auf den Entscheidungszeitpunkt t - gleich

$$C_0^\infty(T_1) \cdot e^{-\rho(T_1-t)}$$

Der Kapitalwert der Investitionskette bei Weiternutzung der Anlage ist folglich gegeben durch:

$$C_0^A = \int_0^{T_1-t} [D - c_B(\Theta + \tau, t - \Theta)] \cdot e^{-\rho\tau} \, d\tau + C_0^\infty(T_1) \cdot e^{-\rho(T_1-t)}$$

Die geschätzten Betriebskosten einer im Zeitpunkt t neu auf den Markt kommenden Maschine seien

$$c_B^N(t, \tau)$$

Die optimale Nutzungsdauer dieses Betriebsmittels sei gleich t^0, so daß diese Anlage im Zeitpunkt

$$T_2 = t + t^0$$

ersetzt wird. Der Kapitalwert der durch diese Investition ausgelösten Investitionskette ist gleich:

$$C_0^N = \int_0^{T_2-t} [D - c_B^N(t, \tau)] \cdot e^{-\rho\tau} \, d\tau + C_0^\infty(T_2) \cdot e^{-\rho(T_2-t)}$$

Eine Anlage wird solange weitergenutzt, bis ihr Kapitalwert erstmals niedriger ist als der einer neuen Anlage:

$$C_0^A < C_0^N$$

Betriebsmittel in der Produktionstheorie

Dieses Modell zeigt, welche Einflüsse bei der Entscheidung, ob ein noch funktionsfähiges Betriebsmittel durch ein neues, technisch überlegenes, ersetzt werden soll, zu berücksichtigen sind. Es ist jedoch praktisch unmöglich, die hierzu benötigten Informationen immer dann zu beschaffen, wenn ein neues Betriebsmittel angeboten wird. Ebenso wie bei der Schätzung der Nutzungsdauer eines neu zu installierenden Betriebsmittels sind daher vereinfachende Hypothesen über die Entwicklung der Betriebskosten des alten und des neuen Betriebsmittels und über die zu erwartenden Wirkungen des technischen Fortschritts erforderlich. In Analogie zum Vorgehen im vorigen Abschnitt wird im folgenden vorausgesetzt, daß die Betriebskosten des alten $c_B^A(\tau)$ und des neuen Betriebsmittels $c_B^N(\tau)$ mit deren Alter linear steigen:

$$c_B^A(\tau) = c_B^A(\Theta, t + \tau) = c_0^A + \beta^A \cdot \tau$$

$$c_B^N(\tau) = c_B^N(t, \tau) = c_0^N + \beta^N \cdot \tau$$

Weiter seien die Betriebskosten des neuen Betriebsmittels unabhängig von dem Alter τ immer niedriger als die des alten:

$$c_B^A(\tau) > c_B^N(\tau) \quad \text{für alle} \quad \tau > 0$$

Die Durchschnittskosten des neuen Betriebsmittels setzen sich aus folgenden Komponenten zusammen:

(1) Den durchschnittlichen Betriebskosten

$$c_0^N + \tfrac{1}{2} \cdot \beta^N \cdot T_1$$

(2) den Abschreibungen Q/T_1

(3) den Zinsen auf das eingesetzte Kapital $\rho \cdot Q$

Die Durchschnittskosten des neuen Betriebsmittels sind daher gegeben durch

$$K^N = c_0^N + \tfrac{1}{2} \cdot \beta^N \cdot T_1 + \frac{Q}{T_1} + \rho \cdot Q$$

Für die durchschnittlichen Betriebskosten bei Weiternutzung des alten Betriebsmittels vom Entscheidungszeitpunkt t bis zum geplanten Ersatzzeitpunkt T erhält man

$$\frac{c_0^A + \tfrac{1}{2} \cdot \beta^A (t + T)}{T - t}$$

Bei dem Vergleich mit dem neuen Betriebsmittel sind Abschreibungen und Zinsen auf die Anschaffungskosten nicht zu berücksichtigen, da diese nicht durch die Entscheidung beeinflußt werden, das Betriebsmittel zu ersetzen oder nicht. Dem alten Betriebsmittel sind jedoch die Kostenvorteile zuzurechnen, die sich daraus ergeben, daß die Ersatzentscheidung bis zum Zeitpunkt T hinausgeschoben wird. Geht man davon aus, daß der technische Fortschritt die laufenden Betriebskosten aller Folgemaschinen linear mit der Rate α sinken läßt, dann ist der Kapitalwert der Kostenvorteile pro Zeiteinheit gegeben durch α/ρ.

Daraus folgt für die durchschnittlichen Kosten der Weiternutzung der alten Anlage:

$$K^A = \frac{c_0^A + \frac{1}{2} \cdot \beta^A (t+T)}{T-t} - \frac{\alpha}{\rho}$$

Wird im Zeitpunkt t eine neues, technisch überlegenes Betriebsmittel angeboten, dann ist die alte Anlage zu ersetzen, falls

$$K^N < K^A$$

ist.

Als Ergebnis dieser Überlegungen ist festzuhalten, daß bei *kapital- bzw. maschinengebundenem* technischen Fortschritt Verbesserungen der Produktionstechnik nur dann realisiert werden können, wenn neuartige Betriebsmittel im Rahmen von Ersatz- oder Erweiterungsinvestitionen installiert werden. Während gesamtwirtschaftlich von einer relativ stetigen Entwicklung der technischen Möglichkeiten ausgegangen werden kann, vollzieht sich der kapitalgebundene technische Fortschritt in den Betrieben immer schubweise: Erst dann, wenn neuartige Betriebsmittel den bisher genutzten Maschinen soweit überlegen sind, daß es vorteilhaft wird, die alten Anlagen zu ersetzen, oder wenn im Zuge von Erweiterungsinvestitionen neue Anlagen angeschafft werden, kommt es zu einer sprunghaften Verbesserung der Produktionsmöglichkeiten und - in produktionstheoretischer Sicht - zu einer Verschiebung der Produktionsfunktion.

6.3.3 Lernkurven in der Produktions- und Kostentheorie

Neben diesem durch Investitionsmaßnahmen induzierten technischen Fortschritt, der zu sprunghaften Kostensenkungen in diskreten Zeitpunkten führt, führen Lerneffekte im Produktionsprozeß zu einem stetigen Absinken des Kostenniveaus. Die bei ihrem Einsatz in der Produktion gewonnene Übung versetzt die Arbeitskräfte in die Lage, sich ständig wiederholende Verrichtungen schneller und sicherer durchzuführen, so daß der Arbeitseinsatz, ebenso wie der Ausschuß, der Verschnitt und Einsätze von Werkstoffen im Zeitablauf sinken. Weiter ermöglichen die bei dem Einsatz von Maschinen gewonnenen Erfahrungen konstruktive Änderungen an den verfügbaren Maschinen und ablauforganisatorische Maßnahmen, die ebenfalls zu Kostensenkungen führen können.

Dieser Sachverhalt kann durch die Lern- bzw. die Erfahrungskurve wiedergegeben werden: Zwischen den im Produktionsprozeß benötigten Faktoreinsatzmengen bzw. den dadurch verursachten Kosten $k(t)$ und der kumulierten Ausbringungsmenge $X(t)$ besteht ein Zusammenhang, der durch eine Potenzfunktion beschrieben werden kann:

$$k(t) = k_0 + k_1 \cdot X(t)^{-bt}$$

Der Exponent b heißt Übungsfaktor, der Parameter k_0 entspricht einem Sockelbetrag der Produktionskosten, der durch Lerneffekte allein nicht beeinflußt werden kann. Betrachtet man lediglich den zeitabhängigen Teil dieser Kostenfunktion, dann läßt sich dieser in einem doppelt-logarithmischen Koordinatensystem als eine Gerade durch den Ursprung mit dem Anstieg b darstellen. Man bezeichnet die entsprechende Funktion daher vielfach als *lineare Lernkurve*.

Es wäre verfehlt, die Lernkurve als eine Gesetzmäßigkeit anzusehen, auf die sich der Betrieb verlassen kann, ohne etwas zur Implementierung der Lerneffekte zu tun. Sie beschreibt vielmehr lediglich *Kostensenkungspotentiale*, die das Unternehmen durch geeignete Maßnahmen realisieren kann: Es muß seine Arbeitskräfte durch Anreizsysteme dazu motivieren, übungsbedingte Verkürzungen der Arbeitszeit zu realisieren, ohne befürchten zu müssen, daß dieses zu einer Reduzierung der Zeitvorgaben bei Akkordentlohnung führt. Weiter muß das betriebliche Vorschlagswesen so ausgestaltet sein, daß Arbeitskräfte angeregt werden, Verbesserungsmöglichkeiten bei den betrieblichen Anlagen zu erkennen und diese an die Betriebsleitung weiterzugeben. Schließlich bedingen konstruktive Änderungen der Anlagen, aber auch ablauforganisatorische Maßnahmen, Aufwendungen und Investitionsmaßnahmen.

6.4 Literaturhinweise

Albach, H., Zur Verbindung von Produktionstheorie und Investitionstheorie, in: Koch, H. (Hrsg.), Zur Theorie der Unternehmung, Festschrift zum 65. Geburtstag von E. Gutenberg, Wiesbaden (Gabler) 1962a, S. 137-203

Baetge, J., Lernprozesse in der Produktion, in: Kern, W. (Hrsg.), Handwörterbuch der Produktionswirtschaft, Stuttgart (Poeschel) 1979, Sp. 1126-1133

Baur, W., Lerngesetz der industriellen Produktion, in: Kern, W. (Hrsg.), Handwörterbuch der Produktionswirtschaft, Stuttgart (Poeschel) 1979, Sp. 1115-1126

Betge, P., Optimaler Betreibsmitteleinsatz, Wiesbaden (Gabler) 1983

Gutenberg, E., Grundlagen der Betriebswirtschaftslehre, Bd. I: Die Produktion, 1. Aufl., Berlin-Göttingen-Heidelberg (Springer) 1951; 24. Aufl., Berlin-Heidelberg (Springer) 1983

Hax, H., Investitionstheorie, 5. Aufl., Würzburg (Physica) 1985

Ihde, G.B., Lernprozesse in der betriebswirtschaftlichen Produktionstheorie, ZfB 40 (1970), S. 451-468

Keachie, E.C., Manufacturing Cost Reduction Through the Curve of Natural Productivity Increase, Institute of Business of Economic Research, Univ. of California (Berkley) 1964

Kistner, K.-P., Zeitaspekte in der Produktionstheorie, in Kistner, K.-P., Schmidt, R. (Hrsg.), Unternehmensdynamik, Wiesbaden (Gabler) 1991, S. 135-162

Kistner, K.-P., Luhmer, A., Zur Ermittlung der Kosten der Betriebsmittel in der statischen Produktionstheorie, ZfB 51 (1981), S. 165-179

Kistner, K.-P., Luhmer, A., Ein dynamisches Modell des Betriebsmitteleinsatzes, ZfB 58 (1988), S. 63-83

Kistner, K.-P., Steven, M., Produktionsplanung, 2. Aufl., Heidelberg (Physica) 1993

Küpper, H.-U., Investitionstheoretische Fundierung der Kostenrechnung, ZfbF 37 (1985), S. 26-46

Küpper, H.-U., Investitionstheoretische versus kontrolltheoretische Abschreibung: Alternative oder gleichartige Konzepte einer entscheidungsorientierten Kostenrechnung?, ZfB 58 (1988), S. 397-415

Luhmer, A., Maschinelle Produktionsprozesse - Ein Ansatz dynamischer Produktions- und Kostentheorie, Opladen (Westdeutscher Verlag) 1975

Luhmer, A., Fixe und variable Abschreibungskosten und optimale Investitionsdauer, ZfB 50 (1980), S. 897-903

Lutz, F., Lutz, V., The Theory of Investment of the Firm, Princeton (University Press) 1951

Preinreich, G.A.D., The Economic Life of Industrial Equipment, Econometrica 8 (1940), S. 12-44

Roski, R., Planungsrelevante Aggregatkosten, ZfB 57 (1987), S. 526-545

Schneider, E., Wirtschaftlichkeitsrechnung, 8. Aufl., Tübingen/Zürich (Mohr/Polygraph. Verlag) 1973

Smith, V.L., Investment and Production, Cambridge/Mass. (Harvard University Press) 1966

Stepan, A., Produktionsfaktor Maschine, Wien-Würzburg (Physica) 1981

Swoboda, P., Die Ableitung variabler Abschreibungskosten aus Modellen zur Optimierung der Investitionsdauer, ZfB 49 (1979), S. 563-580

Terborgh, G., Dynamic Equipment Policy, New York (McGraw-Hill) 1949

7. Umweltwirkungen der Produktion
7.1 Problemstellung

Die traditionelle Produktions- und Kostentheorie berücksichtigt nur solche Güter, die auf Märkten gehandelt werden und für die Preise existieren, zu denen man diese handelt: Produktionsfaktoren werden in der Regel auf Beschaffungsmärkten entgeltlich gekauft, Produkte sollen gegen Zahlung eines Entgelts auf Absatzmärkten verkauft werden. Unentgeltlicher Erwerb und Verkauf dieser Güter findet nur in Ausnahmefällen (Erbschaft und Schenkung) statt. Der Einsatz von Produktionsfaktoren ist daher mit Kosten verbunden, der Absatz von Produkten führt zu Erlösen.

Neben diesen Güterbewegungen, die anhand von Preisen bewertet und miteinander verglichen werden können, löst die Produktion weitere Güterströme aus, die nicht mit Zahlung eines Entgelts verbunden sind: Auf der Inputseite der Produktion werden auch solche Güter eingesetzt, die unentgeltlich aus der Natur entnommen werden können; Beispiele für den Einsatz derartiger "freier" Güter - oder besser *Umweltgüter* - sind die Entnahme von Wasser aus werkseigenen Brunnen oder aus Flüssen, der Einsatz von Luft im Produktionsprozeß, aber auch die Entnahme von Bodenschätzen (soweit dafür keine Abgaben an den Staat oder den Grundeigentümer zu zahlen sind). Ebenso werden auf der Outputseite des Produktionsprozesses am Markt nicht verwertbare Ergebnisse der Produktion - in Form von Gasen, Flüssigkeiten, Stäuben oder Wärmeenergie - als *Emissionen* unentgeltlich an die Natur abgegeben. Mit dem Einsatz von Umweltgütern und der Abgabe von Emissionen sind weder Kosten noch Erlöse verbunden.

Schließlich kann die produktive Leistung eines Betriebes darin bestehen, Abfälle der Produktion anderer Unternehmen, aber auch des eigenen Betriebes, die nicht unentgeltlich an die Natur abgegeben werden können oder dürfen, zu beseitigen oder in marktfähige Produkte zu transformieren. In derartigen *Entsorgungs-* bzw. *Recycling-Prozessen* treten Abfälle sowohl auf der Input- als auch auf der Outputseite auf: Sie sind Nebenprodukte von Produktionsprozessen und Einsatzfaktoren von Entsorgungsprozessen; in der Regel haben Produktionsbetriebe den Entsorgungsbetrieben ein Entgelt für die Beseitigung der Abfälle zu zahlen. Mit der Abgabe von Abfällen sind daher Kosten, mit deren Beseitigung Erlöse verbunden.

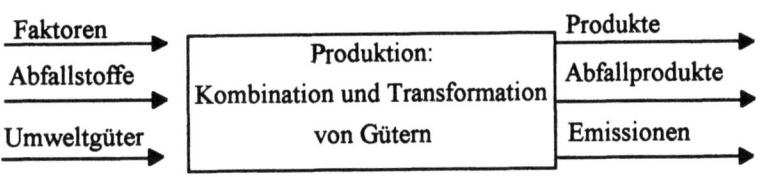

Abbildung 55: Produktion unter Berücksichtigung von Umweltwirkungen

Das um Umweltwirkungen und Abfälle erweiterte Schema der Produktion als Transformationsprozeß ist in Abbildung 55 dargestellt. Die Bezeichnungsweise ist in der Literatur uneinheitlich. Hier wird von folgender Terminologie ausgegangen:

(1) *Produktionsfaktoren* sind Güter, die entgeltlich erworben werden müssen, um sie in der Produktion einzusetzen.

(2) *Produkte* sind Ergebnisse des Produktionsprozesses, die gegen Zahlung eines Entgelts verkauft werden sollen.

(3) *Umweltgüter* sind solche Güter, die kostenlos aus der Umwelt entnommen werden können, um sie in der Produktion einzusetzen.

(4) *Emissionen* sind unerwünschte Ergebnisse der Produktion, die kostenlos an die Natur abgegeben werden.

(5) *Abfälle* sind unerwünschte Ergebnisse der Produktion eines Betriebes, die dieser entweder selbst beseitigt oder unter Zahlung eines Entgelts beseitigen lassen muß. Bei der Produktion anfallende Abfälle werden als *Abfallprodukte*, in der Produktion eingesetzte Abfälle werden als *Abfallstoffe* bezeichnet. Entstehen bei der Beseitigung von Abfallstoffen am Markt verwertbare Produkte, so bezeichnet man diesen Prozeß als *Recycling*. Können Abfälle nicht in verwertbare Güter transformiert werden, dann sind sie zu *entsorgen*, d.h. entweder zu vernichten oder einer geregelten Deponierung zuzuführen. Bei der Vernichtung von Abfällen können wiederum neue Abfallprodukte, die zu entsorgen sind, oder Emissionen, die an die Natur abgegeben werden, entstehen.

Eine ähnliche Bezeichnungsweise, die ebenfalls an den Produktionsfluß anknüpft, wird von STEVEN [1993] vorgeschlagen. DYCKHOFF [1992] verwendet eine völlig andere Terminologie und unterscheidet zwischen *Gütern* als Gegenständen, deren Erzeugung erwünscht und deren Einsatz unerwünscht ist, und *Übeln*, deren Entstehung im Produktionsprozeß unvermeidlich und deren Beseitigung positiv zu bewerten ist. Daneben betrachtet er *Neutra* als Gegenstände, die weder positiv noch negativ zu beurteilen sind.

Im folgenden ist zu untersuchen, wie die genannten Umweltwirkungen der Produktion in die traditionellen Ansätze der Produktions- und Kostentheorie zu integrieren sind. Zunächst wird die *lineare Aktivitätsanalyse* um Umweltaspekte erweitert. Dabei wird gezeigt werden, daß das Instrumentarium der parametrischen linearen Programmierung auf die Analyse linearer Technologien, die Umweltaspekte berücksichtigen, übertragen werden kann und daß die wesentlichen Eigenschaften der Produktionsfunktion - konstante oder abnehmende Skalenerträge, abnehmende Grenzrate der Faktorsubstitution und zunehmende Grenzrate der Produktsubstitution sowie Ertragsgesetz - für die Beziehungen zwischen Faktoreinsatz- und Ausbringungsmengen erhalten bleiben und sich auf deren Beziehungen zu Umweltgütern, Emissionen und Abfällen übertragen lassen. Auf der Basis dieser Ergebnisse wird abschließend die neoklassische Produktionsfunktion um Umweltaspekte erweitert. Die Darstellung beruht auf KISTNER [1983], KISTNER [1989] und insbesondere STEVEN [1993]. Trotz unterschiedlicher Terminologie kommt DYCK-

HOFF [1992] zu weitgehend analogen Ergebnissen. DINKELBACH/PIRO [1989, 1990] untersuchen explizit Recycling-Prozesse.

7.2 Umweltaspekte in linearen Technologien

7.2.1 Definitionen und Annahmen

Bei der Integration von Umweltaspekten in die lineare Aktivitätsanalyse werden folgende Symbole verwendet:

Güterarten:

$i = 1,\ldots,I$	Produktionsfaktoren
$m = 1,\ldots,M$	Umweltgüter
$n = 1,\ldots,N$	Zu entsorgende Abfallstoffe
$j = 1,\ldots,J$	Produkte
$s = 1,\ldots,S$	Emissionen
$h = 1,\ldots,H$	Abfallprodukte

Einsatzmengen:

r_i^f	$(i = 1,\ldots,I)$	Produktionsfaktoren	$\underline{r}_f = (r_1^f,\ldots,r_I^f)$
r_m^u	$(m = 1,\ldots,M)$	Umweltgüter	$\underline{r}_u = (r_1^u,\ldots,r_M^u)$
r_n^a	$(n = 1,\ldots,N)$	Abfallstoffe	$\underline{r}_a = (r_1^a,\ldots,r_N^a)$

Ausbringungsmengen:

x_j^p	$(j = 1,\ldots,J)$	Produkte	$\underline{x}_p = (x_1^p,\ldots,x_J^p)$
x_s^e	$(s = 1,\ldots,S)$	Emissionen	$\underline{x}_e = (x_1^e,\ldots,x_S^e)$
x_h^a	$(h = 1,\ldots,H)$	Abfallprodukte	$\underline{x}_a = (x_1^a,\ldots,x_H^a)$

Im folgenden wird davon ausgegangen, daß jedes an der Produktion beteiligte Gut eindeutig einer der oben angegebenen Güterarten zugeordnet werden kann. Das bedeutet keine Einschränkung der Allgemeinheit: Kann eine Güterart nur bis zu einer bestimmten Obergrenze am Markt verwertet werden und müssen darüber hinausgehende Mengen entsorgt werden, dann ist diese Güterart formal wie zwei Güter, ein Produkt und ein Abfallprodukt, zu behandeln. Liegen die Ausbringungsmengen unter dieser Grenze, dann ist die Ausbringungsmenge des Produkts gleich der Produktionsmenge, die des Abfallprodukts gleich Null; übersteigt hingegen die Produktionsmenge die Obergrenze, dann ist die Ausbringungsmenge des Produkts gleich der Obergrenze, die Abfallmenge gleich der Differenz zwischen Produktionsmenge und Obergrenze.

Eine Aktivität ist dann definiert als eine Kombination von Einsatzmengen (Faktoren, Umweltgütern und Abfallstoffen), mit der eine bestimmte Ausbringung (Kombination von Produktions-, Emissions- und Abfallmengen) hergestellt werden kann:

$$\underline{y} = (\underline{r}_f, \underline{r}_u, \underline{r}_a; \underline{x}_p, \underline{x}_e, \underline{x}_a)$$

Da der Einsatz von Produktionsfaktoren und Umweltgütern sowie die Entstehung von Abfallprodukten und Emissionen möglichst gering, die Enstehung von Produkten und der Einsatz von Abfallstoffen hingegen möglichst hoch sein soll, ist eine Aktivität $\underline{y}^0$ mit Umweltwirkungen effizient, wenn es keine andere Aktivität $\underline{y}$ gibt, so daß

$$\underline{r}_f \leq \underline{r}_f^0; \quad \underline{r}_u \leq \underline{r}_u^0; \quad \underline{x}_e \leq \underline{x}_e^0; \quad \underline{x}_a \leq \underline{x}_a^0 \quad \text{und} \quad \underline{x}_p \geq \underline{x}_p^0; \quad \underline{r}_a \geq \underline{r}_a^0 \tag{1}$$

wobei für mindestens eine Komponente dieser Vektor-Ungleichungen das strikte Ungleichheitszeichen gilt.

Die Technologie-Menge ist die Menge aller technisch realisierbaren Aktivitäten. Zu beachten ist, daß diese auch solche Aktivitäten umfaßt, die zwar technisch möglich sind, aber wegen gesetzlicher oder sonstiger Beschränkungen nicht durchgeführt werden dürfen. Derartige Beschränkungen werden - ebenso wie Beschränkungen der Einsatzmengen der Produktionsfaktoren - durch Restriktionen erfaßt.

Die Postulate der linearen Aktivitätsanalyse lassen sich dann wie folgt auf den Fall einer Technologie mit Umweltwirkungen übertragen:

<u>Postulat VIIa:</u> *Proportionalität*:

Falls eine Aktivität $\underline{y}$ technisch möglich ist

$$\underline{y} = (\underline{r}_f, \underline{r}_u, \underline{r}_a; \underline{x}_p, \underline{x}_e, \underline{x}_a) \in T$$

dann ist jede Aktivität

$$\mu \cdot \underline{y} = (\mu \cdot \underline{r}_f, \mu \cdot \underline{r}_u, \mu \cdot \underline{r}_a; \mu \cdot \underline{x}_p, \mu \cdot \underline{x}_e, \mu \cdot \underline{x}_a) \in T$$

mit $\mu \geq 0$ ebenfalls technisch realisierbar.

<u>Postulat VIIIa:</u> *Additivität*

Mit jedem Paar von Aktivitäten

$$\underline{y}^1 = (\underline{r}_f^1, \underline{r}_u^1, \underline{r}_a^1; \underline{x}_p^1, \underline{x}_e^1, \underline{x}_a^1) \in T \qquad \text{und}$$

$$\underline{y}^2 = (\underline{r}_f^2, \underline{r}_u^2, \underline{r}_a^2; \underline{x}_p^2, \underline{x}_e^2, \underline{x}_a^2) \in T$$

gehört auch die Aktivität

$$\underline{y} = \underline{y}^1 + \underline{y}^2 = (\underline{r}_f^1 + \underline{r}_f^2, \underline{r}_u^1 + \underline{r}_u^2, \underline{r}_a^1 + \underline{r}_a^2; \underline{x}_p^1 + \underline{x}_p^2, \underline{x}_e^1 + \underline{x}_e^2, \underline{x}_a^1 + \underline{x}_a^2)$$

zur Technologie-Menge.

<u>Postulat IXa:</u> *Möglichkeit der Verschwendung*

Es ist technisch möglich, Faktoren, Umweltgüter, Abfälle, Produkte und Emissionen zu verschwenden, d.h. kostenlos aus dem Betrieb zu entfernen.

Umweltwirkungen der Produktion

Diese Annahme scheint im Widerspruch zu der Rolle von Abfällen und Emissionen in der Produktion zu stehen: Diese fallen als unerwünschte Nebenprodukte an und *müssen* entsorgt werden. Die Tatsache, daß eine unkontrollierte Deponierung von Abfällen und eine unbeschränkte Emission von Schadstoffen nicht zulässig ist, besagt jedoch nicht, daß dieses technisch nicht möglich ist. Die Entsorgung von Abfall und Emissionen ist daher - ebenso wie der Einsatz von Faktoren und Umweltgütern - durch *Restriktionen* sicherzustellen.

Definition: *Lineare Technologien mit Umweltwirkungen*

Eine Technologie, die den Postulaten VIIa-IXa genügt, heißt lineare Technologie mit Umweltwirkungen.

Wegen des Postulats VIIa (Proportionalität) läßt sich das Konzept des Produktionsprozesses auch auf lineare Technologien mit Umweltwirkungen übertragen. In diesem Fall ist ein Produktionsprozeß wie folgt definiert:

Definition: *Produktionsprozeß*

Es sei

$$\underline{y}^0 = (\underline{r}_f^0, \underline{r}_u^0, \underline{r}_a^0; \underline{x}_p^0, \underline{x}_e^0, \underline{x}_a^0) \in T$$

eine technisch mögliche Aktivität. Dann heißt die Menge

$$\pi := \{\underline{y} \mid \underline{y} = \mu \cdot \underline{y}^0; \mu \geq 0\} \quad (2)$$

Produktionsprozeß zu $\underline{y}^0$.

Bei jedem Produktionsprozeß stehen die Mengen der daran beteiligten Güter - Produktionsfaktoren, Umweltgüter, Produkte, Emissionen und Abfälle - in einem festen Verhältnis zueinander. Es ist daher sinnvoll, diese Beziehungen wie bei linearen Technologien ohne Umweltwirkungen für jeden Prozeß k ($k = 1,...,K$) zu normieren und auf die Ausbringungsmenge z_k eines für den Prozeß k charakteristischen Standardprodukts zu beziehen. Hierzu werden die folgenden Koeffizienten definiert, die angeben, welche Mengen der einzelnen Güterarten in einem Produktionsprozeß k auftreten, wenn dieser mit dem Niveau $z_k = 1$ eingesetzt wird:

(1) Produktionskoeffizienten für Produktionsfaktoren:

$$a_i^k = \frac{r_i^f}{z_k} \qquad (k = 1,...,K; i = 1,...,I) \quad (3)$$

(2) Produktionskoeffizienten für Umweltgüter:

$$g_m^k = \frac{r_m^u}{z_k} \qquad (k = 1,...,K; m = 1,...,M) \quad (4)$$

(3) Produktionskoeffizienten für Abfallstoffe:

$$f_n^k = \frac{r_n^a}{z_k} \qquad (k = 1,\ldots,K; n = 1,\ldots,N) \qquad (5)$$

(4) Koppelungskoeffizienten für Produkte:

$$b_j^k = \frac{x_j^p}{z_k} \qquad (k = 1,\ldots,K; j = 1,\ldots,J) \qquad (6)$$

(5) Koppelungskoeffizienten für Emissionen:

$$c_s^k = \frac{x_s^e}{z_k} \qquad (k = 1,\ldots,K; s = 1,\ldots,S) \qquad (7)$$

(6) Koppelungskoeffizienten für Abfallprodukte

$$d_h^k = \frac{x_h^a}{z_k} \qquad (k = 1,\ldots,K; h = 1,\ldots,H) \qquad (8)$$

Für die Vorzeichen dieser Koeffizienten gilt folgendes:

Die Produktionskoeffizienten aller Input-Güter sind nicht-negativ, d.h. es gibt keinen Produktionsprozeß, durch den der Einsatz eines Produktionsfaktors, eines Umweltgutes oder eines Abfallstoffs rückgängig gemacht werden kann. Auf der Outputseite ist hingegen zu beachten, daß unerwünschte Produkte - meist unter Einsatz von Produktionsfaktoren - wieder vernichtet werden können, so daß negative Koppelungskoeffizienten auftreten können. Insbesondere gibt es nicht nur Prozesse, die Schadstoffe emittieren, sondern auch solche, durch die Schadstoffemissionen reduziert werden. Derartige Prozesse sind dadurch charakterisiert, daß der Koppelungskoeffizient für mindestens einen Schadstoff negativ ist.

Eine gewisse Schwierigkeit ergibt sich aus der Tatsache, daß Abfallgüter sowohl Output eines Produktionsprozesses als auch Input eines anderen Prozesses sein können. Solange kein innerbetriebliches Recycling stattfindet, sondern Abfälle immer gegen Entgelt an andere Betriebe zur Entsorgung oder Weiterverwertung geliefert werden, ist keine Modifikation des Grundmodells notwendig. Ein Abfallgut ist immer entweder Abfallprodukt, das bei der Produktion des Betriebs anfällt und entsorgt werden muß, oder Abfallstoff, der von dem Betrieb in der Produktion eingesetzt wird. Will man auch innerbetriebliche Recycling-Prozesse berücksichtigen, durch die ein Betrieb die Kosten der Abfallbeseitigung reduziert, indem er ein Abfallprodukt als Einsatzfaktor verwendet, dann kann man einen fiktiven Produktionsprozeß einführen, der ein Abfallprodukt in einen Abfallstoff transformiert: Dieser Produktionsprozeß ist durch einen negativen Koeffizienten für das Abfallprodukt und einen positiven für den Abfallstoff charakterisiert; daneben sind möglicherweise weitere Faktoreinsätze, d.h. positive Produktionskoeffizienten, für die Aufbereitung und den Transport des Abfallprodukts zu berücksichtigen.

Die Produktionskoeffizienten der Produkte sind nicht-negativ, wenn nur Endprodukte betrachtet werden, die in der Produktion nicht weiter bearbeitet werden. Werden hingegen auch Zwischenprodukte hergestellt, die sowohl in der eigenen Produktion verarbeitet als auch an Abnehmer zur Weiterverarbeitung veräußert werden, dann sind die Koppelungskoeffizienten für die Entstehung dieser Güter positiv, für deren Einsatz in der Produktion hingegen negativ.

Die Technologie-Menge unter Berücksichtigung von Umweltwirkungen der Produktion ist gleich der Menge der Aktivitäten

$$\underline{y} = (\underline{r}_f, \underline{r}_u, \underline{r}_a; \underline{x}_p, \underline{x}_e, \underline{x}_a)$$

die dem folgenden System von Gleichungen genügen:

$$r_i^f = \sum_{k=1}^{K} a_i^k \cdot z_k \qquad (i = 1, \ldots, I)$$

$$r_m^u = \sum_{k=1}^{K} g_m^k \cdot z_k \qquad (m = 1, \ldots, M)$$

$$r_n^a = \sum_{k=1}^{K} f_n^k \cdot z_k \qquad (n = 1, \ldots, N)$$

$$x_j^p = \sum_{k=1}^{K} b_j^k \cdot z_k \qquad (j = 1, \ldots, J) \qquad (9)$$

$$x_s^e = \sum_{k=1}^{K} c_s^k \cdot z_k \qquad (s = 1, \ldots, S)$$

$$x_h^a = \sum_{k=1}^{K} d_h^k \cdot z_k \qquad (h = 1, \ldots, H)$$

$$z_k \geq 0 \qquad (k = 1, \ldots, K)$$

Definiert man die Koeffizientenmatrizen

$$\underline{A} = (a_i^k) \quad \underline{G} = (g_m^k) \quad \underline{F} = (f_n^k) \quad \underline{B} = (b_j^k) \quad \underline{C} = (c_s^k) \quad \underline{D} = (d_h^k)$$

die Gütervektoren

$$\underline{r}_f = (r_1^f, \ldots, r_I^f)' \qquad \underline{r}_u = (r_1^u, \ldots, r_M^u)' \qquad \underline{r}_a = (r_1^a, \ldots, r_N^a)'$$

$$\underline{x}_p = (x_1^p, \ldots, x_J^p)' \qquad \underline{x}_e = (x_1^e, \ldots, x_S^e)' \qquad \underline{x}_a = (x_1^a, \ldots, x_H^a)'$$

und den Niveauvektor

$$\underline{z} = (z_1, \ldots, z_K)'$$

dann kann man das Gleichungssystem (9) in Matrix-Form schreiben:

$$\underline{r}_f = \underline{A} \cdot \underline{z} \qquad \underline{r}_u = \underline{G} \cdot \underline{z} \qquad \underline{r}_a = \underline{F} \cdot \underline{z}$$
$$\underline{x}_p = \underline{B} \cdot \underline{z} \qquad \underline{x}_e = \underline{C} \cdot \underline{z} \qquad \underline{x}_a = \underline{D} \cdot \underline{z} \qquad (9a)$$
$$\underline{z} \geq \underline{0}$$

Bei der Herleitung der Eigenschaften der Produktionsfunktion für eine gegebene lineare Technologie wurde im dritten Kapitel von der Möglichkeit der Verschwendung Gebrauch gemacht: Nicht benötigte Bestände an Produktionsfaktoren brauchen nicht in der Produktion verwendet zu werden; verfügbare Maschinenkapazitäten und Arbeitskräfte müssen nicht eingesetzt werden, nicht benötigte Werkstoffbestände können bis zur nächsten Periode eingelagert werden. Ebenso lassen sich überschüssige Produktmengen zwischenlagern oder anderweitig verwenden.

Sind nur feste Faktorbestände

$$\bar{r}_i^f \qquad (i = 1,...,I)$$

verfügbar und müssen bestimmte Ausbringungsmengen

$$\bar{x}_j^p \qquad (j = 1,...,J)$$

erzeugt werden, dann gilt für die Faktoreinsatzmengen die Beschränkung:

$$r_i^f = \sum_{k=1}^{K} a_i^k \cdot z_k \leq \bar{r}_i^f \qquad (i = 1,...,I)$$

Ebenso genügen die Produktionsmengen der Bedingung:

$$x_j^p = \sum_{k=1}^{K} b_j^k \cdot z_k \geq \bar{x}_j^p \qquad (j = 1,...,J)$$

Bei Berücksichtigung von Umweltwirkungen der Produktion ist es zwar technisch möglich, überschüssige Gütermengen zu verschwenden - Abfallprodukte und Abfallstoffe können z.B. wild deponiert werden, Schadstoffe können kostenlos in Luft und Wasser emittiert werden -, diese technisch möglichen Alternativen sind jedoch aufgrund rechtlicher Gegebenheiten entweder völlig versperrt oder nur in begrenztem Umfang zulässig. Auch das Recycling und die geregelte Entsorgung von Abfallprodukten ist wegen Kapazitätsbeschränkungen der Entsorgungsunternehmen nur beschränkt möglich. Für die anfallenden Abfallprodukte und Emissionen sind daher *Obergrenzen*

$$\bar{x}_h^a \quad (h = 1,...,H) \qquad \text{bzw.} \quad \bar{x}_s^e \quad (s = 1,...,S)$$

zu berücksichtigen:

$$x_h^a = \sum_{k=1}^{K} d_h^k \cdot z_k \leq \bar{x}_h^a \qquad (h = 1,...,H)$$

$$x_s^e = \sum_{k=1}^{K} c_s^k \cdot z_k \leq \overline{x}_s^e \qquad (s = 1,\ldots, S)$$

Ebenso müssen Entsorgungsunternehmen mindestens die ihren Anlieferern vertraglich zugesicherten Mengen von Abfallstoffen recyclen oder entsorgen. Es sind also *Mindestmengen* $\underline{r}_n^a$ ($n = 1,\ldots, N$) zu berücksichtigen. Weiter sind bei der Entnahme von Umweltgütern in den meisten Fällen aufgrund von Entnahmerechten bzw. behördlicher Auflagen *Obergrenzen* $\overline{r}_m^u$ ($m = 1,\ldots, M$) zu beachten. Neben den Beständen der Produktionsfaktoren sind daher auf der Inputseite die folgenden Restriktionen zu beachten

$$r_m^u = \sum_{k=1}^{K} g_m^k \cdot z_k \leq \overline{r}_m^u \qquad (m = 1,\ldots, M)$$

$$r_n^a = \sum_{k=1}^{K} f_n^k \cdot z_k \geq \underline{r}_n^a \qquad (n = 1,\ldots, N)$$

Die Menge der technisch möglichen Aktivitäten, die diesen rechtlichen Beschränkungen genügen, heißt *Menge der umweltrechtlich zulässigen Aktivitäten*.

Definiert man die Vektoren

$$\underline{x}_p = (\overline{x}_1^p,\ldots,\overline{x}_J^p)' \qquad \underline{x}_e = (\overline{x}_1^e,\ldots,\overline{x}_S^e)' \qquad \underline{x}_a = (\overline{x}_1^a,\ldots,\overline{x}_H^a)'$$

$$\underline{\overline{r}}_f = (\overline{r}_1^f,\ldots,\overline{r}_M^f)' \qquad \underline{\overline{r}}_u = (\overline{r}_1^u,\ldots,\overline{r}_M^u)' \qquad \underline{\overline{r}}_a = (\overline{r}_1^a,\ldots,\overline{r}_N^a)'$$

dann genügt die Menge der umweltrechtlich zulässigen Aktivitäten dem folgenden System von Ungleichungen:

$$\underline{r}_f = \underline{A} \cdot \underline{z} \leq \underline{\overline{r}}_f \qquad \underline{r}_u = \underline{G} \cdot \underline{z} \leq \underline{\overline{r}}_u \qquad \underline{r}_a = \underline{F} \cdot \underline{z} \geq \underline{\overline{r}}_a$$

$$\underline{x}_p = \underline{B} \cdot \underline{z} \geq \underline{\overline{x}}_p \qquad \underline{x}_e = \underline{C} \cdot \underline{z} \leq \underline{\overline{x}}_e \qquad \underline{x}_a = \underline{D} \cdot \underline{z} \leq \underline{\overline{x}}_a \qquad (10)$$

$$\underline{z} \geq \underline{0}$$

7.2.2 Eigenschaften der Produktionsfunktion bei Umweltwirkungen

Die Eigenschaften, der durch die Menge der umweltrechtlich zulässigen Aktivitäten definierten Produktionsfunktion, können analog dem Vorgehen im dritten Kapitel hergeleitet werden: um Austauschraten zwischen jeweils zwei Gütern zu bestimmen, kann man die Ungleichungen (10) in parametrische lineare Programme transformieren, indem man die Einsatz- bzw. Ausbringungsmengen eines Gutes optimiert und die Restriktionskonstante eines weiteren Gutes parametrisch variiert, während die verbleibenden Beschränkungen konstant gehalten werden (vgl. hierzu STEVEN [1993]).

Im folgenden wird zunächst gezeigt, daß die in der herkömmlichen Produktionstheorie geltenden Beziehungen zwischen Faktoreinsatz- und Ausbringungsmengen - Ertragsgesetz, abnehmende Grenzrate der Faktorsubstitution und zunehmende Grenzrate der Produktsubstitution - auch bei Berücksichtigung der Umweltwirkungen der Produktion erhalten bleiben.

Um die Produktionsfunktion bei partieller Faktorvariation bei Umweltwirkungen der Produktion, d.h. der Abhängigkeit der Ausbringungsmenge eines Produktes von der Einsatzmenge eines variablen Faktors bei Konstanz der Einsatzmengen aller übrigen Faktoren und der Ausbringungsmengen sowie bei Konstanz der übrigen Beschränkungskoeffizienten, herzuleiten, wird das folgende parametrische lineare Programm formuliert:

$$x_1^p = \sum_{k=1}^{K} b_1^k \cdot z_k \Rightarrow \max!$$

$\sum_{k=1}^{K} a_1^k \cdot z_k \leq r_1^f$ \qquad Variabler Faktor

$\sum_{k=1}^{K} a_i^k \cdot z_k \leq \bar{r}_i^f$ \qquad $(i = 2, ..., I)$ \qquad Faktorbestände

$\sum_{k=1}^{K} b_j^k \cdot z_k \geq \bar{x}_j^p$ \qquad $(j = 2, ..., J)$ \qquad Mindestausbringungsmengen

$\sum_{k=1}^{K} f_n^k \cdot z_k \geq \bar{r}_n^a$ \qquad $(n = 1, ..., N)$ \qquad Entsorgung von Abfallstoffen

$\sum_{k=1}^{K} g_m^k \cdot z_k \leq \bar{r}_m^u$ \qquad $(m = 1, ..., M)$ \qquad Entnahme von Umweltgütern

$\sum_{k=1}^{K} d_h^k \cdot z_k \leq \bar{x}_h^a$ \qquad $(h = 1, ..., H)$ \qquad Abfallprodukte \qquad (11)

$\sum_{k=1}^{K} c_s^k \cdot z_k \leq \bar{x}_s^e$ \qquad $(s = 1, ..., S)$ \qquad Emissionen

$z_k \geq 0$ \qquad $(k = 1, ..., K)$ \qquad Nicht-Negativitätsbedingungen

Durch parametrische Variation der Einsatzmenge des Produktionsfaktors 1 erhält man die Produktionsfunktion bei partieller Faktorvariation. Da die Zielfunktion zu maximieren ist und die zu variierende Restriktion in "kleiner oder gleich"-Form vorliegt, ist die Produktionsfunktion - wie in der traditionellen Aktivitätsanalyse - stückweise linear, konkav und monoton steigend. Die der Faktorrestriktion zugeordnete Dualvariable, die als Grenzproduktivität interpretiert werden kann, ist nicht-negativ; bei Variation der Faktoreinsatzmenge ist sie stückweise konstant und nimmt in endlich vielen kritischen Punkten sprunghaft ab. Das Ertragsgesetz bzw. das Gesetz von der nicht-zunehmenden Grenzproduktivität bleibt daher auch bei der Berücksichtigung von Umweltwirkungen der Produktion erhalten (vgl. Abbildung 56).

Die Form der *Isoquante* bei Umweltwirkungen der Produktion läßt sich aus dem folgenden parametrischen linearen Programm zur Minimierung der Einsatzmenge des Faktors 1 in Abhängigkeit von der Einsatzmenge des Faktors 2 bei Konstanz der übrigen Gütermengen herleiten:

Umweltwirkungen der Produktion

$$r_1^f = \sum_{k=1}^{K} a_1^k \cdot z_k \Rightarrow \min!$$

$\sum_{k=1}^{K} a_2^k \cdot z_k \leq r_2^f$ Variabler Faktor

$\sum_{k=1}^{K} a_i^k \cdot z_k \leq \bar{r}_i^f$ $(i = 3, ..., I)$ Faktorbestände   (12)

$\sum_{k=1}^{K} b_j^k \cdot z_k \geq \bar{x}_j^p$ $(j = 1, ..., J)$ Mindestausbringungsmengen

$z_k \geq 0$ $(k = 1, ..., K)$ Nicht-Negativitätsbedingungen

Die restlichen Beschränkungen des Programms (11), die die Bedingungen für die Umweltgüter wiedergeben, bleiben bestehen. Die Zielfunktion des parametrischen linearen Programms ist zu minimieren, die Restriktion für die Einsatzmengen des variablen Faktors 2 ist in der Form "kleiner oder gleich" gegeben. Aus den generellen Eigenschaften der Lösungsmenge parametrischer linearer Programme folgt dann, daß die Isoquante stückweise linear mit einer endlichen Zahl von Knickpunkten, monoton fallend und konvex sein muß. Die den Faktorrestriktionen zugeordneten Dualvariablen können weiterhin als Grenzraten der Substitution interpretiert werden; diese sind nicht-negativ und steigen bei einer Erhöhung der Einsatzmenge des variablen Faktors nicht an (vgl. Abbildung 56).

Um die Form der *Transformationskurve*, die die Austauschbeziehungen zwischen den Ausbringungsmengen von zwei Produkten wiedergibt, herzuleiten, ist das folgende parametrische lineare Programm zu formulieren:

$$x_1^p = \sum_{k=1}^{K} b_1^k \cdot z_k \Rightarrow \max!$$

$\sum_{k=1}^{K} b_2^k \cdot z_k \geq x_2^p$ Variables Produkt

$\sum_{k=1}^{K} b_j^k \cdot z_k \geq \bar{x}_j^p$ $(j = 3, ..., J)$ Mindestausbringungsmengen

$\sum_{k=1}^{K} a_i^k \cdot z_k \leq \bar{r}_i^f$ $(i = 1, ..., I)$ Faktorbestände   (13)

$z_k \geq 0$ $(k = 1, ..., K)$ Nicht-Negativitätsbedingungen

Wie in dem linearen Programm (12) sind zusätzlich die Beschränkungen der Umweltfaktoren zu beachten.

Die Zielfunkion dieses parametrischen linearen Programms ist zu maximieren, die zu variierende Restriktion ist als "größer oder gleich"-Bedingung formuliert. Die Transformationskurve ist daher eine stückweise lineare, monoton fallende, konkave Funktion.

Die Dualvariablen sind als Grenzraten der Produktsubstitution, die den Beschränkungen der Ausbringungsmenge zugeordneten sind, zu interpretieren. Sie sind stückweise konstante, nicht-positive und monoton fallende Funktionen der Ausbringungsmenge (vgl. Abbildung 56).

Für die *Produktionsfunktion bei totaler Faktorvariation* gilt folgendes:

(1) Variiert man die Einsatzmengen aller Produktionsfaktoren, aller Umweltfaktoren und aller Abfallstoffe proportional und läßt zu, daß alle Abfallprodukte und alle Emissionen ebenfalls proportional ansteigen, dann folgt aus der Proportionalität der Produktionsprozesse, daß auch die Ausbringungsmengen aller Produkte proportional erhöht werden können, d.h. es existieren *konstante Skalenerträge*.

(2) Variiert man nur die Einsatzmengen der Produktionsfaktoren, hält hingegen die Einsatzmengen der Umweltfaktoren und der Abfallstoffe sowie die zulässigen Mengen an Abfallprodukten und Emissionen konstant, dann kann man die Form der Produktionsfunktion bei totaler Faktorvariation mit Hilfe des folgenden parametrischen linearen Programms bestimmen:

$$x_1^p = \sum_{k=1}^{K} b_1^k \cdot z_k \Rightarrow \max!$$

$$\sum_{k=1}^{K} a_i^k \cdot z_k \leq \lambda \cdot \bar{r}_i^f \quad (i = 1, \ldots, I) \quad \text{Produktionsfaktoren} \quad (14)$$

$$\sum_{k=1}^{K} b_j^k \cdot z_k \geq \bar{x}_j^p \quad (j = 2, \ldots, J) \quad \text{Mindestausbringungsmengen}$$

Für die übrigen Güterarten gelten die in (11) formulierten Beschränkungen. Ebenso sind die Nicht-Negativitätsbedingungen zu beachten.

Die Zielfunktion des parametrischen Programms (14), d.h. die Ausbringungsmenge des Produkts 1, ist zu maximieren. Sie ist daher eine konkave Funktion des Skalenniveaus λ. Bei Konstanz der Umweltrestriktionen ist folglich die Produktionsfunktion bei totaler Faktorvariation durch *nicht-zunehmende Skalenerträge* charakterisiert (vgl. Abbildung 56).

Diese Ergebnisse können in dem folgenden Satz zusammengefaßt werden:

<u>Satz 1</u>: Invarianztheorem

Bei linearen Technologien bleiben die Eigenschaften von Produktionsfunktionen - nicht-zunehmende Skalenerträge, Ertragsgesetz, nicht-zunehmende Grenzrate der Substitution und nicht-abnehmende Grenzrate der Produktsubstitution - von der Einbeziehung von Umweltwirkungen der Produktion unberührt.

Die Restriktionen für die Entnahme von Umweltfaktoren haben die gleiche Form wie die Faktoreinsatzmengen-Beschränkungen. Die Beziehungen zwischen den Umweltfaktoren, den Produktionsfaktoren und den Produkten lassen sich also herleiten, indem man in den linearen Programmen (11) bis (13) jeweils die Einsatzmengen r_1^f durch Einsatzmengen r_1^u eines Umweltfaktors ersetzt. Dann erhält man folgende Ergebnisse:

(1) Die Isoquante für einen Produktionsfaktor und einen Umweltfaktor ist stückweise linear, konvex und monoton fallend. Die gleiche Form hat auch die Isoquante für zwei Umweltfaktoren.

(2) Die Produktionsfunktion bei partieller Faktorvariation eines Umweltfaktors ist stückweise linear, konkav und monoton fallend.

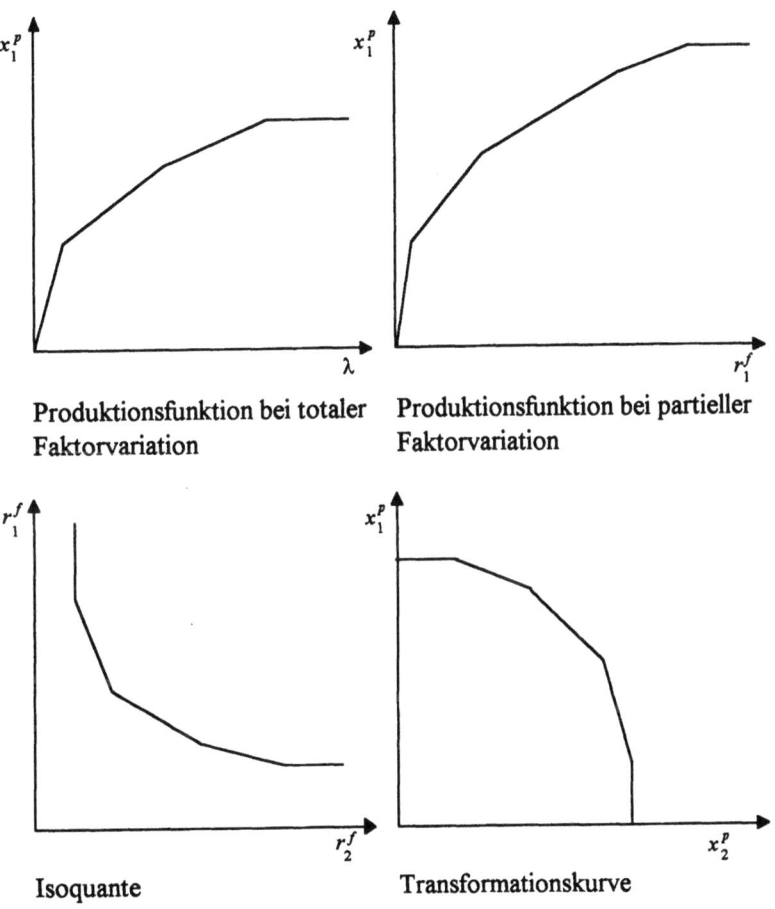

Abbildung 56: Produktionsfunktion bei Umweltwirkungen der Produktion

Im Unterschied zu den erwünschten Produkten sind die Restriktionen für die Emissionen und die Abfallprodukte in "kleiner oder gleich"-Form vorgegeben. Um die Austauschbeziehungen zwischen Emissionen und Faktoreinsatzmengen herzuleiten, kann das folgende parametrische lineare Programm formuliert werden:

Man minimiere den Schadstoff-Ausstoß einer Emissionsart 1

$$x_1^e = \sum_{k=1}^{K} c_1^k \cdot z_k \Rightarrow \min!$$

unter der Nebenbedingung, daß der verfügbare Faktorbestand r_1^f einer Faktorart 1 gegeben ist:

$$\sum_{k=1}^{K} a_1^k \cdot z_k \leq r_1^f$$

Der Einsatz der übrigen Faktoren ist auf die verfügbaren Bestände begrenzt:

$$\sum_{k=1}^{K} a_i^k \cdot z_k \leq \bar{r}_i^f \qquad (i = 2,\ldots,I) \tag{15}$$

Ebenso sind die Emissionsgrenzen für die übrigen Schadstoffe

$$\sum_{k=1}^{K} c_s^k \cdot z_k \leq \bar{x}_s^e \qquad (s = 2,\ldots,S)$$

und die Nicht-Negativitätsbedingungen

$$z_k \geq 0 \qquad (k = 1,\ldots,K)$$

zu beachten. Für die anderen Güterarten sind die in (11) formulierten Restriktionen zu berücksichtigen.

Variiert man in dem parametrischen linearen Programm (15) die Einsatzmenge r_1^f parametrisch, dann erhält man folgende Ergebnisse für die Austauschbeziehungen zwischen Emissionen und Faktoreinsatzmengen:

(1) Da die Beschränkungen der Faktoreinsatzmengen in der Form "kleiner oder gleich" vorgegeben sind, sind die diesen zugeordneten Dualvariablen nicht-negativ. Sie geben an, in welchem Umfang Emissionen durch einen erhöhten Faktoreinsatz reduziert werden können. Sie können als *Grenzrate der Substitution zwischen Emissionen und Produktionsfaktoren* interpretiert werden.

(2) Bei gegebenen Mengen der übrigen Güter ist die Emission der Schadstoffart 1 in Abhängigkeit von der Einsatzmenge des variablen Faktors 1 eine stückweise lineare, monoton fallende, konvexe Funktion; diese Beziehung hat also die gleiche Form wie die Isoquante; eine Reduktion einer Emissionsgrenze hat eine ähnliche Wirkung wie die Verringerung der Einsatzmenge eines Faktors.

Ersetzt man in (15) den variablen Faktor durch einen Umweltfaktor, dann ergeben sich die gleichen Ergebnisse, weil die Beschränkungen der Faktoreinsatzmengen und der Einsatzmengen der Umweltgüter die gleiche Form haben.

Um die Beziehungen zwischen Produktionsmengen und Emissionen zu untersuchen, wird in (15) nicht der Bestand r_1^f des Faktors 1, sondern die Ausbringungsmenge x_1^p

Umweltwirkungen der Produktion

des Produktes 1 parametrisch variiert. Die Zielfunktion, die Faktorbeschränkungen und die Beschränkungen der Ausbringungsmengen haben dann die folgende Gestalt:

$$x_1^e = \sum_{k=1}^{K} c_1^k \cdot z_k \Rightarrow \min!$$

$$\sum_{k=1}^{K} b_1^k \cdot z_k \geq x_1^p \qquad (16)$$

$$\sum_{k=1}^{K} b_j^k \cdot z_k \geq \bar{x}_j^p \qquad (j = 2, \ldots, J)$$

Die Beschränkungen der übrigen Güter und die Nicht-Negativitätsbedingungen bleiben erhalten. Aufgrund der Eigenschaften parametrischer linearer Programme erhält man folgende Ergebnisse:

(1) Die den Mindestausbringungsmengen zugeordneten Dualvariablen geben an, um wieviel die Emissionsmengen steigen, wenn die Mindestausbringungsmengen erhöht werden. Sie sind daher als *Grenzraten der Substitution zwischen Emissionen und Produkten* zu interpretieren.

(2) Da die Zielfunktion zu minimieren ist, ist die Emission x_1^e der Schadstoffart 1 in Abhängigkeit von der Mindestausbringungsmenge x_1^p eine stückweise lineare, monoton steigende, konvexe Funktion.

Die Beziehungen zwischen Emissionen, Faktoreinsatzmengen und Mindestausbringungsmengen sind in Abbildung 57 graphisch dargestellt.

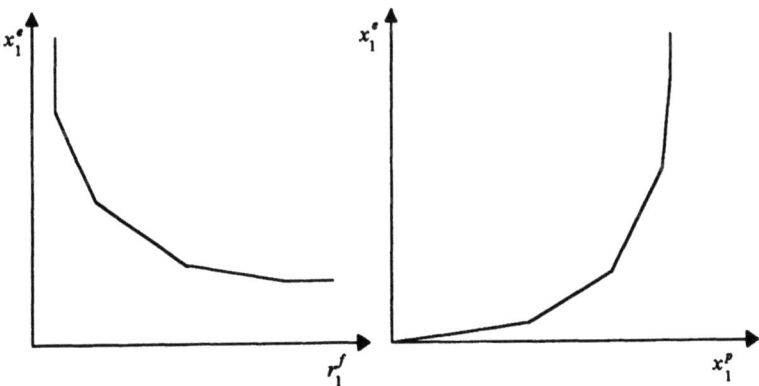

Abbildung 57: Austauschbeziehungen zwischen Emissionen und Faktoreinsatz- bzw. Ausbringungsmengen

Für die Beurteilung von Maßnahmen des innerbetrieblichen Umweltschutzes sind nicht nur die Beziehungen zwischen Emissionen und Faktoreinsatz- sowie Ausbringungsmengen, sondern auch die Austauschbeziehungen zwischen einzelnen Emissionsarten von

Bedeutung. Zu deren Analyse wird das folgende parametrische lineare Programm formuliert:

$$x_1^e = \sum_{k=1}^{K} c_1^k \cdot z_k \Rightarrow \min!$$

$$\sum_{k=1}^{K} c_2^k \cdot z_k \leq \overline{x}_2^e \qquad\qquad\qquad\qquad (17)$$

$$\sum_{k=1}^{K} c_s^k \cdot z_k \leq \overline{x}_s^e \qquad (s = 3,...,S) \qquad \text{Emissionen}$$

Die übrigen Restriktionen - Faktoreinsatzmengen, Umweltgüter, Abfallentsorgung, Mindestausbringung und Maximalmengen für Abfallprodukte - sowie die Nicht-Negativitätsbedingungen bleiben in gleicher Form bestehen und haben keinen Einfluß auf die Form der Austauschbeziehungen zwischen den beiden Emissionsarten 1 und 2. Für diese gilt insbesondere:

(1) Die den Emissionsgrenzen $s = 2,...,S$ zugeordneten Dualvariablen geben an, um wieviel die Emission der Schadstoffart 1 reduziert werden kann, wenn die der anderen Schadstoffarten erhöht wird. Sie können als *Grenzraten der Emissionssubstitution* interpretiert werden. Diese ist positiv und nicht steigend.

(2) Da die Zielfunktion des parametrischen linearen Programms (17) zu minimieren ist und die zu variierende Restriktion in der Form "kleiner oder gleich" vorliegt, steigt die Emission der Schadstoffart 1 monoton mit einer Verschärfung der Emissionsgrenze für die Schadstoffart 2. Die Austauschbeziehung zwischen beiden Emissionsarten hat also die Form einer Isoquante (vgl. Abbildung 58).

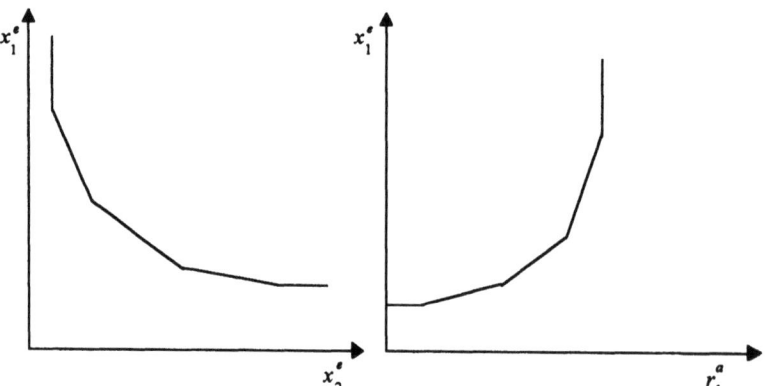

Abbildung 58: Austauschbeziehungen zwischen zwei Emissionsarten bzw. zwischen Emissionen und der Abfallbeseitigung

Abschließend sind noch die Beziehungen zwischen Emissionen und der Abfallbeseitigung zu betrachten. Hierzu ist das parametrische lineare Programm wie folgt zu modifizieren:

Umweltwirkungen der Produktion

$$x_1^e = \sum_{k=1}^{K} c_1^k \cdot z_k \Rightarrow \min!$$

$$\sum_{k=1}^{K} f_1^k \cdot z_k \geq \bar{r}_1^a \tag{18}$$

$$\sum_{k=1}^{K} f_n^k \cdot z_k \geq \bar{r}_n^a \qquad (n = 2, \ldots, N) \quad \text{Entsorgung von Abfallstoffen}$$

$$\sum_{k=1}^{K} c_s^k \cdot z_k \leq \bar{x}_s^e \qquad (s = 2, \ldots, S) \quad \text{Emissionen}$$

Die restlichen Restriktionen und die Nicht-Negativitätsbedingungen bleiben weiterhin bestehen. Wegen der allgemeinen Eigenschaften der Lösungsmenge parametrischer linearer Programme gilt folgendes:

(1) Die den zu entsorgenden Abfallstoffen zugeordneten Dualvariablen können als *Grenzraten der Substitution zwischen Emissionen und Recycling bzw. Entsorgung* interpretiert werden. Da diese Restriktionen in der Form von "größer oder gleich"-Bedingungen gegeben sind, sind sie nicht positiv.

(2) Eine Erhöhung der Entsorgung bzw. des Recyclings eines Abfallstoffs führt zu keiner Reduktion der Emission von Schadstoffen. Die Funktion des minimalen Schadstoffausstoßes in Abhängigkeit von der Menge der zu entsorgenden Abfallstoffe ist eine monoton steigende, konvexe Funktion. Wenn die Schadstoffart 1 nur bei den Entsorgungsaktivitäten anfällt, dann ist der Schadstoffausstoß gleich Null, wenn keine Entsorgung durchgeführt wird. Entsteht sie hingegen auch bei anderen Aktivitäten, dann kann er auch dann positiv sein, wenn keine Entsorgung stattfindet. (vgl. Abbildung 58).

Diese Ergebnisse für die Beziehungen zwischen Emissionen und den anderen Gütern lassen sich unmittelbar auf Produktionsabfälle übertragen, da beide Güterarten eine ähnliche Stellung im Produktionsprozeß haben: Beide entstehen zwangsläufig bei bestimmten Aktivitäten, es wird angestrebt, die anfallenden Mengen so gering wie möglich zu halten, vorgegebene Obergrenzen dürfen nicht überschritten werden. Die beiden Güterarten unterscheiden sich lediglich darin, wie sie weiter behandelt werden: Emissionen werden in bestimmtem Umfang unentgeltlich an die Umwelt abgegeben, Abfallprodukte werden hingegen an andere Unternehmen weitergegeben, die sie gegen Entgelt entsorgen oder weiterverwerten. Darüber hinaus sind die Obergrenzen für Emissionen durch behördliche Auflagen oder aufgrund strategischer Überlegungen der Unternehmensleitung festgelegt, während Obergrenzen für die Beseitigung von Produktionsabfällen meist auf vertraglichen Beziehungen mit Entsorgungsunternehmen beruhen.

Neue Aspekte treten hingegen bei der Analyse der Austauschbeziehungen zwischen Abfallstoffen und den übrigen Gütern auf. Abfallstoffe sind Input für zwei Typen von Prozessen: Bei *Entsorgungs-Prozessen* werden Abfallstoffe eingesetzt und vernichtet; bei *Recycling-Prozessen* werden sie hingegen in Produkte, die am Markt verwertbar sind, transformiert. In beiden Fällen ist zu beachten, daß der Einsatz von Abfallstoffen immer mit dem Einsatz von Produktionsfaktoren verbunden ist; daneben fallen meist auch Abfallprodukte, die entsorgt werden müssen, und Emissionen, die an die Umwelt abgegeben werden, an.

Sowohl bei Entsorgungs- als auch bei Recycling-Prozessen ist der Einsatz von Abfallstoffen erwünscht, die Einsatzmengen sind daher zu maximieren. Um die Beziehungen zwischen dem Einsatz eines Abfallstoffs 1 und eines Produktionsfaktors 1 zu analysieren, kann man daher das folgende parametrische lineare Programm formulieren:

Man maximiere den Einsatz des Abfallstoffs

$$r_1^a = \sum_{k=1}^{K} f_1^k \cdot z_k \Rightarrow \max$$

unter den Nebenbedingungen

$$\sum_{k=1}^{K} a_1^k \cdot z_k \leq r_1^f \qquad \text{Variabler Faktor}$$

$$\sum_{k=1}^{K} a_i^k \cdot z_k \leq \bar{r}_i^f \qquad (i = 2, \ldots, I) \qquad \text{Fixe Faktoren} \qquad (19)$$

$$\sum_{k=1}^{K} f_n^k \cdot z_k \geq \bar{r}_n^a \qquad (n = 2, \ldots, N) \qquad \text{Mindestentsorgung}$$

Die Restriktionen für die übrigen Güter und die Nicht-Negativitätsbedingungen bleiben erhalten.

Für die Austauschbeziehungen zwischen Faktoreinsatzmengen und Abfallstoffen gilt dann:

(1) Die den Beschränkungen der Faktoreinsatzmengen zugeordneten Dualvariablen können als *Grenzraten der Substitution zwischen Produktionsfaktoren und Abfallstoffen* interpretiert werden. Da diese Restriktionen in der Form "kleiner oder gleich" vorgegeben sind, sind diese nicht-negativ; um eine Erhöhung der Einsatzmenge des Abfallstoffs zu erreichen, ist die Einsatzmenge des variablen Faktors zu erhöhen.

(2) Die maximale Menge des entsorgten Abfallstoffs ist eine stückweise lineare, monoton steigende, konkave Funktion der Einsatzmenge des variablen Faktors (vgl. Abbildung 59).

Die gleichen Ergebnisse erhält man für den Einsatz von Umweltfaktoren, da auch hierfür Obergrenzen vorgegeben sind.

Bei der Untersuchung der Beziehungen zwischen dem Einsatz von Abfallstoffen und der Ausbringung von Produkten ist zu berücksichtigen, daß definitionsgemäß ausschließlich bei Recycling-Prozessen Produkte entstehen, während bei Entsorgungsprozessen nur Produktionsabfälle und Emissionen entstehen. Die folgenden Überlegungen gelten daher

Umweltwirkungen der Produktion

nur für Recycling-Prozesse. Um die Austauschbeziehungen zwischen Abfallstoffen und Produkten zu untersuchen, kann man das folgende parametrische lineare Programm formulieren:

Man maximiere den Einsatz des Abfallstoffs 1

$$r_1^a = \sum_{k=1}^{K} f_1^k \cdot z_k \Rightarrow \max$$

unter den Nebenbedingungen

$$\sum_{k=1}^{K} b_1^k \cdot z_k \geq x_1^p \qquad \text{Variables Produkt} \qquad (20)$$

$$\sum_{k=1}^{K} b_j^k \cdot z_k \geq \overline{x}_j^p \qquad (j=2,\ldots,J) \qquad \text{Fixe Produkte}$$

$$\sum_{k=1}^{K} f_n^k \cdot z_k \geq \overline{r}_n^a \qquad (n=2,\ldots,N) \qquad \text{Abfallstoffe}$$

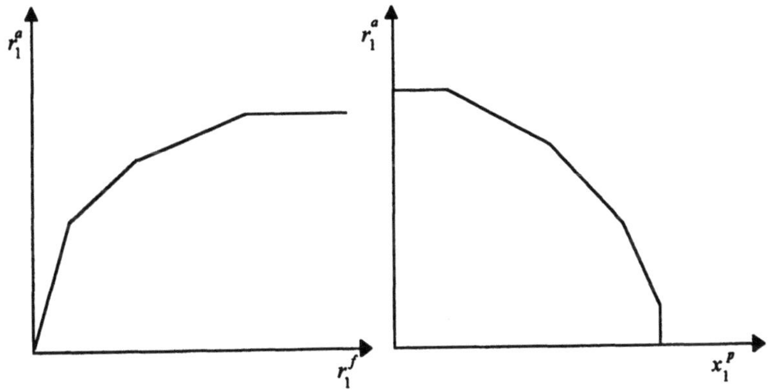

Abbildung 59: Austauschbeziehungen zwischen Abfallstoffbeseitigung und Faktoreinsatzmengen bzw. Ausbringungsmengen von Produkten

Die Restriktionen für die übrigen Güter und die Nicht-Negativitätsbedingungen bleiben wie üblich erhalten.

Aufgrund der Eigenschaften der Lösungsmenge parametrischer linearer Programme gilt:

(1) Die den Mindestausbringungsmengen zugeordneten Dualvariablen können als *Grenzrate der Substitution zwischen Produkten und Abfallstoffen* interpretiert werden. Da die Restriktionen in der Form "größer oder gleich" formuliert sind, sind die entsprechenden Austauschraten nicht-positiv: Eine Erhöhung der Mindestausbringungsmenge eines Produkts bewirkt, daß die Einsatzmenge eines Abfallstoffs nicht erhöht, in der Regel jedoch reduziert werden muß.

(2) Die maximal mögliche Einsatzmenge des Abfallstoffs 1 wird durch eine stückweise lineare, monoton fallende, konkave Funktion der Mindestausbringungsmenge des Produktes 1 abgebildet.

Vielfach fallen bei der Entsorgung bzw. dem Recycling von Abfallstoffen andere Abfallprodukte an. So entstehen z.B. bei der Müllverbrennung Aschen und Schlacken, die ebenfalls entsorgt werden müssen. Die Beziehungen zwischen dem Einsatz von Abfallstoffen und der Entstehung von Abfallprodukten lassen sich anhand des folgenden parametrischen linearen Programms zur Maximierung des Einsatzes des Abfallstoffs 1 bei Variation der maximal zulässigen Menge eines dabei anfallenden Abfallprodukts 1 herleiten:

Man maximiere

$$r_1^a = \sum_{k=1}^{K} f_1^k \cdot z_k \Rightarrow \max!$$

unter den Nebenbedingungen

$$\sum_{k=1}^{K} d_1^k \cdot z_k \leq x_1^a \qquad \text{variables Abfallprodukt} \qquad (21)$$

$$\sum_{k=1}^{K} d_h^k \cdot z_k \leq \bar{x}_h^a \qquad (h = 2, \ldots, H) \qquad \text{Entstehung von Abfallprodukten}$$

$$\sum_{k=1}^{K} f_n^k \cdot z_k \geq \bar{r}_n^a \qquad (n = 2, \ldots, N) \qquad \text{Einsatz von Abfallstoffen}$$

Die Beschränkungen für die übrigen Güter sowie die Nicht-Negativitätsbedingungen bleiben erhalten.

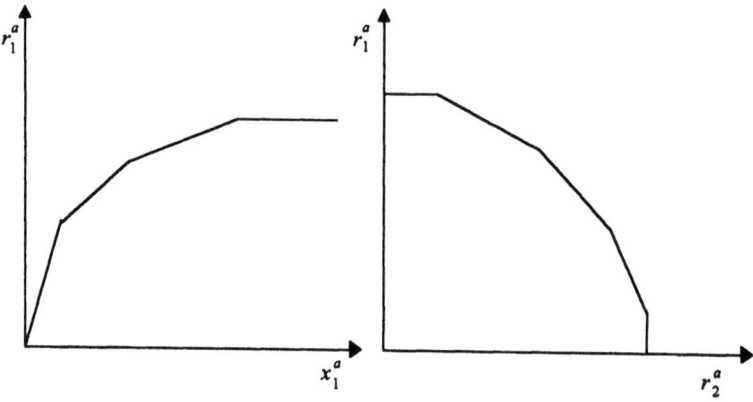

Abbildung 60: Beziehung zwischen der Entstehung von Abfallprodukten und der Entsorgung eines Abfallstoffs bzw. zwischen den Entsorgungsmöglichkeiten von zwei Abfallsstoffen

Umweltwirkungen der Produktion

Wegen der allgemeinen Eigenschaften parametrischer linearer Programme gilt:

(1) Die den Abfallprodukten zugeordeten Dualvariablen sind als *Grenzraten der Substitution zwischen dem Einsatz von Abfallstoffen und der Entstehung von Abfallprodukten* zu interpretieren. Sie sind nicht-negativ, d.h. eine Erhöhung der Entsorgung oder des Recyclings von Abfallstoffen kann u.U. nur erreicht werden, wenn man höhere Emissionen in Kauf nimmt.

(2) Die maximal mögliche Entsorgung bzw. das maximal mögliche Recycling eines Abfallstoffs 1 ist eine monoton steigende, konkave Funktion der maximal zulässigen Menge des anfallenden Abfallprodukts 1 (vgl. Abbildung 60).

Schließlich ist zu berücksichtigen, daß wegen der übrigen Restriktionen die Einsatzmöglichkeiten für einen Abfallstoff durch die Einsatzmenge der anderen Abfallstoffe begrenzt werden. Um die Austauschbeziehungen zwischen zwei Abfallstoffen zu untersuchen, kann das folgende parametrische Programm zur Maximierung des Einsatzes einer Abfallstoff-Art 1 in Abhängigkeit von dem Mindesteinsatz des Abfallstoffs 2 verwendet werden:

$$r_1^a = \sum_{k=1}^{K} f_1^k \cdot z_k \Rightarrow \max!$$

unter den Nebenbedingungen

$$\sum_{k=1}^{K} f_2^k \cdot z_2 \geq r_2^a \qquad \text{variabler Abfallstoff} \qquad (22)$$

$$\sum_{k=1}^{K} f_n^k \cdot z_k \geq \bar{r}_n^a \qquad (n = 3, \ldots, N) \qquad \text{fixe Abfallstoffe}$$

Die Restriktionen für die übrigen Güter und die Nicht-Negativitätsbedingungen sind gleich den im parametrischen Programm (11) formulierten Nebenbedingungen.

Da die Zielfunktion zu maximieren und die variable Restriktion in der Form "größer oder gleich" vorgegeben ist, besitzt die Lösungsmenge des parametrischen Programms (22) die folgenden Eigenschaften:

(1) Die den Mindesteinsatzmengen zugeordneten Dualvariablen können als *Grenzraten der Substitution zwischen den Einsatzmengen der Abfallstoffe* interpretiert werden. Diese sind nicht-positiv, d.h. der Einsatz des Abfallstoffs 1 muß gesenkt werden, wenn der Einsatz des Abfallstoffs 2 erhöht werden soll.

(2) Die maximal mögliche Einsatzmenge des Abfallstoffs 1 ist eine monoton fallende, konkave Funktion der Mindesteinsatzmenge des Abfallstoffs 2. Sie hat also die Form einer Transformationskurve (vgl. Abbildung 60).

Diese Ergebnisse zeigen, daß sich die Austauschbeziehungen zwischen den einzelnen Güterarten vier Typen zuordnen lassen, die bereits aus der traditionellen Produktionstheorie bekannt sind:

(1) Isoquante: Monoton fallend, konvex
(2) Faktoreinsatzfunktion: Monoton steigend, konvex
(3) Produktionsfunktion: Monoton steigend, konkav
(4) Transformationskurve: Monoton fallend, konkav

In Tabelle 6 sind diese Typen von Austauschbeziehungen zusammengestellt. In den Kopfzeilen sind die möglichen Verläufe der Funktion des optimalen Zielfunktionswerts in Abhängigkeit von der zu variierenden Beschränkungskonstanten für die möglichen Problemtypen - Richtung der Zielfunktion und der zu variierenden Restriktion - angegeben. Die Vorspalte enthält die Güterart, die optimiert werden soll. In den einzelnen Tabellenfeldern sind die zu variierenden Güterarten dem jeweiligen Problemtyp zugeordnet.

Die Tabelle macht deutlich, daß es in linearen Technologien mit Umweltwirkungen zwei Klassen von Güterströmen mit gleichen Funktionen in der Produktion gibt:

(1) Güterströme, die in Kauf genommen werden müssen, wenn eine Produktion stattfinden soll. Hierzu gehören
 (a) der Einsatz von Produktionsfaktoren,
 (b) der Einsatz von Umweltgütern,
 (c) die Entstehung von Abfallprodukten,
 (d) die Entstehung von Emissionen.

(2) Güterströme, die Zweck des Produktionsprozesses sind. Hierzu gehören
 (a) die Entstehung von Produkten,
 (b) der Einsatz von Abfallstoffen.

Man kann daher den Einsatz von Produktionsfaktoren und Umweltgütern sowie die Entstehung von Abfallprodukten und Emissionen, die für eine bestimmte Produktion notwendig sind, zu dem Strom "Faktoreinsatz"

$$\underline{r} = (\underline{r}_f, \underline{r}_u, \underline{x}_a, \underline{x}_e)$$

und die Enstehung von Produkten und den Einsatz von Abfallstoffen zu dem Strom "Produktionsleistung"

$$\underline{x} = (\underline{x}_p, \underline{r}_a)$$

zusammenfassen.

Für die so zusammengefaßten Güterströme stimmen die Eigenschaften einer Technologie mit Umweltwirkungen mit den Eigenschaften linearer Technologien überein. Insbesondere gehen die in Formel (1) des Abschnitts 7.2.1 definierten Effizienzbedingungen in die herkömmlichen Bedingungen über:

Eine Aktivität $(\underline{r}^0, \underline{x}^0)$ ist effizient, wenn es keine andere Aktivität $(\underline{r}, \underline{x})$ gibt, so daß

$$\underline{r} \leq \underline{r}^0 \quad \text{und} \quad \underline{x} \geq \underline{x}^0$$

wobei für mindestens eine Komponente das strikte Ungleichheitszeichen gilt.

Umweltwirkungen der Produktion   259

Tabelle 6: Austauschbeziehungen zwischen verschiedenen Güterarten

Problemtyp Verlauf der Austausch- beziehung	min ≤ fallend konvex Isoquante	min ≥ steigend konvex Faktoreinsatz- funktion	max ≤ steigend konkav Produktions- funktion	max ≥ fallend konkav Transforma- tionsfunktion
Produktions- faktor	Prod.faktor Umweltfaktor Emission Abfallprodukt	Abfallstoff Produkt		
Umweltfaktor	Prod.faktor Umweltfaktor Emission Abfallprodukt	Abfallstoff Produkt		
Abfallstoff			Prod.faktor Umweltfaktor Emission Abfallprodukt	Abfallstoff Produkt
Produkt			Prod.faktor Umweltfaktor Emission Abfallprodukt	Abfallstoff Produkt
Emission	Prod.faktor Umweltfaktor Emission Abfallprodukt	Abfallstoff Produkt		
Abfallprodukt	Prod.faktor Umweltfaktor Emission Abfallprodukt	Abfallstoff Produkt		

Weiter folgt aus den Überlegungen dieses Abschnitts, daß die Austauschbeziehungen zwischen den einzelnen Güterarten die folgende Form haben:

(1) Produktionsfunktion:

Die maximal mögliche Produktionsleistung ist eine monoton steigende, konkave Funktion des Faktoreinsatzes.

(2) Faktoreinsatzfunktion:

Der minimale Faktoreinsatz ist eine monoton steigende, konvexe Funktion der Produktionsleistung. Die Faktoreinsatzfunktion ist die Inverse der Produktionsfunktion bei partieller Faktorvariation.

(3) Isoquante:

Der erforderliche Einsatz einer Güterart ist eine monoton fallende, konvexe Funktion des Einsatzes einer anderen Güterart.

(4) Transformationskurve:

Die Produktionsleistung einer Güterart ist eine monoton fallende, konkave Funktion der Produktionsleistung einer anderen Güterart.

Technologien mit Umweltwirkungen sind also ein Spezialfall linearer Technologien. Beziehungen zwischen Produktion und Umwelt können durch geeignete Interpretation der durch die Produktion ausgelösten Güterflüsse, insbesondere des Faktoreinsatzes und der Produktionsleistung, mit Hilfe der linearen Aktivitätsanalyse hergeleitet werden. Deren Ergebnisse können unmittelbar auf Technologien mit Umweltwirkungen übertragen werden. Es ist daher nicht erforderlich, eine neue Produktionstheorie zu formulieren, um Umweltaspekte zu berücksichtigen, es bedarf vielmehr lediglich einer neuen Interpretation traditioneller produktionstheoretischer Aussagen.

Hieraus folgt weiter, daß die Beziehungen zwischen der Produktionsfunktion bei linearen Technologien und neoklassischen Produktionsfunktionen auch für Technologien mit Umweltwirkungen gelten: Die wesentlichen Eigenschaften - monoton steigende, konkave Produktionsfunktionen bei totaler und partieller Faktorvariation, monoton fallende, konvexe Isoquanten und monoton fallende, konkave Transformationskurven - bleiben erhalten, wenn die Zahl der Produktionsprozesse gegen unendlich geht. An die Stelle stückweise linearer treten lediglich stetig differenzierbare Funktionen.

7.3 Produktionsplanung und Kontrolle der Umweltwirkungen

7.3.1 Grundlagen

Während bei einer mengenmäßigen Betrachtung keine wesentlichen Änderungen der produktionstheoretischen Aussagen notwendig sind, ergeben sich für die Produktionsplanung und die Kontrolle der Umweltwirkungen der Produktion neue Aspekte, weil es nicht für alle Güter Preise gibt, mit denen die durch die Produktion ausgelösten Güterströme bewertet werden können. Zwar gibt es neben den Preisen für den Einsatz von Produktionsfaktoren und für die Verwertung von Produkten auch Preise, die für die Entsorgung von Abfallprodukten zu zahlen sind bzw. bei der Verwertung von Abfallstoffen eingenommen werden können, für den Einsatz von Umweltfaktoren sind hingegen grundsätzlich ebensowenig Preise zu zahlen, wie für die Emission von Schadstoffen.

Um Umweltwirkungen der Produktion in der Produktionsplanung zu berücksichtigen, stehen zwei Ansatzpunkte zur Verfügung:

(1) Es werden Preise für den Einsatz von Umweltfaktoren und die Emission von Schadstoffen vorgegeben, die bei der Produktionsplanung zu berücksichtigen sind.

(2) Es werden Obergrenzen für den Einsatz von Umweltfaktoren und die Emission von Schadstoffen vorgegeben.

In beiden Fällen können die Vorgaben entweder intern oder extern bestimmt werden. Interne Vorgaben können z.B. aus betrieblichen Plänen hergeleitet werden, die der Produktionsplanung übergeordnet sind. So kann z.B. der Einsatz eines nicht erneuerbaren Umweltfaktors - z.B. des Erzes aus einer dem Unternehmen gehörenden Grube - im Rahmen einer langfristigen Planung entweder durch einen Abbauplan ermittelt werden, der bestimmt, wie die Abbaumengen auf die kommenden Jahre zu verteilen sind; es wäre jedoch auch möglich, daß die langfristige Planung lediglich Preise festlegt, mit denen die Entnahme in den kommenden Jahren zu bewerten ist.

Ebenso ist es möglich, die Entnahme von Umweltfaktoren von staatlichen Instanzen - Gemeinden, Gemeindeverbänden, Landesregierungen bzw. der Bundesregierung - durch die Vorgabe von Preisen oder durch mengenmäßige Begrenzungen zu steuern. So kann z.B. eine Gemeinde durch Gemeindesatzung festlegen, daß bei der Entnahme von Grundwasser aus Privatbrunnen Mengenbegrenzungen einzuhalten sind; es kann jedoch auch bestimmt werden, daß für die Entnahme Gebühren zu zahlen sind.

Die Emission von Schadstoffen wird in der Regel von externen, staatlichen Stellen gesteuert werden müssen. Hierzu können neben den Vorgaben von Emissionsgrenzen auch Preise in Form von Gebühren und Beiträgen verwendet werden. Traditionelle Ansätze versuchen insbesondere, die Schadstoffemission durch Gebühren, die sich an den Kosten der Beseitigung der Emissionsfolgen orientieren, zu beeinflussen. So orientieren sich z.B. die Gebühren für die Reinigung von Abwässern an den Kosten der Kanalisation und der Klärwerke. Dieser Ansatz wäre dann gerechtfertigt, wenn es gelingen würde, mit den in Rechnung gestellten Gebühren sämtliche durch die Emissionen verursachten Schäden zu beseitigen. Da in der Regel nicht alle von Emissionen verursachten Umweltschäden beseitigt werden können, müßten die Preise bzw. die Gebühren für Emissionen höher liegen, um die Betriebe zu veranlassen, die Emission von Schadstoffen einzuschränken.

7.3.2 Produktionsplanung mit Umweltrestriktionen

Um die Auswirkungen von Umweltrestriktionen zu untersuchen, ist im folgenden ein Grundmodell der Produktionsplanung zu entwickeln; hierbei wird von der gleichen Notation wie bei der Untersuchung der Produktionsfunktion bei Umweltwirkungen ausgegangen. Zusätzlich werden folgende Symbole eingeführt:

p_j - Preise der Produkte $j=1,...,J$
q_i - Preise der Produktionsfaktoren $i=1,...,I$
u_h - für die Entsorgung der Abfallprodukte $h=1,...,H$ zu zahlende Preise
v_n - beim Einsatz der Abfallstoffe $n=1,...,N$ zu erzielende Preise

Unter der Voraussetzung, daß der Betrieb den mit seinem Produktionsprogramm erzielbaren Gewinn maximieren will, hat das Grundmodell der Produktionsplanung die folgende Form: Man maximiere

$$G = \sum_{j=1}^{J} x_j^p \cdot p_j + \sum_{n=1}^{N} r_n^a \cdot v_n - \sum_{i=1}^{I} r_i^f \cdot q_i - \sum_{h=1}^{H} x_h^a \cdot u_h \Rightarrow \max! \qquad (23)$$

unter den folgenden Nebenbedingungen, die die Entstehung und den Einsatz der in der Zielfunktion bewerteten Güter bestimmen:

$$\sum_{k=1}^{K} a_i^k \cdot z_k - r_i^f = 0 \qquad (i=1,...,I) \qquad \text{Faktoreinsatzmengen}$$

$$\sum_{k=1}^{K} b_j^k \cdot z_k - x_j^p = 0 \qquad (j=1,...J) \qquad \text{Ausbringungsmengen} \qquad (24)$$

$$\sum_{k=1}^{K} d_h^k \cdot z_k - x_h^a = 0 \qquad (h=1,...,H) \qquad \text{Abfallprodukte}$$

$$\sum_{k=1}^{K} f_n^k \cdot z_k - r_n^a = 0 \qquad (n=1,...,N) \qquad \text{Entsorgung}$$

Daneben sind die Obergrenzen für die Entnahme von Umweltfaktoren:

$$\sum_{k=1}^{K} g_m^k \cdot z_k \leq \bar{r}_m^u \qquad (m=1,...,M)$$

und die Beschränkung von Schadstoffemissionen:

$$\sum_{k=1}^{K} c_s^k \cdot z_k \leq \bar{x}_s^e \qquad (s=1,...,S)$$

zu berücksichtigen.

Weiter sind die folgenden Nicht-Negativitätsbedingungen und gegebenenfalls Obergrenzen für die Variablen zu beachten:

$$0 \leq r_i^f \leq \bar{r}_i^f \qquad (i=1,...,I)$$

$$0 \leq x_j^p \leq \bar{x}_j^p \qquad (j=1,...,J)$$

$$0 \leq r_n^a \leq \bar{r}_n^a \qquad (n=1,...,N)$$

$$0 \leq x_h^a \leq \bar{x}_h^a \qquad (h=1,...,H)$$

Die Obergrenzen für die Entscheidungsvariablen können sich aus Kapazitäten bzw. verfügbaren Beständen der Produktionsfaktoren, Absatzobergrenzen, Entsorgungskapazitäten im eigenen Unternehmen und Beschränkungen für die Anlieferung von Abfällen bei fremden Entsorgungsunternehmen ergeben.

Die beiden Umweltrestriktionen sind in der Form "kleiner oder gleich" gegeben. Da die Zielfunktion zu maximieren ist, ist die Funktion des maximal erzielbaren Gewinns in Abhängigkeit von den verfügbaren Mengen eines Umweltfaktors m bzw. von der Emissionsgrenze für eine Schadstoffart s eine stückweise lineare, konkave Funktion (vgl. Abbildung 61).

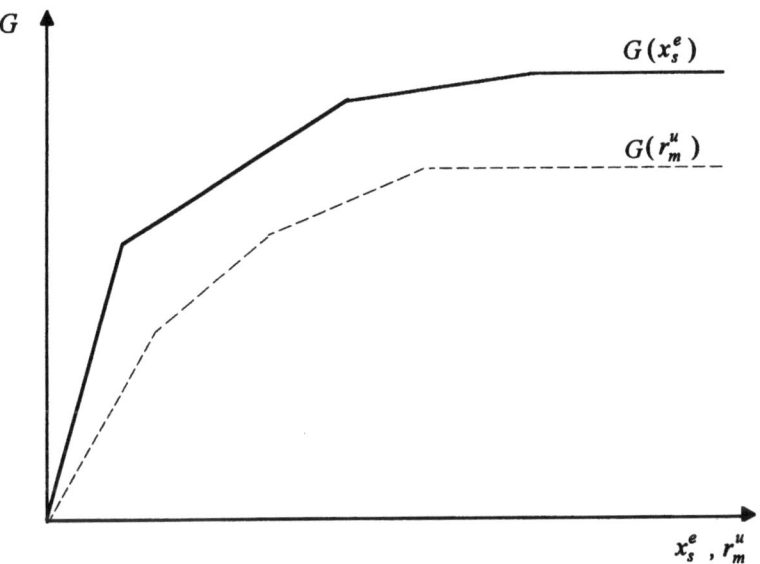

Abbildung 61: Abhängigkeit des maximal erzielbaren Gewinns von der verfügbaren Menge eines Umweltfaktors bzw. von der Emissionsgrenze eines Schadstoffs

Sowohl bei einer Lockerung der Emissionsgrenzen als auch bei einer Erhöhung der Entnahmerechte für Umweltfaktoren steigt der Gewinn monoton an; in beiden Fällen ergibt sich jedoch ein ertragsgesetzlicher Verlauf: Je mehr diese Restriktionen gelockert werden, desto weniger kann der Gewinn erhöht werden; von einer bestimmten Grenze an führt eine weitere Lockerung zu keiner weiteren Gewinnsteigerung.

Die dem Einsatz eines Umweltfaktors m zugeordnete Dualvariable π_m gibt die relative Änderung des maximal erzielbaren Gewinns in Bezug auf eine Variation der verfügbaren Menge dieses Umweltfaktors an. Sie kann daher als Opportunitätskosten für den Einsatz dieses Faktors interpretiert werden. Ebenso gibt die der Emissionsgrenze für den Schadstoff s zugeordnete Dualvariable ω_s die relative Veränderung des maximal erzielbaren Gewinns in bezug auf eine Variation dieser Emissionsgrenze an; sie ist daher als Opportunitätskosten der Schadstoffemission anzusehen. Beide Dualvariablen sind wegen der Form der betreffenden Restriktionen nicht-negativ.

7.3.3 Steuerung der Umweltbelastung durch Preise

Als Alternative zur Kontrolle der produktionsbedingten Umweltbelastungen durch mengenmäßige Beschränkungen besteht die Möglichkeit der Steuerung durch Preise: Wenn keine Marktpreise für den Einsatz von Umweltfaktoren und die Emission von Schadstoffen existieren, dann kann man versuchen, deren Funktion durch eine Belastung umweltwirksamer Maßnahmen mit Lenkpreisen, z.B. in Form von staatlichen Abgaben oder unternehmensinternen Verrechnungspreisen, zu approximieren.

Es seien

β_m ($m=1,...,M$) - Abgabe auf die Entnahme des Umweltfaktors m
w_s ($s=1,...,S$) - Abgabe auf Emission der Schadstoffart s

Die Bemessungsgrundlagen dieser Abgaben seien der Umfang der Entnahmen bzw. der Emissionen.

Dann kann man das folgende lineare Programm zur Maximierung des Nettogewinns nach Abzug der Abgaben auf die Nutzung von Umweltgütern und die Emission von Schadstoffen formulieren: Man maximiere die Zielfunktion (25)

$$G = \sum_{j=1}^{J} x_j^p \cdot p_j + \sum_{n=1}^{N} r_n^a \cdot v_n - \sum_{i=1}^{I} r_i^f \cdot q_i - \sum_{h=1}^{H} x_h^a \cdot u_h - \sum_{m=1}^{M} r_m^u \cdot \beta_m - \sum_{s=1}^{S} x_s^e \cdot w_s \Rightarrow \max!$$

unter den Nebenbedingungen

$$\sum_{k=1}^{K} a_i^k \cdot z_k - r_i^f = 0 \quad (i=1,...,I) \quad \text{Faktoreinsatzmengen}$$

$$\sum_{k=1}^{K} b_j^k \cdot z_k - x_j^p = 0 \quad (j=1,...,J) \quad \text{Ausbringungsmengen} \quad (26)$$

$$\sum_{k=1}^{K} d_h^k \cdot z_k - x_h^a = 0 \quad (h=1,...,H) \quad \text{Abfallprodukte}$$

$$\sum_{k=1}^{K} f_n^k \cdot z_k - r_n^a = 0 \quad (n=1,...,N) \quad \text{Entsorgung}$$

$$\sum_{k=1}^{K} g_m^k \cdot z_k - r_m^u = 0 \quad (m=1,...,M) \quad \text{Umweltfaktoren}$$

$$\sum_{k=1}^{K} c_s^k \cdot z_k - x_s^e = 0 \quad (s=1,...,S) \quad \text{Emissionen}$$

Umweltwirkungen der Produktion

Wie bei der Maximierung des Gewinns bei Beschränkung des Einsatzes von Umweltfaktoren und der Emission von Schadstoffen sind die folgenden Nicht-Negativitätsbedingungen und gegebenenfalls Obergrenzen für die Variablen zu beachten:

$$0 \leq r_i^f \leq \bar{r}_i^f \qquad (i = 1, \ldots, I)$$

$$0 \leq x_j^p \leq \bar{x}_j^p \qquad (j = 1, \ldots, J)$$

$$0 \leq r_n^a \leq \bar{r}_n^a \qquad (n = 1, \ldots, N)$$

$$0 \leq x_h^a \leq \bar{x}_h^a \qquad (h = 1, \ldots, H)$$

Wird der Einsatz von Umweltfaktoren ausschließlich durch Abgaben bzw. Verrechnungspreise gesteuert, dann sind für die entsprechenden Variablen lediglich Nicht-Negativitätsbedingungen zu beachten:

$$r_m^u \geq 0 \qquad (m = 1, \ldots, M)$$

$$x_s^e \geq 0 \qquad (s = 1, \ldots, S)$$

Sollen mengen- und wertmäßige Maßnahmen zur Steuerung der Umweltwirkungen kombiniert werden, d.h. dürfen gegen Zahlung einer Abgabe Umweltfaktoren innerhalb bestimmter Grenzen genutzt und Schadstoffe in beschränktem Umfang emittiert werden, während eine Überschreitung dieser Schranken nicht zulässig ist, dann sind auch für diese Güterströme die folgenden Restriktionen zu beachten:

$$0 \leq r_m^u \leq \bar{r}_m^u \qquad (m = 1, \ldots, M)$$

$$0 \leq x_s^e \leq \bar{x}_s^e \qquad (s = 1, \ldots, S)$$

Sind die Verrechnungspreise β_m und w_s gleich den entsprechenden Dualvariablen π_m bzw. ω_s, dann hat die Zielfunktion die Form (27)

$$G = \sum_{j=1}^{J} x_j^p \cdot p_j + \sum_{n=1}^{N} r_n^a \cdot v_n - \sum_{i=1}^{I} r_i^f \cdot q_i - \sum_{h=1}^{H} x_h^a \cdot u_h - \sum_{m=1}^{M} r_m^u \cdot \pi_m - \sum_{s=1}^{S} x_s^e \cdot \omega_s \Rightarrow \max!$$

Werden die Restriktionen (26) berücksichtigt, dann führt die Maximierung der Zielfunktion (27) in der Regel zu den gleichen Entscheidungen wie die Maximierung der Zielfunktion (23) unter den Nebenbedingungen (24); lediglich im Fall der Degeneration können neben den Lösungen von (23)-(24) auch andere Entscheidungen die Zielfunktion (27) maximieren.

Es ist daher prinzipiell möglich, den Einsatz von Umweltfaktoren und die Emission von Schadstoffen zu steuern, indem diese Güterstöme mit Verrechnungspreisen bewertet werden, die sich an den entsprechenden Dualvariablen orientieren.

7.4 Neoklassische ex-ante-Produktionsfunktionen mit Umweltaspekten

Die Ergebnisse des Abschnitts 7.2 erlauben es, auch bei Berücksichtigung von Umweltwirkungen Produktionsfunktionen bei linearen Technologien mit einer großen Zahl von Aktivitäten durch neoklassische Produktionsfunktionen zu approximieren. Das ist insbesondere bei ex-ante-Produktionsfunktionen angebracht (vgl. KISTNER [1989]). Im folgenden sollen daher neoklassische ex-ante-Produktionsfunktionen mit Umweltwirkungen betrachtet werden. Zur Vereinfachung der Darstellung wird lediglich der Einprodukt-Fall ohne Recycling behandelt; weiter werden zunächst nur Produktionsfaktoren und Emissionen untersucht. Umweltfaktoren und Produktionsabfälle werden später in die Analyse einbezogen.

Bezeichnet man mit x die Ausbringungsmenge des Produkts, mit $\underline{r}_f$ die Einsatzmengen der Produktionsfaktoren und mit $\underline{x}_e$ die Emissionsmengen, dann besteht zwischen der Ausbringungsmenge, den Einsätzen der Produktionsfaktoren und den Emissionen die folgende Produktivitätsbeziehung:

$$x = \Phi(\underline{r}_f, \underline{x}_e) \tag{28}$$

Die bei der Produktion anfallenden Emissionen werden durch folgende Emissionsfunktionen beschrieben:

$$x_k^e = \varphi_k^e(\underline{r}_f, \underline{x}_e^{(k)}, x) \qquad (k = 1,\ldots,S) \tag{29}$$

wobei

$$\underline{x}_e^{(k)} = (x_1^e,\ldots,x_{k-1}^e, x_{k+1}^e,\ldots,x_S^e) \quad (k = 1,\ldots,S)$$

Man erhält diese Vektoren, indem man in dem Vektor $\underline{x}_e$ jeweils das k-te Element streicht.

Die Produktionsfunktion (28) sei zweimal differenzierbar; für die partiellen Ableitungen gelte das Ertragsgesetz:

$$\frac{\partial \Phi}{\partial r_i^f} > 0 \qquad \frac{\partial^2 \Phi}{\partial r_i^{f^2}} < 0 \qquad (i = 1,\ldots,I)$$

$$\frac{\partial \Phi}{\partial x_s^e} > 0 \qquad \frac{\partial^2 \Phi}{\partial x_s^{e^2}} < 0 \qquad (s = 1,\ldots,S)$$

Die Grenzraten der Substititution zwischen den einzelnen Güterarten sind definiert durch

$$\sigma_{ij}^{ff} = \frac{\partial \Phi}{\partial r_j^f} : \frac{\partial \Phi}{\partial r_i^f} \qquad (i, j = 1,\ldots,I)$$

$$\sigma_{sj}^{ee} = \frac{\partial \Phi}{\partial x_j^e} : \frac{\partial \Phi}{\partial x_s^e} \qquad (s, j = 1,\ldots,S)$$

Umweltwirkungen der Produktion

$$\sigma_{is}^{fe} = \frac{\partial \Phi}{\partial x_s^e} : \frac{\partial \Phi}{\partial r_i^f} \qquad (i=1,\ldots,I; s=1,\ldots,S)$$

$$\sigma_{si}^{ef} = \frac{\partial \Phi}{\partial r_i^f} : \frac{\partial \Phi}{\partial x_s^e} \qquad (i=1,\ldots,I; s=1,\ldots,S)$$

Für diese Austauschbeziehungen gilt das Gesetz von der abnehmenden Grenzrate der Substitution, d.h.:

$$\frac{\partial \sigma_{ij}^{ff}}{\partial r_j^f} < 0 \qquad \frac{\partial \sigma_{sj}^{ee}}{\partial x_j^e} < 0 \qquad \frac{\partial \sigma_{is}^{fe}}{\partial x_s^e} < 0 \qquad \frac{\partial \sigma_{si}^{ef}}{\partial r_i^f} < 0$$

Die Emissionsfunktionen seien ebenfalls zweimal differenzierbar mit

$$\frac{\partial \varphi_k^e}{\partial r_i^f} < 0 \quad (i=1,\ldots,I; k=1,\ldots,S) \qquad \frac{\partial \varphi_k^e}{\partial x_j^e} < 0 \quad (k,j=1,\ldots,S)$$

und

$$\frac{\partial^2 \varphi_k^e}{\partial r_i^{f2}} < 0 \quad (i=1,\ldots,I; k=1,\ldots,S) \qquad \frac{\partial^2 \varphi_k^e}{\partial x_j^{e2}} < 0 \quad (k,j=1,\ldots,S)$$

Um die Minimalkostenkombination bzw. die optimale Technologie-Wahl bei Umweltwirkungen der Produktion zu bestimmen, wird zunächst vorausgesetzt, daß die Einsatzmengen von Produktionsfaktoren r_i^f ($i=1,\ldots,I$) mit Preisen q_i zu bewerten sind, und daß die Emission von Schadstoffen x_s^e ($s=1,\ldots,S$) zwar mit keinen Kosten verbunden ist, daß jedoch Emissionsgrenzen $\bar{x}_s^e$ einzuhalten sind. Dann ist folgendes konvexes Programm zu lösen:

Man minimiere die Kosten des Einsatzes der Produktionsfaktoren:

$$\sum_{i=1}^{I} r_i^f \cdot q_i \Rightarrow \min!$$

unter folgenden Nebenbedingungen:

(1) Produktionsfunktion als Beziehung zwischen Faktoreinsatzmengen, Schadstoffemissionen und vorgegebener Ausbringungsmenge $\bar{x}$

$$\bar{x} - \Phi(\underline{r}^f, \underline{x}^e) = 0$$

(2) Beschränkungen der Schadstoffemissionen

$$\varphi_k^e(\underline{r}_f, \underline{x}_e^{(k)}, x) \le \bar{x}_k^e \qquad (k=1,\ldots,S) \tag{30}$$

(3) Nicht-Negativitätsbedingungen

$$\underline{r}_f \ge \underline{0} \qquad \underline{x}_e \ge \underline{0}$$

Die LAGRANGE-Funktion dieses Optimierungsproblems ist gegeben durch:

$$L = \sum_{i=1}^{I} r_i^f \cdot q_i + \mu \cdot \left[\overline{x} - \Phi(\underline{r}_f, \underline{x}_e) \right] + \sum_{k=1}^{S} \omega_k \cdot \left[\varphi_k^e(\underline{r}_f, \underline{x}_e^{(k)}, x) - \overline{x}_k^e \right]$$

Eine optimale Lösung des konvexen Programms (30) genügt den folgenden KUHN-TUCKER-Bedingungen (vgl. hierzu KISTNER [1993, S. 108]):

$$\frac{\partial L}{\partial r_i^f} = q_i - \mu \cdot \frac{\partial \Phi}{\partial r_i^f} + \sum_{k=1}^{S} \omega_k \frac{\partial \varphi_k^e}{\partial r_i^f} \geq 0 \quad \text{und} \quad r_i^f \cdot \frac{\partial L}{\partial r_i^f} = 0 \quad (i = 1, \ldots, I)$$

$$\frac{\partial L}{\partial x_s^e} = -\mu \cdot \frac{\partial \Phi}{\partial x_s^e} + \sum_{k=1}^{S} \omega_k \frac{\partial \varphi_k^e}{\partial x_s^e} \geq 0 \quad \text{und} \quad x_s^e \cdot \frac{\partial L}{\partial x_s^e} = 0 \quad (s = 1, \ldots, S)$$

$$\frac{\partial L}{\partial \omega_k} = \varphi_k^e(\underline{r}_f, \underline{x}_e^{(k)}, x) - \overline{x}_k^e \leq 0 \quad \text{und} \quad \omega_k \cdot \frac{\partial L}{\partial \omega_k} = 0 \quad (k = 1, \ldots, S)$$

$$\frac{\partial L}{\partial \mu} = \overline{x} - \Phi(\underline{r}^f, \underline{x}^e) = 0$$

Da die erste Restriktion (Produktionsfunktion) in Gleichungsform gegeben ist, ist der zugeordnete LAGRANGE-Multiplikator μ nicht im Vorzeichen beschränkt. Die den Emissionsbeschränkungen zugeordneten Multiplikatoren können als Opportunitätskosten der Emissionsgrenzen interpretiert werden, die angeben, um wieviel die Kosten zurückgingen, wenn die betreffende Restriktion um eine Einheit gelockert würde. Falls eine Restriktion bindend ist, sind die Opportunitätskosten positiv, andernfalls sind sie gleich Null.

Da bei neoklassichen Produktionsfunktionen alle Produktionsfaktoren essentiell sind, gilt immer, daß $r_i^f > 0$ ist. Man kann daher die erste KUHN-TUCKER-Bedingung zusammenfassen zu:

$$\frac{\partial L}{\partial r_i^f} = q_i - \mu \cdot \frac{\partial \Phi}{\partial r_i^f} + \sum_{k=1}^{S} \omega_k \cdot \frac{\partial \varphi_k^e}{\partial r_i^f} = 0 \quad (i = 1, \ldots, I) \quad (31)$$

Wenn auch die Emissionen essentiell sind, d.h. nicht vollständig vermieden werden können, dann kann man auch die zweite KUHN-TUCKER-Bedingung wie folgt zusammenfassen:

$$\frac{\partial L}{\partial x_s^e} = -\mu \cdot \frac{\partial \Phi}{\partial x_s^e} + \sum_{k=1}^{S} \omega_k \frac{\partial \varphi_k^e}{\partial x_s^e} = 0 \quad (s = 1, \ldots, S) \quad (32)$$

Bildet man den Quotienten der Optimalitätsbedingungen (31) für jeweils zwei Produktionsfaktoren i und j und berücksichtigt, daß

$$\sigma_{ij}^{ff} = \frac{\partial \Phi}{\partial r_j^f} : \frac{\partial \Phi}{\partial r_i^f}$$

Umweltwirkungen der Produktion 269

dann erhält man

$$\sigma_{ij}^{ff} = \frac{q_j + \sum_{k=1}^{S} \omega_k \cdot \frac{\partial \varphi_k^e}{\partial r_j^f}}{q_i + \sum_{k=1}^{S} \omega_k \cdot \frac{\partial \varphi_k^e}{\partial r_i^f}} \qquad (i,j = 1,\ldots,I \text{ und } i \neq j) \qquad (31\text{a})$$

Vergleicht man (31a) mit der traditionellen Bedingung für die Minimalkostenkombination unter Vernachlässigung von Umweltwirkungen der Produktion

$$\sigma_{ij}^{ff} = \frac{q_j}{q_i}$$

dann sieht man, daß im Zähler und im Nenner von (31a) die Faktorpreise um die eingesparten Opportunitätskosten der Emissionsgrenzen korrigiert werden: Faktoren, die zur Reduktion von Emissionen eingesetzt werden können, werden auch dann vermehrt eingesetzt, wenn sie teurer sind als andere Faktoren.

Setzt man die Optimalitätsbedingungen (32) für je zwei Schadstoffarten s und t in Beziehung und berücksichtigt man, daß

$$\sigma_{st}^{ee} = \frac{\partial \Phi}{\partial x_t^e} : \frac{\partial \Phi}{\partial x_s^e}$$

dann erhält man

$$\sigma_{st}^{ee} = \frac{\sum_{k=1}^{S} \omega_k \frac{\partial \varphi_k^e}{\partial x_t^e}}{\sum_{k=1}^{S} \omega_k \frac{\partial \varphi_k^e}{\partial x_s^e}} \qquad (s,t = 1,\ldots,S) \qquad (32\text{a})$$

Die Emissionen der einzelnen Schadstoffarten sind solange zu verändern, bis die Grenzrate der Substitution zwischen zwei Schadstoffarten gleich dem Verhältnis der Summen ihrer mit den Opportunitätskosten gewichteten Einsparungen der Emissionen einer Schadstoffart t durch die Inkaufnahme einer erhöhten Emission der Schadstoffart s ist.

Schließlich sind jeweils eine Optimalitätsbedingung (31) und (32) in Beziehung zu setzen, um einen Ausgleich zwischen den Kosten des Einsatzes eines Produktionsfaktors i und der Emission einer Schadstoffart s zu finden:

$$\sigma_{is}^{fe} = \frac{\sum_{k=1}^{S} \omega_k \frac{\partial \varphi_k^e}{\partial x_s^e}}{q_i + \sum_{k=1}^{S} \omega_k \cdot \frac{\partial \varphi_k^e}{\partial r_i^f}} \qquad (i = 1,\ldots,I; s = 1,\ldots,S) \qquad (33)$$

Auch in diesem Fall gilt, daß das Verhältnis der Opportunitätskosten des Einsatzes von Produktionsfaktoren und der Tolerierung von Emissionen gleich der Grenzrate der Substitution zwischen einem Produktionsfaktor und einer Schadstoffart sein muß: Die Opportunitätskosten des Faktoreinsatzes sind gleich dem Faktorpreis vermindert um die durch einen zusätzlichen Faktoreinsatz ersparten Opportunitätskosten der Emissionen; die Opportunitätskosten einer Schadstoffart sind gleich der Summe der mit den Schattenpreisen bewerteten Verringerung der Emissionen aller anderen Schadstoffarten.

Ebenso wie im Rahmen der linearen Aktivitätsanalyse kann die Steuerung der Umweltbelastung der Produktion auch durch Preise bzw. durch Abgaben auf Schadstoffemissionen erfolgen. Bezeichnet man mit w_s ($s = 1,...,S$) die Belastung der Emission der Schadstoffart s, dann kann die Minimalkostenkombination wie folgt bestimmt werden:

$$\sum_{i=1}^{I} r_i^f \cdot q_i + \sum_{s=1}^{S} x_s^e \cdot w_s \Rightarrow \min!$$

unter den Nebenbedingungen:

$$\bar{x} - \Phi(\underline{r}_f, \underline{x}_e) = 0 \qquad (34)$$

$$x_k^e = \varphi_k^e(\underline{r}_f, \underline{x}_e^{(k)}, x) \qquad (k = 1,...,S)$$

$$\underline{r}_f \geq \underline{0} \qquad \underline{x}_e \geq \underline{0}$$

Substituiert man die Emissionsfunktionen in die Zielfunktion, dann erhält man das folgende konvexe Programm, in dem neben den Nicht-Negativitätsbedingungen nur die Produktionsfunktion als Nebenbedingung gegeben ist:

$$\sum_{i=1}^{I} r_i^f \cdot q_i + \sum_{k=1}^{S} \varphi_k^e(\underline{r}_f, \underline{x}_e^{(k)}, x) \cdot w_k \Rightarrow \min!$$

Die LAGRANGE-Funktion dieses konvexen Optimierungsproblems ist gegeben durch:

$$L = \sum_{i=1}^{I} r_i^f \cdot q_i + \sum_{k=1}^{S} \varphi_k^e(\underline{r}_f, \underline{x}_e^{(k)}, x) \cdot w_k + \mu \cdot \left[\bar{x} - \Phi(\underline{r}_f, \underline{x}_e) \right]$$

Die KUHN-TUCKER-Bedingungen haben die Form:

$$\frac{\partial L}{\partial r_i^f} = q_i + \sum_{k=1}^{S} \frac{\partial \varphi_k^e}{\partial r_i^f} \cdot w_k - \mu \cdot \frac{\partial \Phi}{\partial r_i^f} \geq 0 \quad \text{und} \quad r_i^f \cdot \frac{\partial L}{\partial r_i^f} = 0 \qquad (i = 1,...,I)$$

$$\frac{\partial L}{\partial x_s^e} = \sum_{k=1}^{S} \frac{\partial \varphi_k^e}{\partial x_s^e} \cdot w_k - \mu \cdot \frac{\partial \Phi}{\partial x_s^e} \geq 0 \quad \text{und} \quad x_s^e \cdot \frac{\partial L}{\partial x_s^e} = 0 \qquad (s = 1,...,S)$$

$$\frac{\partial L}{\partial \mu} = \bar{x} - \Phi(\underline{r}^f, \underline{x}^e) = 0$$

Unter der Voraussetzung, daß alle Produktionsfaktoren und alle Schadstoffarten essentiell sind, d.h. daß kein Produktionsfaktor vollständig substituiert und die Emission

Umweltwirkungen der Produktion

keiner Schadstoffart völlig vermieden werden kann, erhält man für die beiden ersten KUHN-TUCKER-Bedingungen:

$$\frac{\partial L}{\partial r_i^f} = q_i + \sum_{k=1}^{S} \frac{\partial \varphi_k^e}{\partial r_i^f} \cdot w_k - \mu \cdot \frac{\partial \Phi}{\partial r_i^f} = 0 \qquad (i=1,\ldots,I) \qquad (35)$$

$$\frac{\partial L}{\partial x_s^e} = \sum_{k=1}^{S} \frac{\partial \varphi_k^e}{\partial x_s^e} \cdot w_k - \mu \cdot \frac{\partial \Phi}{\partial x_s^e} = 0 \qquad (s=1,\ldots,S) \qquad (36)$$

Sind die Opportunitätskosten ω_s für die Beschränkung der Emissionen gleich den Preisen w_s, dann stimmen die Optimalitätsbedingungen (31) und (32) mit den Bedingungen (35) und (36) überein. Die Steuerung der Emissionen durch Preise führt damit zu dem gleichen Ergebnis wie die Steuerung durch Restriktionen, falls die Preise die gleichen Werte haben wie die LAGRANGE-Multiplikatoren.

Bisher wurden lediglich Schadstoffemissionen betrachtet. Um die im Einsatz beschränkt verfügbaren Umweltfaktoren und die Entstehung von Abfallstoffen zu berücksichtigen, ist die Produktivitätsbeziehung wie folgt zu modifizieren: Die Produktionsfunktion ist gegeben durch

$$x = \Phi(\underline{r}_f, \underline{r}_u, \underline{x}_e, \underline{x}_a)$$

Neben der Entstehung von Schadstoffen, die durch die Emissionsfunktionen

$$x_k^e = \varphi_k^e(\underline{r}_f, \underline{r}_u, \underline{x}_e^{(k)}, \underline{x}_a, x) \qquad (k=1,\ldots,S)$$

erfaßt werden, sind auch die bei der Produktion entstehenden Abfallprodukte zu berücksichtigen. Die Menge der Abfallprodukte ist durch die folgenden Funktionen bestimmt:

$$x_k^a = \varphi_k^a(\underline{r}_f, \underline{r}_u, \underline{x}_e, \underline{x}_a^{(k)}, x) \qquad (k=1,\ldots,H)$$

Die Vektoren

$$\underline{x}_a^{(k)} = (x_1^a, \ldots, x_{k-1}^a, x_{k+1}^a, \ldots, x_H^a)$$

sind analog den Vektoren $\underline{x}_e^{(k)}$ definiert.

Bezeichnet man mit

$\bar{r}_m^u \quad (m=1,\ldots,M)$ — Obergrenze für die Entnahme des Umweltfaktors m

$u_h \quad (h=1,\ldots,H)$ — Preis für die Entsorgung des Abfallprodukts h

dann ist die Minimalkostenkombination durch das folgende konvexe Programm bestimmt:

$$\sum_{i=1}^{I} r_i^f \cdot q_i + \sum_{h=1}^{H} x_h^a \cdot u_h = \sum_{i=1}^{I} r_i^f \cdot q_i + \sum_{k=1}^{H} \varphi_k^a(\underline{r}_f, \underline{r}_u, \underline{x}_e, \underline{x}_a^{(k)}, x) \cdot u_k \Rightarrow \min!$$

unter den Nebenbedingungen

(1) Produktionsfunktion:

$$\overline{x} - \Phi(\underline{r}_f, \underline{r}_u, \underline{x}_e, \underline{x}_a) = 0$$

(2) Beschränkungen der Emissionen:

$$\varphi_k^e(\underline{r}_f, \underline{r}_u, \underline{x}_e^{(k)}, \underline{x}_a, x) \leq \overline{x}_k^e \quad (k = 1, \ldots, S)$$

(3) Obergrenzen für Entnahme von Umweltgütern:

$$r_m^u \leq \overline{r}_m^u \quad (m = 1, \ldots, M)$$

(4) Nicht-Negativitätsbedingungen:

$$\underline{r}_f \geq \underline{0} \quad \underline{r}_u \geq \underline{0} \quad \underline{x}_e \geq \underline{0} \quad \underline{x}_a \geq \underline{0}$$

Die Bedingungen für die Minimalkostenkombination lassen sich analog dem Vorgehen im vorigen Abschnitt aus den KUHN-TUCKER-Bedingungen herleiten.

Belastet man den Einsatz von Umweltfaktoren und die Emission von Schadstoffen mit Preisen π_m ($m = 1, \ldots, M$) bzw. w_s ($s = 1, \ldots, S$), dann erhält man das folgende konvexe Programm zur Bestimmung der Minimalkostenkombination:

$$\sum_{i=1}^{I} r_i^f \cdot q_i + \sum_{k=1}^{H} \varphi_k^a(\underline{r}_f, \underline{r}_u, \underline{x}_e, \underline{x}_a^{(k)}, x) \cdot u_k +$$

$$+ \sum_{m=1}^{M} r_m^u \cdot \pi_m + \sum_{k=1}^{S} \varphi_k^e(\underline{r}_f, \underline{r}_u, \underline{x}_e^{(k)}, \underline{x}_a, x) \cdot w_k \Rightarrow \min!$$

unter der Nebenbedingung

$$\overline{x} - \Phi(\underline{r}_f, \underline{r}_u, \underline{x}_e, \underline{x}_a) = 0$$

und den Nicht-Negativitätsbedingungen

$$\underline{r}_f \geq \underline{0} \quad \underline{r}_u \geq \underline{0} \quad \underline{x}_e \geq \underline{0} \quad \underline{x}_a \geq \underline{0}$$

Die Bedingungen für die Minimalkostenkombination lassen sich ebenfalls aus den KUHN-TUCKER-Bedingungen herleiten. Sind die Verrechnungspreise für die Entnahme von Umweltfaktoren π_m und die Emission von Schadstoffen w_s gleich den den Entnahme- bzw. Emissionsgrenzen zugeordneten LANGRANGE-Multiplikatoren, dann stimmen die Optimalitätsbedingungen für beide Modelle überein.

Diese Überlegungen lassen sich mit dem Putty-Clay-Modell verbinden: Die ex-ante-Produktionsfunktion beschreibt die technischen Alternativen, die zu einem bestimmten Zeitpunkt verfügbar sind. Bei der Investition in neue Betriebsmittel orientiert sich der Betrieb an der jeweiligen Minimalkostenkombination. Mit der Installation der Anlagen wird die Technologie, über die der Betrieb verfügt, um einen weiteren Produktionsprozeß erweitert, über dessen Nutzung dann im Rahmen der kurzfristigen Produktionsplanung auf der Basis der Aktivitätsanalyse entschieden wird.

Bei der Bestimmung der Minimalkostenkombination ist zu beachten, daß nicht nur die gegenwärtigen Preise und Abgaben auf Emissionen bzw. die im Entscheidungszeitraum geltenden Emissionsgrenzen anzusetzen sind, daß bei der Entscheidung vielmehr auch die künftige Entwicklung dieser Größen zu berücksichtigen ist. Insbesondere ist damit zu rechnen, daß Umweltrestriktionen in Zukunft verschärft werden und Abgaben für die Entnahme von Umweltfaktoren und die Emission von Schadstoffen erhöht werden. Der Betrieb kann auf diese Weise seine Technologie im Zuge laufender Investitionsmaßnahmen bereits an zu erwartende Verschärfungen von Umweltschutzbestimmungen anpassen.

7.5 Literaturhinweise

Dinkelbach, W., Effiziente Produktionen in umweltorientierten Leontief-Technologien, in: Fandel, G., Gehring, H. (Hrsg.), Operations Research - Beiträge zur quantitativen Wirtschaftsforschung, Berlin-Heidelberg (Springer) 1991, S. 361-375

Dinkelbach, W., Piro, A., Entsorgung und Recycling in der betriebswirtschaftlichen Produktionstheorie: Leontief-Technologien, WISU 18 (1989), S. 399-405 und S. 474-480

Dinkelbach, W., Piro, A., Entsorgung und Recycling in der betriebswirtschaftlichen Produktions- und Kostentheorie: Gutenberg-Technologien, WISU 19 (1990), S. 640-645 und S. 700-705

Dyckhoff, H., Berücksichtigung des Umweltschutzes in der betriebswirtschaftlichen Produktionstheorie, in: Ordelheide, D., Rudolph, B., Büsselmann, E. (Hrsg.), Betriebswirtschaftslehre und ökonomische Theorie, Stuttgart (Poeschel) 1990, S. 190-205

Dyckhoff, H., Betriebliche Produktion - Theoretische Grundlagen einer umweltorientierten Produktionswirtschaft, Berlin-Heidelberg (Springer) 1992

Dyckhoff, H., Aktivitätsanalytische Grundlagen einer umweltorientierten einzelwirtschaftlichen Produktions- und Erfolgstheorie, Zeitschrift für Wirtschafts- und Sozialwissenschaften 113 (1993), S. 1-16

Kistner, K.-P., Zur Erfassung von Umwelteinflüssen der Produktion in der linearen Aktivitätsanalyse, WiSt 12 (1983), S. 389-395

Kistner, K.-P., Umweltschutz in der betrieblichen Produktionsplanung, BFuP 41 (1989), S. 30-50

Kistner, K.-P., Optimierungsmethoden, 2. Aufl., Heidelberg (Physica) 1993

Rückle, D., Terhart, K., Die Befolgung von Umweltschutzauflagen als betriebswirtschaftliches Entscheidungsproblem, ZfbF 38 (1986), S. 393-424

Schmidtchen, D., Theorie der Kuppelproduktion nebst einer Anwendung auf den Umweltschutz, WISU 9 (1980), S. 287-290 und S. 335-343

Steven, M., Umwelt als Produktionsfaktor, ZfB 61 (1991), S. 509-523

Steven, M., Umweltschutz im Produktionsbereich, WISU 21 (1992), S. 35-39 und S. 105-111

Steven, M., Produktion und Umweltschutz, erscheint 1993

Strebel, H., Umweltwirkungen der Produktion, ZfbF 33 (1981), S. 508-521

Wicke, L., Umweltökonomie, 3. Aufl., München (Vahlen) 1991

8. Zusammenfassung

Im Mittelpunkt der Produktions- und Kostentheorie stehen zwei Problemkreise:

(1) Die *Produktivitätsbeziehung*, die Beziehung zwischen Faktoreinsatz- und Ausbringunsmengen,
(2) die *Kostenfunktion*, die Beziehung zwischen Ausbringungsmenge und dem hierzu benötigten bewerteten Einsatz von Produktionsfaktoren.

Es ist die Aufgabe der Produktions- und Kostentheorie, zusammenfassende *Informationen über den Produktionsbereich* für andere betriebliche Entscheidungsbereiche, aber auch für überbetriebliche, volkswirtschaftliche Zwecke bereitzustellen. Die Produktionstheorie hat für innerbetriebliche Zwecke, wie die Beschaffungsplanung, aufzuzeigen, welche *produktionstechnischen Alternativen* zur Verfügung stehen und welche Faktoreinsatzmengenkombinationen mit diesen Alternativen verbunden sind. Für volkswirtschaftliche Zwecke soll die Produktionstheorie *Informationen über die technischen Möglichkeiten* eines Betriebes, einer Branche oder einer ganzen Volkswirtschaft liefern. Die Kostentheorie liefert z.B. *Daten für die betriebliche Absatzplanung*, indem sie aufzeigt, welche Kosten - bei kostengünstigster Wahl der Herstellungsverfahren - mit alternativen Ausbringungsmengen verbunden sind. Für volkswirtschaftliche Zwecke stellt die Kostentheorie Informationen für die Herleitung von *Angebotsfunktionen* des Betriebes zur Verfügung.

Wie diese Beispiele zeigen, stehen *deskriptive* Aufgaben im Vordergrund der Produktions- und Kostentheorie. Diese können jedoch nicht ohne die Berücksichtigung innerbetrieblicher Entscheidungen erfüllt werden. Zur Herleitung eindeutiger Beziehungen zwischen Faktoreinsatzmengen und der damit erzielbaren Ausbringung müssen technisch nicht erforderliche Verschwendungen von Faktoreinsatzmengen ausgeschieden werden. Um eine zusammenfassende Beschreibung des Zusammenhangs zwischen Ausbringungsmengen und Kosten zu erhalten, die von produktionstechnischen Einzelheiten abstrahiert, muß eine Wahl zwischen alternativen Produktionsprozessen und alternativen Möglichkeiten zur Anpassung der Leistung der Betriebsmittel getroffen werden. Die Eliminierung ineffizienter Produktionsalternativen auf der Grundlage des *Effizienzkriteriums* und die Wahl der optimalen Möglichkeit zur Herstellung einer vorgegebenen Ausbringung aufgrund des *Kostenkriteriums* sind daher konstitutive Elemente der Produktions- und Kostentheorie; Produktions- und Kostenfunktion sind keine rein technologischen Beziehungen, sie sind vielmehr das *Ergebnis einer Vorauswahl*, resultieren also aus innerbetrieblichen *Entscheidungen*.

Ausgangspunkt der Darstellung sind zwei abstrakte Konzepte der Produktionstheorie: die neoklassische Produktionstheorie und die Aktivitätsanalyse. Beide Konzepte abstrahieren weitgehend von den technologischen Bedingungen der Produktion und konzentrieren sich auf die Produktivitätsbeziehungen zwischen Faktoreinsatz- und Ausbringungsmengen. Die neoklassische Produktionstheorie postuliert die Existenz einer zweimal stetig differenzierbaren *Produktionsfunktion* mit folgenden Eigenschaften:

(1) Konstanz der *Skalenerträge* bzw. abnehmende Skalenerträge
(2) *Ertragsgesetz*, d.h. positive, aber abnehmende Grenzerträge bei Variation der Einsatzmenge eines Faktors und Konstanz aller anderen Faktoren
(3) *Substitutionsmöglichkeiten* zwischen den einzelnen Faktoren, aber abnehmende Grenzrate der Substitution.

Die Aktivitätsanalyse geht vom Begriff der *Aktivität*, einer technologisch determinierten Alternative zur Herstellung einer bestimmten Kombination von Ausbringungsmengen durch Einsatz einer bestimmten Kombination von Faktoreinsatzmengen, aus. Die Menge der dem Betrieb zur Verfügung stehenden Aktivitäten wird in der *Technologie-Menge* zusammengefaßt. Die lineare Aktivitätsanalyse geht von folgenden Eigenschaften der Technologie-Menge aus:

(1) *Proportionalität:* Ist es technisch möglich, eine Ausbringung $\underline{x}$ unter Einsatz der Faktoreinsatzmenge $\underline{r}$ herzustellen, dann ist es auch möglich, unter Einsatz der λ-fachen Menge aller Faktoren die λ-fache Ausbringung zu erzielen.
(2) *Additivität:* Sind zwei Aktivitäten $(\underline{r}^1, \underline{x}^1)$ und $(\underline{r}^2, \underline{x}^2)$ technisch realisierbar, dann ist auch die Aktivität $(\underline{r}^1 + \underline{r}^2; \underline{x}^1 + \underline{x}^2)$ realisierbar.
(3) Möglichkeit der *Verschwendung:* nicht benötigte Gütermengen können verschwendet werden.

Unter den Voraussetzungen der linearen Aktivitätsanalyse besteht die Möglichkeit, die *Methoden der linearen Programmierung* für Zwecke der Produktionsplanung einzusetzen. Das Grundmodell der Produktionsplanung mit Hilfe der linearen Programmierung geht davon aus, daß der Betrieb über bestimmte Aktivitäten verfügt, daß die Preise für die Produkte und die Produktionsfaktoren gegeben, daß bestimmte Faktoren nur in begrenzten Mengen verfügbar und daß von der Absatzplanung her ebenfalls bestimmte Absatzobergrenzen gegeben sind. Auf der Grundlage dieser Informationen können mit Hilfe der linearen Programmierung Produktionspläne bestimmt werden, die bestimmte Zielfunktionen - wie z.B. die Gewinnfunktion - maximieren.

Die parametrische lineare Programmierung ermöglicht es weiter, die Beziehungen zwischen Aktivitätsanalyse und neoklassischer Produktionstheorie herauszuarbeiten: unter den Voraussetzungen der linearen Aktivitätsanalyse läßt sich eine Produktionsfunktion herleiten, die die wesentlichen Eigenschaften der neoklassischen Produktionsfunktion, Konstanz der Skalenerträge, monoton fallende Grenzerträge und nicht-zunehmende Grenzraten der Substitution, besitzt. Im Unterschied zu der neoklassischen Produktionsfunktion ist die aus den Annahmen der Aktivitätsanalyse hergeleitete Produktionsfunktion jedoch stückweise linear.

Obgleich auch die betriebswirtschaftliche Produktions- und Kostentheorie - ebenso wie die volkswirtschaftliche Theorie der Unternehmung - von der neoklassischen Produktionstheorie ausgegangen ist und obwohl sie stark durch Aktivitätsanalyse und lineare Programmierung befruchtet wurde, abstrahieren beide Konzepte für betriebswirtschaftliche Zwecke zu stark von den zugrundeliegenden technologischen Bedingungen. Insbesondere macht die zentrale Bedeutung der Betriebsmittel, die die technologischen Möglichkeiten des Betriebes für längere Zeit bestimmen, eine nähere Analyse ihrer technischen Eigenschaften erforderlich. Hier stellt sich vor allem die Frage, wie der Betrieb die

Leistungsabgabe der verfügbaren Betriebsmittel kurzfristig an die Erfordernisse der Produktionsplanung anpassen kann.

Die *Theorie der Anpassungsformen* zeigt, daß der Betrieb in der Regel über die alternativen Möglichkeiten verfügt, seine Betriebsmittel zeitlich, intensitätsmäßig oder quantitativ anzupassen. Da die einzelnen Anpassungsformen mit unterschiedlichen Kosten verbunden sind, stellt sich die Frage nach der optimalen Wahl der Anpassungsformen. Die Theorie der Anpassungsformen, die die Betriebsmittel in das Zentrum der produktionstheoretischen Überlegungen stellt, hat die Aufmerksamkeit auf zwei Problemkreise gelenkt, denen im Rahmen der traditionellen Produktionstheorie nur eine untergeordnete Bedeutung zugemessen wurde: Die mit den Anpassungsmaßnahmen verbundenen Faktoreinsatzmengen und Kosten können nur für einzelne Betriebsmittel ermittelt werden. Die hierfür aufgestellten Produktivitätsbeziehungen sind zu Produktions- und Kostenfunktionen für den gesamten Betrieb zu aggregieren. Weiter stellt sich die Frage, wie der Einsatz der Betriebsmittel zu messen ist, wenn deren Leistungsabgabe nicht konstant ist.

Die Aggregation der Produktivitätsbeziehungen für die einzelnen Betriebsmittel bzw. für Produktionsstellen, in denen mehrere Betriebsmittel zusammengefaßt sind, zu einer Produktionsfunktion des Gesamtbetriebes ist Gegenstand der betrieblichen *Input-Output-Analyse:* Es werden Verfahren zur Berechnung des *Gesamtbedarfs* an Produktionsfaktoren und innerbetrieblichen Leistungen sowie zur *Kostenverrechnung* bei komplexen Produktionsstrukturen angegeben; weiter wird gezeigt, daß unter sehr allgemeinen Bedingungen die Existenz einer sinnvollen Lösung sichergestellt ist. Für die Existenz einer Lösung ist es hinreichend, daß es keine Produktionsstelle und keine Abteilung gibt, die innerbetriebliche Leistungen empfängt, ohne selbst innerbetriebliche Leistungen an andere Produktionsstellen oder Abteilungen abzugeben oder ohne an der Bearbeitung von Endprodukten mitzuwirken. Die betriebliche Input-Output-Analyse stellt ein Bindeglied zwischen Produktionstheorie und Kostenrechnung dar, da sie die theoretischen Voraussetzungen für ein zentrales Problem der Kostenrechnung, die innerbetriebliche Leistungsverrechnung, liefert.

Weder die neoklassische Produktionstheorie noch die Aktivitätsanalyse unterscheiden explizit zwischen Betriebsmitteln und Werkstoffen. Die neoklassische Produktionstheorie kennt lediglich die Unterscheidung zwischen *variablen Faktoren* und *fixen Faktoren;* dabei wird nicht deutlich, ob unter fixen Faktoren feste *Faktorbestände* oder feste *Faktoreinsatzmengen* zu verstehen sind. Die Aktivitätsanalyse geht hingegen davon aus, daß bei einzelnen Faktoren nur über begrenzte Bestände verfügt werden kann; hierbei kann es sich sowohl um knappe Werkstoffe als auch um die Kapazitäten von Betriebsmitteln handeln. Wesentlich für die Aktivitätsanalyse ist, daß vorausgesetzt wird, daß nicht benötigte Mengen der Faktoren verschwendet werden können. Es stellt sich die Frage, ob der Einsatz der Betriebsmittel anhand des Bestandes oder der Nutzung gemessen werden muß. Beide Maßstäbe sind äquivalent, wenn die Betriebsmittel einen gleichmäßigen Strom von Leistungen abgeben, der durch die technischen Eigenschaften des Betriebsmittels determiniert ist und kurzfristig nicht variiert werden kann. Die Theorie der Anpassungsformen zeigt hingegen, daß der Einsatz der Betriebsmittel anhand ihrer

Leistung gemessen werden muß, weil die kurzfristige Anpassung zu einer Variation der Leistung bei Konstanz des Bestandes an Betriebsmitteln führt.

Ein zentrales Problem der Produktionstheorie ist die *Substitution*. Die Forderung, daß die neoklassische Produktionsfunktion stetig differenzierbar ist, impliziert die Möglichkeit der Faktorsubstitution. Die technischen Hintergründe der Faktorsubstitution werden allenfalls an Beispielen aus der Landwirtschaft erläutert; bei der Übertragung auf die industrielle Produktion wird lediglich auf die Möglichkeit verwiesen, das gleiche Erzeugnis mit Hilfe unterschiedlicher Faktorkombinationen herzustellen. Im Gegensatz dazu macht die Aktivitätsanalyse deutlich, daß die Substitution von Produktionsfaktoren eine Substitution von Produktionsprozessen voraussetzt, da mit der Faktorsubstitution ein Übergang zu anderen technologischen Produktionsverfahren verbunden ist.

Die mit der Substitution verbundenen technologischen Probleme werden im Rahmen der Theorie der *Engineering-Production-Function* untersucht. Hierbei zeigt sich, daß die Faktorsubstitution im wesentlichen ein langfristiger Vorgang ist. Lediglich in der Phase der Konstruktion der Betriebsmittel bestehen technische Alternativen, die die Substitution von Produktionsfaktoren möglich machen; ist ein Betriebsmittel erst installiert, dann bestehen weitgehend feste Proportionen zwischen den Faktoreinsatzmengen, die durch die technischen Eigenschaften des Betriebsmittels determiniert sind.

Das *Putty-Clay-Modell* trägt diesem Tatbestand Rechnung: Eine substitutionale ex-ante-Produktionsfunktion beschreibt die Möglichkeiten der Technologie-Wahl im Investitionszeitpunkt; nach der Installation der Betriebsmittel sind die Faktorproportionen hingegen fest. Substitutionsmöglichkeiten bestehen lediglich zwischen Produktionsprozessen, die sich aus einer unterschiedlichen Technologie-Wahl verschiedener Investitionsjahrgänge ergeben.

Die Theorie der Anpassungsformen befaßt sich zwar nicht explizit mit Substitutionsmöglichkeiten; vielfach führt die Anpassung der Betriebsmittel jedoch zu einer Substitution zwischen Leistungen des Betriebsmittels und anderen Faktoren. Im Fall der selektiven Anpassung findet eine Prozeßkostenkombination von zwei Produktionsprozessen statt, die verschiedene Betriebsmittel mit ähnlichen Leistungen einsetzen; die Einsatzmengenverhältnisse bei den einzelnen Betriebsmitteln sind voraussetzungsgemäß unterschiedlich. Variiert man das Nutzungsverhältnis beider Betriebsmittel, dann führt dies zu einer Substitution der beteiligten Faktoren. Ebenso findet bei intensitätsmäßiger Anpassung ein Substitutionsprozeß statt: Jede Intensitätsstufe kann als Produktionsprozeß interpretiert werden; eine Variation der Intensität bedeutet nichts anderes als eine Prozeßsubstitution, mit der eine Faktorsubstitution verbunden ist. Die Substitutionsmöglichkeiten bei intensitätsmäßiger Anpassung sind jedoch eingeschränkt; bei rein intensitätsmäßiger Anpassung sind bei gegebener Ausbringungsmenge mit der Einsatzmenge eines Faktors die Produktionsgeschwindigkeit und damit die Einsatzmenge der übrigen Faktoren festgelegt; der Freiheitsgrad der Substitution ist also gleich eins. Dieser erhöht sich bei der Verbindung zeitlicher und intensitätsmäßiger Anpassung sowie beim Intensitätssplitting auf zwei. Diese Einschränkung der Substitutionsmöglichkeiten ist darauf zurückzuführen, daß das Substitutionsgebiet degeneriert ist, weil alle Produktionsprozesse innerhalb einer Hyperebene kleinerer Dimension des Faktorraums liegen.

Zusammenfassung

Das zentrale Problem der Kostentheorie ist die Bewertung der in der Produktion eingesetzten Faktormengen, die Frage nach einem geeigneten Wertmaßstab. Sieht man von Preisschwankungen ab, dann ist der *Marktpreis* ein geeigneter Maßstab für die Bewertung des Einsatzes von Faktoren, die in beliebigen Mengen zu diesem Preis eingekauft werden können. Die neoklassische Kostentheorie sieht deshalb in der Bewertung kein Problem, da die Faktorpreise durch den Markt determiniert sind. Schwierigkeiten treten aber bei der Bewertung der fixen Faktoren auf, weil in der Regel kein Markt für Faktorleistungen existiert. Die Aktivitätsanalyse ersetzt daher das Marktpreiskonzept teilweise durch das *Opportunitätskostenkonzept*. Während der Einsatz derjenigen Faktoren, die laufend durch Einkäufe ersetzt werden können, anhand der Marktpreise erfolgt, werden für die knappen Faktoren, insbesondere die knappen Kapazitäten der Betriebsmittel, Opportunitätskosten angesetzt, die entgangene Gewinne anderweitiger Verwendungen der knappen Faktoren messen. Diese Knappheitspreise können bei der Lösung des Produktionsplanungsproblems als den Faktorrestriktionen zugeordnete Dualvariable ermittelt werden. Die Tatsache, daß die Knappheitspreise simultan mit der Produktionsplanung bestimmt werden, zeigt die Grenzen dieses Konzepts auf: die Knappheitspreise sind erst dann bekannt, wenn eine wesentliche Aufgabe der Kostentheorie, die Steuerung des Einsatzes knapper Ressourcen, gelöst ist; andererseits kann dieses Problem auch ohne die Kenntnis der Opportunitätskosten mit Hilfe der linearen Programmierung, die die Knappheit der Ressourcen explizit berücksichtigt, gelöst werden.

Die Theorie der Anpassungsformen hat gezeigt, daß es zwar möglich ist, die Leistung der Betriebsmittel zu messen, im Rahmen einer kurzfristigen Theorie jedoch keine Möglichkeit besteht, die Kosten des Betriebsmittels entsprechend der Leistungsabgabe auf die Produktion zu verteilen, weil die Gesamtleistung des Betriebsmittels ex ante nicht meßbar ist und durch ökonomische Entscheidungen über die Nutzungsdauer, die den Rahmen der statischen Produktionstheorie überschreiten, beeinflußt wird. Die Frage nach den Kosten des Einsatzes von Betriebsmitteln muß daher in eine langfristige Produktionstheorie eingebettet werden.

Der *investitionstheoretische Ansatz der Abschreibungstheorie* bestimmt den Preis für die Nutzung eines Betriebsmittels aufgrund folgender Überlegungen: Unter der Voraussetzung einer konstanten Leistungsabgabe und konstanter Deckungsbeiträge, die mit Hilfe des Betriebsmittels erwirtschaftet werden können, wird zunächst die optimale Nutzungsdauer bestimmt, für die der Kapitalwert aus Anschaffungskosten, Deckungsbeiträgen, vermindert um Wartungskosten, sowie der Restwert der Anlage maximiert wird. Mit Hilfe der Kostenannuität, der Annuität aus Anschaffungskosten, vermindert um den diskontierten Restwert, und der diskontierten Wartungskosten werden die mit der Anschaffung und Nutzung der Anlage verbundenen Kosten unter Berücksichtigung von Zinswirkungen gleichmäßig auf die Nutzungsdauer verteilt. Diese erhält man, indem man die Auswirkungen einer *einmaligen Anpassungsmaßnahme* auf die künftigen Betriebskosten und die optimale Nutzungsdauer des Betriebsmittels bestimmt.

Die beiden Grundansätze der Produktions- und Kostentheorie erlauben es, *Umweltwirkungen* der Produktion zu berücksichtigen. Hierzu sind die in der Produktion auftretenden Güterarten - Produktionsfaktoren und Produkte - um weitere - Umweltfaktoren und Abfallstoffe auf der Inputseite, Schadstoffe und Emissionen auf der Outputseite - zu ergänzen. Es läßt sich mit Hilfe der linearen Aktivitätsanalyse zeigen, daß die wesentlichen Eigenschaften der Produktionsfunktion - Konvexität von Isoquanten und Transformationskurven sowie Konvexität der Produktionsfunktion bei totaler und bei partieller Faktorvariation - erhalten bleiben. Hierdurch ist sichergestellt, daß die herkömmlichen Ansätze der Steuerung der Produktion - Gewinnmaximierung bzw. Kostenminimierung unter Beschränkung bestimmter Gütermengen - auch bei der Steuerung der Umweltwirkungen anwendbar sind.

Die Produktions- und Kostentheorie ist weitgehend eine *statische* Theorie, die davon abstrahiert, daß sich die Produktion im Zeitablauf vollzieht. Im Vordergrund der Überlegungen steht die Produktivitätsbeziehung zwischen Faktoreinsatz- und Ausbringungsmengen, die zeitliche Struktur des Produktionsablaufs ist hingegen Gegenstand der *Produktionsplanung*, der *Ablaufplanung* und der *Lagerhaltungstheorie*. Implizit wird vorausgesetzt, daß das Problem der zeitlichen Abstimmung der Produktion gelöst ist oder keinen Einfluß auf die Produktivitätsbeziehung hat.

Selbst wenn verbal der Zeitbegriff verwendet wird, werden wesentliche Aspekte des Zeitablaufs nicht berücksichtigt; die Länge der Planungsperiode bleibt undefiniert, in der Theorie der Anpassungsformen wird zwar mit dynamischen Begriffen wie Produktionsgeschwindigkeit und zeitlicher Anpassung operiert, diese werden jedoch rein statisch interpretiert. "Produktionsgeschwindigkeit" und "Produktionszeit" sind lediglich Parameter zur Messung der Ausbringungsmenge; die Auswirkungen von Veränderungen der Produktionsgeschwindigkeit und der Produktionszeit auf die zeitliche Struktur des Produktionsablaufes werden nicht erfaßt.

Auch der technische Fortschritt bringt keine echte Dynamik in die Produktionstheorie; die Zeit dient bei den Produktionsfunktionen mit technischem Fortschritt und im Rahmen der Theorie der Jahrgangs-Produktionsfunktionen sowie dem Putty-Clay-Modell lediglich als Index für den Stand der Technik. Auch die Analyse der Implementierung des technischen Fortschritts im Unternehmen bietet keinen Ansatz zur Dynamisierung der Produktionstheorie, da keine zeitliche Verzögerungen und Rückkopplungen berücksichtigt werden.

9. Literaturverzeichnis

Adam, A. u.a. (Hrsg.), Anwendungen der Matrizenrechnung auf wirtschaftliche und statistische Probleme, 3. Aufl., Würzburg (Physica) 1966

Adam, D., Produktions- und Kostentheorie, 2. Aufl., Tübingen-Düsseldorf (Mohr) 1977

Adam, D., Produktionspolitik, 6. Aufl., Wiesbaden (Gabler) 1990

Albach, H., Zur Verbindung von Produktionstheorie und Investitionstheorie, in: Koch, H. (Hrsg.), Zur Theorie der Unternehmung, Festschrift zum 65. Geburtstag von E. Gutenberg, Wiesbaden (Gabler) 1962a, S. 137-203

Albach, H., Produktionsplanung auf der Grundlage technischer Verbrauchsfunktionen, Arbeitsgemeinschaft für Forschung des Landes Nordrhein-Westfalen, Heft 105, Köln-Opladen (Westdeutscher Verlag) 1962b, S. 45-98

Arrow, K.J., Karlin, S., Suppes, P. (Hrsg.), Mathematical Methods in the Social Sciences, Stanford (University Press) 1960

Baetge, J., Lernprozesse in der Produktion, in: Kern, W. (Hrsg.), Handwörterbuch der Produktionswirtschaft, Stuttgart (Poeschel) 1979, Sp. 1126-1133

Baumol, W.J., Economic Theory and Operations Analysis, 4. Aufl., Englewood Cliffs (Prentice-Hall) 1977

Baur, W., Lerngesetz der industriellen Produktion, in: Kern, W. (Hrsg.) Handwörterbuch der Produktionswirtschaft, Stuttgart (Poeschel) 1979, Sp. 1115-1126

Beckmann, M., Grundbegriffe der Produktionstheorie vom Standpunkt der Aktivitätsanalyse, Weltwirtschaftliches Archiv 75 (1955), S. 33-58

Beckmann, M., Lineare Planungsrechnung - Linear Programming, Ludwigshafen (Fachverlag für Wirtschaftstheorie und Ökonometrie) 1959

Beckmann, M., Lineares Programmieren und neoklassische Theorie, Weltwirtschaftliches Archiv 84 (1960), S. 39-52

Betge, P., Optimaler Betreibsmitteleinsatz, Wiesbaden (Gabler) 1983

Bohr, K., Zur Produktionstheorie der Mehrproduktunternehmung, Köln-Opladen (Westdeutscher Verlag) 1967

Bosworth, D.L., Production Functions: A Theoretical and Empirical Study, Westmead (Saxon House) 1976

Busse v. Colbe, W., Lassmann, G., Betriebswirtschaftstheorie, Bd. 1: Grundlagen, Produktions- und Kostentheorie, 5. Aufl., Berlin-Heidelberg (Springer) 1991

Chenery, H.B., Engineering Production Functions, QJE 63 (1949), S. 507-531

Chvátal, V., Linear Programming, New York-San Francisco (Freeman) 1983

Cobb, C.W., Douglas, P.H., A Theory of Production, Am. Econ. Rev. 18 (1928) Suppl., S. 139-165

Dantzig, G.B., Linear Programming and Extensions, 5. Aufl., Princeton (University Press) 1972

Danø, S., Industrial Production Models: A Theoretical Study, Wien (Springer) 1966

Debreu, G., Theory of Value: An Axiomatic Analysis of Economic Equilibrium, New York (J. Wiley) 1959; 4. Aufl. New Haven (Yale University Press) 1971

Dellmann, K., Betriebswirtschaftliche Produktions- und Kostentheorie, Wiesbaden (Gabler) 1980

Dellmann, K., Nastanski, L., Kostenminimale Produktionsplanung bei rein intensitätsmäßiger Anpassung mit differenzierten Intensitätsgraden, ZfB 39 (1969), S. 239-286

Dinkelbach, W., Sensitivitätsanalysen und parametrische Programmierung, Berlin-Heidelberg (Springer) 1969

Dinkelbach, W., Effiziente Produktionen in umweltorientierten Leontief-Technologien, in: Fandel, G., Gehring, H. (Hrsg.), Operations Research - Beiträge zur quantitativen Wirtschaftsforschung, Berlin-Heidelberg (Springer) 1991, S. 361-375

Dinkelbach, W., Piro, A., Entsorgung und Recycling in der betriebswirtschaftlichen Produktionstheorie: Leontief-Technologien, WISU 18 (1989), S. 399-405 und S. 474-480

Dinkelbach, W., Piro, A., Entsorgung und Recycling in der betriebswirtschaftlichen Produktions- und Kostentheorie: Gutenberg-Technologien, WISU 19 (1990), S. 640-645 und S. 700-705

Dlugos, G., Kritische Analyse der ertragsgesetzlichen Kostenaussage, Berlin (Duncker & Humbolt) 1961

Dorfman, R., Samuelson, P.A., Solow, R.M., Linear Programming and Economic Analysis, New York (McGraw-Hill) 1958

Dyckhoff, H., Berücksichtigung des Umweltschutzes in der betriebswirtschaftlichen Produktionstheorie, in: Ordelheide, D., Rudolph, B., Büsselmann, E. (Hrsg.), Betriebswirtschaftslehre und ökonomische Theorie, Stuttgart (Poeschel) 1990, S. 190-205

Dyckhoff, H., Betriebliche Produktion - Theoretische Grundlagen einer umweltorientierten Produktionswirtschaft, Berlin-Heidelberg (Springer) 1992

Dyckhoff, H., Aktivitätsanalytische Grundlagen einer umweltorientierten einzelwirtschaftlichen Produktions- und Erfolgstheorie, Zeitschrift für Wirtschafts- und Sozialwissenschaften 113 (1993), S. 1-16

Eichhorn, W., Theorie der homogenen Produktionsfunktion, Berlin-Heidelberg (Springer) 1970

Ellinger, Th., Haupt, R., Produktions- und Kostentheorie, 2. Aufl., Stuttgart (Poeschel) 1990

Fandel, G., Produktion I: Produktions- und Kostentheorie, 3. Aufl., Berlin-Heidelberg (Springer) 1991

Fandel, G., Gehring, H. (Hrsg.), Operations Research - Beiträge zur quantitativen Wirtschaftsforschung, Berlin-Heidelberg (Springer) 1991

Feichtinger, G., Kistner, K.-P., Luhmer, A., Ein dynamisches Modell des Intensitätssplittings, ZfB 58 (1988), S. 1242-1258

Fischer, K.-H., Empirische Anwendung der Produktionstheorie, ZfB 50 (1980), S. 314-335

Frisch, R., Theory of Production, Dordrecht (Reidel) 1965

Gal, T., Lineare Optimierung, in: Gal, T., (Hrsg.), Grundlagen des Operations Research Bd. 1, 3. Aufl., Berlin-Heidelberg (Springer) 1991, S. 56-254

Gal, T., (Hrsg.), Grundlagen des Operations Research Bd. 1, 3. Aufl., Berlin-Heidelberg (Springer) 1991

Gale, D., The Theory of Linear Economic Models, New York (McGraw-Hill) 1960

Gälweiler, A., Produktionskosten und Produktionsgeschwindigkeit, Wiesbaden (Gabler) 1960

Gantmacher, F.R., Matrizenrechnung, 2 Bde., 3. Aufl., Berlin (Deutscher Verlag der Wissenschaften) 1970/1971

Gass, S.I., Linear Programming: Methods and Applications, 5. Aufl., New York (McGraw-Hill) 1985

Gutenberg, E., Grundlagen der Betriebswirtschaftslehre Bd. I: Die Produktion, 1. Aufl., Berlin-Göttingen-Heidelberg (Springer) 1951; 24. Aufl., Berlin-Heidelberg (Springer) 1983

Hadley, G.F., Linear Programming, 5. Aufl., Reading/Mass. (Addison-Wesley) 1971

Harrod, R.F., Towards a Dynamic Economics, London (Macmillan) 1948

Hax, H., Investitionstheorie, 5. Aufl., Würzburg (Physica) 1985

Heinen, E., Betriebswirtschaftliche Kostenlehre, 6. Aufl., Wiesbaden (Gabler) 1983

Henderson, J.M., Quandt, R.E., Microeconomic Theory: A Mathematical Approach, 3. Aufl., New York (McGraw-Hill) 1980

Hicks, J.R., The Theory of Wages, 2. Aufl., London (Macmillan) 1973

Hildenbrand, K., Hildenbrand, W., Lineare ökonomische Modelle, Berlin-Heidelberg (Springer) 1975

Ihde, G.B., Lernprozesse in der betriebswirtschaftlichen Produktionstheorie, ZfB 40 (1970), S. 451-468

Jacob, H., Produktionsplanung und Kostentheorie, in: Koch, H. (Hrsg.), Zur Theorie der Unternehmung, Festschrift zum 65. Geburtstag von E. Gutenberg, Wiesbaden (Gabler) 1962, S. 205-268

Jäger, A., Wenke, K., Lineare Wirtschaftsalgebra, Stuttgart (Teubner) 1969

Johansen, L., Production Functions: An Integration of Micro and Macro, Short Run and Long Run Aspects, Amsterdam (North-Holland) 1972

Karrenberg, R., Scheer, A.W., Ableitung des kostenminimalen Einsatzes von Aggregaten zur Vorbereitung der Optimierung simultaner Planungssysteme, ZfB 40 (1970), S. 689-706

Keachie, E.C., Manufacturing Cost Reduction Through the Curve of Natural Productivity Increase, Institute of Business of Economic Research, Univ. of California (Berkley) 1964

Kern, W. (Hrsg.) Handwörterbuch der Produktionswirtschaft, Stuttgart (Poeschel) 1979, Sp. 1126-1133

Kilger, W., Produktions- und Kostentheorie, Wiesbaden (Gabler) 1958

Kilger, W., Optimale Produktions- und Absatzplanung, Opladen (Westdeutscher Verlag) 1973

Kilger, W., Einführung in die Kostenrechnung, 3. Aufl., Wiesbaden (Gabler) 1987

Kistner, K.-P., Aktivitätsanalyse, Lineare Programmierung und neoklassische Produktionstheorie, WiSt 10 (1981), S. 145-151

Kistner, K.-P., Zur Erfassung von Umwelteinflüssen der Produktion in der liearen Aktivitätsanalyse, WiSt 12 (1983), S. 389-395

Kistner, K.-P., Umweltschutz in der betrieblichen Produktionsplanung, BFuP 41 (1989), S. 30-50

Kistner, K.-P., Zeitaspekte in der Produktionstheorie, in Kistner, K.-P., Schmidt, R. (Hrsg.), Unternehmensdynamik, Wiesbaden (Gabler) 1991, S. 135-162

Kistner, K.-P., Schmidt, R. (Hrsg.), Unternehmensdynamik, Wiesbaden (Gabler) 1991

Kistner, K.-P., Optimierungsmethoden, 2. Aufl., Heidelberg (Physica) 1993

Kistner, K.-P., Produktionsfunktion, in: Wittmann, W. u.a. (Hrsg.), Handwörterbuch der Betriebswirtschaft, 5. Aufl., Stuttgart (Schäffer-Poeschel) 1993, Sp. 3415-3432

Kistner, K.-P., Luhmer, A., Die Dualität von Produktionsplanung und Kostenverrechnung bei komplexen Produktionsstrukturen, ZfB 47 (1977), S. 767-786

Kistner, K.-P., Luhmer, A., Zur Ermittlung der Kosten der Betriebsmittel in der statischen Produktionstheorie, ZfB 51 (1981), S. 165-179

Kistner, K.-P., Luhmer, A., Ein dynamisches Modell des Betriebsmitteleinsatzes, ZfB 58 (1988), S. 63-83

Kistner, K.-P., Steven, M., Produktionsplanung, 2. Aufl., Heidelberg (Physica) 1993

Kloock, J., Betriebswirtschaftliche Input-Output-Modelle, Wiesbaden (Gabler) 1969a

Kloock, J., Zur gegenwärtigen Diskussion der betriebswirtschaftlichen Produktions- und Kostentheorie, ZfB 39 (1969b) Ergänzungsheft 1, S. 49-82

Knolmayer, G., Der Einfluß von Anpassungsmöglichkeiten auf die Isoquanten in Gutenberg-Produktionsmodellen, ZfB 53 (1983), S. 1122-1147

Koch, H. (Hrsg.), Zur Theorie der Unternehmung, Festschrift zum 65. Geburtstag von E. Gutenberg, Wiesbaden (Gabler) 1962

Koopmans, T.C., Three Essays on the State of Economic Theory, New York (McGraw-Hill) 1957

Koopmans, T.C., Allocation of Resources and Price System, in: Koopmans, T.C., Three Essays on the State of Economic Theory, New York (McGraw-Hill) 1957, S. 1-126

Koopmans, T.C., Analysis of Production as an Efficient Combination of Activities, in: Koopmans, T.C. (Hrsg.), Activity Analysis of Production and Allocation, New York (J.Wiley) 1951; 4. Aufl., New Haven-London (Yale University Press) 1971, S. 33-97

Koopmans, T.C. (Hrsg.), Activity Analysis of Production and Allocation, New York (J.Wiley) 1951; 4. Aufl., New Haven-London (Yale University Press) 1971

Krelle, W., Produktionstheorie, Tübingen (Mohr) 1969

Krelle, W., Künzi, H.P., Lineare Programmierung, Zürich (Industrielle Organisation) 1958

Küpper, H.-U., Investitionstheoretische Fundierung der Kostenrechnung, ZfbF 37 (1985), S. 26-46

Küpper, H.-U., Investitionstheoretische versus kontrolltheoretische Abschreibung: Alternative oder gleichartige Konzepte einer entscheidungsorientierten Kostenrechnung?, ZfB 58 (1988), S. 397-415

Lambrecht, H.-W., Die Optimierung intensitätsmäßiger Anpassungsprozesse, Meisenheim (A. Hein) 1978

Lassmann, G., Die Produktionsfunktion und ihre Bedeutung für die betriebswirtschaftliche Kostentheorie, Köln-Opladen (Westdeutscher Verlag) 1958

Leontief, W., The Structure of the American Economy, 2. Aufl., New York (Oxford University Press) 1966

Lücke, W., Produktions- und Kostentheorie, 3. Aufl., Würzburg (Physica) 1973

Luhmer, A., Maschinelle Produktionsprozesse - Ein Ansatz dynamischer Produktions- und Kostentheorie, Opladen (Westdeutscher Verlag) 1975

Luhmer, A., Fixe und variable Abschreibungen und optimale Investitionsdauer, ZfB 50 (1980), S. 879-903

Lutz, F., Lutz, V., The Theory of Investment of the Firm, Princeton (University Press) 1951

Moxter, A. (Hrsg.), Produktionstheorie und Produktionsplanung, Köln-Opladen (Westdeutscher Verlag) 1966

Menger, K., Bemerkungen zu den Ertragsgesetzen, Zeitschr. f. Nationalökonomie 7 (1936), S. 25-56

Menger, K., Weitere Bemerkungen zu den Ertragsgesetzen, Zeitschr. f. Nationalökonomie 7 (1936), S. 388-397

v. Morgenstern O. (Hrsg.), Economic Activity Analysis, New York (Wiley)/London (Chapman & Hall) 1969

Neumann, K., Operations Research Verfahren Bd. 1, München (Hanser) 1975

Ordelheide, D., Rudolph, B., Büsselmann, E. (Hrsg.), Betriebswirtschaftslehre und ökonomische Theorie, Stuttgart (Poeschel) 1990

Pack, L., Die Bestimmung der optimalen Leistungsintensität, Z. ges. Staatsw. 119 (1963), S. 1-57

Pichler, O., Anwendungen der Matrizenrechnungen bei der Betriebskostenüberwachung, in: Adam, A. u.a. (Hrsg.), Anwendungen der Matrizenrechnung auf wirtschaftliche und statistische Probleme, 3. Aufl., Würzburg (Physica) 1966, S. 74-111

Preinreich, G.A.D., The Economic Life of Industrial Equipment, Econometrica 8 (1940), S. 12-44

Pressmar, D., Kosten- und Leistungsanalyse im Industriebetrieb, Wiesbaden (Gabler) 1971

Roski, R., Planungsrelevante Aggregatkosten, ZfB 57 (1987), S. 526-545

Rückle, D., Terhart, K., Die Befolgung von Umweltschutzauflagen als betriebswirtschaftliches Entscheidungsproblem, ZfbF 38 (1986), S. 393-424

Samuelson, P.A., Foundations of Economic Analysis, Cambridge/Mass. (Harvard Univ. Press) 1948

Sato, R., Beckmann, M.J., Neutral Investitions and Production Functions, Rev. of Econ. Studies 35 (1968), S. 57-66

Schmidtchen, D., Theorie der Kuppelproduktion nebst einer Anwendung auf den Umweltschutz, WISU 9 (1980), S. 287-290 und S. 335-343

Schneeweiß, Ch., Einführung in die Produktionswirtschaft, 4. Aufl., Berlin-Heidelberg-New York (Springer) 1992

Schneider, E., Einführung in die Wirtschaftstheorie, 2. Teil, 13. Aufl., Tübingen (Mohr/Siebeck) 1972

Schneider, E., Wirtschaftlichkeitsrechnung, 8. Aufl., Tübingen/Zürich (Mohr/Polygraph. Verlag) 1973

Schüler, W., Prozeß- und Verfahrensauswahl im einstufigen Einproduktunternehmen, ZfB 45 (1973), S. 435-458

Schüler, W., Kostenoptimaler Anlageneinsatz bei mehrstufiger Mehrproduktfertigung, ZfB 45 (1975), S. 393-406

Schumann, J., Input-Output-Analyse, Berlin-Heidelberg (Springer) 1968

Schweitzer, M., Küpper, H.-U., Produktions- und Kostentheorie der Unternehmung, Reinbek (Rowohlt) 1974

Shephard, R.W., Theory of Cost and Production Functions, Princeton (University Press) 1970

Smith, V.L., Investment and Production, Cambridge/Mass. (Harvard University Press) 1966

Solow, R.M., On the Structure of Linear Models, Econometrica 20 (1952), S. 29-46

Solow, R.M., Investment and Technical Progress, in: Arrow, K.J., Karlin, S., Suppes, P. (Hrsg.), Mathematical Methods in the Social Sciences, Stanford (University Press) 1960, S. 89-104

Stackelberg, H. v., Grundlagen der theoretischen Volkswirtschaftslehre, 2. Aufl., Tübingen/Zürich, (Mohr/Polygraphischer Verlag) 1951

Steffen, R., Produktions- und Kostentheorie, Stuttgart (Kohlhammer) 1983

Stepan, A., Produktionsfaktor Maschine, Wien-Würzburg (Physica) 1981

Steven, M., Umwelt als Produktionsfaktor, ZfB 61 (1991), S. 509-523

Steven, M., Umweltschutz im Produktionsbereich, WISU 21 (1992), S. 35-39 und S. 105-111

Steven, M., Produktion und Umweltschutz, erscheint 1993

Strebel, H., Umweltwirkungen der Produktion, ZfbF 33 (1981), S. 508-521

Swoboda, P., Die Ableitung variabler Abschreibungskosten aus Modellen zur Optimierung der Investitionsdauer, ZfB 49 (1979), S. 563-580

Terborgh, G., Dynamic Equipment Policy, New York (McGraw-Hill) 1949

Vogel, F., Matrizenrechnung in der Betriebswirtschaft, Opladen (Westdeutscher Verlag) 1970

Wenke, K., Matrizenmodelle in der Großindustrie, in: Adam, A. u.a. (Hrsg.), Anwendungen in der Matrizenrechnung auf wirtschaftliche und statistische Probleme, 3. Aufl., Würzburg (Physica) 1966, S. 112-119

Wicke, L., Umweltökonomie, 3. Aufl., München (Vahlen) 1991

Wittmann, W., Grundzüge einer axiomatischen Produktionstheorie, in: Moxter, A. (Hrsg.), Produktionstheorie und Produktionsplanung, Köln-Opladen (Westdeutscher Verlag) 1966, S. 13-36

Wittmann, W., Produktionstheorie, Berlin-Heidelberg (Springer) 1968

Wittmann, W. u.a. (Hrsg.), Handwörterbuch der Betriebswirtschaft, 5. Aufl., Stuttgart (Schäffer-Poeschel) 1993

Woodbury, M.A., Properties of Leontief-Type Input-Output-Matrices, in: v. Morgenstern O. (Hrsg.), Economic Activity Analysis, New York (Wiley)/London (Chapman & Hall) 1969, S. 341-363

Woods, J.E., Mathematical Economics, London-New York (Longman) 1978

Zelewski, S., Strukturalistische Produktionstheorie, Wiesbaden (Dt. Universitäts-Verlag) 1993

10. Sachverzeichnis

Abfall 238
  -güter 242
  -produkte **238**, 242, 258
  -stoffe **238**, 242, 271
Ablaufplanung 280
Abschreibung 6, 134, 140, 169, **213**, 214, 217
Abschreibungstheorie
- investitionstheoretischer Ansatz 213, 225, 279
- kontrolltheoretischer Ansatz 225
Additivität **56**, 121, 240, 276
Aggregation 210, 277
Aktivität **3**, 54, 239, 276
-, effiziente 89
Aktivitätsanalyse 8, 52, **54**, 111, 122, 185, 203, 239, 276
Anlagenverschleiß 213
Annuität 214
Anpassung
- im Mehrprodukt-Fall 181
-, intensitätsmäßige **147**, 151, 161, 172, 175, 183, 185, 204, 207, 223
-, quantitative **147**, 149, 169, 171, 174, 184, 185
-, selektive 172
-, zeitliche **147**, 149, 151, 169, 175, 181, 183, 185, 205, 207
-, zeitlich-quantitative 171
Anpassungsformen
-, Theorie der 9, 126, **139**, 277
-, Wahl der 174
Arbeit 26, 210
Arbeitskräftepotential 125
Ausbringungsmengen 3
-, Meßbarkeit der 121

Bestandsfaktor 133
Bestandskonstanz 77, 100
Betriebsgröße
-, optimale 41

Betriebsmittel **1**, 10, 41, 125, 211, 276
-, abnutzbare 1
-, nicht abnutzbare 1
-, Wert des -s 218
Betriebsmitteleinsatz 211
Break-Even-Analyse 42, 174
Buchwert 217

Deckungsbeiträge 110
Direktbedarfsmatrix 192
Dissaggregation 139
Dominanz 4
Dual 84
Dualvariable 84
Durchschnittsertrag 18
Durchschnittskosten 33, 41

Eckentheorem 85
Effizienz 240, 258
- gemischter Prozesse 61
- von Aktivitäten 4
Effizienzkriterium 7, 275
Effizienzpreise **76**, 98, 100
Einsatzfaktor 133
Einsatzmengenkonstanz **77**, 80
Emissionen 237, **238**, 258
-, essentielle 268
Emissionsfunktion 266, 271
Entsorgung 244
Entsorgungs
  -betriebe 237
  -prozesse 237, 253
Elastizität 20
-, Produktions- 20
-, Skalen- 20
-, Substitutions- 20
Engineering Production Function 8, 52, **126**, 210, 278
Erfahrungskurve 234

Ertragsgesetz **17**, 22, 25, 26, 32, 38, 80, 102, 121, 246, 276
-, Schwelle des -es 17, 22
Expansionspfad **29**, 149, 161

Faktorbestände 277
Faktoreinsatz 125
Faktoreinsatzfunktion **28**, 31, 37, 146, 157, 189, 258, 260
Faktoreinsatzmengen **3**, 277
-, Meßbarkeit der 121
Faktoren
-, essentielle 92, 105
-, fixe 16, 277
-, konstante 210
-, nicht essentielle 103
-, variable 16, 277
Faktorentlohnung 20
Faktorkomplex, 106
Faktorläger 191
Fertigung
-, mehrstufige 205
Fixkostendegression 41
Flows 133
Fortschrittsterm 44
freie Güter 237
Freiheitsgrad der Prozeßwahl 186

Gesamtbedarfsmatrix 194
Gewinnkriterium 7
Goods in Process 133
Gozinto-Graph 191
Grenzkosten 28, **31**, 33, 82, 121
Grenzproduktivität
- bei Umweltwirkungen 246
- im Putty-Clay-Modell 134, 137
- in der Aktivitätsanalyse 79, 102, 114, 122
- in der Neoklassik **16**, 18, 22
Grenzrate
- der Substitution **15**, 18, 27, **38**, 70, 91, 93, 247, 266
  - zwischen Einsatzmengen der Abfallstoffe 257

- zwischen Einsatz von Abfallstoffen und Entstehung von Abfallprodukten 257
- zwischen Emissionen 252
- zwischen Emissionen und Recycling bzw. Entsorgung 253
- zwischen Emissionen und Produktionsfaktoren 250, 251
- zwischen Produkten und Abfallstoffen 255
- zwischen Produktionsfaktoren und Abfallstoffen 254
- der Faktorsubstitution **38**, 121
- der Produktsubstitution **38**, 115, 121, 248
Gütermengen, Messung von **2**, 121
Güterraum 3
GUTENBERG-Technologie **148**, 186

Homogenität 25

Input-Output-Analyse 10, 190, 203, 277
Instandhaltungskosten 217
Intensität 141
Intensitätssplitting 163, 176
Invarianztheorem 248
Investitionskette 215, 229
Investitionszeitpunkt 48, 228
Isoquante
- bei Umweltwirkungen 246, 258, 260
- im Putty-Clay-Modell 136
- in der Aktivitätsanalyse 67, 72, 78, 88, 93, 96
- in der Neoklassik 13, **14**
- in der Theorie der Anpassungsformen 150, 152, 167

Kapazität 211
Kapital 26, 210
Kapitalkoeffizient 45
Kapitalstock 49
Kapitalwert 214

Kegeltechnologie 63
Koppelung
-, feste **37,** 117
-, lose **37,** 117
Koppelungskoeffizient 59
Kosten **5,** 27
- der Betriebsbereitschaft 140, 169
-, fixe **32,** 107, 140
-, Instandhaltungs- 214
-, intervallfixe 172
-, Reparatur- 219
-, variable 32
-, Wartungs- 140, 214, 219
Kostenannuität 214, 217, 225
Kosteneinsparung 230
Kostenfunktion 30, 73, 81, 106, 107, 168, 275
-, Aggregation der 179
-, langfristige 41
-, neoklassische 27
Kostenkriterium 7, 275
Kostensenkungspotentiale 228, 235
Kostenstellenrechnung 190
Kostenverrechnung 277
Kostenvorteil 218
Kuppelproduktion **5,** 37, 58, 112, 117

Lagerhaltungstheorie 280
LAGRANGE-Multiplikatoren 28
Leistung 139
Leistungsabgabe 3, 212
Leistungspotential 212
Lenkpreise 264
Lernkurve 234
Liefermöglichkeit
-, begrenzte **77,** 80
Lieferstruktur 191
Limitationalität **37,** 51
Linearhomogenität 26

Marktpreis 279
Maschinenzeit 212
Maximum-Problem
-, spezielles 83

Minimalkostenkombination **27,** 76, 88, 97, 134, 267, 269
Montagestrukturen 193, 197, 203, 208

Neutralitätskonzepte 45
Nutzungsdauer 215, 231
Nutzungspotential 219

Opportunitätskonzept 279
Opportunitätskosten 6, 99, 218, 263, 268, 271

Potentialfaktoren **1,** 212
Preise 5
Preistheorem **85,** 119
Primärbedarf 191
Produkte **1,** 238
-, neuartige 227
Produktion 1
-, einfache 58, 112
-, Kuppel- **5,** 37, 58, 112, 117
-, unverbundene 5, **36**
Produktionsbedingungen
-, technologische 125, 131
Produktionsbetriebe 237
Produktionsfaktoren **1,** 237, 238, 258
-, essentielle 268
Produktionsfunktion **5,** 12, 66, 86, 113, 258, 260, 275
-, aggregierte **26,** 45, 49
- bei partieller Faktorvariation 13, **16,** 77, 79, 100, 114, 151, 156, 162, 163
- bei totaler Faktorvariation 13, 67, 88, 149, 248
- bei Umweltwirkungen 246, 249
-, COBB-DOUGLAS- 12
-, dynamische 44
- ex ante 8, 52, 125, **133,** 210, 266, 272
- ex post 8, 52, 126, **133**
-, GUTENBERG- **148,** 149, 151, 161, 163

-, homogene **13,** 31
-, ingenieurswissenschaftliche: siehe Engineering Production Function
-, Jahrgangs-Produktionsfunktion **48,** 133, 280
-, klassische **17,** 22
-, LEONTIEF- 37
-, neoklassische 26, 122, 266
Produktionsgeschwindigkeit **140,** 145, 211
Produktionskoeffizient 37, **58,** 142
- für Abfallprodukte 242
- für Abfallstoffe 242
- für Emissionen 242
- für Produkte 242
- für Produktionsfaktoren 241
- für Umweltgüter 241
Produktionsplanung **6,** 280
- bei komplexen Produktionsstrukturen 205
- bei Umweltwirkungen 262
- in der Aktivitätsanalyse 82, 110, 117
- in der Neoklassik 35, 39
- in der Theorie der Anpassungsformen 181
Produktionsprozeß **57,** 58, 144, 241
-, Effizienz von 59
-, gemischter 60
-, reiner 60
Produktionspunkte 4, 54
Produktionsstelle 139
Produktionsstrukturen
-, einfach-zusammenhängende 193, 197, 203, 208
-, komplexe 189
-, lineare 193
-, nicht-lineare 193, 208
-, unzerlegbare 193, 197, 200, 203
-, vollkommen zerlegbare 194, 202
-, zerlegbare 193, 200, 203
Produktionstheorie
-, langfristige 41
-, neoklassische 8, 9, **12,** 41, 111, 275

Produktionsverfahren 145
-, technologische 122
Produktivität 196
Produktivitätsbeziehung 275
-, technologische 125
Programmierung
-, lineare 83
-, parametrische lineare 87
Proportionalität **55,** 121, 240, 276
Prozeßniveau 58
Prozeßstrahl 57
Prozeßsubstitution **70,** 126, 135
Putty-Clay-Modell 8, 52, 125, **133,** 210, 272, 278

Recycling **238,** 244
-Prozesse 237, 253
Repetierfaktor 2
Rüstkosten 172

Schadstoffe 271
Skalenerträge 276
-, abnehmende **13,** 32, 105
-, konstante **13,** 105, 121, 248
-, nicht-zunehmende 248
-, zunehmende 13
Stocks 133
Stücklistenauflösung 190
Stückkosten 35, 41, 107, 173, 175, 190, 195
Stufenleiterverfahren 197
Substitution 128, 133, 139, 278
-, periphere 92
-, totale 92
Substitutionalität 51, 122, 154
Substitutionsgebiet **72,** 94
Substitutionsmöglichkeit 276

technischer Fortschritt 10, **44, 52,** 226, 280
-, arbeitsgebundener 227
-, arbeitsvermehrender 46
-, faktorvermehrender 44
-, HARROD-neutraler 45

Sachverzeichnis

-, HICKS-neutraler 46
-, kaptialgebundener 48, 227
-, kaptialvermehrender 46
-, SOLOW-neutraler 46
-, Umsetzung des 227
-, werkstoffgebundener 227
technische Variable 126, **140**
Technologie
-, lineare **56,** 121, 203, 239, 241
- mit Umweltwirkung 260
Technologiematrix 62
Technologie-Menge **55,** 63, 65, 240, 243, 276
Technologie-Wahl 139
TERBORGH
-, Näherungsformel von 230
Transformationskurve **38,** 115, 247, 258, 260

Überlebensfunktion 49
Überstunden 170, 174, 182, 220

Umweltfaktoren 271
Umweltgüter 237, **238,** 258
Umweltwirkungen
- der Produktion 10, 279

Verbrauchsfunktionen 141, **142,** 223
Verrechnungspreise 194, 203, 265
Verschwendung
-, Möglichkeit der **56,** 65, 91, 121, 240, 276

Wartungskosten 140
Werkstoffe **1,** 125
WICKSELL-JOHNSON-Theorem 20

Zinsen 217
z-Situation 140
Zusatzauftrag 220

MIX
Papier aus verantwortungsvollen Quellen
Paper from responsible sources
FSC® C105338

If you have any concerns about our products,
you can contact us on
ProductSafety@springernature.com

In case Publisher is established outside the EU,
the EU authorized representative is:
**Springer Nature Customer Service Center GmbH
Europaplatz 3, 69115 Heidelberg, Germany**

Printed by Libri Plureos GmbH
in Hamburg, Germany